안중근家 사람들

안중근家
사람들

영웅의 숨겨진 가족이야기

정운현·정창현 지음

역사인

청산하지 못한 역사와 안중근의 후예들

"코레아 우라!(대한 만세)"

1909년 10월 26일 중국 하얼빈역에 내린 이토 히로부미(伊藤博文)를 향해 6발의 총을 발사한 안중근은 러시아 말로 세 차례 "대한 만세"를 외쳤다. 그리고 곧 체포되어 재판을 받은 후 이듬해 3월 26일에 뤼순감옥에서 사형당했다.

여기까지는 다 아는 이야기다. 그러나 안중근이 왜, 어떤 고뇌를 거쳐 이토 히로부미를 쏘았는지 아는 사람은 많지 않다. 안중근의 '영웅적 거사'만을 추앙하다보니 오히려 그의 '인간적 면모'는 우리로부터 멀어졌다. 한 걸음 더 나아가 친동생과 사촌형제, 조카 등 안중근 일가가 우리 근현대사에 남긴 발자취는 연구조차 제대로 되지 않은 채 '망각의 역사' 속에 묻혀 있다.

부끄럽고 안타깝게도 순국한 지 100년이 넘었지만 우리는 아직까지 그의 유해조차 찾지 못했다. 그뿐만 아니다. 부친의 묘는 북한에 있지만 그의 사후 독립운동에 뛰어든 안태건, 안태순 등 안 의사의 숙부를 비롯해 모친과 친동생 안정근, 안공근도 해방된 조국에 돌아오지 못했고, 그들이 어디에 묻혀 있는지조차 모르고 있다.

일신과 가문의 안녕을 뒤로하고 항일독립운동의 길에 나선 대다수 독립운동가의 후손은 뿔뿔이 흩어지고 집안은 몰락했다. 독립운동을 했다는 자부심만으로 가난의 벽을 넘기는 어려웠다. 당장 입에 풀칠하기도 어려운 형편은 교육에까지 여력이 미치지 않았고 가난의 대물림은 3~4대를 이어갔다. 하지만 정부의 손길은 생색내기에 그쳤다. 어렵게 사는 후손에 대한 실태조차 파악되지 않았다. "독립군 할아버지 저는 배를 곯아요"라는 후손의 외침은 그 자체로 우리의 부끄러움이다. 심지어 친일파 후손이 떵떵거리며 잘 사는 사이에 독립운동가의 후손들은 숨어 지내기까지 했다.

안중근 일가도 예외가 아니었다. 안중근의 의거 이후 그의 일가에 가해진 일제의 감시와 탄압은 가혹했다. 그러나 이에 굴하지 않고 대부분이 러시아, 중국으로 망명해 독립운동의 대열에 합류했다.

안중근은 사형 직전 남긴 옥중 자서전에서 이렇게 말했다.

한 번에 이루지 못하면 두 번, 두 번에 이루지 못하면 세 번, 그렇게 네 번, 열 번에 이르고 일백 번을 꺾어도 굴함이 없이, 금년에 못 이루면 내년, 내년에 못 이루면 후년, 그렇게 십 년 백 년이 가고 또 만일 우리 대에서 목적을 이루지 못하면 아들 대, 손자 대에 가서라도 반드시 대한국의 독립권을 회복하고야 말리라는 각오가 있어야 한다.

그의 유지대로 부친 안태훈부터 시작된 안중근 일가의 독립투쟁은 대를 이어 조선, 만주, 중국, 홍콩, 러시아 등지에서 다양한 이념과 노선에 기초해 이루어졌다. 삼대에 걸쳐 항일독립운동과 해방 후 민주화, 통일운동에 헌신한 안중근 일가의 곡절 많은 이야기는 그 자체로 우리 근현대사의 자화상이다. 그러나 광복된 조국의 상황은 혼란스러웠고, 분단과 전쟁을 겪으면서 안중근 일가는 또 다시 남북으로 나뉘고, 미국 등지로 흩어졌다. 우리 정부는 그들을 제대로 돌보지 않거나 소홀히 했다.

역사를 반성할 줄 모르는 민족은 또다시 역사의 횡포를 만날 것이고, 역사를 통찰할 줄 모르는 민족은 미래로 전진할 수 없다. 그런 점에서 누구나 다 알고 있는 것 같지만 실상은 아는 게 별로 없는 안중근 가문의 이야기를 나침반으로 삼을 필요가 있다. 삼대에 걸친 안중근 일가의 이야기는 단순히 과거가 아닌 현재의 난제를 풀어나가는 나침반이기 때문이다.

안중근의 애국적 삶은 하얼빈 의거로 상징되고 있으며, 그의 평화사상은 그가 옥중에서 미완으로 남긴 〈동양평화론〉으로 일컬어진다. 19세기말 유럽 열강들의 서세동점(西勢東漸) 기류 속에서 한·청·일 동양 3국은 열강에 맞서 공영(共榮) 내지 동맹의 필요성이 대두되었다. 그러나 일본은 한반도를 놓고 벌인 청일·러일전쟁에서 승리한 후 한국침략을 노골화했다. 입으로는 동양평화를 운운하면서도 실상은 평화를 가장한 침략의 위장술에 불과했다. 그 선두에 선 인물은 한국통감 출신의 이토 히로부미였다.

안중근의 〈동양평화론〉은 당시 이토가 주창한 '극동평화론'의 거짓과 허구성을 정면으로 깨부순 것으로, 이것이야말로 동양평화를 실질적으로 구현할 수 있는 방안으로 평가되고 있다.

오늘날 한중일 3국의 상황은 100년 전과 크게 다르지 않다. 특히 과거 식민지 전쟁의 유제로 세 나라는 역사전쟁, 영토분쟁 등으로 대립과 갈등이 끊이지 않고 있다. 안중근의 다자간 통합 정신은 지금 이 시대에도 여전히 유효한 가치로 인정받고 있다. 안중근을 두고 '지나간 미래상'이라고 부르는 것은 그의 삶과 사상이 과거에 이어 미래에도 값진 교훈과 가치로 평가되고 있기 때문이다.

특히 여전히 분단을 극복하지 못하고 통일의 여정을 가야 하는 우리에게 남과 북, 해외에 흩어져 있는 안중근 일가의 화합과 만남은 민족정기를 세우고 민족의 통합을 이루는 '통일의 아이콘'이 되기에 충분하다.

안중근과 그의 가문을 재조명하는 것은 단순히 역사인물에 대한 재평가와 회고 차원이 아니다. 그들이 목숨 바쳐 투쟁했던 조국의 현실은 한 세기가 지난 지금에 와서도 크게 달라진 것이 없다. 일찍이 이 땅에 선구자적 식견을 갖춘 인물이 있었건만 우리는 겉핥기식 역사교육으로 진면목을 꿰뚫어 보지 못했다. 인걸은 가고 없지만 그들의 삶과 정신은 오늘에 와서 더욱 새롭다 할 것이다. 이를 정리하고 기록하는 일은 단순히 과거 안중근 일가의 활동을 복원하는 일에 그치지 않고, 현재 우리가 사표로 삼아야 할 성찰과 교훈의 밑거름이 될 것이다.

이런 취지에 필자들은 마음이 통했다. 누가 먼저 이야기를 꺼냈는지는 중요하지 않았다. 필자들은 1996년부터 중앙일보에서 같은 부서에서 근무하면서 인연을 맺었다. 그리고 일찍부터 안중근 일가와 '인연'도 있었다. 1999년에 안중근의 5촌조카인 안민생이 중국 옌지(延吉, 연길)에 사는 사촌동생에게 보낸 편지를 입수해 기사화한 적도 있고, 최근 안민생이 남긴 다른 기록들도 입수했다. 그는 과거 행적에 대해 언급하는 것을 꺼려 했지만, 숙부 안중근 의사를 다룬 책 속에 자신의 이력을 적고 활동지역을 직접 그려놓았다. 참으로 다행스러운 일이 아닐 수 없다.

필자들은 이 자료들을 실마리 삼아 그동안 잘 알려지지 않았던 안중근 일가의 행적과 숨겨진 사실을 찾아낼 수 있었다. 그 과정에서 이름만 알려진 동북항일연군 제1로군 참모장 안광훈이 안중근의 조카 안호생이라는 사실을 처음으로 밝혔고, 독일로 갔던 사촌 안봉근 등 여러 일가의 행적을 확인할 수 있었다.

또한 사단법인 안중근기념사업회의 도움을 받아 현재 북한에 남아 있는 안중근 일가의 흔적을 파악할 수 있었고, 북한 〈통일신보〉로부터 안공근의 장남 안우생의 후손들이 있는 모습을 담은 사진도 입수할 수 있었다. 이러한 새로운 자료들을 발굴해 안중근과 그의 일가에 대해 재조명할 수 있게 된 것을 대단히 보람되게 생각한다.

끝으로 집필과정에서 여러 선학들의 연구성과에 큰 도움을 받았음을 밝혀둔다. 김삼웅 전 독립기념관장을 비롯해 한상도 건국대 사학과 교수, 도진순 창원대 사학과 교수, 안중근 연구자인 신운용 박사, 소설가 송우혜 선생의 선구적인 연구가 없었다면 불가능한 작업이었을 것이다. 그리고 안중근 가문 인사들의 행적과 활동에 대해 값진 증언을 들려주신 김자동 대한민국임시정부기념사업회장, 안봉근의 손자 안기명 님께도 감사드린다. 사진을 제공해준 전갑생·김진환 교수, 김도형 사진작가에게도 고마움을 전한다. 본문 내용 가운데 혹 오류가 있다면 이는 전적으로 필자들의 잘못임을 밝혀두며 사계의 질정을 바랄 뿐이다.

2017년 2월 15일
정운현, 정창현 씀

차례

남산과 안중근, 이승만, 김구, 박정희의 인연

남산에 오르면 서울 시내가 한눈에 들어온다. 남으로는 유유히 흐르는 한강과 그 너머 강남과 관악산이, 서로는 한강 하류를 따라 김포까지도 시선이 가닿는다. 동으로는 아차산과 강동구 일대를, 북으로는 서울도심과 경복궁을 병풍처럼 에워싼 북한산이 한눈에 들어온다. 날씨가 좋은 날이면 서북쪽에 있는 개성까지도 볼 수 있다. 남산은 서울의 상징 이미지 1위로 꼽힐 정도로 서울의 얼굴과도 같은 존재다.

> 남산 위에 저 소나무 철갑을 두른 듯
> 바람 서리 불변함은 우리 기상일세

애국가 2절 첫머리에 등장하는 서울의 남산은 조선시대 이후 성스러운 산으로 여겨져 왔다. 한양에 도읍을 정한 태조 이성계는 남산 정상에 남산의 산신인 목멱대왕(木覓大王)의 신사(神祠)를 세우고 남산을 성산(聖山)으로 삼았다. 이후 원래 인경산(引慶山)으로 불리던 남산은 목멱산으로 불리게 된다. 태조는 남산 곳곳에 금표(禁標)를 세우고 잡인의 출입을 금지시켰다. 흙과 돌을 파내는 것은 물론이요, 묘지도 쓰지 못하게 했다. 남산은 조선의 개국정신이 깃든 유서 깊은 곳이다.

조선을 병탄(倂呑)한 일제도 당연히 남산에 주목했다. 일제는 1912년부터 남산에 조선신사(朝鮮神社) 건립을 준비한다. 그해 조선총독부는 신사 건설 준비비 명목으로 별도의 예산을 책정하고, 3년 후에는 준비조사를 마쳤다.

1925년 남산에 세워진 조선신궁　일본 개국신으로 불리는 천조대신과 메이지 천황의 신주를 봉안했다. 또한 남산에는 통감부와 갑오(청일전쟁) 기념비(오른쪽)도 세워졌다.

　그로부터 10년 뒤인 1925년 5월, 총독부 고관들이 참석한 가운데 남산 중턱에서 한바탕 푸닥거리가 펼쳐졌다. 조선신궁 건립 기공식이 열린 것이다. 이로써 남산 중턱 일대 12만여 평에 걸친 광대한 규모의 조선신궁이 모습을 드러냈다. 조선신궁에는 일본 개국신으로 불리는 천조대신과 메이지 천황의 신주를 봉안했다. 일본 신(神)이 조선의 혼(魂)을 몰아내고 남산을 차지하게 된 셈이다.

　민족말살정책의 광풍이 조선 반도를 휩쓸던 일제강점기 말기 남산은 신사(신궁) 참배 행렬로 넘쳐났다. 1931년 만주사변을 시작으로 1937년 중일전쟁, 1941년 태평양전쟁 등 일제가 일으킨 침략전쟁에 희생된 군인들을 위한 기원제가 해마다 이곳에서 열리곤 했다. 그때마다 조선 전역에서 동원된 학생과 시민들은 조선신궁의 일본 신 앞에서 머리를 조아려야만 했다. 당시 일본인들의 집단 거주지였던 중구 예장동 일대는 '왜성대(倭城臺)'로 불렸으며, 남산은 일본 혼

1960년 4월혁명 후 철거되는 남산의 이승만 동상(왼쪽)과 1959년에 5월 23일 남산에 세워진 안중근 동상(오른쪽)　1955년에 세워진 이승만의 동상은 4월혁명 후 철거되었으나 2011년 8월 25일에 한국자유총연맹 주도로 남산 동편 언덕 자유센터 구내에 새로운 이승만 동상이 세워졌다.

이 터줏대감 행세를 하던 땅이었다.

　구한말 이후 남산은 일제의 본거지가 되면서 원형이 크게 훼손되었다. 남산 중턱에 들어선 주한일본공사관 건물은 훗날 통감 관저로 사용되었고, 1910년 8월에는 이곳에서 매국노 이완용과 통감 데라우치 마사타케(寺內正毅) 사이에 한일병탄조약이 체결되었다. 또 1907년, 남산에 건립된 통감부 청사는 1926년 경복궁에 신청사가 건립될 때까지 총독부 청사로 사용되었다.

　을미사변 때 순사(殉死)한 충신·열사들을 제사 지내던 장충단(獎忠壇) 일대에는 벚꽃나무를 심었다. 그 건너편 언덕(현 신라호텔 자리)에는 이토 히로부미(伊藤博文)를 기리는 사당인 '박문사(博文寺)'를 세워 남산의 정신을 무참히 짓밟았다. 1945년 8월 일제의 패망과 함께 그 잔재들은 하나둘씩 사라졌다. 지금은 군데군데 일제가 할퀴고 간

1969년 남산에 세워진 백범 김구의 동상(왼쪽)과 1986년에 세워진 성재 이시영의 동상(오른쪽)

상처만이 남아 있을 뿐이다.

해방 후 일제가 물러간 남산에 새로 들어선 것은 다름 아닌 독재
자의 동상이었다. 1955년 5월, '이승만 80회 탄신'을 기념해 남산 조
선신궁 터에 높이 25m에 달하는 대형 동상이 세워졌다. 이 동상은
당시 세계 최대 규모라는 얘기도 있었다. 그러나 이승만 동상은 그
리 오래가지 못했다. 1960년에 4·19혁명이 일어나자 성난 군중들은
탑골공원으로 몰려가 동상을 부수어버렸다. 남산에 있던 그의 또 다
른 동상 역시 철거되었다. 남산이 외세지배와 독재의 상흔을 딛고
민족의 성지로 거듭난 것은 항일 선열들의 동상이 들어서면서부터
다. 1969년 4월 8일, 남산 중턱의 옛 조선신궁 터(당시 남산 야외음
악당 인근)에서 백범 김구(金九) 선생 동상 건립 기공식이 열렸다. 공
사비는 박정희 대통령의 금일봉과 김성곤 공화당 의원이 낸 찬조금

5백만 원, 각계의 성금 등으로 충당했다. 백범 동상은 4개월여 뒤인 그해 8월 23일에 제막되었다.

의열투쟁의 상징인 안중근 의사가 남산과 인연을 맺게 된 것은 백범과 성재보다 훨씬 빠르다. 이승만 정권 말기인 1959년 5월 23일에는 남산 자락에 안 의사 동상이 처음으로 세워졌다. 처음에는 서울역 전에 세우려고 했으나 사정이 여의치 않았다. 결국 일제강점기 때 일본인들이 밀집해 살던 '왜성대' 옛터(숭의여중고 인근)에 세우게 되었다. 동상 건립 3년 전부터 전국 국민학교(현 초등학교)의 코흘리개들이 10환씩 모은 성금과 각계에서 모금한 2천 300만여 환으로 건립되었다. 언론인 '나절로'(우승규)는 그때의 감격을 이렇게 적었다.

해방 후 십수 년 동안을 두고 여기저기서 '세운다, 세운다' 하고 말만 앞세우면서도 그 수립이 부지하세월로 늦추어지던 안중근 의사의 동상은 지난 23일로 마침내 실현되었다. 다른 분들의 그것에 비하면 난산(難産)도 이만저만한 난산이 아니다. 안 의사 그 어른의 의거가 드물게 위대했던 만치 동상 그 자체도 그다지 용이치 않았던가 보다.… 의사 안중근 선생의 동상이 이제사 해방된 조국 수도에 건립되었다는 것은 참으로 흉격(胸膈, 가슴)이 뻐근할 정도로 감격도 새로운 일입니다. ―《동아일보》1959년 5월 26일

동상은 1967년 4월 26일에 '서울이 한눈에 내려다보이는 남산 중턱'의 어린이회관 앞으로 옮겨졌다. 그런데 동상의 얼굴 생김새를 두고 논란이 일었다. 결국 동상 제작자인 조각가 김경승씨는 안 의사의 며느리 정옥녀(차남 안준생의 부인), 조카 안진생(安珍生, 당시

콩고 대사)과 안춘생(安椿生, 당시 국회의원) 등 유가족들의 자문을 거쳐 1974년 9월 2일 안 의사 탄신일에 새로 선보였다.

기념관 건립문제는 동상을 옮길 당시부터 논의되기 시작했다. 동상 건립도 중요하지만 안 의사의 위업과 정신을 계승하기 위해 기념관을 건립할 필요가 있다는 주장이 곳곳에서 터져 나왔다. 마침내 1970년 안 의사 의거 61주년인 10월 26일에 '안중근 의사 기념관'이 정식 개관했다. 남산 자락에 동상이 세워진 지 11년 만에 제대로 된 기념관이 탄생한 것이다.

기념관 개관식에는 박정희 대통령이 참석해 테이프를 끊었다. 박 대통령은 충무공 이순신 장군에 이어 안중근 의사에 대해서도 특별한 관심을 보였다. 광화문에 세워진 충무공 동상과 안 의사 기념관은 모두 그의 재임기간 중에 건립되었다. 이를 두고 혹자는 정치적 의미를 담아 비판적 해석을 하기도 한다. 이를 전적으로 부인할 순 없겠지만 박 대통령은 어려서부터 군인을 동경했다. 생전에 그가 남긴 글에 그런 내용이 남아 있다. 문경보통학교 교사를 그만두고 만주로 가서 군인이 된 것도 바로 그때문이다.

안 의사 기념관 개관 2년 뒤인 1972년 1월, 박 대통령은 '祖國統一 世界平和'(조국통일 세계평화)라는 휘호를 써서 기념관에 보냈다. 1979년 9월 2일에는 안 의사 탄신 100주년을 기념해 박 대통령이 안 의사 기념관에 '민족정기의 전당'이라는 휘호를 써주었다. 박 대통령은 안 의사 기념관을 이 충무공의 현충사에 버금가는 성역(聖域)으로 조성하려고 계획했다고 한다. 그러나 이 계획은 결국 수포로 돌아가고 말았다. 그해 안 의사 의거 기념일(10월 26일)에 박 대통령이 불의의 변고로 졸지에 생을 마쳤기 때문이다.

1970년 남산에 세워진 안중근의사기념관(위)과 2010년 10월 26일 새로 이
전해 개관한 기념관 입구의 안중근 의사 동상

1979년 당시 김재규 중정부장
의 박정희 전 대통령 시해사건
현장검증 모습

1979년 10월 26일 저녁, 박 대통령은 청와대 인근 안가에서 김재규 중앙정보부장이 주최한 연회에 참석한다. 연회 도중 '부마사태'를 둘러싸고 격론이 오간 끝에 김재규 부장이 돌연 박 대통령에게 두 발의 총격을 가했다. 비서 실장이 급히 인근 병원으로 옮겼으나 병원에 도착할 당시 박 대통령은 이미 절명한 상태였다. 이른바 '10·26사건'이다. 당시 박 대통령은 만 62세였다. 당시 김재규가 근무했던 중앙정보부도 남산에 있었다.

우연인지 모르겠지만 꼭 70년 전인 1909년 10월 26일에도 총격사건이 있었다. 이날 오전 9시반경 '대한의군 참모중장' 안중근은 만주 하얼빈역에서 조선침략의 원흉 이토 히로부미에게 총격을 가했다. 이토는 안 의사가 쏜 세 발의 총을 맞고 현장에서 즉사했다. 의거 당시 안 의사는 만 30세, 그의 고향에는 아내와 어린 삼남매가 있었다.

박정희를 쏜 김재규, 이토를 처단한 안 의사 모두 사건 발생 그 이듬해 교수형으로 생을 마감했다. 김재규의 총격으로 박정희의 독재 체제는 18년 만에 막을 내렸다. 안 의사가 쏜 세 발의 총성은 격동의 동북아를 뒤흔들었다. 안 의사가 이토를 쏜 곳은 만주 하얼빈이었으며, 김재규 총에 맞은 박정희는 만주군 장교를 지냈다. 70년을 사이에 두고 두 개의 '10·26사건'이 우리 역사에 기록되어 있는 셈이다.

대통령 재임 시절 남산에 동상을 세웠다가 수모를 겪은 이승만은 1875년생, 이승만과 라이벌 관계였던 백범 김구는 그보다 한 살 적은 1876년생이다. 이승만과는 정반대로 백범과 함께 남산에 동상으로 서 있는 안중근 의사는 백범보다 세 살 적은 1879년생이다. 두 사람은 황해도 해주 동향 출신으로 후일 양 가문은 특별한 인연을 맺게 된다. 또 하나의 '10·26사건' 관련자인 박정희는 1917년생으로 세 사람보다 마흔 살 남짓 아래다. 안 의사 탄생 100주년에 사망한 박정희는 2017년에 탄생 100주년을 맞는다. 새로 만든 안 의사 동상 옆에는 박정희가 생애 마지막으로 쓴 글씨를 새긴 바위가 서 있다.

건국의 아버지(이승만), 산업화의 주역(박정희), 독립운동의 상징(김구), 민족정기의 화신(안중근) 등으로 불리며 한국 현대사를 주름잡은 네 사람, 이들은 오늘날 민족정기의 상징이 된 남산을 둘러싸고 묘한 인연으로 얽혀 있다.

반일 독립운동에서 통일의 상징으로

안중근 가문은 근 70년에 걸쳐 민족운동을 전개했다. 1909년 안중근의 하얼빈 의거를 비롯해 일제강점기에는 그의 두 동생 안정근과 안공근과 사촌동생 안명근(安明根), 그 밖의 여러 명의 조카 등 일족이 다양한 형태의 항일투쟁에 나섰다. 해방 후에는 안경근(安敬根)·안우생(安偶生) 등이 건국운동 및 민주화·통일운동에 참여했다. 실로 안중근 가문만큼 오랜 기간 동안 다양한 분야에서 조국을 위해 헌신한 가문은 찾아보기 어렵다.

그러나 이 가문의 무수한 '별'들은 안중근이라는 위대한 영웅에 가려 그간 제대로 빛을 보지 못했다. 마치 그동안 여성독립운동가로 유관순 열사 한 사람만을 기려온 것과 비슷한 모양새다. 또 친일매국노라면 기껏해야 을사오적 다섯 명만을 죽으라고 두들겨 패온 것과도 흡사하다. 이는 학문적 편식이요, 우리 사회의 인식 부족에서 기인한 면이 없지않다.

이 가문의 상징은 안중근 의사지만 그 일가가 남긴 항일투쟁 또한 만만치 않다. 안중근의 뒤를 이어 가문의 리더가 된 안정근은 도산 안창호의 요청으로 상하이 임시정부에 합류했고 청산리전투에도 참전했으며 임시의정원 의원 등 다양한 분야에서 활동했다. 둘째 동생 안공근은 백범 김구를 도와 한인애국단을 사실상 맡아 운영했고 백범의 오른팔 역할을 했다. 공근은 비록 비극적인 최후를 맞았지만 그의 자식들 역시 백범의 측근으로 활동하며 대를 이어 민족진영에서 활동했다.

비단 안중근의 친형제들뿐만이 아니었다. 사촌동생 안명근은 이른바 '105인 사건'으로 종신징역을 선고받고 15년간 옥살이를 했으며, 또 다른 사촌동생 안봉근(安奉根)은 독일로 이주해 손기정 선수와도 인연을 맺었다. 조카들 가운데 안춘생은 중국군 장교를 거쳐 광복군에서 활동했으며, 에스페란토의 귀재 안우생은 백범 비서로 활동했다. 국내 최초의 조선공학박사 출신의 안진생은 해방 후 해군에서 근무하다가 외교관으로도 활동했다.

2016년까지 안중근 가문에서 독립유공 포상을 받은 사람은 방계 인사를 포함해 15명에 달한다. 단일 가문으로 이보다 많은 애국지사를 배출한 일가는 없다. 비단 독립운동뿐만이 아니었다. 사촌동생 안경근과 조카 안민생은 통일운동과 민주화운동에 헌신했다.

이 집안 여성들의 애국적 삶도 빼놓을 수 없다. 안중근의 모친 조마리아 여사는 안중근이 뤼순감옥에서 형 집행을 기다리고 있을 때 "대의에 따라 당당하게 죽는 것이 효도"라고 말해 '그 아들에 그 어머니'라는 찬사를 받았다. 뒤늦게 묘소와 행적이 알려진 여동생 안성녀는 숨은 독립운동가였고, 조카 안미생(安美生)은 김구의 맏며느리이자 비서로 활동했다. 누구 하나 묻히고 잊혀서는 안 될 이름들이다.

물론 '옥에 티'도 없진 않다. 안중근의 장녀 안현생과 장남 안준생의 이른바 '박문사 화해극'이 그것이다. 이들은 총독부의 간계에 넘어가 이토 히로부미의 사상을 기리기 위해 총독부에서 세운 박문사의 사당을 참배하고는 안중근의 이토 처단은 "오해에서 비롯한 잘못된 일"이라는 망발도 했다. 이런 연유로 안현생의 남편 황일청(黃一淸)은 해방 직전 중국에서 교포의 손에 피살되었으며, 안준생은 조국이 해방된 뒤에도 곧장 돌아올 수 없었다.

해방 이듬해인 1946년 3월 26일 2시에 순국 36주기를 맞아 김구, 김규식 등 임시정부 요인들이 참석한 가운데 서울운동장에서 처음으로 '안중근 의사 추도회'가 열렸지만 가까운 유족은 임시정부 요인과 함께 귀국한 안미생, 안우생, 안원생(安原生) 등과 형무소에서 출감한 안낙생(安樂生) 등 몇몇 조카들 뿐이었다. 동생 안정근을 비롯해 가까운 일가친척들은 대부분 중국에서 돌아오지 못한 상태였고, 생사조차 확인되지 않는 사람이 많았다.

'안중근선생기념사업협회'가 그해 발족되었지만 안중근 일가의 삶은 여전히 고단했다. 1946년 11월에 두 딸을 데리고 귀국한 안중근의 딸 안현생은 변변한 거처도 마련하지 못한 채 전구를 팔아 근근이 생활을 유지해야 했고, 둘째 아들 안준생은 일제강점기에 친일 행적으로 홍콩에 은둔하고 있었다.

동생 안정근은 "형님이 '나라를 찾거든 나의 시체를 고국에 묻어 달라'고 유언하셨는데 어찌 나만이 고국으로 돌아갈 수 있느냐"라며 선친을 모시고 고국에 돌아가겠다'고 했지만 상하이(上海, 상해)와 대만을 오가며 활동하다 결국 고국 땅을 밟지 못하고 세상을 떠났다.

더구나 안중근 일가의 버팀목이 되어주던 김구가 1949년 6월 현역 육군 소위 안두희의 총에 맞아 서거하자 신변의 위협을 느낀 안중근 일가는 또 다시 뿔뿔이 흩어졌다. 일부는 미국으로 떠났고, 일부는 홍콩으로 이주했다가 월북했으며, 일부는 4·19시기에 통일운동에 참여했다가 5·16군사쿠데타 이후 다시 옥살이를 해야 했고, 일부는 박정희 정부에 참여했다.

서로 다른 삶 속에서 안중근 일가는 한 번도 자리를 함께해서 안의사의 추도식을 거행하지 못했다. 그러나 고난은 새로운 희망을 잉태하게 하는 것이 아닐까?

사형선고를 받고 형 집행을 기다리고 있는 안중근 의사에게 어머니 조마리아 여사는 "비겁하게 목숨을 구걸하지 말고 대의에 따라 당당히 죽는 것이 효도이다"라고 했다. 당시의 대의(大義)가 반일 독

안중근가의 독립운동 포상자

조마리아
(미상~1927, 애족장 2008)
안중근 의사의 어머니

상하이 재류동포 경제후원회 위원 활동
임시정부 독립운동 정신적 지주 역할

안태순
(1872~미상, 애족장 2009)
안중근 의사의 숙부

러시아의 독립운동 단체
노인단 대표 중 1명

안정근
(1885~1949, 독립장 1987)
안중근 의사의 동생

중국 길림 '무오독립선언문' 공동참여
대한적십자회 부회장
〈독립신문〉 발행인에 선출되어 활동

안중근
(1879. 9. 2~1910. 3. 26)
대한민국장 수훈

연해주에서 의진 결성
의군중장으로 국내 진공 단지동맹 결성
조선 침략원흉 이토 히로부미 처단

안공근
(1889~1939, 독립장 1995)
안중근 의사의 동생

임시정부 공식 파견 외교관 활동
한인애국단 책임자로 활동

안명근
(1879~1927, 독립장 1962)
안중근 의사의 사촌

황해도 선천역에서 데라우치 총독을
암살하려고 조작한,
이른바 '105인 사건'의 주모자가
되어 15년 동안 복역

안경근
(1896~1978, 독립장 1977)
안중근 의사의 사촌

대한민국 임시정부에 가담
경무국장 김구를 보좌
일제 관헌과 밀정 숙청에 진력

안홍근
(미상~미상, 애국장 2010)
안중근 의사의 사촌

노령 이만, 연해주 일대에서 일본군과 교전,
시베리아 내전 후 블라디보스토크
수청촌 일대에서 독립운동 자금 모집 전달

안원생
(1905~미상, 애족장 1990)
안중근 의사의 조카

한독당 계통의 청년조직
한인청년회의 총간사,
한국광복군 인지파견책임자 역임

안낙생
(1913~1950, 애족장 1995)
안중근 의사의 조카

윤봉길 의사의 사진 촬영,
유상근·최흥식 의사의 거사
출발 전에도 기념촬영 담당

안춘생
(1912~2011, 독립장 1963)
안중근 의사의 5촌

광복군 간부로 배속, 사병을 모아
훈련 정보수집·적정 정탐 임무 수행,
지하공작 전개

안봉생
(1908~1980, 애국장 1990)
안중근 의사의 5촌

중앙군관학교에서 임시정부 요인들과
만나 보좌임무 수행, 김구의 특명을 받고
헤이룽장성 란시현에서 청소년 지도 및 독립군 양성

최익형
(1890~1950, 독립장 1977)
안중근 의사의 매제

신민회 가입
황해도에서 활동
일제가 조작한 안악사건으로 5년간 복역

조순옥
(1923~1973, 애국장 1990)
안중근 의사 5촌(안춘생)의 부인

광복군 입대해 한국 청년 초모 공작
정보수집 등 활동

오항선
(1910~2006, 애국장 1990)
안중근 의사 여동생(안성녀)의 며느리

김좌진 장군 휘하에서 독립군
식사와 의복 보급에 진력,
동지들과 복수전 계획,
하얼빈 주재 일본영사관 습격

립이었다면 이제는 시대가 변해 분단된 조국의 통일이 지상 과제가 되었다. 그런 측면에서 남과 북, 해외에 흩어져 있는 안중근 일가는 시대적 과제인 통일의 상징이 되기에 좋은 조건을 갖추었다. 국제화된 지금의 환경에서 통일은 단순히 남과 북의 통합이 아니라 남과 북, 해외 모든 한민족의 통일이요, 사명이기 때문이다.

더구나 안중근 의사는 남과 북뿐만 아니라 중국, 일본에서도 추앙받고 있다. 일제강점과 분단, 전쟁과 독재로 이어지는 격정의 역사 속에서 실향의 아픔을 겪은 안중근 일가가 다시 조국 땅에 모여 서울과 평양을 오가며 안중근 의사의 추도식을 거행하는 날, 통일은 우리에게 성큼 다가올 것이다.

말할 수 없는 고난 속에서 독립운동을 이어온 안중근 가문이 시대적 과제인 통일의 상징으로 역할을 다한다면 안 의사뿐만 아니라 그 일가가 그야말로 한민족의 역사와 함께 유방백세(流芳百世, 향기가 백 세대를 전해지는 것처럼 그 명성이 오래도록 이어진다는 뜻)할 것임을 믿어 의심치 않는다. 이제 그들의 이야기 속으로 들어가보자.

안중근 연보

1879년(9월 2일)	황해도 해주에서 안태훈과 조마리아의 3남 1녀 중 장남으로 출생. 아명은 응칠
1884년경(6세)	황해도 신천군 두라면 청계동으로 이사 집안에 마련된 서당에서 유학을 수학하고 포수들을 따라 사격술을 배우고 사냥을 즐김
1894년(16세)	황해도 재령 출신 김아려와 결혼
1897년(19세)	천주교에 입교, 빌렘 신부로부터 토마스로 세례받음
1898년(20세)	청계동 천주교 본당을 중심으로 전교 활동
1902년(24세)	장녀 현생 출생
1905년(27세)	일제가 조선침략의 의도를 노골적으로 드러내자 중국으로 이주하기 위하여 상하이와 산둥반도 일대를 살펴보고 12월에 귀국 부친 별세. 대한독립의 날까지 술을 끊기로 맹세 장남 분도 출생
1906년(28세)	**3월** 진남포로 이사 돈의학교와 삼흥학교를 운영해 구국영재 양성에 전력
1907년(29세)	국채보상회 관서지부를 설치해 국채보상운동 참여 일제가 고종을 퇴위시키고 군대를 강제 해산하자 국외에 의병부대를 창설하기 위해 간도를 거쳐 블라디보스토크에서 활동 차남 준생 출생
1908년(30세)	국외 의병부대 대한의군을 조직해 '참모중장' 직책을 맡아 국내 진공 작전 도모 **7월** 3백여 명의 의병부대를 이끌고 두만강을 건너 함경북도 홍의동과 신아산 부근으로 진공해 큰 전과를 올렸으나 회령 영산에서 중과부적으로 일본군에 패퇴
1909년(31세)	**3월** 블라디보스토크 연추에서 11명의 동지와 함께 동의단지회를 조직 **3월 21일** 〈해조신문〉에 인심을 단합해 국권 회복하는 길을 논한 '인심결합론' 발표 **10월 26일** 하얼빈역두에서 조선침략의 원흉이며 동양평화를 파괴한 이토 히로부미 사살·응징하고 대한민국 만세를 삼창한 후 러시아 헌병에게 체포 **11월 3일** 뤼순감옥에 수감
1910년(32세)	**2월 14일** 뤼순 관동도독부 지방법원 공판에서 사형이 선고 **3월 15일** 자서전 〈안응칠 역사〉를 탈고 **3월 26일** 뤼순감옥에서 교수형으로 순국. 미완성의 〈동양평화론〉을 남김
1957년	**9월 12일** 전남 장흥 만수사에 안중근 의사 영정을 모심
1959	**5월 23일** 서울 남산에 안중근 의사 동상 건립
1962	**3월 1일** 건국훈장 대한민국장 추서

제1장

안중근 — 영웅의 탄생과 죽음

거사 4일 전, 하얼빈에 도착하다

거사 5일 전인 1909년 10월 21일. 안중근은 우덕순(禹德淳)과 함께 블라디보스토크를 출발했다. 목적지는 하얼빈. '단지동맹'을 맺은 노보키옙스키(煙秋)에서 "헛되이 세월만 보내고 있던" 안중근이 블라디보스토크로 돌아온 지 불과 한 달여 만이었다.

차편은 아침 8시 50분발 삼등 우편열차였다. 대동공보(大東共報) 발행인 겸 편집인 유진율(兪鎭律)과 이강(李剛) 기자(후에 주필 역임)가 정거장까지 배웅을 나왔다.

쌀쌀해진 날씨를 고려해 이강은 미리 준비한 짧은 외투를 안중근에게 건네며 "지금 삼천리강산을 너희가 지고 간다"라고 말했다. 말을 마친 이강은 돌아서서 눈물을 훔쳤다. 마지막 길을 떠나는 벗을 보내는 자리에서 대장부도 어쩔 수 없었던 모양이다.

안중근은 울먹이는 이강의 손을 굳게 잡으며 말했다.

"이번 길에 꼭 총소리를 내리다. 뒷일은 동지가 맡아주오!"

안중근에게 이토의 하얼빈 방문 정보를 알려주고 여비 100원과 권총 두 정을 구해준 사람이 바로 이강이다. 이강은 안중근에게 절친한 벗이자 동지였다.

우덕순은 거사 직전까지 대동공보사 회계책임자로 근무했다. 안중근 역시 한때 대동공보 탐방원(探訪員, 기자) 일을 했다. 하얼빈 의거는 대동공보사가 진원지라 할 만하다.

블라디보스토크에서 하얼빈까지의 거리는 780km로 매주 수·금·일요일 세 차례 급행열차가 운행되었다. 전날 두 사람은 기차를 타러 나왔으나 이미 열차 운행이 끝난 시각이라 이튿날 아침 우편열차

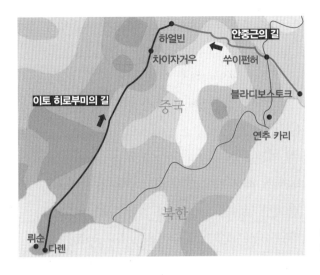

안중근과 이토의
이동경로

를 이용했다.

열차가 출발한 지 여섯 시간 뒤인 21일 오후 3시경 두 사람은 우수리스크에 도착했다. 안중근은 이등차표를 사기 위해 잠시 열차에서 내렸다. 국경지역인 쑤이펀허(綏芬河, 수분하)에서 세관 검색을 받아야 하는데 이등차표를 소지하고 있으면 까다로운 검색을 피할 수 있었다. 위험도 위험이지만 당시 두 사람은 여비가 부족해 하얼빈까지 이등차표를 끊을 형편이 되지 못했다.

그날 밤 9시 25분경 두 사람은 쑤이펀허에 도착했다. 한 시간 정도 열차가 정차하는 동안 안중근은 다시 열차에서 내렸다. 이번에는 러시아어 통역을 구하기 위해서였다. 두 사람 모두 러시아 말을 하지 못해 열차에서도 애를 먹었다.

안중근은 평소 친분이 있던 함경도 출신의 한의사 유경집(劉敬緝)을 찾아갔다. 안중근은 가족을 만나러 하얼빈에 가는 길이라며 통역을 한 사람 구해달라고 요청했다. 유경집은 자신의 아들 유동하(柳東

夏, 당시 18세)를 딸려주었다. 마침 유동하는 약을 사러 하얼빈으로 가려던 참이었다.

유경집은 안중근 일행이 하얼빈에서 머물 곳으로 김성백(金成伯)을 소개해주었다. 김성백은 그의 친척이자 하얼빈 국민회 회장이었다. 통역을 구하러 갔다가 숙소까지 소개를 받았으니 안중근으로서는 뜻밖에 횡재를 한 기분이었다.

유동하를 포함해 일행 세 사람은 다시 열차에 올랐다. 밤 10시 34분경 쑤이펀허를 출발한 열차는 만 하루가 지난 22일 밤 9시 15분, 하얼빈 역에 도착했다. 거사 4일 전, 안중근은 마침내 목적지인 하얼빈에 첫 발을 내디뎠다.

일행은 김성백의 집에서 하룻밤을 묵고, 날이 밝자 시내구경을 나섰다. 하얼빈 시내 분위기도 살피고 또 '특별한 볼일'도 보기 위해서였다.

두 사람은 우선 옷가게에 들러 옷을 샀다. 그리고 이발관에 들러 이발을 하고 중국인이 경영하는 사진관으로 향했다. 세 사람 모두 양복 차림이었다. 안중근과 우덕순은 넥타이도 맸다. 얼떨결에 통역으로 따라나선 유동하는 그 연유를 알지 못했다. 이렇게 세 사람은 거사를 앞두고 '마지막 의례(儀禮)'로 사진을 찍었다.

점심때쯤 일행은 김성백의 집으로 되돌아왔다. 김성백의 집으로 배달된 신문에 이토 관련 기사가 실렸다. 안중근은 이토가 대략 26일 아침 무렵에 하얼빈에 도착할 것으로 짐작했다. 그러나 정확한 도착시각을 알지 못해 불안한 마음이 들었다. 게다가 통역도 문제였다. 거사 장소를 하얼빈 역이 아닌 다른 곳을 택할 경우 유동하 외에도 한 사람 정도가 더 필요할 것 같았다. 이때 안중근이 생각해낸 사

거사를 앞두고 하얼빈에서 최후의 기념촬영을 한 안중근(왼쪽), 우덕순(가운데), 유동하(오른쪽)

람이 조도선(曺道先)이었다. 조도선은 아내가 러시아인이어서 러시아어에 능통했다. 그는 블라디보스토크에 살다가 세탁업을 하기 위해 당시 하얼빈에 머물고 있었다.

안중근은 가족이 한국에서 오는데 역에 같이 가서 통역을 도와달라고 부탁했다. 처음에는 망설이던 조도선이 다행히 승낙을 했다.

통역 문제가 해결되자 다시 경비문제가 걱정이었다. 논의 끝에 두 사람은 유동하를 통해 김성백에게 돈을 빌려보기로 했다. 유동하가 빌린 돈을 갚을 방책이 뭐냐고 묻자 안중근은 대동공보사 이강을 통해 갚겠노라고 말했다.

유동하가 김성백에게 돈을 빌리러 간 사이 안중근은 편지를 한 통 썼다. 수신자는 블라디보스토크 이강이었다.

우리는 조도선 씨와 함께 저의 가족들을 맞아 관성자(寬城子)에 가는 길이라 말하고 관성자에서 십여 리 떨어진 정거장에서 때를 기다려 그곳에서 일을 결행할 생각이오니 그리 아시기 바랍니다. 이 큰일의 성공여부는 하늘에 달려 있으나 동포의 기도에 힘입어 성공하게 되기를 간절히 바랍니다. 그리고 이곳의 김성백 씨에게서 돈 50원을 차용하니 속히 갚아주기를 천만 번 부탁드립니다.
대한독립 만만세

9월 11일(양력 10월 24일) 오전 8시

편지에는 돈 얘기와 함께 거사일정에 대한 구체적인 정보도 담고 있다. 추신에서 "오늘 아침 8시에 출발하여 남쪽으로 간다. 앞으로의 일은 본사로 통보할 것"이라고 쓴 걸 보면 이는 거사 후 〈대동공보〉에서 보도에 참조토록 하기 위한 것으로 보인다.

객지에서 동지에게 마지막 편지를 쓰는 안중근의 심정은 착잡했다. 뒷일은 모두 동지들에게 맡긴다고 했지만 거사의 성공여부를 확신할 수 없었다. 게다가 목숨을 건 거사를 앞두고 경비가 부족해 안절부절하는 자신들의 처지가 답답하기도 했다.

울적한 마음도 달랠 겸해서 안중근은 시 한 수를 지었다. 훗날 그는 "장차 행할 일을 생각하며 강개한 마음을 이길 길 없어 노래 한 장을 읊었다"고 했다. 첫 줄에 '장부(丈夫)'가 등장한다고 해서 흔히 '장부가'로 불린다.

안중근이 이토를 서절(鼠竊), 즉 '쥐도둑'이라고 표현한 것이 이채롭다. 이 시는 수신자가 '블라디보스토크 대동공보사 앞'으로 되어 있다. 시를 지을 때만 해도 거사가 어찌될지 몰라 가방 속에 보관해뒀다가 거사 직후에 압수당했다. 검찰관 심문과정에서 안중근은 "거사가 성취되면 자연히 내가 당신들에게 취조를 받을 것이고, 그때가 되면 그 노래는 신문사 앞으로 되어 있으니 당연히 신문사로 갈 것으로 믿고 있었다"고 말했다.

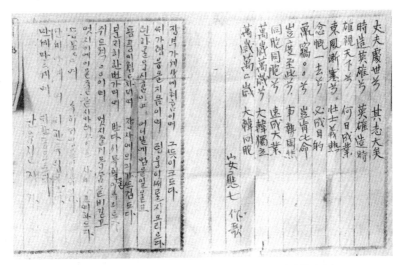

안중근이 거사 직전에 쓴 시　한글본과 한문본 모두 안중근 의사의 친필이다.

장부가 세상에 처함이여 그 뜻이 크도다
때가 영웅을 만듦이여, 영웅이 때를 만드는도다
천하를 내려다봄이여, 어느 날 대업 이룰꼬
동풍이 점점 차가워짐이여, 장사의 의기 뜨겁도다.
분개하여 한번 감이여, 반드시 목적을 이루리로다
도적 이토여, 어찌 기꺼이 목숨을 비기겠는가
어찌 이에 이를 줄 헤아렸으리요, 사세가 진실로 그러하도다
동포 동포여, 빨리 대업을 이룰지어다
만세 만세여, 대한독립이로다
만세 만만세여, 대한동포로다

그런데 돈을 빌리러 나갔던 유동하가 빈손으로 돌아왔다. 하필 김성백이 외출하고 없어서 그를 만나지 못했다고 했다. 난감한 상황이었지만 안중근과 우덕순은 사전계획대로 일을 진행하기로 했다.

이튿날인 24일 오전 9시경, 일행은 하얼빈 역으로 나갔다. 안중근, 우덕순, 조도선은 하얼빈역 바로 전역인 차이자거우(蔡家溝, 채가구)로 향했다. 유동하는 하얼빈에 남겨두었다. 정오 무렵 기차는 차이자거우에 도착했다. 일행은 열차에서 내려 찻집으로 가서 차를 마셨다. 잠시 후 안중근이 하얼빈 김성백 앞으로 잘 도착했노라고 전보를 쳤다. 거사 계획을 전혀 모르는 김성백과 조도선에게 가족을 마중하러 온 것을 믿게끔 하는 동시에 일행의 행방도 알려주기 위해서였다.

차이자거우에 도착한 안중근과 우덕순은 마음이 급해졌다. 거사를 결행할 날짜가 코앞으로 다가왔기 때문이었다. 우선 이토가 도착하는 시각을 파악하고 거사를 결행할 장소를 결정하는 일, 이 두 가지를 처리해야 했다. 안중근은 조도선을 앞세우고 정거장 직원을 찾아갔다.

"한국서 가족이 오므로 마중을 나왔는데 기차가 어떻게 다니는지 모르겠습니다."

"매일 세 번씩 왕래합니다. 그런데 오늘 밤에는 특별열차가 하얼빈에서 창춘(長春, 장춘)으로 갑니다. 이 기차는 일본의 대신 이토 공을 싣고 모레(26일) 아침 6시에 이리로 지나서 하얼빈 역에는 9시쯤 도착할 예정입니다."

러시아 헌병 중좌인 역장은 친절하게 설명해주었다. 게다가 그는 묻지도 않은 이토의 동선까지도 소상히 알려주었다. 안중근은 마치 천운이라도 얻은 듯했다. 뜻밖에 귀한 정보를 얻고도 안중근은 표정이 밝지 않았다. 늦가을의 아침 6시면 아직 날이 밝기 전이다. 안중근은 이토의 얼굴이나 키 등에 대해 자세히 알고 있지 못했다.

거사 계획이 불확실한 가운데 24일 낮 안중근은 하얼빈에 남은 유동하에게 전보를 쳤다. 만약 그곳에서 긴급한 일이 있거든 전보를 쳐 달라는 것이었다. 그날 저녁 무렵 유동하로부터 답전이 왔다. 조도선이 전보를 읽어본 후 말했다.

"블라디보스토크에서 누군가 온다는 것 같으니 (하얼빈으로) 돌아오라고 하는 것 같소만…."

블라디보스토크로 온다는 사람이 누구인지, 또 그 시각은 언제인지 전보만으로는 도무지 그 내용을 알 수가 없었다. 유동하의 말을 다 믿을 수도 없고 그렇다고 전면 무시할 수도 없었다. 대사를 앞두고 있는 안중근으로서는 어느 하나도 소홀히 할 수가 없었다. 결국 안중근은 우덕순과 상의 후 이튿날인 25일에 낮 열두 시 열차로 하얼빈으로 향했다. 만약의 사태에 대비하기 위해서였다. 이토가 그들이 머물고 있는 차이자거우에서 반드시 내린다는 보장이 없었다. 그때 이미 안중근은 하얼빈으로 가서 제2단계 거사를 준비할 생각을 갖고 있었다.

우리가 이곳에 함께 머무는 것은 좋은 방법이 아니오. 첫째는 돈이 부족하고 둘째는 유동하의 답전(答電)이 매우 의문스럽고, 셋째는 이토가 내일 날이 밝기 전에 이곳을 지나간다면 분명히 일을 치르기 어려울 게요.… 그러니 그대는 오늘 여기 머물러 내일의 기회를 기다렸다가 상황을 봐서 행동하시오. 나는 오늘 하얼빈으로 돌아가겠소. 내일 두 곳에서 거사하면 가장 편리할 것 같소. 만일 그대가 성공하지 못하면 내가 반드시 성공해야할 것이오, 만일 내가 성공하지 못하면 그대가 반드시 성공해야할 것이오. 만약 두

곳에서 모두 뜻대로 되지 않는다면 다시 활동자금을 마련한 다음에 거사를 상의합시다. 이것이 만전책(萬全策)이라 할 수 있을 것이오. ─〈안응칠 역사〉 중에서

결과론적인 얘기지만 두 곳으로 나뉘어 거사를 도모한 것이나 유동하가 '의문스런 답전'을 보내 안중근을 하얼빈으로 불러들인 것은 천만다행한 일이었다. 만약 안중근이 차이자거우에서 우덕순과 함께 발이 묶였다면 거사는 절대 성공하지 못했다.

거사 전야, 안중근은 김성백의 집에서 마지막 밤을 맞았다. 저녁을 먹고 자리에 누웠으나 쉬 잠이 오지 않았다. 천재일우의 기회가 코앞으로 다가왔다. 이제 내일이면 거사를 치르게 된다. 거사 실패는 아예 생각조차도 하지 말기로 했다.

'이날을 위해 그간 얼마나 먼 길을 돌아왔던가. 이제 내 손으로 이토를 처단할 수 있겠구나.'

머릿속에서 이런 생각이 맴돌자 안중근은 가벼운 흥분이 일기 시작했다. '천명(天命)' 두 글자를 되새기며 잠을 청했으나 그새 잠이 달아난 뒤였다. 결국 안중근은 뜬눈으로 밤을 지새우다시피 했다.

'나는 신을 보는 느낌이었다'

10월 26일, 마침내 운명의 날이 밝았다. 안중근은 아침 일찍 자리에서 일어났다. 대략 6시경이었다. 독실한 천주교 신자로서 매일 하는 아침기도지만 그날은 좀 특별했다. 안중근은 한동안 방바닥에 꿇어 엎드려 마음속으로 간절한 기도를 올렸다.

뤼순 전적(戰跡)을 시찰하는 이토 히로부미와 일행(위) 　　이토는 뤼순에서 하얼빈으로 이동한다.
하얼빈역에 도착해 열차에서 내리는 이토 히로부미(아래, 동그라미 표시)

'부디 오늘의 거사가 성공할 수 있도록 도와주시옵소서!'

출발에 앞서 안중근은 복장을 새로 갖추었다. 사흘 전 하얼빈에서 산 새 옷을 모두 벗어놓고 수수한 검은색 양복에 외투를 걸쳤다. 모자도 하나 챙겼다.

정거장에 도착하니 오전 7시쯤이었다. 이토를 맞이하기 위해 이른 아침부터 러시아 군인들이 분주히 움직이는 모습이 눈에 들어왔다. 정거장 구내 출입은 별다른 제한이 없었다. 참으로 다행스러웠다. 안중근은 구내 찻집으로 향했다. 이토가 도착하려면 앞으로도 두 시간 가량 남았다. 안중근은 차를 두세 잔 거듭 마시면서 연거푸 창 밖을 내다보았다. 서서히 사람들이 모여들기 시작했다. 주로 이토를 환영하러 나온 일본인들이다. 다행히 주변에서 안중근을 수상하게 여기는 사람이 없었다.

오전 9시경, 이토가 탄 특별열차가 플랫폼에 도착했다. 이토 저격 전후의 상황을 안중근의 법정 진술을 통해 살펴보자.

내가 찻집에서 차를 마시고 있는데 열차가 도착했다. 그와 동시에 음악이 연주되었고, 병대(兵隊, 군대)가 경례하는 것을 보았다. 나는 차를 마시면서 '하차하는 것을 저격할까, 아니면 마차에 타는 것을 저격할까' 하고 생각했는데 일단 상황이라도 보려고 나가 보니 이토는 기차에서 내려 많은 사람들과 함께 영사단(領事團) 쪽으로 병대가 정렬한 앞을 행진하고 있었다. 그래서 나는 그 뒤쪽에서 같은 방향으로 따라갔지만 누가 이토인지는 분별이 가지 않았다. 자세히 보니 군복을 입은 것은 전부 러시아인이고 일본인은 모두 사복을 입고 있었는데 그중 맨 앞에서 행진하는 사람이 이토라고 생각했다. 그리고 내가 러시아 병대의 대열 중간쯤 지점으로 갔을 때 이토는 그 앞에 열 지어 있던 영사단 앞에서 되돌아왔다. 그래서 나는 병대의 열 사이에서 안으로 들어가 손을 내밀고 맨 앞에서 행진하고 있는 이토라고 생각되는 사람을 향해 십 보 남짓의 거리에서 그의 오른쪽 상박부를 노리고 세 발 정도를 발사했다. 그런데 그 뒤쪽에도 또 사복을 입은 사람이 있었기 때문에 그가 혹시 이토가 아닌가 생각하고 그 쪽을 향해 두 발을 발사했다. 그리고 나는 러시아 헌병에게 잡혔다. ─〈안중근 외 3명 제1회 공판 시말서〉, 1910년 2월 7일, 관동도독부 지방법원

안중근이 이토에게 쏜 총알은 모두 세 발이었다. 첫 발은 이토의 가슴에 명중했다. 그러나 군악대 연주와 화포 소리가 요란해 아무도 이를 눈치채지 못했다. 두 번째 발은 이토의 늑골에 명중했다. 그제야 군경과 환영단이 총격사건을 알아채고 사방으로 흩어졌다. 그 틈을 타 안중근은 마지막으로 세 번째 총알을 발사했다. 이번에는 이토의 복부를 관통했다. 세 번째 총알을 맞고 이토는 그 자리에 고꾸라졌다.

순식간에 일어난 일이어서 손쓸 겨를도 없었다. 안중근이 쏜 총은 브라우닝식 7연발이어서 세 발이 잇달아 발사되었다. 게다가 안중근은 포수 출신인 데다 이토와의 거리가 불과 십 보(5미터 정도) 거리여서 거의 조준사격이나 마찬가지였다. 한 발도 오차 없이 세 발 모두 안중근이 의도한 곳에 명중되었다.

총을 맞은 이토는 즉시 열차 안으로 옮겨졌다. 이토는 걸을 수가 없는 상태여서 몇 사람이 함께 안아서 옮겼다. 이토는 오전 10시경 열차 안에서 숨을 거두었다.

안중근은 추가로 세 발을 더 쏘았다. 이는 안중근이 이토의 얼굴을 자세히 알지 못해 혹시 엉뚱한 사람을 쏘았을 수도 있다고 생각한 터였다. 세 발은 이토를 수행하던 가와카미 도시히코(川上俊彦) 하얼빈 총영사, 모리 야스지로(森泰二郎) 비서관, 다나카 세이지로(田中淸次郎) 만철(滿鐵) 이사 등이 각각 한 발씩 맞았다. 셋 다 중경상을 입었다. 안중근의 7연발 권총에 장전된 일곱 발 가운데 한 발은 남았는데 일부러 남긴 것은 아니었다. 당시 안중근은 실패할 경우를 대비해 품 안에 작은 해군용 칼도 하나 갖고 있었다.

현장에서 총을 맞고 부상을 입은 다나카는 뒷날 거사 현장에서 본 안중근의 모습을 다음과 같이 회고했다.

나는 당시 현장에서 10여 분간 안중근을 볼 수 있었다. 그가 총을 쏘고 나서 의연히 서 있는 모습을 보는 순간 나는 신(神)을 보는 느낌이었다. 그것도 음산한 신이 아니라 광명처럼 밝은 신이었다. 그는 참으로 태연하고 늠름했다. 나는 그같이 훌륭한 인물을 일찍이 본 적이 없었다.

안중근이 거사에 성공한 결정적인 요인은 대략 세 가지다. 첫째, 나이가 어려 분위기 파악을 제대로 못한 유동하가 '미심쩍은 전보'를 보내 안중근을 하얼빈으로 불러들인 점이다. 둘째, 이토가 사열을 받으러 열차에서 내린 점이다. 셋째 일본이 러시아 측의 동양인 검문 요청을 받아들이지 않아 안중근이 역 구내로 자유롭게 출입이 가능했다는 점 등이다. 이 셋 가운데 어느 한 가지라도 맞아떨어지지 않았더라면 안중근의 거사는 성공하지 못했을 것이다.

이토를 저격하는 장면을 그린 기록화(위, 박영선 그림)
중국 하얼빈역 구내 안중근 의사의 거사 장소와 기념팻말(아래)

2014년 하얼빈역에 세워진 안중근기념관 입구

뤼순감옥서 강도 높은 조사받다

거사에 성공한 후 안중근은 들고 있던 총을 내던졌다. 그리고는 그 자리에서 신께 감사하는 성호(聖號)를 그렸다. 그리고는 이내 하늘을 향해 큰소리로 세 차례 외쳤다.

"코레아 우라!(대한 만세)"

그제야 러시아 헌병들이 달려들어 안중근을 체포했다. 안중근은 조금도 저항하지 않고 순순히 체포에 응했다.

거사 직후 안중근은 러시아 헌병들에게 이끌려 역 구내 헌병 분파소(파출소)로 갔다. 이들은 안중근의 옷을 벗겨 몸 검사를 한 다음 사진을 찍었다. 잠시 뒤 러시아 검찰관이 통역을 대동하고 나타났다. 검찰관은 안중근에게 성명, 국적 등을 물은 뒤 어디서 왔으며, 왜 이토를 죽였는지 등에 대해 간단한 조사를 했다.

그날 밤 10시경 러시아 장교가 안중근을 마차에 태워 어디론가 데리고 갔다. 마차가 도착한 곳은 하얼빈 주재 일본 총영사관이었다. 러시아는 안중근을 당일로 일본 측에 넘겼다. 안중근은 일본 총영사관 지하 감방에서 의거 후 첫 밤을 맞았다.

나중에 재판과정에서 재판관할권 문제가 논란거리로 등장했다. 가해자는 한국인, 피해자는 일본인, 사건 발생 장소는 청국 땅 하얼빈이었는데 당시 하얼빈은 동청철도(東淸鐵道) 부속지로 러시아 정부의 행정권이 미치는 곳이기 때문이었다. 따라서 상식적으로 볼 때 재판관할권은 러시아 정부에 있었다. 하지만 일본이 청일전쟁으로 점령한 중국 뤼순(旅順, 여순)의 관동도독부 지방법원이 담당하는 것으로 결론이 났다. 가해자가 한국국적이라는 이유로 한국을 '보호'

거사 직후 체포된 안중근 의사의 모습과 공범으로 체포된 인사들   첫째줄 안중근, 우덕순,
유동하. 둘째줄 조도선, 정대호, 탁공규. 셋째줄 김형재, 김성옥, 김려수

중이던 일본이 재판권을 갖는다는 명목이었다. 일본의 속셈이 그대로 통한 것이다. 우선 뤼순에서 할 경우 국제여론에서 벗어날 수 있었다. 게다가 관동도독부 지방법원은 단독판사여서 일본 정부의 의지대로 조종할 수 있었다. 물론 여기에는 러시아의 묵인과 협조가 있었다.

이튿날부터 일본 총영사관 측은 러시아 자료를 토대로 안중근에 대해 두 차례 자체조사를 벌였다. 그리고는 일본 외무성의 지시에 따라 10월 28일 사건 일체를 관동도독부 지방법원 미조부치 다카오 (溝淵孝雄) 검찰관 앞으로 송치했다.

안중근의 거사 직후 러시아군은 특별검거령을 내렸다. 차이자거우에서 우덕순과 조도선이 체포된 데 이어 하얼빈에서는 유동하, 김성백, 정대호 등이 체포되었다.

미조부치 검찰관은 의거 4일 뒤인 10월 30일에 첫 신문을 개시했다. 신문 장소는 하얼빈의 일본 총영사관 지하 감옥이었다. 이 신문에는 미조부치 검찰관 이외에도 소노키 스에요시(園木末喜) 통역 등이 참석했다.

안중근의 진술 내용을 일부 발췌해 소개하면 다음과 같다.

검찰관	성명, 나이, 직업, 신분, 주소, 본적지, 그리고 출생지를 말하라.
안응칠	이름 안응칠, 나이는 서른한 살, 직업은 포수, 신분은…
검찰관	한국에서 피고가 평소에 가장 존경하는 사람은 누구인가.
안응칠	그런 사람은 특별히 없다.

검찰관	그러면 피고가 평소에 적대시하고 있는 사람은 누구인가.
안응칠	이전에는 별로 그런 사람이 없었는데 최근에 한 명 생겼다.
검찰관	그게 누구인가.
안응칠	이토 히로부미이다.
검찰관	이토 공작을 왜 적대시하는가.
안응칠	그 이유는 많다. 즉 다음과 같다. (이후 이토의 죄상 15개 항목을 설명함)
검찰관	피고는 한국의 장래가 어떻게 될 것이라고 생각하는가.
안응칠	만약 이토가 살아 있다면 한국뿐만 아니라 일본도 결국 멸망할 것이라고 생각한다. 하지만 이토가 사망한 이상 이후 일본은 충분히 한국의 독립을 보호하여 실로 한국은 부강해질 수 있으며, 그 밖의 동양 각국의 평화 또한 유지될 것이라고 생각한다.
검찰관	피고는 혼자서 (거사를) 실행했는가.
안응칠	그렇다. 혼자서였다.
검찰관	피고는 전부터 이토 공을 한국 또는 동양의 적으로 생각하고 죽이려고 결심하고 저격한 것인가.
안응칠	그렇다. 나는 삼년 전부터 이토를 죽이려고 결심하고 있었다. 처음에 나는 일본을 신뢰하고 있었는데 점점 한국이 이토에 의해 불행해져서 내 마음은 변했고 결국 이토를 적대시하기에 이르렀다. 이는 나뿐만이 아니라 한국의 이천만 동포 모두가 같은 마음이다.

첫 신문에서부터 안중근은 이토를 처단한 이유를 거침없이 말했다. 조선의 왕비(명성황후)를 살해한 죄 등 '이토의 죄상 15가지'가 그것이다. 안중근은 일본이 한국을 개화(근대화)시켜준 데 대해서는 감사를 표했다. 그러나 일본의 '보호정치' 등에 대해서는 한국의 '진보나 편리'가 아니라고 단호하게 반박했다. 특히 1907년에 일제가 고종황제를 폐위시킨 점에 대해서는 극도의 분노를 표했다. 그런 연유로 3년 전부터 이토를 죽일 생각을 갖고 있었노라고 밝혔다.

이날 안중근의 진술 가운데는 사실과 다른 내용도 더러 있었다. 가족사항 등 가장 기초적인 것부터 시작해 한두 가지만 확인하면 금세 밝혀질 사안에 대해서도 허위진술을 했다. 예를 들어 고향에 처자가 엄연히 살아 있음에도 처자가 없다고 했다. 또 하얼빈 거사는 안중근 자신이 혼자서 결행했고, 의거 전날 하얼빈 정거장(역)에서 밤을 새웠다거나 동지 우덕순을 모르는 사람이라고 한 것 등이 그것이다. 이런 내용들은 뒤이은 신문에서 모두 거짓으로 밝혀졌다. 안중근이 허위진술을 한 이유는 간단하다. 우덕순 등 공모자와 협력자들을 보호하기 위해서였다.

안중근은 첫 신문에서 직업을 '포수'라고 했다가 나중에 '의병'이라고 번복했다. 또 처자에 대해서는 11월 14일 2차 신문 때 검찰관이 "피고의 처자가 지금 하얼빈에 와 있다"며 정색을 하고 묻자 그제야 사실을 털어놨다. 안중근은 "삼 년 전부터 처자는 없는 셈 치고 동양의 평화만을 위해 온 힘을 다하고 있었기 때문에 없다고 한 것"이라며 "실제로는 처자가 있다"고 밝혔다.

이 밖에도 안중근은 거사 전날 밤 하얼빈 정거장에서 묵었다고 한 진술 역시 "거짓말이었다"고 실토했다. 실지로는 김성백의 집에서 잤다. 이때문에 거사 당일 정거장에 있던 중국인들과 찻집 주인 등이 러시아 관헌에게 붙잡혀가 곤욕을 치렀다.

그런데도 안중근은 동지들을 보호하기 위해 끝까지 거짓진술을 마다하지 않았다. 자신의 절친한 동지이자 후원자인 〈대동공보〉 주필 이강에 대해 "별로 친하지 않다"고 진술했다. 또 유동하의 진술을 두고 "절반은 거짓말"이라거나 '공범' 우연준(우덕순)에 대해서는 '믿을만한 사람이 되지 못한다'는 투로 말하기도 했다. 검찰관의 유도신문에도 안중근은 끝까지 넘어가지 않았다.

안중근은 우덕순을 보호하기 위해 거짓진술은 물론이요, 우덕순의 인격을 모독하는 발언도 서슴지 않았다. 그러나 안중근은 이틀 뒤 5회 신문에서 "우덕순은 믿을 만한 자라고 생각한다"며 결국 번복했다. 더 이상은 버틸 재간이 없었던 모양이다.

첫 회 신문에서 미조부치 검찰관은 우선 안중근의 인적사항 등 기초적인 몇 가지를 확인했다. 그리고는 곧바로 이토를 살해한 이유를 따져 물었다. 사건의 핵심이라고 할 수 있는 사안이었다. 이에 대해 안중근은 한 치의 망설임도 없이 즉석에서 '이토의 죄상 15가지'를 열거했다. 내용도 구체적일 뿐더러 어조도 단호했다.

안중근은 당시 한국의 시국상황 전반을 두루 꿰고 있었다. 검찰관 신문 때도 밝혔지만 안중근은 한국에서 발행되던 〈대한매일신보〉, 〈황성신문〉, 〈제국신문〉을 비롯해 미국에서 발행되고 있던 〈공립신보〉, 그리고 블라디보스토크에서 나오는 〈대동공보〉 등을 두루 탐독하고 있어서 당시 국내외 정세에 대해 해박했다.

신문 과정에서 안중근은 이토 처단은 개인감정 때문이 아니라고 거듭 밝혔다. 안중근은 누차에 걸쳐 동양평화를 위해 이토를 처단했

이토 히로부미 죄상 15가지

1. 한국 명성황후를 시해한 죄요,
2. 한국 고종황제를 폐위시킨 죄요,
3. 을사5조약과 정미7조약을 강제로 체결한 죄요,
4. 무고한 한국인들을 학살한 죄요,
5. 정권을 강제로 빼앗아 통감정치를 한 죄요,
6. 철도, 광산, 산림 농지를 강제로 빼앗은 죄요,
7. 제일은행권 지폐를 강제로 사용한 죄요,
8. 군대를 강제로 해산시킨 죄요,
9. 민족교육을 방해한 죄요,
10. 한국인들의 외국유학을 금지시킨 죄요,
11. 교과서를 압수하여 불태워 버린 죄요,
12. 한국인이 일본인의 보호를 받고자 한다고
    세계에 거짓말을 퍼뜨린 죄요,
13. 현재 한국과 일본사이에 전쟁이 쉬지 않고 살육이 끊이지
    않는데, 한국이 태평무사한 것처럼 위로 천황을 속인 죄요,
14. 대륙침략으로 동양평화를 깨뜨린 죄요,
15. 일본 천왕의 아버지 태황제를 죽인 죄이다.

이토 히로부미의 모습과 안중근 의사가 재판정에서 밝힌 이토 히로부미의 죄상 15가지(오른쪽)

다고 밝혔다. 그가 사형선고를 받고 감옥에서 〈동양평화론〉을 집필한 것이 바로 그 증거다. 안중근이 이토를 처단한 것은 단순히 '협객' 차원의 거사가 아니었다. 독실한 천주교인으로서 한국과 동양의 평화를 위해 일신을 내던진 거룩한 희생이었다.

한 가지 특기할 것은 '이토의 죄상 15가지' 가운데 그 첫 번째다. 1895년 10월 8일 새벽, 일본 정부의 사주를 받은 낭인 패거리들은 경복궁을 급습해 명성황후를 살해하고 시신을 불태웠다. 소위 '을미사변' 같은 참극은 동서고금을 두고도 흔치 않은 일이다. 안중근은 이 일을 이토의 죄상 가운데 첫 번째로 꼽았다. 백범 김구가 이와 비슷한 사례를 남겼다. 을미사변 이듬해인 1896년 3월, 백범은 황해도 안악 치하포에서 한 일본인을 맨손으로 때려죽였다. '국모 시해 원수를 갚기 위해서'였다. 이 일로 백범은 난생처음 옥살이를 했다.

안중근 신문을 맡은 미조부치 검찰관은 도쿄대 출신으로 형사소송법 전공자였다. 안중근이 밝힌 이토 처단 이유에 대해 미조부치의 반응은 어떠했을까?

신문조서는 검찰관과 피고 간의 문답으로만 구성되어 있다. 따라서 수사 이외의 사항에 대해서는 아무런 내용도 기록되어 있지 않다. 다만 안중근이 뤼순감옥에서 쓴 〈안응칠 역사〉에 관련 내용이 한 대목 전한다. 놀랍게도 미조부치는 '범인' 안중근을 '의사(義士)'라고 부르며 한껏 칭송했다고 한다.

검찰관이 다 듣고 난 뒤에 놀라면서 하는 말이, "이제 진술하는 말을 들으니 참으로 동양의 의사(義士)라 하겠다. 자기는 의사이니까 반드시 사형 받을 법은 없을 것이니 걱정하지 말라"는 것이었다. 나는 대답하되, "내가 죽고 사는 것은 논할 것 없고 이 뜻을 속히 일본 천황폐하에게 아뢰어라. 그래서 속히 이등의 옳지 못한 정략을 고쳐서 동양의 위급한 대세를 바로잡도록 하기를 간절히 바란다" 하고 말을 마치자 또 지하실 감옥에 가두더니 다시 4~5일 뒤에 말하되, "오늘은 이로부터 여순구(旅順口)로 갈 것이다" 하는 것이었다.

미조부치 검찰관의 말대로 며칠 뒤 안중근은 뤼순감옥으로 옮겨졌다. 일행은 안중근을 비롯해 우덕순, 조도선, 유동하, 김성옥, 정대호, 김여수, 김형재, 탁공규 등 총 9명이었다. 일행은 두세 사람씩 결박당한 채 열차로 호송되었다.

하얼빈을 출발한 일행은 창춘 헌병대에서 하룻밤을 묵었다. 이튿날 다시 기차를 타고 가다가 어느 역에선가 잠시 머물렀다. 그때 일본 순사가 하나 열차로 올라오더니 대뜸 안중근의 뺨을 주먹으로 후려갈겼다. 일본인 다수가 존경하는 이토를 살해한 데 대한 보복 같았다. 얼떨결에 뺨을 맞은 안중근은 성을 내며 순사를 향해 욕 한마디를 내뱉었다. 그러자 호송을 맡고 있던 헌병이 그 순사를 열차에서 끌어내렸다. 그는 안중근에게 위로의 말을 한 마디 건넸다.

"어느 나라에나 좋지 못한 사람이 있으니 성내지 마시오."

안중근은 속으로 '병 주고 약 주나' 싶었다.

안중근 일행은 11월 3일, 뤼순감옥에 도착했다. 이후 근 열흘간 안중근 일행은 아무런 조사도 받지 않았다.

미조부치 검찰관의 2차 신문이 시작된 것은 11월 14일이고 장소는 뤼순감옥이었다. 이로부터 26일까지 총 여섯 차례에 걸쳐 검찰관의 신문이 계속되었다. 안중근은 공모사실을 부인하면서 자신의 단독거사임을 거듭 주장했다.

11월 24일 6회 신문에서는 '단지동맹'을 처음으로 시인했다. 또 청일·러일전쟁, 일본의 한국 보호정치, 이토의 공훈 등을 놓고 검찰관과 이념논쟁을 벌이기도 했다.

26일로 검찰의 1차 신문이 끝났다. 그러자 당일로 경찰이 신문을 이어갔다. 심문관은 한국의 통감부에서 파견된 사카이 요시아키(境喜明) 경시(警視, 총경급)였다. 사카이는 통감부의 현직 고위경찰로 한국어가 능통해 통역이 필요 없을 정도였다. 노회한 사카이는 안중근이 이토를 오해해 살해했다는 허위자백을 받아내려고 시도했다. 이는 하얼빈 의거의 뜻을 훼손시키려는 의도였다. 물론 안중근의 거부로 그의 뜻대로 되지는 않았다.

사카이는 1차로 12월 중순까지 총 12회에 걸쳐 신문했다. 그는 안중근에게 망명 배경, 의병활동, 단지동맹 건, 거사자금의 출처, 동양평화론, 이토 처단 배경 등에 대해 집요하게 추궁했다. 12월 3일 6회 신문에서 안중근은 그간의 진술이 허위임을 실토했다. 그러면서 그간 공개하지 않았던 '단지동맹' 동지 12명의 명단도 밝혔다.

검찰과 경찰의 신문은 강도가 높았으나 뤼순감옥의 대우는 예상외로 좋았다. 신문 때문에 거의 날마다 만나다보니 안중근은 사카이 경시와도 '정다운 옛 친구'처럼 친근해졌다. 미조부치 검찰관은 신문을 마친 뒤 항상 이집트 담배를 권하곤 했다. 당시 상황을 안중근이 쓴 글을 통해 살펴보자.

감옥에 갇힌 뒤로 날마다 차츰 가까이 지내게 되는 중에 전옥(典獄, 교도소장)과 경수계장(警守係長)과 일반관리들도 나를 후대하므로 나는 느껴움을 이기지 못하고 마음속에 이것이 정말인가 꿈인가를 의심했었다.

"같은 일본인인데 어째서 이같이 서로 다른 것인가. 한국에 와있는 일본인은 강폭하기가 말할 수 없는데 여순구(口)에 와 있는 일본인은 어째서 이같이 어질고 후한가. 한국과 여순구에 있는 일본인은 종자가 달라서 그런 것인가. 풍토기후가 달라서 그런 것인가. 한국에 있는 일본인들은 권세 맡은 이등이 악하기 때문에 그 마음을 본떠서 그러하고 여순구에 있는 일본인들은 권세 맡은 도독(都督)이 인자해서 그 덕에 감화되어 그런 것인가?" 하고 아무리 생각해 보아도 그 까닭을 알지 못했다. — 〈안응칠 역사〉 중에서 비단 이뿐만이 아니었다. '안응칠 역사'에 따르면, 구리하라 사다키치(栗原貞吉) 전옥과 나카무라(中村) 경수계장의 후대는 실로 각별했다. 매주 한 차례씩 목욕을 시켜주고 하루 세 끼 모두 쌀밥에, 우유도 날마다 한 병씩 주었다. 또 겨울철에 대비해 고급 내복과 솜이불도 네 벌이나 지급했다. 이 밖에도 매일 오전 오후 한 차례씩 사무실로 데려가 서양담배와 과자, 차를 권했다.

미조부치 검찰관도 마찬가지였다. 그는 안중근에게 닭과 담배 등을 사 넣어 주기도 했다. 안중근과 미조부치는 서로 입장이 달랐지만 인간적으로는 교감하는 바가 없지 않았다. 미조부치는 안중근과의 첫 대면에서 "그대는 한국을 위하여 실로 충군애국(忠君愛國)한 사(士)"라거나 "그대는 엽부(獵夫, 사냥꾼)라 하나 앞서부터의 응답에 의하면 엽부라고는 생각할 수 없는 점이 있다"며 안중근을 높이 평가했다.

그렇다고 쳐도 안중근은 수감 중인 죄수, 그것도 일급 중죄인 신분이었다. 뤼순감옥 측의 이 같은 후대는 도저히 있을 수 없는 일이었다. 그야말로 특별대우였다.

12월 1일, 영국인 변호사 더글러스와 블라디보스토크 주재 러시아인 변호사 미하일로프가 안중근을 면회했다. 블라디보스토크 동지들의 의뢰를 받고 온 사람들이었다. 이들은 법원으로부터 변론 허가를 받았다며 공판이 개시되면 다시 오겠다고 했다. 중죄인인 자신에게 일본 법원이 변호인의 변론을 허가해주다니 안중근 스스로가 의아스러울 정도였다. 오죽하면 자신이 이토를 오해를 한 것이 아닌지 자문(自問)했겠는가. 심지어 이토에게 '과격수단', 즉 총으로 그를 저격한 것을 두고 자신이 망동(妄動)을 한 것이 아니었는지 의심이 들 정도였다고 고백했다.

이처럼 수감생활 초기 일본은 안중근에 대해 극도의 선심정책을 썼다. 검찰관, 심문경찰관, 교도소장, 경수계장 등이 총동원되어 후대와 함께 물량공세를 폈다. 안중근으로서는 뜻밖의 환대에 놀랍고 또 혼란스러웠을 것이다. 이는 안중근이 일제의 의도를 제대로 간파하지 못한때문이었다.

일제의 회유공작과 안중근의 의연한 공판투쟁

안중근에 대한 조사(신문)는 두 계통에서 이루어졌다. 하나는 재판을 담당한 관동도독부 지방법원 소속 미조부치 검찰관, 또 하나는 일본 외무성이 파견한 구라치 데쓰키치(倉知鐵吉) 정무국장과 한국 통감부에서 파견한 사카이 경시의 신문이었다. 안중근은 3개월 사이에 검찰 조사 11차례, 경찰 조사 14차례 등 총 25차례의 조사를 받았다.

두 계통에서 이루어진 신문은 기관의 성격상 그 목적에서 차이가 있었다. 미조부치 검찰관의 신문은 이토 살해사건의 실체적 진실을 파악하는 것이 주목적이었다. 나아가 안중근의 하얼빈 거사가 잘못된 판단에서 비롯된 편협하고 무지한 행동임을 입증하려고 노력했다. 미조부치는 신문과정에서 이 점을 집요하게 추궁했으며, 더러는 안중근과 이념논쟁을 벌이기도 했다.

반면 일본 외무성과 조선 통감부의 조사방향은 달랐다. 안중근 사건에 연루된 자들과 그들의 주변세력을 조사하는 데 주안점을 두고 있었다. 일제는 이 사건을 빌미로 독립운동 조직을 색출하려고 했다. 당시 일제는 한국 병탄을 앞두고 독립운동가들을 일망타진하기 위해 혈안이 되어 있었다.

1910년 2월 1일, 미조부치 검찰관은 안중근, 우덕순, 조도선, 유동하 등 4명을 정식기소했다. 이들은 당일로 관동도독부 지방법원 형사부로 송치되었다. 미조부치가 적시한 '사실의 표시'라는 이름의 기소장 내용은 다음과 같다.

피고 안중근은 추밀원 의장 공작 이토 히로부미 및 그의 수행원을 살해하고자 결심하고 메이지 42년(1909년) 10월 26일 오전 아홉 시가 지나서 러시아 동청철도 하얼빈역에서 미리 준비한 권총을 발사하여 공작을 살해하고, 또 공작의 수행원인 총영사 가와카미 도시히코, 궁내대신 비서관 모리 야스지로, 남만주철도주식회사 이사 다나카 세이지로의 각 팔과 다리, 그리고 가슴 등에 총상을 입혔다. 이 세 명은 살해되지 않음.

안중근과 연루자 3명이 송치되자 일제는 이들의 신변안전 및 재판 준비에 극도로 신경을 썼다. 우선 이들이 수감된 뤼순감옥과 지방법원 주변에 삼엄한 경계를 폈다. 또 뤼순항에는 일제가 급파한 여러 척의 함선이 해안경계를 펴기도 했다. 한국의 의병들이 이들을 탈출시킬지도 모른다는 정보가 나돌았기 때문이다.

일제는 또 이들을 감옥에서 법원까지 압송하는 데 사용할 호송용 마차를 일본에서 특별히 제작해 들여왔다.

이 밖에도 일제는 방청객들이 지켜야 할 의무사항을 새로 만들었다. 방청객들과 보도통제를 위해서였다. 세인의 관심이 집중된 중대 사건인 만큼 일제로서는 신경을 쓰지 않을 수가 없었던 것이다.

1910년 2월 7일 오전 9시, 뤼순 지방법원 형사법정에서 첫 공판이

1910년 2월에 뤼순감옥에서 쓴 안중근의 유묵 '독립(獨立)'

열렸다. 재판장 마나베 주조(眞鍋十藏), 검찰관 미조부치의 입회 아래 소노키의 통역으로 재판이 진행되었다. 변호인으로는 미즈노 요시타로(水野吉太郞)와 가마다 마사하루(鎌田正治) 두 관선 변호인이 출두했다.

일제는 당초 외부 변호인 선임을 허가했으나 도중에 관선 변호인으로 대체시켰다. 첫 공판 당일 한국인 변호사 안병찬(安秉瓚)과 영국인 변호사 더글러스 역시 법정에 참석했으나 변호권이 없어 방청석에서 구경만 했다.

세기의 재판인 만큼 이날 법정에는 방청객이 구름처럼 몰려들었다. 방청객의 대다수는 일본인들로 자신들의 영웅을 살해한 범인을 직접 보려고 모여든 사람들이었다. 이들 가운데 230여 명은 방청권을 교부받아 법정에 입장했다. 나머지 사람들은 법원 정문에서 호송되는 안중근 일행을 지켜보았다.

안중근 등 피고인 4인은 단정한 머리에 비교적 건강한 모습이었다. 공판에 앞서 이들은 머리를 깎고 목욕을 했다. 그러나 복장은 초라하기 짝이 없었다. 안중근은 깃을 접은 양복에 스카치 바지를 입었는데 상하 모두 매우 낡은 것이었다. 나머지 세 사람은 모두 깃을 세운 양복을 입고 있었다. 방청객들은 이들의 초라한 복장을 보고 상당히 의외로 받아들였다.

총 6차에 걸친 공판은 지루하고 알맹이도 별로 없었다. 마나베 재판장 혼자서 묻고 4명의 피고인들이 답하는 형식으로 진행되었다. 별다른 논쟁도 없이 재판은 일사천리로 진행되었다. 검찰관 등의 신문 과정에서 나온 사안들을 확인하는 정도에 불과했다. 불과 일주일 만에 끝난 공판은 이미 각본대로 짜인 듯한 냄새를 풍겼다.

불길한 조짐은 그 이전부터 있었다. 11월경 안정근·공근 두 동생이 면회를 다녀간 직후였다. 신문 초기에는 살갑고 과도할 정도의 친절과 호의를 베풀던 미조부치 검찰관이 하루아침에 돌변했다. 안중근을 대하는 말과 행동이 이전과는 아주 딴판이었다. 미조부치는 평소와 달리 안중근을 억압하거나 심지어 능욕, 모멸감을 주기도 했다. 안중근은 장차 다가올 재판에서 왠지 불길한 예감을 느꼈다. 그때의 일을 안중근은 다음과 같이 술회했다.

나는 스스로 생각하되, '검찰관의 생각이 이같이 돌변해진 것은 아마 제 본심이 아니요, 어디서 딴 바람이 불어 닥친 것일 것이다. 그야말로 도심(道心)은 희미하고 인심은 위태롭다더니 빈 문자가 아니로구나' 하고 분해서 답하기를, "일본이 비록 백만 명 군사를 가졌고 또 천만 문(門)의 대포를 갖추었다 해도 안응칠의 목숨 하나 죽이는 권세밖에 또 무슨 권세가 있을 것이냐, 인생이 세상에 나서 한 번 죽으면 그만인데 무슨 걱정이 있을 것이냐, 나는 더 대답할 것이 없으니 마음대로 하라"고 했다.

이때로부터 나의 장래 일은 크게 잘못되어져서 공판도 반드시 잘못 판단될 것이 명확한 일이었다. — 〈안응칠 역사〉 중에서

그런 조짐은 변호인 선임 때부터 서서히 현실로 나타났다. 미하일로프, 더글러스 두 변호사는 1909년 12월 1일자로 변호인 선임 신고서를 뤼순 지방법원에 제출했다. 초창기 뤼순 지방법원은 이들에게 안중근 변호를 허락할 뜻을 밝혔다. 이 소식을 전해들은 안중근은 일본이 '일등 문명국'이라며 감격하기도 했다.

그러나 꼭 두 달 만에 이 같은 방침은 180도 달라졌다. 이듬해 2월 1일에 마나베 재판장은 미하일로프, 더글러스 두 변호인의 변론 신청에 대해 '불허 결정'을 내렸다. 이유는 안중근 재판의 결과를 확신할 수 없었기 때문이었다. 안중근은 이토를 처단한 배경을 두고 '사사로운 개인감정 때문이 아니라 동양평화를 위해서'라고 주장했다. 자칫 재판과정에서 안중근이 '정치적 확신범'으로 인정될 경우 사형선고가 어려울 수도 있다고 본 것이다. 일본으로서는 이미 '뼈아픈 경험'을 갖고 있었다.

1908년 3월, 전명운(田明雲)·장인환(張仁煥) 두 의사가 미국 샌프란시스코에서 친일 미국인 스티븐스를 처단했다. 두 사람 가운데 먼저 거사를 시도했으나 권총 불발로 실패한 전명운은 재판투쟁 끝에 무죄로 풀려났다. 반면 전명운에 이어 두 번째로 스티븐스를 쏘아 죽

재판정의 안중근 의사(오른쪽에서 첫 번째)

인 장인환은 재판에서 사형이 구형되었다. 그러나 변호인이 장인환의 거사는 '애국행위'라며 무죄를 주장했다. 그 결과 재판부는 장인환에게 2급 살인죄를 적용해 25년 금고형을 선고했다.

불안감을 느낀 일본 정부는 궁리 끝에 외부 변호인의 변론을 제한하기로 결정했다. 두 관선 변호인은 하얼빈 의거의 정치적인 배경 같은 것은 제쳐둔 채 주로 법 적용의 문제점을 따졌다. 미조부치 검찰관이 안중근에게 사형을 구형하자 이틀 뒤 열린 5차 공판에서 안중근에게 미즈노는 '징역 3년', 가마다는 '무죄'를 각각 주장했다. 그러나 이들은 사건을 제대로 파악하지 못한 채 본질을 호도시키는 엉터리 변론으로 일관했다.

2월 7일 첫 공판에서 마나베 재판장은 안중근에게 인적사항, 망명 후의 활동, 독립사상을 갖게 된 시기, 〈대동공보〉와의 관계, 이토 저격 당시 상황, 단지동맹 등 사건 전반에 대해 신문했다.

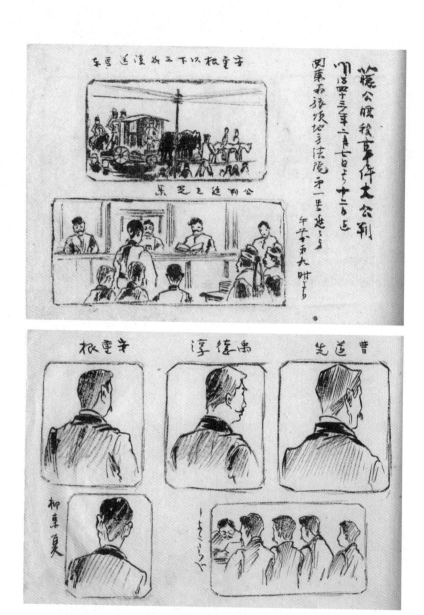

〈만주일일신문(滿洲日日新聞)〉에 실린 공판 광경 삽화

안 의사가 재판정으로 호송되는 장면부터 재판받는 모습, 일본인 판사, 검사, 변호인들, 방청석의 모습 등이 묘사되어 있다.

의병활동과 관련해 마나베 재판장이 "피고의 직속상관이 누구냐?"고 묻자 안중근은 "김두성(金斗星)이다"라고 답했다. 김두성은 블라디보스토크에서 조직된 의병 연합부대의 8도 총독(總督)으로 불린 인물이다. 일각에서는 김두성은 실존인물이 아니라 춘천 출신의 의병장 유인석(柳麟錫)이라는 주장도 있다. 안중근은 김두성 의병부대의 참모중장으로 선출되어 여러 전투에 참가했다고 주장한 바 있다.

9일 3차 공판에서 안중근은 자신이 거사를 결행한 이유를 명쾌하게 밝혔다.

나는 헛되이 살인을 좋아해서 이토를 죽인 것이 아니다. 이번 거사는 나 일개인을 위한 것이 아니고, 동양평화를 위해 한 것이다.… 나는 삼 년간 도처에서 유세도 하고 또 의병의 참모중장으로서 각지의 싸움에 참가했다. 이번 거사도 한국 독립전쟁의 하나로 나는 참모중장으로서 한국을 위해 결행한 것이지 보통의 자객(刺客)으로서 저지른 것이 아니다. 따라서 지금 나는 피고인이 아니라 적군에 의해 포로가 되어 있는 것이라고 생각하고 있다.

안중근은 자신의 거사가 개인의 영달이나 사사로운 개인감정에서가 아니라 동양평화와 한국의 독립전쟁 차원에서 행한 것이라고 밝혔다. 따라서 자신은 형사법정의 피고가 아니라 전쟁을 하다가 적군에 붙잡힌 포로라고 주장했다. 안중근의 얘기는 계속되었다.

이토는 한국과 일본에 대한 역적이다. 특히 이토는 앞서 한국인을 교사(敎唆)하여 민비를 살해하게 한 일도 있다. 또 이런 일은 이미

신문 등에 의해 세상에 발표되어 있는 것이라 말하는 것인데 우리들은 일찍이 이토가 일본에 대해 공로가 있다는 것은 듣고 있었지만 다른 한편으로는 일본 천황에 대해서 역적이라는 것도 들었다. 이제부터 그 사실을 말하고자 한다.

안중근의 말이 끝나자마자 마나베 재판장은 갑자기 자리에서 벌떡 일어났다. 마나베는 "사회 안녕과 질서를 해칠 우려가 있다"며 재판을 중지한 후 방청객들을 모두 퇴정시켰다. 안중근이 금기나 마찬가지인 일본 황실을 거론한 것이 문제였다. 안중근이 이토를 두고 '일본 황실의 역적'이라고 한 것은 이토가 메이지 천황의 부친 고메이(孝明, 효명) 천황을 죽였다는 이유에서였다. 물론 이 점에 대해서는 논란이 없지 않다.

그길로 법정을 나가버린 마나베 재판장은 한참이 지나서야 법정으로 되돌아왔다. 마나베는 화가 난 듯했다. 그는 안중근을 향해 쏘아붙이듯 말했다.

"다시는 그런 말을 하지 말라. 정치적인 문제라면 서면으로 제출하라!"

발언을 제지당한 안중근이라고 기분이 좋을 리 없었다.

"이건 주의 받을 만한 것도 아니라고 생각한다. 그리고 나는 글을 쓸 수 없다. 또 옥중에서 이렇게 추운 날씨에 글을 쓸 기분은 조금도 없다."

안중근 역시 마나베에게 지지 않고 맞받아쳤다. 다시 안중근의 얘기가 이어졌다.

나는 좋아서 여러 가지 말을 하는 것이 아니다. 우리들의 목적만은 발표하고자 생각했기 때문에 의견을 진술했고 그러던 중에 공개를 금지했는데 이 일들은 내가 보고 들은 것을 진술하는 것이므로 공개를 금지할 필요는 없다고 생각한다. 이번에 거사를 결행한 이유 중 하나는 우리들의 의견을 진술할 기회를 얻기 위한 것인데 (재판) 공개를 금지한 이상 진술할 필요는 없다고 생각한다.

안중근이 세게 나오자 마나베는 주춤했다. 마나베가 한발 물러서면서 다시 물었다.

"그러면 피고는 앞서의 진술에 계속해서 진술할 의견은 없는가?"

그러자 안중근이 답했다.

"내가 진술하다가 만 것은 이미 알 것이라고 생각하기 때문에 방청객이 없으면 진술할 필요가 없다."

안중근은 단호하게 비공개 재판은 거부한다고 밝혔다. 마나베가 안중근을 향해 다시 물었다.

"본 재판에서 정치적인 문제에 관한 의견은 더 이상 깊게 말할 필요가 없다고 생각한다. 피고가 다시 이런 의견을 진술할 뜻이 없다면 심리를 공개해도 지장이 없다고 생각한다. 다시 또 오늘과 같은 (정치적인) 의견을 진술할 생각인가?"

마나베는 일종의 타협안을 제시한 셈이다. 그러자 안중근도 한발 물러섰다. 안중근은 향후 재판에서는 정치적인 발언은 하지 않겠다고 말했다. 이미 골자는 다 말한 셈이니 굳이 비공개 재판을 자초할 필요가 없다고 판단한 것이다.

이튿날인 10일에 열린 4차 공판은 전날 '소동'의 결과로 공개리에 진행되었다. 재판장의 개정선언에 이어 미조부치 검찰관의 논고가 시작되었다. 한때 안중근에 대해 '의사' 운운하며 호의를 보였던 그였다. 그러나 검찰관 석에 선 그는 완전히 딴 사람이 되어 있었다. 그는 안중근을 "석탄상사를 하다가 실패한 후 고향에 있기가 거북하자 처자와 형제를 버리고 떠돌던 자"라고 깎아내리고는 "실추된 위신을 세우기 위해 거사를 도모한 과대망상증 환자"라고 안중근을 매도했다.

압권은 안중근을 '암살범'으로 몰아간 대목이다. 미조부치는 홍종우가 상하이에서 김옥균을 살해한 사례 등 10여 건의 암살사건과 전명운·장인환 의사의 의거를 거론하고는 '범인' 가운데 한 사람도 중형을 받은 사람이 없다고 강조했다. 그러면서 미조부치는 안중근이 이 같은 전례에 따라 거사를 결행했다고 단정하면서 "국법이 존재하는 이상 형(刑)의 응보적인 본질을 발휘하여 본 건이 가장 흉악한 사건임을 알리지 않으면 안된다"고 말했다. 한마디로 말해 '본때'를 보여주겠다는 것이었다.

논고가 끝나자 미조부치는 안중근에게 사형을 구형했다. 비록 검찰관의 구형이긴 하지만 안중근에 대해 처음으로 '사형'이 법정에서 거론되었다. 이는 일본 정부가 일찍부터 내려놓은 결론이기도 했다.

5차 공판은 두 관선 변호인의 변론과 안중근의 최후진술이 전부였다. 이는 형식적인 절차에 불과했다. 안중근은 사실상 사형선고를 받은 것이나 마찬가지였다.

먼저 가마다 변호인이 변론에 나섰다. 그는 검찰관의 기소장을 토대로 이 사건은 단순 살인사건에 불과하다며 피해자 이토도 예외는 아니라고 말했다. 그는 뜻밖에 '오쓰 사건'을 거론하며 당시 담당 판사가 일본 정부의 압력에 맞서 사법권을 지켜낸 것을 높이 평가했다. 특히 그는 한국 형법이 국외에서 발생한 범죄에 대한 규정이 없다며 법의 불비(不備)를 들어 안중근은 '무죄'라고 주장했다.

이어 미즈노의 변론이 이어졌다. 그의 변론은 고약하기 그지없었다. 미즈노는 안중근의 거사는 교육을 제대로 받지 못해 무지한 오해에서 비롯했다고 주장했다. 그는 "만약 피고가 일본이나 그 밖의 문명한 나라에서 태어났다면 훌륭한 교육을 받았을 것"이라며 "그랬다면 이런 오해도 없었을 것"이라고 말했다.

그는 또 이토와 안중근과의 관계를 비유하면서 "둘 사이에는 국적이라는 건널 수 없는 강이 있다"며 "계모가 아무리 잘 대해줘도 자식은 오히려 사악해도 생모를 따르는 것이 인지상정"이라고 했다. 그러면서도 "이번 사건의 모든 책임을 피고에게 부담하려는 것은 무리한 주문"이라며 마치 선심을 쓰듯 했다.

미즈노의 변론이 고약한 이유는 안중근을 '자객'으로 취급했다는 점이다. 그는 미조부치 검찰관이 거론한 암살사건들을 거론하면서 이완용을 칼로 찌른 이재명(李在明)까지 사형을 받은 자는 한 명도 없다는 점을 상기시켰다. 그는 이들을 두고 "사욕이 아니라 국가를 위해서"라고 동정론을 펴면서 미조부치가 주장한 극형 처벌이 능사는 아니라고 반박했다. 그 이유는 한국인들이 분을 품고 유사한 사건을 재발시킬 가능성을 우려한때문이었다.

특히 미즈노는 "안중근이 극형에 처해진다면 공작(이토)이 지하에서 눈물을 흘리실 것"이라며 "이는 공작의 도량을 작게 만들고 또 공작의 한국에 대한 정성을 의심 사게 만들 것"이라고 말했다. 미즈노는 이토가 너그럽고 아량이 넓은 대인인 양 한껏 추켜세웠다. 그는 안중근이 아니라 이토를 위해서 관대한 처분을 재판부에 요구한 것이다.

두 변호인의 변론이 끝나자 재판장은 피고인들에게 최후진술 기회를 주었다. 안중근은 마지막으로 진술했다. 안중근은 작심한 듯 미조부치 검찰관과 미즈노 변호인의 변론에 대해 정면으로 반박했다. 그는 "내가 이토를 오해하고 있다고 하지만 오해하고 있는 것이 아니라 오히려 너무 잘 알고 있다"며 "이토는 영웅이 아니라 간웅(奸雄)"이라고 반박했다.

안중근은 또 가마다 변호인의 궤변에 대해서도 따끔하게 지적했다. 안중근은 "한국 형법에 처벌할 규정이 없다고 했는데 이는 부당하고 어리석은 논리"라며 "현실적으로 사람을 죽인 자가 벌을 받지 않고 살아남을 도리는 없다"고 반박했다.

끝으로 자신의 처벌 문제와 관련해서도 한 마디 했다. 안중근은 "나는 한국의 의병이며 지금은 적군의 포로가 되어 있으니 당연히 만국공법(萬國公法)에 의해 처리되어야 할 것"이라고 주장했다. 안중근은 최후진술에서도 결코 자신의 무죄나 면책을 주장하지 않았다. 그는 이미 죽음도 각오한 몸이었다.

사형선고 받고 항소를 포기하다

2월 14일, 마침내 선고공판이 열렸다. 공판개시 7일, 검찰관의 신문개시 석 달 반 만이었다. 방청석은 판결을 보기 위해 몰려든 방청객들로 가득 찼다.

오전 9시, 마나베 재판장을 필두로 검찰관, 서기, 통역이 입정했다. 안중근 외 피고인 3명은 법정 가운데 마련된 기다란 피고인석에 자리를 잡았다. 기자들도 몇 사람이 방청석에 모습을 보였다. 이윽고 마나베 재판장이 판결문 주문을 낭독하기 시작했다.

그는 "피고 안중근을 사형에 처한다"며 "그 결의가 개인적인 원한에서 나온 것이 아니라고 하더라도 치밀한 계획 끝에 엄숙한 경호를 뚫고 많은 저명인사들이 모인 장소에서 감행한 것이므로 살인죄에 대한 극형을 과하는 것이 지당하다고 믿고 그 행위에 의해 사형을 처하는 것이다"라고 말했다.

이로써 안중근에 대한 사형이 법원 판결로 확정되었다. 법정에는 잠시 침묵이 흘렀다. 세인의 주목을 끌었던 '하얼빈 사건' 재판은 이렇게 막을 내렸다.

공판 첫 날부터 공판이 진행된 일주일 내내 법정을 지켜본 한 외국기자는 당시 안중근의 모습을 이렇게 기록했다.

안중근은 기뻐하는 모습이 역력했다. 그가 재판을 받는 동안 법정에서 자신의 정당성을 주장하는 열변을 토하면서 두려워한 것이 하나 있다면, 그것은 혹시라도 이 법정이 오히려 자기를 무죄방면하지나 않을까 하는 의심이었다. 그는 이미 순교자가 될 준비가 되어 있었다. 준비 정도가 아니고 기꺼이, 아니 열렬히 자신의 귀중한 삶을 포기하고 싶어 했다. 그는 마침내 영웅의 왕관을 손에 들고 늠름한 모습으로 법정을 떠났다.
— 〈더 그래픽〉 1910년 4월 16일

안중근은 검찰관과 재판장의 불공정한 재판에 맞서 치열한 공판투쟁을 벌였다. 또 변호인들도 안중근의 무죄를 주장하는 등 나름으로는 애를 썼다. 그러나 이미 재판 결과가 결론이 내려진 상황에서 이런 노력들은 아무 소용이 없었다.

판결 후 감옥으로 돌아온 안중근은 통탄해 마지않았다. 죽음을 두려워해서가 아니었다. 자신의 충의가 끝내 허사로 돌아갔기 때문이었다. 안중근은 수차례 "내게 무슨 죄가 있느냐"고 반문했다. 그러다가 문득 손뼉을 치더니 크게 웃으며 말했다.

"나는 과연 큰 죄인이다. 다른 죄가 아니라 내가 어질고 약한 한국의 인민 된 죄로다."

역설이 아니고서는 도저히 답을 찾을 길이 없었다. 그런 방식으로라도 안중근은 답을 찾고 자신을 위로하고 싶었다.

1심 판결에 대한 공소(항소)는 5일 이내에 결정해야만 했다. 안중근은 적잖이 고민스러웠다. 자신의 거사목적과 동양평화의 길을 다시 법정에서 주장하는 것이 얼마나 효과적일지 장담할 수 없었다.

고심 끝에 안중근은 구리하라 전옥(典獄)을 통해 히라이시 우지히토(平石氏人) 고등법원장에게 면담을 신청했다. 히라이시는 뤼순법원의 최고책임자였다.

2월 17일에 히라이시와의 면담이 성사되었다. 안중근은 3시간여에 걸쳐 히라이시에게 1심 판결 불복사유와 하얼빈 의거의 본질인 동양평화론 등에 대해 장시간 설명했다. 안중근은 당시 상황을 옥중 자서전에서 다음과 같이 기록했다.

나는 사형판결에 대하여 불복하는 이유를 대강 설명한 뒤에 동양 대세의 관계와 평화정략의 의견을 말했더니 고등법원장이 다 듣

고 난 뒤에 감개하며 대답해 말하되,

"내가 그대에게 대해서 비록 두터이 동정하지마는 정부 주권의 기관을 고칠 수 없는 것을 어찌하겠는가. 다만 그대가 진술하는 의견을 정부에 품달하겠다."

하는 것이므로 … 나는 다시 청하되, "만일 허가될 수 있다면 〈동양평화론〉 1책을 저술하고 싶으니 사형집행 날짜를 한 달 남짓 늦추어 줄 수 있겠는가?" 했더니 고등법원장이 대답하되 "어찌 한 달 뿐이겠는가, 설사 몇 달이 걸리더라도 특별히 허가하겠으니 걱정하지 말라" 하므로 나는 감사하기를 마지못하고 돌아와 공소권 청구할 것을 포기했다. 설사 공소를 한다고 해도 아무런 이익도 없을 것이 뻔할 뿐더러 고등법원장의 말이 과연 진담이라고 하면 굳이 더 생각할 것도 없어서였다. 그래서 〈동양평화론〉을 저술하기 시작했다.

2월 19일, 안중근은 항소를 포기했다. 히라이시 고등법원장을 면담한지 이틀 뒤였다. 재판은 마치 꽉 막힌 벽을 보고 얘기하듯 해 자신의 생각을 제대로 전달하기가 어려웠다. 안중근은 차라리 〈동양평화론〉을 써서 남기는 것이 훨씬 더 효과적이라고 판단했다.

안중근이 항소를 포기한 데는 모친 조마리아 여사의 영향 때문이라는 주장도 있다. 당시 싱가포르에서 발행된 1910년 3월 7일자 〈스트레이츠 타임스(The Straits Times)〉 보도에 따르면, 관선 변호인 미즈노가 사형선고 다음날인 2월 15일에 안중근을 찾아가 항소 여부를 묻는 자리에서 "조상의 명예로운 이름을 더럽혀서는 안 된다"는 조 여사의 당부를 전했다. 안중근은 모친의 말에 깊이 공감하면서

"몇 가지 점에서 판결이 불만족스럽지만 항소를 할 경우 겁쟁이로 비쳐지는 것이 우려된다. 충분히 숙고한 후에 결정을 내리겠다"고 말했다고 한다.

그때 안중근이 항소를 했다고 한번 가정해보자. 결과를 단정하긴 어렵지만 모르긴 해도 2심에서 항소가 기각되었을 가능성이 크다고 본다. 또 설사 항소가 받아들여졌다고 해도 1심 판결(사형)을 파기하기는 어려웠을 것이다.

반면 안중근이 옥중에서 쓴 〈동양평화론〉은 날이 갈수록 빛을 발하고 있다. 안중근의 세계관과 평화사상을 담고 있는 〈동양평화론〉에 오늘날에도 탁견이라는 평가와 함께 찬사가 끊이지 않고 있다.

안중근은 뤼순감옥에서 적잖은 글과 유묵(글씨)을 남겼다. 그 가운데 제일 먼저 쓰기 시작한 것은 일명 '안중근 자서전'으로 불리는 〈안응칠 역사〉다. '응칠(應七)'은 안중근의 아명으로 한때 자(字)로도 쓰였다. 1907년에 러시아 연해주로 망명한 이후 하얼빈 거사 때까지 안중근은 본명 '중근(重根)' 대신 줄곧 '이 이름을 사용했다. 그런 인연으로 안중근은 글 제목에 〈안응칠 역사〉라고 붙였다. 〈안응칠 역사〉는 1909년 12월 13일부터 쓰기 시작해 이듬해 3월 15일에 탈고했다.

〈동양평화론〉은 〈안응칠 역사〉에 이어 쓴 것으로 그의 최후의 기록인 셈이다. 그러나 〈동양평화론〉은 아쉽게도 미완으로 끝나고 말았다. 안중근은 히라이시와의 면담에서 동양평화론 집필을 위해 3월 25일로 예정된 사형집행을 연기해달라고 부탁했다. 불과 열흘 만에 집필을 끝내기에는 시간이 턱없이 부족했다. 히라이시는 "몇 달이 걸리더라도 특별히 허가하겠다"고 약속했지만 이 약속은 끝내 지켜지지 않았다.

안중근은 〈동양평화론〉의 서(序)와 전감(前鑑) 두 장만 집필을 끝냈다. 나머지 현상(現狀), 복선(伏線), 문답(問答) 등 세 장은 목차만 잡아놓고 손도 대지 못했다. 최후의 순간까지 '평화의 대표'를 자임한 안중근의 꿈은 끝내 이루어지지 못했다.

순국 당일, 종일 봄비가 내리다

히라이시와의 면담 때 안중근은 자신의 형 집행일을 특정해서 희망했다. 3월 25일이었다. 이날은 예수가 십자가에 못 박힌 날로 천주교 최고의 절기에 해당한다. 독실한 천주교 신자인 안중근으로서는 이 날이 각별했을 것이다.

그러나 실제 형 집행일은 이보다 하루 뒤인 3월 26일로 정해졌다. 3월 25일은 순종황제 탄신일인 건원절이었고, 3월 27일은 부활절이었다. 일제로서는 두 날 모두 형을 집행하기가 부담스러웠다. 결국 그중간날인 3월 26일로 정해졌는데 묘하게도 이토가 죽은 날인 26일과 같은 날이었다.

히라이시와의 면담 때 안중근은 형 집행날짜 부탁과 함께 청을 하나 더 했다. 사형집행 전에 자신이 믿고 따랐던 빌렘(Wilhelm, 한국명 홍석구) 신부를 꼭 한번 만나게 해 달라고 부탁했다. 앞서 안중근은 면회 온 두 동생들에게도 빌렘 신부를 통해 종부성사(終傅聖事)를 부탁했다. 천주교 신자인 안중근으로서는 최후의 순간에 결코 빼놓을 수 없는 의식이었다.

그런데 두 가지 문제가 생겼다. 하나는 한국 천주교 최고책임자인 뮈텔(Mütel, 한국명 민덕효) 주교가 빌렘 신부의 뤼순행을 허가

면회 온 빌렘 신부와 정근·공근 두 동생과 이야기를 나누고 있는 안중근 의사　　1910년 3월 9일 또는 10일에 촬영된 사진이다.

하지 않았던 것이다. 당시 천주교는 정교분리(政敎分離) 원칙을 강조한 데다 안중근을 '살인자'로 보고 있었기 때문이었다. 뮈텔은 '살인자' 안중근이 천주교인이라는 사실을 애써 감추려고 한 인물이다.

다음은 '고백' 문제였다. 빌렘 신부는 안중근이 이토를 처단한 것을 '죄'로 규정했다. 안중근이 빌렘 신부의 논리를 수용할 경우 자신이 재판정에서 주장했던 것을 모두 취소하거나 부정해야 하는 상황이 되고 만다. 3월 9일 첫 면회에서 빌렘 신부는 안중근에게 자신의 '죄'를 고백하도록 했다. 이에 안중근은 결국 '죄'를 인정했고, 이를 토대로 3월 10일에 종부성사가 이루어졌다. 안중근과 빌렘 신부와의 면회는 3월 8일부터 11일까지 나흘간 총 네 차례였다. 마지막 면회 때 빌렘 신부는 안중근에게 작별인사를 건넸다.

"인자하신 천주께서 너를 버리지 않을 것이요, 반드시 거두어주실 것이니 안심하고 있으라."

안중근은 맞잡았던 빌렘 신부의 손을 오랫동안 놓지 않았다. 종부성사를 마친 안중근은 세속의 인연들과의 정리를 서둘렀다. 3월 24~25일에 걸쳐 모두 6통의 편지를 써서 두 아우에게 맡겼다. 모친 조마리아 여사와 아내 김아려(金亞麗), 사촌동생 안명근과 숙부들 앞으로 각각 한 통씩 썼다. 또 빌렘 신부와 뮈텔 주교 앞으로도 각각 한 통씩 남겼다.

안중근은 젊은 시절 포수와 의병활동을 하면서 나라 안팎으로 나다녔다. 그러다 보니 집안일은 소홀하게 되고 아내에게도 살갑게 대해주지 못했다. 몸 하나로 나랏일과 집안일 둘 다를 잘 할 수는 없는 노릇이었다. 그렇게 살면서 아내에게 보낸 첫 편지는 다름 아닌 작별 편지였다.

분도 어머니에게 부치는 글
예수를 찬미하오.
우리들은 이 이슬과도 같은 허무한 세상에서 천주의 안배로 배필이 되고 다시 주님의 명으로 이제 헤어지게 되었으나, 또 멀지 않아 주님의 은혜로 천당 영복의 땅에서 영원에 모이려 하오.
반드시 감정에 괴로워함이 없이 주님의 안배만을 믿고 신앙을 열심히 하고 어머님에게 효도를 다하고 두 동생과 화목하여 자식의 교육에 힘쓰며 세상에 처하여 심신을 평안히 하고 후세 영원의 즐거움을 바랄 뿐이오.
장남 분도를 신부가 되게 하려고 나는 마음을 결정하고 믿고 있으니 그리 알고 반드시 잊지 말고 특히 천주께 바치어 후세에 신부가 되게 하시오.

많고 많은 말은 후일 천당에서 기쁘고 즐겁게 만나보고 상세히 이야기할 기회가 있을 것을 믿고 또 바랄 뿐이오.

— 1910년 경술 2월 14일

장부 안 도마 드림

말미의 2월 14일은 양력으로는 3월 24일이다. 형 집행 이틀 전이었다. 하얼빈 의거 다음날 아내는 남편의 소식을 듣고 두 아들을 데리고 하얼빈으로 왔었다. 그러나 일제가 면회를 허락하지 않아 끝내 남편을 만날 수 없었다. 결국 두 사람은 하늘나라에서나 만날 수 있게 되었다.

형 집행 하루 전인 3월 25일, 안중근은 정근·공근 두 아우와 마지막 면회를 했다. 이 자리에서 안중근은 자신이 죽은 후에 처리해야 할 몇 가지를 당부했다. 하얼빈에서 동지들과 함께 촬영한 사진과 블라디보스토크 이치권(李致權) 집에 맡겨둔 의복, 그리고 단지(斷指)를 찾아두라고 당부했다. 형 집행 후 자신의 시신을 하얼빈에 묻어 달라는 유언은 3월 11일 면회 때 이미 말한 바 있다.

1910년 3월 26일, 마침내 운명이 날이 밝았다.

이날 뤼순 지방에는 새벽부터 비가 거세게 내렸다. 마치 안중근의 처형을 거부하는 듯 때때로 바람까지 강하게 불었다. 하늘도 장부의 마지막 가는 길을 무심치 않아 했던 것일까.

봄이라고는 하나 감방은 여전히 서늘했다. 일본인 간수 지바 도시치(千葉十七)는 "얼어붙은 듯한 감방의 공기는 내 마음의 문을 굳게

순국 직전 흰색 수의로 갈아입은 안중근 의사
조마리아 여사는 안 의사가 순국하기 전에 면회 대신 하얀 비단으로 지은 한복을 보냈다. 아래는 안중근 의사가 마지막으로 남긴 시

丈夫雖死心如鐵
義士臨危氣似雲

장부가 비록 죽을지라도
마음은 쇠와 같고
의사가 위태로움에 처함에
기운이 구름과 같도다

〈대한매일신보〉
1910년 5월 8일

닫아버리는 것 같았다"고 회고했다. 그런 감방에서 맞는 봄비는 별로 반갑지 않았다.

안중근은 속절없이 내리는 봄비를 바라보며 잠시 눈을 감았다. 지나온 서른 해가 주마등처럼 스쳐갔다. 그 끝에서 문득 "구차하게 목숨을 구걸하지 말고 대의에 죽으라"고 하신 어머님의 모습이 떠올랐다. 손수 수의를 지으신 어머님의 심경이 어떠했을지를 생각하니 안중근은 가슴이 미어졌다. 효도라고는 제대로 해보지 못한 그였다.

9시가 다가오자 안중근은 아내가 지어 보낸 한복으로 갈아입었다. 그리고는 마지막 심경을 시 한 수로 남기고자 붓을 들었다.

그때 문득 간수 지바 도시치(千葉十七) 생각이 났다. 일본 육군헌병인 지바는 하얼빈 의거 때부터 안중근 호송요원으로 차출되어 뤼순 감옥에서 간수로 있었다. 수감생활 내내 안중근과 가까이서 생활해온 지바는 안중근을 존경하는 마음을 갖고 있었다.

그런 지바가 어느 날 비단 한 폭을 들고 와서는 "소중히 간직하겠다"며 안중근에게 글씨를 하나 써달라고 부탁했다. 그러나 그날은 왠지 내키지 않아 거절했다. 사형장으로 출발하기 전 지바를 보자 안중근은 문득 그 일이 생각이 났다.

"전에 당신이 부탁한 글을 하나 써드리겠소!"

지바는 얼른 달려가서 전에 준비해두었던 비단과 붓, 벼루, 먹을 들고 왔다. 안중근은 먹을 간 후 비단 위에 찬찬히 써 내려갔다.

爲國獻身 軍人本分
나라가 위해 몸 바침은 군인의 본분이다

안중근 의사가 사형집행 전 뤼순감옥 간수에게 써준 글귀(왼쪽)
안중근 의사의 유묵 "견리사의 견위수명"(오른쪽)　　　　　　이로움 앞에서 정의를 생각하고 위태
로움 앞에는 목숨을 바친다는 뜻으로, 원래 논어에 나오는 글귀다. 나라의 안위를 걱정하고 애태
웠던 안중근 의사의 마지막 숨결이 느껴지는 유묵이다.

비록 지바에게 써준 것이지만 평소 안중근 자신이 좌우명처럼 여겨온 글귀이기도 했다. 글씨를 마치자 안중근은 자신의 트레이드마크인 장인(掌印)을 비단 위에 찍었다. 이 글씨는 안중근이 이승에서 마지막으로 남긴 유묵이 되었다. 지바의 유족은 1980년에 이 글씨를 안중근기념관에 기증하였고 이 글씨는 보물 569-23호로 지정되었다.

　오전 9시 반. 안중근은 감방에서 나와 호송마차에 올랐다. 감옥 동편 구석에 있는 사형장은 감방에서 제법 떨어져 있었다. 사형장에는 미조부치 검찰관을 비롯해 구리하라 전옥, 소노키 통역 등이 먼저 와서 기다리고 있었다. 오전 10시 정각이 되자 형 집행이 시작되었다. 구리하라 전옥이 형을 집행할 뜻을 알리고는 안중근에게 물었다.

"남길 유언이 있는가?"
"달리 남길 말은 없다. 다만 나의 거사는 동양평화를 도모하려는 성의(誠意)에서 나온 것이므로 임검(臨檢)한 일본 관헌 여러분들도 나의 충심을 잘 살펴 마음과 힘을 합쳐 동양의 평화를 기도해주길 바랄 뿐이다. 마지막으로 '동양평화 만세'를 삼창하고 싶으니 특별히 허락해주기 바란다."
"그것은 불가하다."

　구리하라 전옥은 만세삼창을 허락하지 않았다. 곧이어 간수들이 흰 종이와 수건으로 안중근의 눈을 가렸다. 구리하라가 말했다.
"마지막 기도를 할 기회를 주겠다."
　안중근은 약 2분간 묵도를 했다. 이승에서의 마지막 기도였다. 기도가 끝나자 간수 두 사람의 부축을 받으며 안중근이 교수대로 올라섰다. 10시 4분이었다. 이어 곧바로 형이 집행되었다.

10시 15분, 의사가 안중근의 시신을 검사한 후 절명했다고 보고했다. 불과 15분 만에 형 집행이 종료되었다.

10시 20분, 안중근의 시신은 감옥에서 특별히 제작한 침관(寢棺)에 넣어져 감옥 내 교회당으로 옮겨졌다. 감옥 측은 우덕순, 조도선, 유동하 등을 불러 영결할 기회를 주었는데 신부가 없어 스님이 대신 염불을 했다. 안중근의 시신은 오후 1시경 비밀리에 뤼순감옥 공동묘지로 옮겨져 매장되었다.

바로 그 시각 정근·공근 두 형제는 감옥 밖에서 형의 시신을 기다리고 있었다. 한참을 기다려도 소식이 없자 이들은 구리하라 전옥을 찾아가 연유를 물은 즉 사형집행 후 매장했다는 것이었다. 두 동생은 통곡하면서 "우리 형에게 두 번 사형을 하는 것이냐"며 항의했으나 사태는 이미 끝난 뒤였다. 감옥에서 쫓겨난 동생들은 형의 시신을 수습하지 못해 울면서 다롄(大連, 대련)행 기차에 올랐다.

통역 소노키가 작성한 보고서에 따르면, 순국 당시 안중근이 입었던 수의의 저고리는 흰색, 바지는 검은색으로 명주로 만든 조선옷이었다. 품에는 성화(聖畵)가 들어 있었다. 형 집행 당시 안중근의 태도는 매우 침착해 얼굴빛과 말이 보통 때와 조금도 다르지 않았다. 안중근은 조용하고 침착하게 최후의 순간을 맞았다.

안중근 의거 소식에 충격 받은 사람들

이토 히로부미는 일본의 근대화를 이끈 '메이지 유신'의 공로자 가운데 한 사람으로 꼽힌다. 이 같은 공로로 이토는 공작 작위를 받

거사 직후 체포된 안 의사의 모습을 담은 '사진 엽서'

았으며, 당시 일본 정계에서 천황 다음가는 실력자로 불렸다. 그런 이토를 한국의 30세 의병이 단독거사로 백주에 저격해 사망케 했으니 사건치고는 초대형 사건이었다. 사건 당일부터 11월 4일까지 이와 관련된 전보가 9만여 통에 달했다는 점이 그 충격의 강도를 짐작케 한다.

사건 발생 후 국내외에서는 입장에 따라 제각기 다양한 반응을 보였다. 국내외의 한국인 대다수와 독립운동 진영, 그리고 청국은 대체로 긍정적인 반응을 보였다. 반면 천주교계와 대한제국 황실, 그리고 부일세력들은 부정적인 반응을 나타냈다.

항일민족지 〈대한매일신보〉는 거사 당일 오후 6시경 의거 소식을 접했다. 당시 신문제작을 주도하던 양기탁, 신채호(申采浩) 등은 이날 사원들과 함께 거사 축하연을 열고 그 기쁨을 나누었다. 이 신문은 27일자부터 당일 의거 소식을 비롯해 이후 안중근의 뤼순감옥 수감 생활과 재판과정 등을 상세하게 보도했다.

반면 일반 민중들의 반응은 겉으로는 별로 드러나지 않았다. 통감부가 '신문지법'을 통해 언론을 통제한 데다 강압적인 사회분위기 탓에 드러내놓고 환영할 수가 없었다. 그럼에도 안중근이 한때 몸담았던 서북학회 등 서북지역에서는 적극적으로 환영을 표하는 한편 안중근 변호비용으로 7만원을 모금하기도 했다.

매천 황현(黃玹)은 《매천야록》에 "(의거)소식이 서울에 이르자 사람들이 감히 통쾌하다고 칭송하지는 못하였지만 모두 어깨를 추켜세웠다. 그리고 저마다 깊숙한 방에서 술을 따르며 경하(慶賀)했다"고 썼다. 안중근에 반감을 갖고 있던 뮈텔 주교조차도 일기에서 "일반 민중에게는 오히려 그것이 기쁜 소식으로 받아들여지고 있을 뿐더러 그런 감정이 아주 전반적이다"라고 했다.

일부 천주교인들과 학생들은 안중근의 의거를 열광하며 환영했다. 그들 가운데는 안중근의 사진을 복사해 소장했다. 경신여학교 졸업생 홍은희(洪恩喜)는 안중근의 사진을 늘 가슴에 품고 다녔다. 그 무렵 항간에는 안중근을 숭상하는 마음과 이토에 대한 증오심을 표현한 창가(唱歌)들이 유행하기도 했다. 박은식(朴殷植)은 "나라 안의 소년 가운데 심상(心喪, 상복을 입지 않고 마음으로 슬퍼함)을 입은 이가 있었다"고 썼다.

재외 한인들은 안중근의 거사를 "애국자의 복수"라며 높이 평가했다. 재러 한인들은 〈대동공보〉를 중심으로 안중근 구출운동에 나

위안스카이와 그가 쓴 안중근 추모글
(아래)

平生營事只今畢	평생을 벼르던 일 이제야 끝이 났구려
死地圖生非丈夫	죽을 땅에서 살려는 건 장부가 아니고말고
身在三韓名萬國	몸은 한국에 있어도 이름은 만방에 떨쳤소
生垂百歲死千秋	살아선 백 살이 없는 데 죽어 천년을 가오리다

섰다. 이를 위해 1차로 변호사 선임을 위해 기금을 모으고 영국인 변호사 더글러스를 뤼순에 파견했다. 이들은 "만약 일본이 안중근을 사형에 처한다면 열국은 간과하지 않을 것"이라며 대일 투쟁의지를 다졌다. 재미 한인들 역시 마찬가지였다. 〈신한민보〉는 "안중근이야말로 재미 한인들이 기다리던 영웅"이라고 평가하고는 추모·정신계승 사업에 적극 나섰다.

외국 가운데 중국의 반응은 뜨겁고도 강렬했다. 중국인에게도 원수와도 같은 이토를 한국의 청년이 처단했으니 속 시원하게 여겼을 만도 하다. 중화민국 초대 대총통을 지낸 위안스카이(袁世凱, 원세개)를 비롯해 쑨원(孫文, 손문), 량치차오(梁啓超, 양계초) 등이 잇따라 감동적인 추모시와 찬사의 글을 발표했다.

그러나 하얼빈 의거를 탐탁지 않게 여기는 부류들도 있었다. 대표적으로는 대한제국 황실이었다. 안중근 거사 소식을 전해 들은 황실은 큰 충격을 받았다. 고종은 저녁식사 도중에 소식을 접하고는 들고 있던 숟가락을 떨어뜨렸다. 식사 후 약을 먹고 침전에 들었으나 고종은 충격으로 잠을 이룰 수가 없었다. 순종 또한 우려와 두려움에 어찌할 바를 몰랐다. 이들이 충격과 함께 두려움에 떤 것은 황실과 일본에 유학중인 황태자의 안위 때문이었다.

당시 대한제국 황실은 안중근 의거를 부정적으로 인식한 반면 피살자 이토에 대해서는 은인으로 칭송하는 분위기였다. 고종은 이토를 처단한 사람이 한국인이 아니기를 바랐다. 고종은 이 사건을 빌미로 일제가 대한제국을 병탄하지 않을까 심히 우려했다. 황실은 안중근 의거를 민족의 독립과 유지발전이라는 시각보다는 '황실 보존'이라는 소아적 관점에서 바라보고 평가했던 것이다.

대한제국 정부는 10월 27일에 각의를 열고 칙사 파견 등을 결의했다. 아울러 28~30일 3일간을 애도기간으로 정하고 학교와 상점, 연예장 등은 문을 닫도록 했다. 11월 4일에는 순종 명의의 '조칙'을 발표했다. 이 조칙에는 이토의 업적을 기리고 애도하는 내용들로 가득했다. 황실은 '한국병탄'이라는 최악의 위기상황을 모면하기 위해 안중근 의거에 정당성을 부여하지 않으면서 이토의 죽음에 대해서는 최대한의 조의를 표했다.

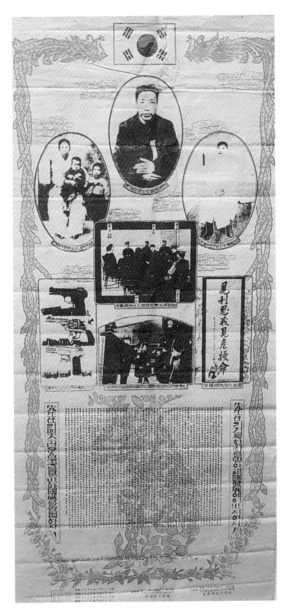

1949년에 제작된 안중근 의사 홍보물   안 의사의 가족사진
순국 직전의 모습, 면회 장면 등이 담겨 있다.

고관대신들 가운데 이토와 밀접한 관계에 있던 법부대신 조중응(趙重應, 자작)은 유별났다. 그는 이토가 안중근의 총을 맞고 죽었다는 소식을 듣고는 통곡하였으며 며칠간 방에 틀어박혀 바깥출입을 삼가기도 했다. 조중응 같은 자들에게 이토의 죽음은 공포심과 함께 큰 위기감을 불러일으켰다. 이토의 보호와 배려로 획득한 기득권이 일거에 와해되지나 않을까 우려한때문이었다. 따라서 이들은 앞장서서 조문단 참여를 자처하는 등 친일행각을 과시했다. 때를 맞추어 민간에서는 일진회 등 부일배들이 맞장구를 치고 나섰다.

이토 추도식 개최와 송덕비를 건립하자는 무리들도 생겨났다. 《서유견문》을 쓴 유길준(兪吉濬) 등은 한성부민회 주도로 민간 추도회를 열기로 하고 11월 8일에 장충단에서 추도회를 열었다. 이 자리에는 이완용, 박제순, 이근택 등 '을사오적'들도 대거 참석했다.

천주교 역시 이 같은 부정적 대열에 동참했다. 천주교 신자인 안중근은 거사가 성공한 후 하느님께 감사하며 십자성호를 그었다. 그러나 거사 당일 소식을 접한 한국천주교회의 최고책임자인 뮈텔 주교는 통감부를 찾아가 조의를 표했다. 11월 4일 이토 국장일에 뮈텔 주교는 조화를 보냈으며, 장례식장에도 갔다. 당시 뮈텔 주교의 이 같은 행동은 한국천주교의 입장을 대변한 것으로 교계에도 큰 영향을 끼쳤다.

한국천주교는 안중근의 거사를 민족문제 차원보다는 교리 차원에서 '살인행위'로 규정했다. 이때문에 뮈텔 주교는 안중근에게 세례를 준 빌렘 신부의 뤼순행을 불허했다. 빌렘 신부가 이를 어기고 뤼순감옥에 다녀오자 2개월간 미사집전을 금지시켰다. 또 뤼순감옥 당국이 안중근 사형집행 후 시신을 돌려주지 않자 뮈텔 주교는 "매우 당연한 일"이라고 말했다. 그는 안중근이 이토를 처단한 것은 이토를 오해한 데서 비롯했다고 생각했다. 일부 수녀들은 뮈텔과 생각이 달랐다. 그러나 이를 노골적으로 드러내지는 못했다.

제2장
부친 안태훈 ── 투사를 키워낸 안씨 가문의 실질적 리더

진사 안태훈
문인의 풍모와 무인의 가풍

일제강점기에 가문 차원에서 항일 독립투쟁에 나선 집안이 더러
있다. 대표적으로 삼한갑족으로 불린 우당 이회영(李會榮) 가문, 안동
의 명문 석주 이상룡(李相龍) 가문, 의병장 출신의 의암 유인석 가문,
왕산 허위(許蔿) 가문 등을 들 수 있다.

여기에 한 가문을 더 보탠다면 안중근 가문을 들 수 있다. 독립투
쟁에 헌신한 이들 가문을 두고 급수를 매기는 것은 적절치 않다. 다
만 가담자 수나 활동규모, 성과 등을 두루 감안한다면 안중근 가문
을 단연 으뜸으로 꼽을 만하다.

안중근 가문은 1905년 을사늑약 체결 직후부터 해방 때까지 국내
외에서 다양한 항일투쟁을 벌였다. 구한말의 애국계몽운동부터 의
병투쟁, 의열투쟁, 항일무장투쟁, 특무공작, 임시정부 참여 등 활동
분야도 다양했다. 안중근 가문은 풍족한 물적 기반과 투철한 신앙심
을 토대로 거의 대부분이 항일투쟁에 참여했다.

이러한 안중근 가문의 항일투쟁 참가를 이해하려면 먼저 안중근
집안의 내력을 살펴볼 필요가 있다.

순흥 안씨 참판공파 후손인 안중근의 선조들은 조선 중기에 서울
을 떠나 황해도 해주에 자리잡았다. 1845년에 간행된《순흥안씨족

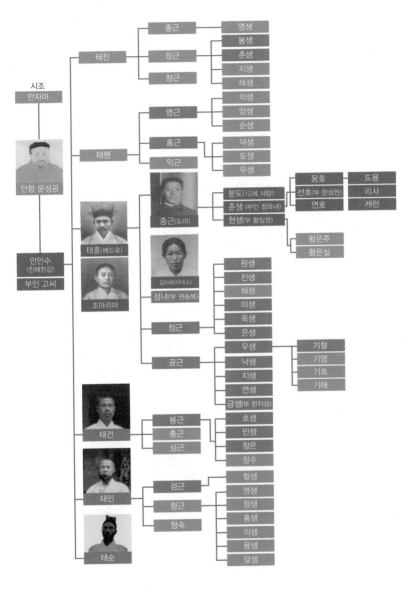

시조
안자미

안향 문성공

안인수
(진해현감)
부인 고씨

태진 ─┬─ 종근 ─── 영생
      ├─ 장근 ─┬─ 봉생
      │   ├─ 춘생
      │   ├─ 지생
      │   └─ 혜생
      └─ 창근

태현 ─┬─ 명근 ─┬─ 의생
      │   ├─ 양생
      │   └─ 순생
      ├─ 홍근 ─┬─ 덕생
      └─ 익근   ├─ 도생
               └─ 무생

태훈(베드로)
중근(도마) ─┬─ 분도(12세 사망)
            ├─ 준생 (부인 정옥녀)
            └─ 현생(부 황일청) ─┬─ 웅호 ─── 도용
                                ├─ 선호(부 한성권) ─── 리사
                                ├─ 연호 ─── 캐런
                                ├─ 황은주
                                └─ 황은실

조마리아

김아려(아네스)
성녀(부 권승복) ─┬─ 원생
                 ├─ 진생
                 ├─ 혜생
정근 ─┬─ 미생
      ├─ 옥생
      └─ 은생
공근 ─┬─ 우생 ─┬─ 기철
      ├─ 낙생   ├─ 기영
      ├─ 지생   ├─ 기흐
      ├─ 연생   └─ 기애
      └─ 금생(부 한지성)

태건 ─┬─ 봉근 ─┬─ 호생
      ├─ 충근   ├─ 민생
      └─ 성근   ├─ 창은
               └─ 창수

태민 ─┬─ 경근 ─── 철생
      ├─ 형근 ─┬─ 명생
      └─ 형숙   ├─ 정생
               ├─ 홍생
               ├─ 의생
태순   ├─ 용생
               └─ 달생

■■■■ 안중근 의사 직계 가족
■■■■ 이 책에서 다룬 가족들

안중근 가계도

보》에 따르면, 해주 입향시조(入鄕始祖)는 안중근의 15대조 안효신(安孝信)으로 되어 있다. 이후 이 집안은 대대로 향리를 지냈으며 이렇다 할 만한 벼슬을 지낸 사람은 없었다.

이 집안이 무반(武班)을 기반으로 관계에 진출하기 시작한 것은 안중근의 4대조 안지풍(安知豐) 대부터다. 5대조 안기옥(安起玉)은 벼슬을 하지 못했지만 안영풍·안지풍·안유풍·안순풍 등 네 아들은 모두 무과에 급제했다. 이후 안중근의 조부 안인수(安仁壽) 대까지 7명의 무과 급제자를 배출했다. 안중근 집안은 선대부터 상무기질이 강했다고 할 수 있다.

이런 가풍은 안인수의 아들 대에도 이어졌다. 김구는《백범일지》에서 안인수의 아들 6형제에 대해 다음과 같이 썼다.

안 진사 여섯 형제는 모두 문사(文士)의 풍모가 있었으나 유약해 보이는 점이 하나도 없었고, 특히 안 진사는 눈빛이 찌를 듯 빛나 사람을 압도하는 기운이 있었다. 당시 조정 대관들 중에 글로써 항쟁하던 자들도 처음에는 안 진사를 악평하였지만, 얼굴만 마주 대하고 나면 부지불식간에 경외하는 태도를 가지게 되었다고 한다. 나의 관찰로는 그는 퍽 소탈하여 무식한 아랫사람에게도 교만한 빛 하나 없이 친절하고 정중하여 위아래 모두 함께하기를 좋아했다.

김구가 쓴 대로라면 안태진(安泰鎭)·안태현(安泰鉉)·안태훈(安泰勳)·안태건(安泰健)·안태민(安太敏)·안태순 등 6형제 모두 문사의 풍모를 갖추고 있으면서도 동시에 무인 기상도 지니고 있었다는 얘기다. 이

안중근 집안 사진(1900년)　　　앞줄 왼쪽부터 사촌동생 안경근(말구), 할머니 고씨(안나), 뒷줄 왼쪽부터 넷째 숙부 안태건(시몬), 여섯째 숙부 안태순(요셉), 다섯째 숙부 안태민(바오로), 부친 안태훈(베드로), 사촌동생 안봉근(요안)

들 6형제 가운데 단연 돋보이는 사람은 셋째 안태훈이었다. 안태훈은 사마시(司馬試, 생원과 진사를 뽑던 과거시험)에 합격한 문사임에도 무술이나 병법에도 관심이 많았다. 안태훈의 기질은 장남 안중근에게 고스란히 전수되었다.

근세 들어 이 집안을 일으킨 사람은 안중근의 조부 안인수라고 할 수 있다. 종6품의 무반직인 진해현감을 지낸 안인수는 아들 6형제에게 과거공부를 시켰다. 안인수는 이를 통해 가문의 기질을 무반에서 문반으로 바꾸려고 했다. 당시 이서(吏胥, 향리와 서리) 계층은 과거를 통해 신분상승을 꾀했는데 안인수도 그런 목적이었다. 그 결과 둘째 아들 안태현은 초시(初試)에 합격했고, 셋째 아들 안태훈은 사마시에 합격해 진사(進士)가 되었다. 안인수는 결국 소원을 풀었다.

청계동 　안 의사가 어린 시절과 청년기를 보낸 황해도 신천군 두라면 천봉산 밑 청계동

　안중근은 〈안응칠 역사〉 초반부에서 가계를 약술하면서 조부 안 인수를 "성품이 어질고 진중했으며, 가산이 풍부하고 도내에 자산가 로 알려졌다"라고 썼다. 조금 과장된 것이긴 하지만 안인수는 해주, 봉산, 연안 일대에 넓은 토지를 소유해 황해도에서 3~4위를 다투는 부자로 소문이 나기도 했다. 아들 6형제의 과거공부 뒷바라지를 할 수 있었던 것은 모두 그의 탄탄한 경제력 덕분이었다.

　베네딕토수도원 소속의 독일 신부 노르베르트 베버(1870~1956) 는 1911년에 조선을 방문한 후《고요한 아침의 나라》라는 여행기를 남겼다. 이 책에는 안인수 일가가 400석의 토지를 소유했으며, 어부 들을 동원해서 1년에 2~5만 마리 가량의 청어를 잡아들였다는 내용 이 있다. 당시 400석지기라면 황해도에서는 중등 규모의 지주라고

1911년 베버 신부가 촬영한 청계동 마을 전경(위)과 현재의 모습(아래)

할 만하다.

장기간에 걸쳐 독립운동을 하려면 제반 요건들이 두루 갖추어져야 한다. 예를 들어 유용한 인적자원, 풍족한 경제력, 투철한 사상성, 활동무대, 광범위한 지지세력 등이 그것이다. 안중근 가문은 구한말부터 해방 때까지 40여 년에 걸쳐 국내외에서 수많은 인사들이 독립운동을 전개했다. 이는 안중근의 조부 안인수가 축적한 '풍족한 경제력'이 기반이 되었기에 가능한 일이었다.

안중근의 부친 안태훈은 어려서부터 두뇌가 명석했다. 안중근은 "부친 6형제가 모두 문한(文翰, 문필)이 넉넉했으며, 그중에서도 아버지는 재주와 지혜가 뛰어나서 8~9세 때 이미 사서삼경을 통달했고 13~14세 때에 과거공부와 사륙병려체(四六騈儷體)를 익혔다"고 했다. 황해도 황주 출신으로 역사학자이자 독립운동가인 박은식은 안태훈이 자신과 함께 "황해도의 두 신동(神童)"으로 불렸다고 썼다.

집안의 경제력과 부친의 배려로 문과공부를 한 안태훈은 중앙무대 진출을 모색했다. 안태훈은 1884년에 개화파의 박영효(朴泳孝)가 선발한 일본 유학생단 70명에 포함되기도 했다. 그해 갑신정변이 일어나면서 일본 유학은 수포로 돌아갔으나 이를 계기로 개화파 인사들과 교류를 갖게 되었다. 갑신정변이 실패하면서 개화파들이 죽임을 당하거나 망명길에 오르자 안태훈 역시 고향으로 피신해 숨어 지냈다.

그 무렵 안태훈은 고향을 뜰 구상을 갖고 있었다. 안태훈은 부친 안인수에게 "국사(國事)가 날로 틀려져가니 부귀공명은 바랄 것이 못 됩니다. 차라리 일찌감치 산으로 들어가 밭이나 갈고 고기나 낚으며 세상을 마치는 것이 좋을 것 같습니다"라며 해주를 떠나자고

안중근의 부친과 숙부　오른쪽부터 안태훈, 안태민, 안태건

제안했다. 이에 안인수는 집안의 경제적 기반과 대를 이을 셋째 아들 안태훈을 보호하기 위해 피난처를 물색했다.

여러 후보지 가운데 차남 안태현이 고른 신천군 두라면 청계동(淸溪洞)으로 최종 결정되었다. 청계동은 산세가 수려할 뿐더러 피신처로도 적절한 곳이었다. 실제로 의적 정래수(鄭來秀)가 한때 은둔지로 삼았다고 할 정도로 천혜의 요새지였다. 1884년경 안인수는 70~80여 명의 식구를 이끌고 조상 대대로 살아온 해주를 떠나 청계동으로 이사했다. 고향에 있던 재산은 300석을 추수할 토지만 남겨두고 나머지는 전부 친척들에게 나누어 주었다. 안중근이 6살 되던 해였다.

부친을 따라 청계동으로 이사한 안태훈은 이곳에서 몇 년간 칩거하면서 과거시험 준비를 했다. 1880년대 후반 안태훈은 서울로 올라가 당시 사헌부 대사헌 김종한(金宗漢)의 문하에 들어갔다. 김종한은 민씨 척족과 대립한 대원군파에 속했던 인물로 근대문명에 해박한 개화파 관료였다. 안태훈은 김종한의 문객(門客)으로 다년간 지내면서 김종한이 시관(試官)일 때 소과에 합격했다.

그런데 사마시 합격자 명단이 수록된《사마방목(司馬榜目)》에는 안태훈의 이름이 보이지 않는다. 대신 바로 아래 동생 안태건의 이름이 올라 있다. 안태건은 진사 3등급 76등으로 시(詩) 부문에 입격한 것으로 나와 있다. 그런데 이 집안에서 '안 진사'로 불린 사람은 안태훈 뿐이었다. 대체 어찌된 일일까? 안태훈이 동생 안태건의 이름을 차용해 시험을 본 것이다. 갑신정변에 연루되었던 안태훈이 자신의 전력을 숨기기 위해 부득이 그렇게 한 것으로 보인다.

안태훈은 한시나 문장에도 능했다. 안태훈은 향촌사회의 유지들을 불러 시회(詩會)를 열곤 했다. 청계동 시절 안태훈 집에서 잠시 기거했던 김구는 "당시 시객들이 안진사가 지은 명작 율시들을 외우는 것을 많이 들었다. 안 진사는 종종 나를 청하여 스스로 잘된 작품이라 생각하는 것을 많이 들려주었다"고 회고했다. 안태훈은 황해도 내의 한시 대가 11인 가운데 한 사람으로 거론되기도 했다. 안태훈은 전통유학에다 문무까지 겸비한 개화성향의 지식인이라고 할 수 있다.

여섯 형제 중에서 셋째 안태훈은 가문을 대표하는 실질적 리더였다. 가문 전체가 신천군 청계동으로 이사한 것도 그가 결정한 것이었으며, 1894년 동학군과의 전쟁이나 천주교 수용 등 가문의 중요한 결정은 전부 그가 주도해 처리했다.

천주교와 민권에 눈을 뜬 안중근의 청소년 시절

글공부 대신 사냥 즐긴 호걸형 성품

안중근은 1879년 9월 2일 안태훈과 조성녀(趙姓女, 조마리아)의 장남으로 태어났다. 아래로 여동생 안성녀(安姓女)와 안정근·공근 두 남동생을 두었다. 안중근은 해주에서 태어났지만 온 가족이 신천군 청계동으로 이사하면서 그곳에서 성장했다.

안중근은 조부가 지어준 '응칠'이라는 아명이 있었다. 안중근이 태어날 때 가슴과 배에 일곱 개의 검은 점이 있어 붙여진 이름이었다.

안중근 본인의 회고에 따르면 어린 시절에는 "성질이 가볍고 급한 편"이었다. 중근이라는 이름에 무거울 중(重) 자를 쓴 것도 바로 이때문이다. '근(根)'은 태(泰) 자 다음의 이 집안의 항렬이며 그 아래는 생(生) 자다.

안중근의 부친 안태훈은 과거시험 준비로 서울에 머무는 일이 잦았다. 이때문에 어린 시절 안중근은 조부 안인수의 손에서 컸다. 안인수는 장손 안중근을 무척이나 아끼고 사랑했다. 안중근 역시 그런 조부를 각별히 생각했다. 안중근이 14세가 되던 해에 안인수가 사망하자, 안중근은 병을 앓다가 반년이 지나서야 회복했을 정도로 조부

안중근이 한문학교에 다니던 시절의 서당 풍경

의 정을 잊지 못하고 애통해 했다.

6~7세 무렵 안중근은 한문학교에 들어가《사서삼경》등 유교 경전을 공부했다. 학교라고는 하나 근대식 서양학교가 아니라 글 선생을 초청해 만든 서당 같은 곳이었다. 당시 안태훈은 아들과 조카들을 교육시키기 위해 서재를 만들고는 유학자 고능선(高能善, 일명 고석로)을 초빙해 이들의 스승으로 삼았다.

안중근은 뤼순감옥에서 여러 점의 유묵을 남겼다. 그 가운데 유교 경전 글귀가 상당수 포함되어 있는데 이는 서당 시절에 익힌 것으로 보인다. 한 예로 '見利思義 見危授命(이로움을 보거든 정의를 생각하고 위태로움을 보거든 목숨을 바쳐라)'이라는《논어》의 헌문(憲問) 편에 나오는 문구를 따온 것이다.

학동 시절 안중근은 글공부에 별 관심을 두지 않았다. 대대로 내려온 선대의 상무적 가풍 때문인지도 모른다. 같이 글공부를 하던 친구들이 문장으로 이름이 높았던 안중근의 부친을 거론하며 안중근에게 글공부를 열심히 하라고 권했다. 그러자 안중근은 대뜸 항우(項羽) 얘기를 꺼내며 말을 돌렸다.

그대의 말도 옳다. 그렇지만 내 말을 좀 들어보게나. 옛날 초패왕(楚覇王) 항우는 "글은 이름이나 적을 수 있으면 충분하다"고 말하였네. 그런데도 만고 영웅 초패왕의 명예는 천추에 남아 아직도 전하고 있네. 나는 글을 배워서 세상에 이름을 내고 싶지 않네. 그가 장부라면 나 또한 장부가 아닌가. 그대들은 다시 내게 글 배우기를 권하지 말게.

안중근의 관심은 다른 데 있었다. 사냥이었다. 안중근은 유별나게 사냥을 좋아했다. 산으로 둘러싸인 청계동은 사냥을 즐기기에 안성맞춤이었다. 당시 안중근의 집에는 10~50명에 이르는 산포수들이 묵고 있었다. 주변에서는 안중근의 집을 '산포군(山砲軍)의 영사(營舍)', 즉 사냥꾼의 근거지라고 불렀다. 안중근은 그들과 어울려 총을 메고 산에 올라 새와 짐승을 잡고 놀았다.

1910년대 포수의 모습 안중근도 어려서 사냥을 즐겨 했다.

안정근과 안공근의 어린 시절 모습 안정근, 안공근이 할머니 고씨와 찍은 사진으로, 가운데 아이는 안 의사의 사촌동생으로 보인다. 이 사진은 1897년경에 빌렘 신부가 촬영한 것으로 추정된다.

그러다 보니 안중근은 글공부에는 관심을 둘 형편이 되지 못했다. 그의 부친은 평소 두 동생 안정근·공근에게는 열심히 공부하라는 얘기를 자주 했다. 그러나 장남 안중근에게는 그런 말을 일절 하지 않았다. 안중근은 부친과 17세 차이였다. 두 사람은 부자간이자 한편으로는 동지 같은 사이이기도 했다.

안중근은 배짱이 세고 고집도 강한 편이었다. 그래서 가족들과도 별로 화목하게 지내지 못했다. 바로 아래 동생 안정근은 그를 두고 "자기가 하고자 하는 일은 별로 상의하지 않았고, 부모의 명령도 듣지 않은 적이 많았다"고 말했다. 그 대신 산포수나 친하게 지내는 벗들과는 격의 없이 지내며 깊이 사귀었다.

젊은 시절 안중근은 자유분방한 호걸형이었다. 그가 평생에 즐겨 한 네 가지는 첫째, 친구와 의(義)를 맺는 일이요, 둘째, 술 마시고 노래하고 춤추는 것이요, 셋째, 총으로 사냥하기, 넷째, 날랜 말을 타고 달리는 것이었다. 또 원근을 불문하고 의협심이 있는 사나이다운 사람이 산다고 하면 언제나 총을 들고 말을 달려 찾아가곤 했다. 만약 그 사람과 동지가 될 만하다고 생각되면 의기투합해 이야기를 나누고 술을 마시고, 취한 뒤에는 노래하고 춤을 추며 놀았다.

언젠가 벗들과 기생집에 놀러갔다가 이런 일도 있었다. 안중근이 기생들에게 "너희가 절묘한 자색(姿色)을 갖추었으니 호걸남자와 혼인한다면 얼마나 빛나고 아름답겠느냐? 너희는 그렇게 하지 않고 돈소리만 들으면 침을 흘리고 정신을 잃어서 염치를 돌아보지 않는구나. 오늘은 장씨, 내일은 이씨를 상대로 맞아들이니 금수와 같은 행동이 아니겠느냐"며 훈계를 했다. 틀린 말은 아니나 기생집에서 할 얘기는 아니었다.

듣기 싫은 소리를 들은 기생들이 안중근을 좋아할 리 없었다. 기생 가운데 더러는 안중근에게 눈을 부라리거나 싫은 기색을 드러내 보였다. 그러자 안중근은 기생들에게 욕을 퍼붓거나 매질을 하기도 했다. 기생집에 놀러가서 이런 행태를 보였으니 친구들도 못마땅하게 여긴 것은 당연했다. 친구들은 그런 안중근을 '번개입(電口)'이라고 불렀다. 안중근 본인이 쓴 자서전에 나오는 얘기다.

성질이 급하고 직선적이다 보니 죽을 고비를 겪은 적도 더러 있었다. 어느 해 3월, 친구들과 봄꽃놀이를 하러 산에 갔다가 절벽에 핀 꽃을 꺾으려다 미끄러져 목숨을 잃을 뻔한 적도 있었다. 절벽 아래로 떨어지려는 순간 안중근은 다행히 나뭇가지를 붙잡고서 겨우 목숨을 건졌다. 이때의 일을 두고 안중근 스스로도 "죽음을 면한 첫 번째 일"이라고 술회했다.

한 번은 친구 예닐곱 명과 노루사냥을 갔다가 총기사고를 당한 적도 있다. 안중근이 갖고 있던 구식 6연발총이 발사가 안 되어 살펴보았더니 공교롭게도 총구멍에 탄환이 박혀 있었다. 쇠꼬챙이로 총구를 쑤셔 총알을 빼내는 순간 꽝 하고 터지면서 쇠꼬챙이가 탄환과 함께 안중근의 오른손을 뚫고 나갔다. 안중근은 급히 병원으로 가서 치료를 받았다. 얼마나 충격이 컸으면 10년이 지나서도 그때 일을 생각하면 모골이 송연하다고 했다.

이 밖에도 안중근은 생사의 고비를 넘긴 적이 여러 차례 있었다. 만인계(萬人) 사장 시절 표 뽑는 기계가 고장이 났을 때 군중 수만 명이 몽둥이와 돌을 던지면서 달려들었다. 험악한 상황에서 안중근은 한 의인의 도움으로 겨우 위기에서 탈출했다. 또 의병전쟁을 하다가 참패해 초근목피로 20일 동안 연명해가면서 연해주로 귀환한 적도 있고, 연해주에서 계몽활동을 하던 중 어느 산골짜기에서 만난 일진회 회원들에게 구타당한 후 겨우 탈주해 목숨을 건진 적도 있다. 안중근은 무모한 면도 있었지만 위기의 순간에는 의외로 침착하고 담대한 면도 없지 않았다.

부친 도와 동학농민군 진압 참가

16세가 되던 1894년, 안중근은 혼례를 올렸다. 배필은 황해도 재령의 향반 출신 김홍섭(金鴻燮)의 딸 김아려였다. 안중근보다는 한 살 위다. 두 사람은 2남 1녀를 두었다. 안중근 내외는 부부사이가 썩 좋지는 않았다. 평소 안중근이 사냥을 즐긴 데다 바깥활동을 하면서 집안을 제대로 돌보지 않은 탓이 아닌가 싶다.

결혼하던 그해 안중근은 일생일대의 사건을 접하게 된다. 생전 처음으로 전쟁을 경험하게 된 것이다. 안중근은 부친 안태훈을 도와 동학농민군 진압에 참여하게 되었다. 어린 나이에도 안중근은 전투에서 용맹을 떨치며 큰 공을 세웠다. 전투 당시 붉은 옷을 입고 있었던 안중근은 패주하던 동학군들로부터 천강홍의장군(天降紅衣將軍), 즉 '하늘에서 내려준 홍의장군'으로 불렸다.

1894년 가을 전국 각지에서 동학농민군이 봉기했다. 그해 1월에 발생한 고부민란이 계기가 되었다. 동학군은 민씨 세도의 부정부패, 지방관과 양반지주의 탐학(貪虐), 동학도 탄압, 방곡령에 따른 반일 분위기 등에 반발하여 일어났던 민란의 정신을 이어받았다.

황해도 지역에서는 2차 봉기의 일환으로 9월경부터 봉기했다. 이 지역의 농민군 가담자는 동학교도 이외에도 일반농민, 말단 관리, 산포수, 사금채취 광부 등 다양한 부류에서 참여했다. 이들은 도접주 원용일(元容日)의 지도 아래 해주 감영과 옹진 수영(水營, 수군절도사 군영)을 점령하면서 크게 기세를 떨쳤다.

동학군이 봉기하자 위정척사론을 신봉하던 지방의 보수적 양반·유림들은 기득권 수호를 위해 동학군 탄압에 나섰다. 심지어 개화 성향을 지닌 인사들조차도 동학군을 동도(東徒, 동학군 무리), 동비(東匪, 동학군 도적떼)로 부르며 폄하했다. 당시 동학군은 부정부패와 관리들의 탐학행위 때문에 봉기했음을 분명히 밝혔다. 그러나 이들은 자신들이 누리고 있던 기득권을 지키기 위해 관군 및 일본군과 연대해 동학군 진압에 나섰다.

1894년 가을, 안태훈은 청계동에 의려소(義旅所, 의병 본거지)를 차려놓고 포군(砲軍, 산포수) 규합에 나섰다. 당시 청계동에 식객으로 머물고 있던 포군 20명 외에도 인근 각지의 산포수들에게 소집 통문을 돌렸다. 이렇게 불러 모은 군사는 정병이 70여 명, 장정이 100여 명에 달했다. 안태훈은 이들을 3개 중대로 나누어 특별훈련을 시킨 후 청계동 앞 망대산에 포대를 설치해 청계동을 수비하도록 했다.

그 무렵 동학군의 원용일 부대는 청계동에 집결한 반동학군을 토벌하기 위해 1,700~2,000여 명의 동학군을 거느리고 출동했다. 당시 동학군은 신천군 일대를 전부 점령한 터여서 기세가 등등했다. 11월 14일에 동학군은 청계동에서 북방으로 10리 정도 떨어진 박석골까지 육박했다. 이들은 야음을 틈타 청계동을 기습할 작정이었다.

동학군이 기습할 것이라는 급보를 접한 안태훈은 긴급회의를 열었다. 적은 병력으로 동학군을 맞서 싸울 경우 패배할 것이 뻔했다. 고심 끝에 안태훈은 자신들이 박석골의 동학군을 선제공격하기로 방침을 정했다. 안태훈은 포군영수 노제석에게 정병 40여 명을 이끌고 출전하라고 지시했다. 나머지 정병과 장정들은 청계동을 지키도록 했다. 안태훈의 전략은 주효했다. 노제석은 동학군 18명을 포살하는 전과를 올렸다.

바로 이 '박석골 전투'에 열여섯 살의 안중근도 참전했다. 안중근은 동지 6명과 함께 선봉 겸 정찰 임무를 맡았다.

안중근은 야음을 틈타 동지들과 함께 동학군 진지로 접근하여 동태를 살폈다. 초겨울 바람에 동학군의 깃발은 펄럭이고 불빛은 대낮처럼 환히 밝았다. 동학군 막사에서 떠들썩한 소리가 들렸는데 기율(紀律)이라곤 찾아보기 어려웠다. 제대로 된 훈련을 받지 않았으니 체계가 없는 것이 당연했다. 그때 안중근이 동지들에게 말했다.

"지금 적진을 습격한다면 반드시 큰 공을 세울 것이다."

그 말에 여러 동지들이 물었다.

"적은 병사로 어찌 수만 명의 대군을 당해낼 수 있겠는가?"

지당한 얘기였다.

그러자 안중근이 다시 말했다.

"그렇지 않다. 병법에 '적을 알고 나를 알면 백 번 싸워서 백 번 이긴다'라고 했다. 적의 형세를 보니 어지러운 오합지졸에 지나지 않는다. 우리 일곱 사람이 마음과 힘을 합친다면 저런 어지러운 무리야 백만 대군이라 해도 두려워할 것 없다. 그대들은 의심하지 말고 내 계책을 따르라."

안중근의 말을 듣고 일행들이 모두 응낙했다.

곧이어 안중근의 호령에 따라 일곱 사람 전원이 농민군 대장이 있는 곳을 향해 총을 쏘아대기 시작했다. 벼락 같은 총소리는 천지를 흔들었고 탄환은 우박처럼 쏟아졌다. 졸지에 기습을 당한 농민군은 허둥대기 시작했다. 갑옷도 입지 못한 채 장비를 버리고 온 산과 들로 달아났다. 기습작전은 한마디로 대성공이었다.

그러나 동이 트자 상황이 급반전되었다. 농민군은 이쪽의 형세가 대단치 않음을 알아챘다. 농민군은 사방을 포위하여 안중근 일행을 공격하기 시작했다. 위급한 상황을 맞아 이리저리 궁리를 해보았으나 달리 포위망을 빠져나올 길이 없었다. 자칫하면 모두 사살되거나 꼼짝없이 붙잡힐 판국이었다.

그때 갑자기 등 뒤에서 포성이 울리면서 한 무리의 군사들이 나타나 농민군을 공격했다. 이들은 본진의 후원부대였다. 농민군이 패해 달아나면서 안중근 일행은 포위를 벗어나게 되었다. 이 전투에서 안태훈 부대는 별다른 피해 없이도 큰 승리를 거두었다. 또 전리품으로 각종 무기와 군량미 천여 포대를 획득했다. 이 군량미는 동학군이 정부미를 탈취한 것으로, 나중에 안태훈에게 큰 골칫거리가 되었다.

안중근이 부친을 도와 동학농민전쟁에 참가한 것은 그의 일생에서 '옥의 티'로 일컬어진다. 탐관오리들의 학정에 못 이겨 일어난 농민군을 관군, 일본군과 함께 진압(타도)의 대상으로 삼았기 때문이다. 안중근 역시 당시 기득권 수호 세력의 일원이라는 지적을 비켜가기 어렵다고 하겠다.

여기에 하나 더 덧붙이면 일본제국주의와 일황을 등치시키지 않은 점도 들 수 있다. 안중근은 신문 과정에서 이토에 대해서는 한국을 침략한 책임을 물으면서도 일황에 대해서는 묻지 않았다. 심지어 안중근은 "세상에서 가장 존귀한 이는 누군가 하면 인간으로서는 천황폐하입니다"라고 말하기도 했다. 이는 당시 안중근이 세계역사와 국제정세에 대한 지식과 식견이 부족했기 때문이라고 할 수 있다.

동학군을 진압하는 과정에서 안중근 집안은 백범 김구와 인연을 맺게 된다. 안태훈과 신사협정을 맺은 후 김구는 안태훈의 배려로 한동안 청계동에 머물렀다.

천주교 수용과 천명사상

안중근 일가가 거주하던 청계동은 주변이 산으로 둘러싸인 첩첩 산중이었다. 당시만 해도 교통이 좋지 않은 데다 외부와의 왕래도 많지 않았다. 그럼에도 안중근 집안은 비교적 일찍 천주교를 받아들 였다. 이 일에 앞장선 사람은 이 집안의 리더인 안태훈이었다. 천주 교를 수용한 후에는 교리에 따라 대대로 지내오던 제사도 중단했다.

안태훈은 개화한 지식인이었으나 대대로 유학을 숭상해왔다. 그 런 집안에서 외래종교인 천주교를 받아들이기가 쉽지는 않았을 것 이다. 게다가 천주교 측의 강력한 전도나 외부의 압력이 있었던 것 도 아니었다. 안태훈은 순전히 자발적으로 천주교를 수용했다. 여기 에는 하나의 계기가 있었다. 동학군한테서 노획한 '군량미 천 포대' 가 바로 그것이었다.

1895년 여름 어느 날, 낯선 사람 둘이 안태훈을 찾아왔다. 그들은 대뜸 지난해 동학군 진압 때 노획한 곡식 천여 포대는 동학군 것이 아니라 절반은 탁지부대신 어윤중(魚允中)이 사둔 것이며, 나머지 절 반은 전 선혜청당상 민영준(閔永駿)의 농장에서 추수한 것이니 지체 하지 말고 모두 돌려주라는 것이었다.

안태훈이 웃으며 말했다.

"어찌, 민씨 두 분의 쌀은 내가 알 바 아니요, 그 곡식은 동학당의 진중에서 직접 빼앗아온 것이니 그런 소릴랑 하지 마시오!"

두 사람은 아무 대답 없이 돌아갔다.

물에 빠진 사람 구해주니 보따리 내놓으라는 식이라더니 안태훈 입장에서는 황당하고 불쾌하기 짝이 없는 일이었다. 그것은 안중근도 마찬가지였다. 훗날 뤼순감옥에서 〈안응칠 역사〉를 쓰면서 이 일을 두고 "토끼사냥에 애쓴 개를 사냥이 끝나고는 잡아먹으려 들고 내를 건너갈 적에 요긴히 쓴 지팡이도 건너가서는 모랫바닥에 내동댕이친다더니만"이라고 적었다.

그로부터 며칠 뒤 경성(서울)에서 급한 편지가 한 통 날아들었다. 안태훈의 후견인 격인 김종한이 보낸 것이었다.

내용인 즉, 어윤중과 민영준이 잃어버린 곡식을 찾을 욕심으로 고종황제에게 "안모(안태훈)가 쌀 천여 포대를 도둑질하여 그 쌀로 병정 수천 명을 길러 음모를 꾸미려 하고 있으니 즉시 군대를 보내어 진압해야 한다"고 아뢰었다고 했다. 조만간 청계동으로 군대를 파견하려 하니 속히 서울로 올라와 방안을 강구하라는 것이었다.

안태훈은 급히 상경했다. 이리저리 사정을 알아보니 김종한의 편지 내용 그대로였다. 안태훈은 김종한을 통해 어윤중에게 사정을 설명했으나 씨알도 먹히지 않았다. 그런데 불행 중 다행이랄까, 어윤중이 아관파천 때 고향(충북 보은)으로 피신하던 중 용인에서 난민(亂民)들의 돌에 맞아 죽으면서 이 문제는 저절로 해결되었다.

문제는 민영준이었다. 그는 민씨 세력을 등에 업고 기세가 등등했다. 그러던 중 새 탁지부대신 심상훈 덕분에 다행히 문제를 해결할 수 있게 되었다. 심상훈은 안태훈이 동학군 진압에 공로가 있고 또 동학군한테서 노획한 양곡을 군량미로 사용한 연유를 군부에 보고했으니 아무 문제가 없다고 했다. 탁지부는 의병이 사용한 양곡에 대해 다시 거론하지 말라는 훈령을 내림으로써 '쌀 포대' 문제는 일단락되었다. 그때가 1895년 7월이었다.

민영준은 안태훈이 쌀을 돌려주지 않자 '음모' 운운하며 안태훈을 반역죄로 몰아가려고 했다. 위기에 처한 안태훈은 피신을 겸해 천주교 종현성당(현 명동성당)으로 몸을 숨겼다. 안태훈은 삼국간섭 이후 극동에서 영향력이 대폭 강화된 프랑스 신부들에게 도움을 요청해볼 작정이었다.

종현성당에서 몇 달 머무는 동안 안태훈은 신부의 강론도 듣고 성서도 읽으면서 천주교를 접하게 되었다. 이미 개화사상에 눈뜬 안태훈으로서는 천주교에 별다른 거부감을 느끼지 않았다. 결국 그는 자신의 구명문제와 가문의 안위를 위하여 당시 기세를 떨치고 있던 천주교를 수용하기로 결심했다.

1896년 10월 말 안태훈은 청계동으로 돌아왔다. 그의 손에는《교리문답》,《12단》등 120여 권의 천주교 서적이 들려 있었다. 그는 친지들과 촌민들에게 이 책을 나눠주면서 복음을 전파했다. 향촌의 유력자인 안태훈이 팔을 걷어붙이고 나서자 전도 두 달 만에 7개 마을에서 개종 움직임이 일어났다.

안태훈은 안악군 마렴본당의 빌렘 신부를 청계동으로 초빙하기로 했다. 빌렘 신부는 독일과 접경지역인 프랑스 알사스 로렌 지방 출신이었다.

안태훈은 빌렘 신부에게 청계동에 공소(公所, 신부가 상주하지 않는 작은 교회) 개소를 요청했다. 이에 빌렘 신부는 청계동에 2명의

청계동 마을 입구 냇가에 바위에 새겨진 '청계동천(淸溪洞天)' 글씨　경치 수려한 고장이라는
뜻으로 안태훈이 새긴 것으로 전해진다.

전도회장을 파견하는 등 안태훈의 요청에 적극적으로 호응했다.

　1897년 1월, 빌렘 신부는 안태훈의 집안 식구들과 청계동 인근 주
민 33명에게 세례를 주었다. 4월 중순 부활절에는 추가로 66명에게
세례를 주었다. 안중근 가문에서는 조상의 제사 때문에 천주교 수용
을 거부한 장자 안태진을 제외하고는 대부분이 세례를 받았다. 안태
훈 일가의 경우 본인은 베드로, 부인 조성녀는 마리아, 장남 중근은
토마스, 차남 정근은 시실로, 삼남 공근은 요한, 장녀 안성녀는 누시
아 등이다.

　1898년 4월에 빌렘 신부가 청계동성당에 부임함으로써 청계동
은 마렴에 이어 황해도에서 두 번째로 본당이 되었다. 안태훈과 빌
렘 신부가 합세해 포교에 진력하자 황해도의 천주교 신자는 급속도
로 불어났다. 1897년에 555명에서 1902년에는 7,000명에 달할 정도
로 폭발적으로 증가했다. 당시 치외법권을 행사하던 신부들의 위력

안중근가의 결혼식에 참석해 식사하고 있는 빌렘(왼쪽 첫 번째) 신부와 베버 신부(왼쪽 두 번째)

은 지방관들의 탐학에 시달리던 민중에게 마치 구세주처럼 비쳤다. 여기에다 안태훈과 같은 지방 유력자의 반강제적 입교 권유도 한몫을 한 셈이다.

안중근은 1897년 1월에 빌렘 신부로부터 세례를 받고 정식 천주교 신자가 되었다. 그의 부친 안태훈이 천주교를 수용한 것은 다목적 차원이었다. 그러나 안중근은 부친과 달랐다. 안중근은 천주교 교리에 깊은 감화를 느끼고 진정한 마음으로 수용했다. 안중근은 청계동 성당에서 빌렘 신부의 복사(服事)로 활동했다. 복사란 천주교 미사 때 사제를 도와 시중을 드는 사람을 말한다. 안중근은 빌렘 신부와 가깝게 지내면서 그에게 돈독한 신뢰를 얻고 있었다.

안중근은 빌렘 신부로부터 세례를 받은 후 '다묵(多)'이라는 세례명을 받았다. 다묵은 도마, 즉 토마스(Thomas)를 뜻한다. 안중근은 객지를 떠돌면서도 'COREE AN THOMAS'라고 새긴 도장을 늘 갖고

안중근 의사 집안의 결혼식　　위는 신부와 수모(手母, 전통 혼례에서 신부의 단장 및 그 밖의 일을 곁에서 도와주는 여자)의 모습이고, 아래는 잔치상을 받은 신부의 모습이다. 이 사진은 1911년 5월 21일에 안중근 의사의 집을 방문한 베버 신부가 찍은 것이다.

다녔다. 안중근에게 세례명은 본명보다도 더 중요한 것이었다.

안중근은 천주교를 수용한 지 얼마 되지 않아서부터 충실한 신자가 되었다. 마음속으로부터의 깊은 신앙심은 물론이요, 토마스라는 세례명처럼 선교활동도 활발하게 벌였다. 안중근은 빌렘 신부를 따라 황해도 이곳저곳을 다니며 군중들에게 수차례 전도연설을 했다.

전도 과정에서 안중근은 일반 민중들의 지식수준이 낮아 전도에 어려움을 겪었다. 궁리 끝에 대학을 세워 이들을 교육시키면 전도는 물론이요, 장차 인재양성에도 큰 도움이 될 것 같았다. 안중근은 빌렘 신부를 설득하여 서울로 가서 뮈텔 주교를 만났다. 뮈텔 주교는 즉석에서 반대 입장을 폈다. "한국인이 학문을 배우게 되면 믿는 일에 좋지 않을 것"이라고 했다.

이후로 안중근은 누차에 걸쳐 뮈텔 주교에게 천주교 대학 설립을 건의했으나 받아들여지지 않았다. 분개한 안중근은 마음속으로 '천주교의 진리는 믿을지언정 외국인은 믿을 것이 못 된다'라고 생각하며 프랑스 말을 배우다가 중단했다. 사정을 알지 못한 친구가 중단 사유를 묻자 "프랑스 말을 배우다가는 프랑스 종놈을 면치 못할 것"이라고 말했다. 이 일로 안중근은 천주교 진영과 일정한 거리감을 갖게 되었다.

안중근의 천주교 신앙은 그 어떤 신자보다도 독실했다. 의병전쟁을 할 때나 거사를 준비하던 와중에도 동지들에게 전도활동을 했으며, 의병전쟁 당시 작은 봇짐 속에는 늘 묵주와 첨례표(瞻禮表, 축일표)를 넣어 가지고 다녔다. 거사가 성공한 후 성호를 그으며 천주에게 감사를 표했고, 사형집행 직전에는 묵도를 잊지 않았다. 아내에게 보낸 마지막 편지에서는 장남 분도(芬道, 본명 우생)를 신부로 키워

안중근 의사의 숙부 안태건(오른쪽)과 안태민

달라고 당부했다.

그러나 안중근은 '살인자'라는 이유로 오랫동안 천주교로부터 배척당해왔다. 한국 천주교가 안중근을 품어 안은 것은 그의 순국 100주년이 된 해였다. 정진석 추기경은 2010년 3월 26일에 서울 명동성당에서 열린 '안중근 순국 100주년 추모미사'에서 안중근이 천주교 신자 신분임을 공식 확인했다.

정 추기경은 이날 미사에서 "안중근 의사의 삶이 숭고하고 신앙과 민족운동이 우리에게 큰 귀감이 되기 때문에 추모미사를 봉헌한다."고 밝혔다. 정 추기경은 안중근 의사를 민족자존과 국권수호, 정의실현을 위해 생명까지 아낌없이 바친 애국자이며, 평화주의자, 인권운동가, 고매한 인격자, 교육가라고 소개하면서 "무엇보다도 가톨릭 세례명이 토마스인 철저한 신앙인"이었음을 강조했다.

뒤늦은 명예회복 조치에 대해 당시 천주교 내부에서도 비판이 제기되었다. 함세웅 신부는 〈한겨레신문〉 2010년 8월 17일자 인터뷰에서 "올해가 안중근 의사 순국 100주년이다. 당시 주교와 사제는 폐쇄적 교회관으로 안 의사를 배척하는 등 시대의 고민을 망각한 결정을 했는데, 이는 두고두고 한국 가톨릭의 가장 큰 부끄러움이었다"며 "과거의 폐쇄적 교회관이 후대의 교직자들에 의해 반복되는 것은 참으로 부끄럽고 애석한 일"이라고 말했다.

안중근은 10대 초반에 친구들과 봄꽃놀이를 갔다가 절벽에서 굴러떨어져 목숨을 잃을 뻔한 적이 있다. 가까스로 목숨을 구한 후 그는 "천명에 감사한다"고 말했다. 자신의 목숨을 구해준 하늘에 감사한다는 뜻이다. 이때는 그가 아직 천주교를 수용하기 전이었다. 천주교에 귀의한 후 안중근은 천명을 다음과 같이 정의했다.

이른바 천명(天命)의 본성이란 것은 그것이 바로 지극히 높으신 천주께서 사람의 태중에서부터 부어넣어 주는 것으로서, 영원무궁하고 죽지도 멸하지도 않는 것이오.

천주교 신자가 된 후 안중근은 천명을 인간 본성(本性)과 일치시켰다. 그리고 그 천명을 현실 속에서 실천하려고 노력했다. 당시 한국이 직면한 최대의 문제는 일제의 침략으로부터 나라를 보호하는 것이었다. 안중근은 이 독립전쟁을 '천명'이라고 여겼다.

블라디보스토크에 머물던 시절 안중근은 이범윤(李範允)에게 의병을 일으켜 일제를 공격하는 것이 '천명'이라고 했다. 반대로 러일전쟁 때 이범윤이 러시아를 도운 것을 두고 '역천(逆天) 행위'라고 비판하면서 역천한 일제를 치는 것을 '순천(順天)'이라는 논리로 이범윤을 설득했다. 안중근은 항일 독립투쟁의 이론적 근거를 '천명'에서 찾았다.

안중근의 천명사상은 종교적 차원을 넘어 시대정신을 담고 있었다. 그는 유교의 천명관(天命觀)을 천주교의 천명사상과 연결시켜 한국의 민족문제를 해결하는 원동력으로 삼았다. 이토 단죄는 그의 천명사상의 실천이요, 동양평화론은 그 실천방법론이라고 할 수 있다. 천주교 신자인 안중근은 유학에서 말하는 천명과 천주교에서 말하는 천명이 결국 같은 것임을 행동으로 보여주었다.

안중근은 한국의 독립과 동양의 평화를 유지하기 위해 노력하는 것이 천명이라고 여겼다. 따라서 이에 역행하는 모든 행위는 곧 '역천(逆天) 행위'로 처단 대상이었다. 그가 이토를 처단한 것도 바로 그 때문이었다. 안중근은 이토를 처단하지 않고는 천명을 실현할 수 없다고 판단했다. 따라서 이토 처단은 천명에 따른 것이어서 살인죄에 대한 죄의식을 전혀 느끼지 않았다.

죽기 전에 안중근은 빌렘 신부와 아내에게 보낸 편지에서 "천당에서 만나자"고 했다. 순국 전날 두 동생과의 마지막 면회에서도 "사람은 한 번은 반드시 죽는 것이므로 죽음은 굳이 두려워할 것은 못되며 인생은 꿈과 같고 죽음은 영원히 잠드는 것과 다름 아니어서 쉬울 것으로 생각하고 있기 때문에 염려할 것은 없다"고 말했다. 살인을 금한 천주교 교리대로라면 그는 천국에 갈 수가 없다. 그러나 안중근의 생각은 달랐다. 한국의 독립과 동양평화 유지라는 천명을 실현하기 위해 역천한 이토를 천명에 따라 처단했으므로 종교적으로도 아무런 문제가 없다고 본 것이다. 안중근은 사후에 천국행을 확신하고 죽음을 맞았다.

종교적으로나 민족적으로나 마땅히 해야 할 일을 하고 죽는 몸이었다. 그래서 사형대에서도 안중근의 심사(心思)는 몹시도 평화롭고 당당했던 것이다.

천주교인 안중근, 민권에 눈뜨다

청년 시절 안중근은 혈기방장한 성품에다 불의를 보면 참지 못했다. 때로는 무모하다시피 해 위기에 빠진 적도 더러 있었으나 결코 불의를 피하는 법이 없었다.

안중근이 천주교 전도에 매진하던 무렵에 있었던 일이다. 모 금광의 감리로 있던 주가(朱哥)가 천주교를 헐뜯고 비방한다는 소문을 듣고는 단신으로 달려갔다. 주가를 만나 시비를 따질 무렵 금광의 일꾼 사오백 명이 몽둥이를 들고 몰려왔다. 그는 허리춤에 차고 있던 단도를 꺼내 주가를 인질로 삼고서 간신히 위기를 모면했다. 그는 옳지 않은 일이라면 앞뒤 가리지 않고 자신의 몸을 던졌다.

한번은 한성에서 이런 일도 있었다. 1903년 3월, 안중근이 동지 몇 사람과 한성 거리를 산책하고 있을 때였다. 그때 한국인 하나가 말을 타고 지나가고 있었는데 갑자기 나타난 일본인이 그를 말에서 끌어당겨 내리고는 말을 빼앗으려고 했다. 옆에서 이 광경을 보고 있던 한국인들은 모두 놀라기만 할 뿐 나서는 자가 없었다.

바로 그때 안중근이 나서서 큰 소리로 일본인을 꾸짖었다. 그리고는 잽싸게 왼손으로는 일본인의 목을 잡고 오른손으로는 권총으로 그자의 복부를 겨누었다.

"오랑캐 녀석(蠻奴)이 감히 어디서 이런 불법행동을 하느냐. 말을 주인에게 돌려주면 너를 살려주겠지만 그러지 않으면 죽일 테다!"

곁에 일본인이 여럿 있었지만 쳐다보기만 할 뿐 두려워서 감히 나서지 못했다. 그자가 말을 돌려주고 빌자 비로소 풀어주었다. 한국사람들 가운데는 그 용맹한 청년의 이름을 알아보려는 이가 많았다고 한다. 역사학자 박은식이 쓴 '중근의 의협(義俠)'이라는 글에 나오는 얘기다.

안중근의 민권(民權) 의식은 천주교 신앙에 뿌리를 두고 있었다. 그는 민권을 "천명의 본성으로 천주가 태중에서부터 부어넣은 것"이라고 정의했다. 그의 민권사상은 천부인권론에 근거한 것으로, 만민평등을 주장한 천주교 교리와 일맥상통했다.

안중근은 "문명독립국가의 구현은 민권의 실현에 있다"며 민권 실현을 위해 난신적자(亂臣賊子), 즉 나라를 어지럽히는 불충한 무리들을 응징해야 한다는 소신을 갖고 있었다. 천주교 신도로 활동하면서 안중근은 다른 신도들의 어려움을 해결하는 데도 적극 나섰다. 대표적으로 1899년 10월경에 발생한 '김중환(金仲煥)의 옹진군민 돈 5천 냥 갈취사건'과 '이경주(李景周) 사건'을 해결한 사례를 들 수 있다.

천주교인인 옹진군민 이씨가 참판(參判, 현 차관)을 지낸 김중환에게 5천 냥을 갈취당한 일이 있었다. 안중근은 이 사건을 해결하기 위해 교인들의 총대(總代, 대표)로 뽑혔다. 서울로 올라간 안중근은 김중환을 찾아갔다.

"나는 시골에 사는 어리석은 백성이라 세상 규칙이나 법률을 잘 몰라 문의하러 찾아왔습니다. 만일 경성이 있는 한 대관(大官)이 시골백성의 재산 몇 천 냥을 억지로 뺏고 돌려주지 않는다면 그것은 무슨 법률로 다스릴 수 있겠습니까?"

처음에는 발뺌을 하더니 김중환이 이내 눈치를 챘다.

안중근이 다그치자 김중환은 돈이 없어 당장은 갚지 못한다고 둘러댔다.

"이처럼 고대광실에 많은 물건들을 갖추고 살면서 5천 냥이 없다고 한다면 어느 누가 믿겠습니까?"

그때 마침 곁에 있던 한성부 재판소 검찰관 정명섭(丁明燮)이 나서서 김중환을 두둔하고 나섰다.

안중근은 정명섭에게 한 마디 했다.

"공들은 국가를 보필하는 신하로서 임금의 거룩한 뜻을 받들지 못하고 백성을 학대하니 어찌 국가의 앞날이 통탄스럽지 않겠소?"

정명섭도 더 이상 나서지 못했다.

결국 김중환이 5천 냥을 반환할 날짜까지 약속하면서 이 일은 일단락되었다.

이경주 사건은 사안이 좀 복잡했다. 해주부 지방대병영 위관(尉官) 한원교(韓元敎)는 해주에 사는 이경주를 구타하고 재산을 갈취한 후 이경주의 부인과 서울에서 동거했다. 안중근은 이경주와 함께 한원교를 잡아 법정에 넘기기 위해 천주교 신자들과 함께 그의 집으로 찾아갔으나 그는 이미 도망가고 없었다. 그런데 한원교는 안중근 일행이 자신의 집에 난입해 모친을 구타했다며 한성부에 거짓으로 고소했다.

이 일로 이경주는 피고, 안중근은 참고인 신분으로 재판을 받게 되었는데 하필이면 재판관이 '김중환 5천 냥 사건' 때 김중환 집에서 우연히 만났던 정명섭이었다. 불리한 재판이 예견되었다. 그러나 안중근은 개의치 않고 재판정에서 당당하게 할 얘기를 다 했다. 며칠 뒤 한원교가 법정에 모습을 드러내자 안중근은 "너 같은 서울 놈은 만 번 죽어도 아깝지 않다"며 호통을 쳤다.

'서울 놈' 운운하자 정명섭이 못마땅한 듯 호통을 치며 그를 잡아 가두려했다.

호통소리에 기죽을 안중근이 아니었다. 그가 말했다.

"어째서 나를 가둔단 말인가. 오늘 내가 여기 온 것은 증인으로 불려온 것이지 피고로 붙들려온 것이 아니다. 천만 조항의 법률이 있다고 해도 죄 없는 사람을 가두는 감옥은 없을 것이다. 오늘과 같은 문명시대를 당해서 공이 어찌 감히 사사로이 야만의 법률을 쓸 수 있단 말인가?"

안중근은 당당하게 재판정에서 걸어 나와 여관으로 돌아왔다. 정명섭은 아무 말도 하지 못한 채 그저 바라만 볼 뿐이었다.

안중근의 노력에도 이경주는 재판에서 3년형을 선고받고 1년 뒤 1900년에 석방되었다. 그런데 이경주는 1902년에 한원교의 사주를 받은 송만진과 박용현에게 살해되었다. 가해자 두 사람은 재판에서 종신형을 선고받았으나 한원교는 일본으로 도피해 법의 심판을 면했다. 1903년 9월에 안중근 등은 한원교가 약탈한 재산을 국고에 귀속시킬 것을 법부(法部)에 청원했는데 다행히 받아들여졌다. 결과적으로 안중근은 이경주의 원혼을 달래주고 한원교의 죄를 물은 셈이되었다.

두 사건을 해결하는 과정에서 안중근이 취한 태도는 법치(法治)에 대한 믿음이었다. 안중근은 참판을 지낸 김중환에게도, 현역군인 한원교에게도 법 규정을 들이대며 맞섰다. 이경주 사건 때는 불리한 재판이 예견되었으나 안중근은 재판을 통해 자신의 주장을 당당히 폈다. 안중근은 민권이 법률로 보호될 때 시골백성들이 '서울 놈'들로부터 보호받을 수 있다고 생각했다.

두 사건은 안중근이 민권의식을 키우는 데 좋은 계기가 되었다.

해외 이주 미루고 교육 · 계몽운동에 나서다

1904년 2월 8일, 일본이 러시아가 점령하고 있던 청국의 뤼순을 공격하면서 러일전쟁이 발발했다. 당시 러시아와 일본은 한국에 대한 지배권 강화를 위해 각축을 벌이고 있었다. 일진회 등 부일배들은 일본의 승리를 기원했다. 이들은 일본의 한반도 침략의도를 간파하지 못한 탓이었다.

안중근은 이런 시국상황을 어떻게 보고 있었을까? 결론부터 앞세우면 당시 안중근의 시국인식은 정확했다. 그는 일본이 러일전쟁에 승리할 경우 한국을 본격적으로 침략할 것으로 내다보았다. 안중근은 신문과 잡지 등을 탐독하면서 시국을 예의주시하고 있었다. 〈안응칠 역사〉에서 한 대목을 옮겨보면 다음과 같다.

세월이 지나 1905년 을사년이 되었다. 인천 항만에 일본과 러시아의 대포 소리가 크게 울려 동양의 커다란 문제가 일어날 즈음, 이 소식이 이르자 홍 신부(빌렘 신부)가 탄식하며 이렇게 말했다.
"한국이 위태롭게 될 것 같구나."
내가 물었다.
"어째서 그렇습니까?"

홍 신부가 말했다.

"러시아가 이기면 러시아가 한국을 주관하게 될 것이요, 일본이 이기면 일본이 한국을 관할하려 들 것이다. 어찌 위태롭지 않겠느냐?"

그때 나는 날마다 신문과 잡지, 그리고 여러 나라 역사를 연구하며 읽고 있었다. 그래서 과거와 현재, 그리고 미래의 일들을 미리 추측했었다.

일본은 1904년 2월에 '한일의정서'를 강제로 체결했다. 이어 6월에는 한국정부에 황무지 개척권을 요구했다. 그 규모가 무려 전 국토의 3분의 1에 달할 정도여서 사실상 영토침략이나 마찬가지였다.

유생 등의 주도로 전국에서 반대여론이 들끓는 것은 당연한 일이었다. 급기야 7월 13일에 심상진(沈相震) 등은 보국안민(輔國安民)을 뜻하는 '보안회(輔安會)'라는 단체를 결성해 전국적인 반대운동에 나설 채비를 했다. 보안회의 취지에 찬동한 안중근은 입회차 보안회 사무실을 방문했다.

그런데 안중근이 보안회를 방문한 진짜 목적은 다른 데 있었다. 당시 주한일본 공사 하야시 곤스케(林權助)와 을사오적 등 부일파 처단을 제안하기 위해서였다. 그때 안중근은 이미 이토 히로부미를 처단할 계획도 물론 갖고 있었다. 그러나 보안회는 안중근의 제안을 수용하지 않았다. 실망한 안중근은 보안회 가입도 단념했다.

안중근이 하야시와 부일세력을 처단하려던 계획은 중요한 의미를 갖는다. 역사학계에서는 의열투쟁의 효시로 1907년에 있었던 나철(羅喆) 등의 을사오적 처단 시도를 꼽는다. 그에 비하면 안중근의 하야시 등 처단 계획은 3년이나 앞선다.

그 무렵 안중근은 여러 가지로 심경이 복잡했다. 보안회가 제안을 거절해 하야시 등 일본세력 제거 계획이 수포로 돌아간 데다 집안사정까지 어려웠기 때문이다. 이른바 '해서교안(海西敎案)', 즉 황해도 지방에서 천주교회와 관청 사이에서 빚어진 일련의 충돌사건으로 빌렘 신부가 청계동을 떠나게 되면서 가세가 크게 위축되었다. 게다가 러일전쟁 개전으로 국제정세의 급변도 한 요인으로 작용했다.

1905년 6월 중순경, 안중근은 중국 산둥(山東, 산동) 지방을 거쳐 상하이 땅을 밟았다. 부친 안태훈과 사전에 협의한 일이었다. 일본의 한국 침략이 날로 가속화되자 안중근은 부친에게 "빨리 무언가 도모하지 않는다면 큰 화를 입게 될 것"이라며 방책 마련이 시급하다고 말했다. 그리고는 자신은 한국인이 많이 살고 있는 산둥과 상하이를 둘러보고 올 테니 그동안 은밀히 짐을 꾸려 진남포로 가 있으라고 부친에게 당부했다.

상하이에 도착한 안중근은 한국인 유력자들을 만나 방책을 찾아보려고 했다. 먼저 을사늑약 체결 후 상하이로 망명한 민영익(閔泳翊)을 찾아갔다. 민영익은 부친과도 아는 사이였다. 여러 차례 그의 집을 찾아가 만나보려 했으나 어떤 이유에서인지 몰라도 민영익은 만나주지 않았다. 민영익은 나중에 안중근의 재판비용을 댔다.

안중근이 두 번째로 찾아간 사람은 서상근(徐相根)이었다. 그는 인천의 부자 출신으로 내장원경(內藏院卿)을 지낸 이용익(李容翊)과 쌀장사를 하다가 사이가 틀어진 후 상하이로 망명했다. 〈안응칠 역사〉에 서상근과의 대화록이 실려 있다.

그후에 나는 서상근을 방문했는데 대면해서 말했다.

"오늘날 한국의 형세는 아침 아니면 저녁에 망할 정도로 위태합니다. 어찌하면 좋겠습니까? 어떤 계책이 있겠습니까?"

서상근이 답했다.

"그대는 한국의 일을 내게 말하지 마십시오. 나는 일개 상민(商民)일 뿐입니다. 나는 몇 천만 원을 정부의 대관들에게 빼앗기고 피신하여 여기에 온 사람입니다. 게다가 국가니 정치니 하는 것이 민인(民人)들과 무슨 관계가 있겠습니까?"

나는 웃으며 답했다.

"그렇지 않습니다. 그대는 하나만 알고 둘은 모르시는군요. 만약 인민이 없다면 국가가 어찌 존재할 수 있겠습니까? 또한 국가란 몇 사람 대관들의 것이 아닙니다. 당당한 2천만 민족의 국가입니다. 만약 국민이 국민의 의무를 행하지 않는다면 어찌 민권과 자유를 얻을 수 있겠습니까? 오늘날은 '민족의 세계'입니다. 무슨 까닭에 한국 민족만이 남들의 밥이 되는 것을 달게 여기고 있습니까? 앉아서 멸망을 기다리는 것이 과연 옳겠습니까?"

서상근이 답했다.

"그대의 말은 비록 옳지만 나는 다만 상업으로 입에 풀칠만 하면 그만이니 다시는 정치 이야기는 꺼내지 마십시오."

나는 거듭 말했지만 도무지 들어주려 하지 않았다. 이른바 '쇠귀에 경 읽기'와 마찬가지였다. 나는 하늘을 우러러 탄식하며 마음속으로 생각했다.

'우리 한국 사람들의 뜻이 모두 이와 같으니 나라의 앞길이 말하지 않아도 알 수 있겠다.'

서상근은 돈만 벌면 될 뿐, 한국의 장래는 자신과 아무 상관이 없었다. 그는 민족의식이라고는 눈곱만큼도 찾아볼 수 없는 한낱 장사꾼에 불과했다. 관리들에게 큰돈을 빼앗기고서 나라를 등진 그를 전혀 이해하지 못할 바는 아니었다. 그러나 안중근은 서상근의 그런 비(非) 민족적 행태가 몹시도 실망스러웠다.

여기서 한 가지 눈여겨볼 점은 안중근이 서상근과의 대화에서 수차례 '민족'을 거론하며 강조한 점이다. 이는 그의 상하이 방문이 단순히 집안일 때문만이 아니었다는 사실이다. 비록 만나지는 못했지만 민영익과도 만나 구국의 방책을 찾아보려 했었다. 또 아무런 성과는 없었으나 서상근과도 이런 문제로 입씨름을 했다.

민영익과 서상근의 일로 안중근은 기분이 울적해졌다. 그래서 찾아간 곳이 상하이의 한 천주교당이었다. 한참동안 기도를 드린 후 문밖을 내다보다가 뜻밖에 아는 사람과 마주쳤다. 황해도에서 전도활동을 할 때 만났던 르각(Le Gac, 한국명 곽원량) 신부였다. 재령본당 신부를 지낸 르각 신부는 홍콩을 들러 한국으로 들어가는 길이었다.

두 사람은 여관방으로 돌아와 그간의 회포를 풀며 밤새 얘기를 나누었다. 얘기는 주로 안중근이 했다. 그는 현 시국상황에서 한국에서는 할 수 있는 것이 마땅치 않아 궁여지책으로 일가족이 해외로 이주할 계획을 세우고 있노라고 털어놓았다. 그리고 외국에 살면서 장차 여건이 조성되어 기회가 오면 거사를 한번 일으켜 볼 생각이라고 밝혔다.

잠자코 듣고 있던 르각 신부가 입을 열었다. 그는 안중근 일가의 해외이주 계획을 적극 반대했다. 우선 그런 식으로 다 해외로 나가버리면 한국이 텅 빌 것이니 그것은 원수가 바라는 바라고 지적했

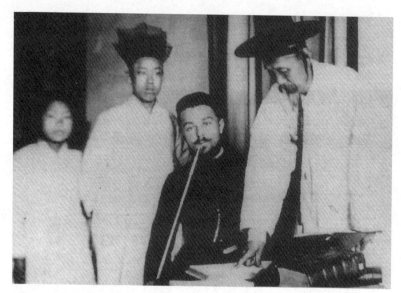

황해도에서 전도활동을 하다 안 의사를 만나 실력양성을 조언한 르각 신부(가운데)

다. 또 해외에 있는 교민들은 내국인들보다 애국심이 두 배나 되니 그런 걱정은 말고 "네 할 일이나 하라"고 했다. 르각 신부는 교육발달, 사회확장, 민심단합, 그리고 실력양성 등 네 가지를 강조했다. 그리고 이것만 이루어진다면 한국은 반드시 독립할 것이라고 말했다. 조용히 듣고 있던 안중근이 답했다.

"신부님 말씀이 옳습니다. 그대로 따르겠습니다."

1905년 12월, 안중근은 기선을 타고 진남포로 돌아왔다. 그런데 벌써 이사를 와 있어야 할 가족들은 보이지 않았다. 알고 보니 부친 안태훈이 이사 도중에 별세하자 시신을 수습해 다시 청계동으로 돌아갔기 때문이었다. 청계동으로 달려간 안중근은 부친의 묘소 앞에서 통곡했다. 그리고는 대한이 독립할 때까지 술을 끊겠다고 맹세했다.

청계동에서 겨울을 보낸 안중근은 1906년 3월에 일가족을 이끌고 진남포로 옮겨왔다. 우선 그는 용정동 36호에 양옥 한 채를 지어 가족들의 새 거처를 마련했다. 진남포는 중국으로 가는 배가 드나드는 교통의 요지로 통했다. 첩첩산중 청계동과는 여러 모로 비할 바가 아니었다.

안중근이 진남포로 이사한 배경을 두고 바로 아래 동생 안정근은 검찰관 신문에서 "형이 우리를 교육시키기 위해 이사한 것인데 나는 상업을 하기 위해서였다"고 진술했다. 비록 당초 구상했던 해외이주 계획은 포기했지만 안중근은 이곳 진남포에서 새 인생을 열어볼 작정이었다.

진남포로 이사 와서 안중근이 제일 먼저 착수한 일은 학교 설립이었다. 교육사업은 그의 오랜 꿈이자 르각 신부와의 약속이기도 했다.

1906년 봄 무렵, 안중근은 재산의 일부를 투자해 자택에 삼흥학교(三興學校)를 세웠다. '삼흥'은 사흥(士興), 민흥(民興), 국흥(國興)이라는 뜻으로 교육을 통한 국가발전을 목표로 했다. 삼흥학교의 교과목은 자세히 알려진 것고 다만 진남포 해관(海關, 세관) 주사 오일환(吳日煥)을 교사로 초빙해 영어를 가르쳤다. 학생 수는 50~60여 명이었다. 학교를 설립한 지 1년여가 지나자 학교가 재정난을 겪었다. 안중근의 처남 김능권(金能權)이 15,000냥을 들여 30여 칸의 기와집을 지어 교사(校舍)로 제공했다.

돈의학교(敦義學校)는 프랑스인 포리(Faurie, 한국명 방소동) 신부가 설립했다. 안중근이 재정지원을 하면서 이 학교 운영에 관여하게 되었는데 나중에 제2대 교장을 맡기도 했다. 그는 교장에 취임한 후 교사를 증축하고 교사(敎師)를 배로 늘렸고 학생들도 더 모집하는 등 학교의 면모를 일신했다. 교련과목에 목총, 나팔, 북을 사용하는 군

대식 훈련을 특별히 포함시켰다.

이 시절 안중근은 오일환을 통해 정대호, 김문규(金文奎) 등과 교류했다. 세 사람 모두 진남포 해관의 주사(主事)였다. 정대호는 하얼빈 의거 후 안중근의 가족을 하얼빈까지 망명시키는 데 도움을 주다가 일경에 체포되어 옥고를 치렀다. 정대호는 훗날 중국으로 망명한 후 임시정부에 참여해 임시의정원 경기도 의원을 지냈다. 천주교 신자인 김문규는 삼흥학교 교사를 지냈다.

그 무렵 독립협회 회원 서상돈(徐相敦)이 대구에서 국채보상운동을 제창하고 나섰다. 그는 1907년 2월 21일자 〈대한매일신보〉에 실린 취지문을 통해 "2천 만 인민들이 3개월 동안 담배를 끊고 그 돈으로 국채 1,300만 원을 갚자"고 호소했다. 얼마 뒤 대구에서는 단연회(斷煙會, 담배 끊는 모임)를 설립해 모금운동에 나섰다.

이 소식이 〈대한매일신보〉, 〈만세보〉, 〈황성신문〉 등에 보도되자 각계각층에서 뜨거운 반응을 보였다. 전국에서 '국채보상' 이름을 붙인 단체가 20여 개나 창립되었으며, 고종황제도 담배를 끊고 동참하겠다고 밝혔다. 유림을 비롯해 관리, 상민, 심지어 하층민들도 이에 참여했고 부녀자들은 패물을 팔아 성금으로 내놓기도 했다.

안중근 역시 국채보상운동에 적극 동참했다. 그의 가족들은 물론 삼흥학교 차원에서도 이 운동에 참여했다. 어떤 기록에는 안중근이 서상돈에게 자청해 관서지부를 개설하고 지부장이 되었다는 내용도 있다.

당시 〈대한매일신보〉에서는 요즘으로 치면 성금모금 창구에 해당하는 '국채보상지원금총합소'를 설치했다. 이 신문은 전국에서 성금모금에 참여한 사람들의 이름과 액수를 매일같이 신문에 게재하곤 했다.

〈대한매일신보〉 1907년 5월 29자 4면 광고란에 실린 기사를 쉬운 말로 풀이하면 대략 다음과 같다.

삼화항(三和港, 진남포) 은금폐지부인회(銀金廢止婦人會) 제2차 의연(義捐). 안중근(安重根) 자친(慈親, 모친) 은가락지 두 쌍 넉 냥 닷 돈은 아직 팔지 못했음. 그 밖에 은투호(노리개) 두 개, 은장도 한 개, 은귀이개 두 개, 은가지 세 개, 은부전 두 개, 총 10종에 넉 냥 닷 돈중. 대금은 20원

위 기사는 안중근의 모친 조마리아 여사가 가지고 있던 패물을 국채보상 성금으로 내놓았다는 내용이다. 패물의 종류와 수량이 적지 않은 것으로 보아 당시 안중근 집안의 가세를 대략 짐작할 만하다. 조 여사 이외에도 이 집안에서는 안중근의 부인과 두 동생의 부인 등이 시집올 때 가지고 온 반지를 내놓았다.

안중근은 '독립'의 출발점은 경제적 자립이라고 판단했다. 그 첫 걸음이 일본 차관을 갚기 위한 국채보상운동 참가였다. 이 같은 현실인식은 미곡상 운영과 삼합의(三合義) 설립으로 이어졌다. 미곡상은 처남 김능권의 재정지원을 받아 시작했으나 실패했다. 1907년 7월경 삼흥학교 교장 한재호(韓在鎬), 송병운(宋秉雲) 등과 함께 평양에서 설립한 삼합의는 무연탄 판매회사였다. 삼합의 역시 공동사업자들과의 불화와 일본의 방해로 결국 실패했다.

1907년 봄, 안중근은 서북학회(西北學會)의 전신인 서우학회(西友學會)에 가입했다. 1906년 3월에 윤치호가 초대회장이 되어 대한자강회가 설립되었다. 이 단체를 시작으로 그해 10월에는 서우학회와 기

호학회, 이듬해에는 호남학회와 관동학회가 창립되었다. 이 학회들은 학술연구가 목적이 아니라 정치활동 수단으로 만들어진 단체였다.

안중근은 서우학회 가입을 계기로 안병찬·김달하(金達河)·박은식·이갑(李甲)·안창호(安昌浩)·노백린(盧伯麟) 등 서우학회 회원들과 교류를 가졌다. 하얼빈 의거 후 국내에서는 이갑, 안창호 등 서북학회 회원들이 대거 체포되었는데 바로 이때 맺은 인연 때문이었다. 안중근이 간도 망명을 결행한 것도 '김 진사'의 권유 때문이었다. 김 진사는 서북학회 부회장 김달하로 추정되는데 그는 나중에 변절해 비참한 최후를 맞았다.

1905년 말 상하이에서 귀국한 후 안중근은 2년가량 다양한 활동을 했다. 진남포로 이사한 후 학교를 설립하고 사업을 새로 벌였으며, 국채보상운동 참여, 서북학회 가입 등 계몽활동에도 참여했다. 얼핏 보면 이 모두가 개별적인 사안처럼 보이지만 실상은 일련의 프로젝트나 마찬가지였다.

안중근은 상하이에서 만난 르각 신부로부터 교육발달, 사회확장, 민심단합, 실력양성 등 '네 가지 숙제'를 받았다. 그후 안중근은 학교를 설립해 교육발달에 힘썼고, 서우학회 가입을 통해 사회 확장과 민심단합에도 노력했다. 또 비록 실패로 끝나긴 했으나 사업을 벌여 실력양성에도 힘을 쏟았다. 그로서는 르각 신부와의 약속을 지키려고 최선을 다한 셈이다.

그런 그가 1907년 8월에 간도(間島) 망명길에 올랐다. 국내활동의 한계를 돌파하기 위한 고육지책이었다. 1905년 해외이주 계획을 세운지 2년 만에 그는 마침내 무장투쟁의 길을 찾아 나섰다.

해외 망명과 의병투쟁 활동

러시아 땅으로 망명하다

1905년 을사늑약 강제체결로 대한제국은 외교권을 상실했다. 이로써 한국은 국제사회에서 존재감이 소멸되었고 대한제국은 빈껍데기나 마찬가지였다. 그러자 일제는 한국 침략을 더욱 가속화시켜나갔는데 1907년은 절정에 해당하는 해였다.

일제는 1907년 7월에 발생한 '헤이그 밀사사건'의 책임을 물어 고종을 강제로 폐위시켰다. 일제는 후임으로 등극한 순종에게 압력을 넣어 정미7조약을 체결한 후 한국의 내정(內政) 전권을 장악했다. 7월 31일 밤에는 조정을 위협하여 군대해산에 대한 황제의 칙령을 반포하게 했다. 이 과정에서 이완용 등 친일각료들의 협조가 있었던 것은 두말할 필요도 없다.

8월 1일에 시위연대 제1대대장 박승환이 일제의 한국군대 강제해산에 반대하며 자결로 항거했다. 박승환의 자결을 계기로 휘하의 장병들이 무기고를 부수고 무장한 채 거리로 뛰쳐나왔다. 이들은 기관포로 무장한 일본군 제51연대 소속 일본군과 교전을 벌였다.

안중근은 당시 상황을 어떻게 보았을까? 박은식의 기록에 따르

안중근이 부상자를 구하는 장면을 묘사한 기록화

면, 안중근은 일련의 사건이 벌어지는 현장을 직접 목격했다고 한다. 군대해산 이후 서울에서 총격전이 벌어졌다는 소식을 들은 안중근은 서울로 올라와 제중원에 머물면서 안창호, 김필순, 그리고 미국인 의사 몇 사람과 함께 적십자 표시를 두른 채 부상자 50여 명을 치료했다는 것이다.

이런 현장을 목격하면서 안중근은 계몽운동 같은 소극적 방식으로는 한국의 독립을 담보하기 어렵다고 생각했다. 그는 무언가 '새로운 대안'이 모색되어야만 한다고 판단했다. 그것은 다름 아닌 무장투쟁과 같은 적극적 방식이었다. 그는 해외로 나가 의병투쟁을 벌이기로 결심했다.

1907년 8월 초, 안중근은 서울역에서 부산행 열차에 몸을 실었다. 부산 초량의 객주에서 한 이틀 머문 후에는 다시 신호환(神戶丸)을 타고 원산으로 향했다. 원산은 간도로 들어가는 길목이었다.

1907년 연해주로 망명하기 직전 찍은 가족사진 뒷줄 왼쪽부터 이정서·안정근 부부, 안중근. 가운데 줄 왼쪽부터 이인숙·안공근 부부, 부인 김아려, 동생 안성녀. 앞줄 가운데는 안 의사의 아들 분도와 준생으로 추정된다.

얼마 뒤 원산을 출발한 안중근은 9월 10일경 간도에 도착했다. 간도에서는 천주교인들이 주로 모여 살던 불동(佛洞, 불란서 동네)에 체류하면서 주변의 정황을 살폈다. 당시 불동지역은 통감부의 간도 파출소 설치로 일제의 감시와 통제가 심해 천주교세가 위축되는 등 상황이 좋지 못했다. 계몽운동 같은 방식으로는 독립쟁취에 한계가 있음을 또다시 절감했다. 결국 그는 '거병 밖에 없다'는 최종 결론에 다다랐다.

한 달여 간도에 머문 안중근은 다시 길을 나섰다. 불동을 출발해 함경북도 종성을 거쳐 경원에서 5~6일 머문 후 러시아 땅 노보키옙스키로 출발했다. 연추에서 2~3일간 체류한 후 포시에트(穆口)에서 러시아 기선을 타고 블라디보스토크에 도착했다. 찬바람이 불기 시작하는 10월말 경이었다. 블라디보스토크라는 지명은 '동방을 다스린다'는 뜻이라고 했다.

블라디보스토크는 낯선 땅이었다. 지리를 파악하고 동지를 물색하기 위해 그는 청년회에 가입했다. 그러나 현지적응은 생각보다 만만치 않았다. 청년회 임시사찰로 활동하고 있던 그는 사소한 말다툼 끝에 한 회원에게 폭행을 당해 달포 동안 귓병을 앓기도 했다. 당시 그곳 한인사회는 러시아와 일제가 심어 놓은 첩자들이 많아 불신과 감시의 눈초리가 번득였다.

얼마 뒤 안중근은 한인사회의 거물 한 사람을 알게 되었다. 이범윤이었다. 그는 1903년에 간도관리사로 임명되어 북간도 지역의 한인보호에 앞장섰으며, 러일전쟁에 참전한 공로로 러시아 황제로부터 훈장을 받기도 했다. 간도문제로 청국과의 마찰이 일자 한국정부는 1905년 5월에 소환명령을 내렸으나 그는 응하지 않은 채 부하들을 이끌고 러시아령 연해주로 건너가 정착했다. 그는 고종 시대에 러시아공사를 지낸 이범진(李範晉)의 동생이며, 헤이그 밀사 중 한 명인 이위종(李瑋鍾)의 숙부이기도 했다. 최재형(崔在亨)과 함께 그는 연해주 한인사회의 양대 산맥으로 불렸다.

어느 날 안중근이 이범윤을 찾아가 말했다.

"이등박문(이토 히로부미)이 위로 임금을 속이고 백성을 함부로 죽이며 이웃나라의 의(誼)를 끊고 세계의 신의를 저버리니 이는 하늘을 반역하는 것이라 오래가지 못할 것입니다. 각하께서 임금님의 거룩한 은혜를 받고도 이같이 나라가 위급할 때 마냥 팔짱끼고 구경만 해서야 되겠습니까? 원컨대 속히 큰일을 일으켜 시기를 놓치지 마십시오."

안중근은 이범윤에게 거병(擧兵)을 촉구했다.

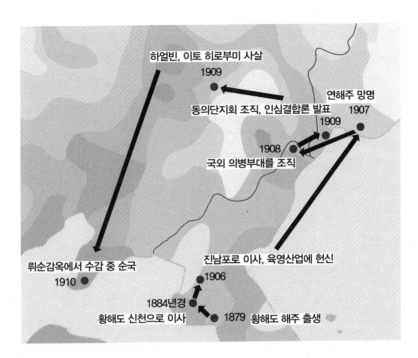

안중근 의사 망명 경로와 활동지

이에 이범윤은 짧게 대답했다.

"말인즉 옳네마는 재정이나 군기를 전혀 마련할 길이 없으니 어찌 하겠는가?"

이범윤은 거병에 필요한 자금과 무기가 갖추어지지 않아 당장은 거병이 불가능하다는 입장이었다. 안중근이 재차 말했다.

"조국의 흥망이 조석에 달렸는데 팔짱만 끼고 앉아 기다리기만 한다면 재정과 군기가 어디 하늘에서 떨어져 내려올 것입니까? 하늘에 순응하고 사람의 뜻을 따르기만 하면 무슨 어려움이 있겠습니까? 이제 각하께서 의거를 일으키기로 결심만 하신다면 제가 비록 재주는 없을망정 만분의 하나라도 힘이 되겠습니다."

안중근은 "거병은 하늘에 순응하는 천명"이라며 열변을 토했다. 그러나 이범윤은 머뭇거리기만 할 뿐 끝내 결정을 내리지 못했다.

그해 겨울, 안중근은 뜻 맞는 동지를 둘 만났다. 엄인섭(嚴仁燮)과 김기룡(金起龍)이 그들이다. 얼마 뒤 세 사람은 의형제를 맺었는데 엄인섭이 큰형, 안중근이 둘째, 김기룡이 셋째가 되었다.

엄인섭은 1877년생으로 안중근보다 두 살 위였다. 블라디보스토크의 실력자 최재형의 생질(甥姪, 누이의 아들)이자 부하라고도 했다. 그는 러일전쟁 때 통역으로 종군하여 훈장을 받았으며, 나중에 변절해 독립운동 진영의 표적이 되었다. 김기룡은 '단지동맹'의 일원으로 안중근과는 매우 가깝게 지낸 사이였다.

세 사람은 연해주 각지를 다니며 한인들에게 독립운동 참여를 호소했다. 안중근은 조국이 처한 현실을 설명하며 의병을 일으켜야 할 당위성을 역설했다. 그 가운데는 이토 처단도 포함되어 있었다. 거사 후 첫 검찰관 신문에서 '이토의 죄상 15가지'를 줄줄 진술할 수 있었던 것은 이미 이때부터 그의 뇌리 속에 박혀 있었기 때문이다.

당시 블라디보스토크 한인사회는 갈등이 심각한 지경이었다. 양대 산맥인 이범윤과 최재형이 두 파로 나뉘어 대립했기 때문이다. 이범윤이 이주한인을 대표한다면 최재형은 토착한인을 대표하는 인물이었다. 아홉 살에 부모를 따라 러시아로 건너온 최재형은 통역으로 성공해 면장에 해당하는 도헌(都憲)에 올랐다. 이후 군납을 통해 재산을 축적한 그는 연해주 일대에서 유력인사로 통했다.

안중근은 1908년 3월 21일자 〈해조신문〉 1면에 '안응칠' 명의로 '긔서(寄書)'라는 제목의 글을 하나 실었다. 요지는 동포들의 '단합(團合)'을 촉구하는 내용이었다. 흔히 '인심단합론(人心團合論)'으로 불리

우스리스크 '러시아 한인 이주 140주년 기념관'에 전시되어 있는 항일영웅 59인의 사진
안중근을 비롯해 안 의사와 함께 활동했던 이강, 최재형, 박은식 등의 모습이 보인다.

는 이 글은 일종의 독자투고 같은 것이었다. 당시 연해주 한인사회
의 갈등과 불화가 오죽 심각했으면 그가 이런 글을 썼을까. 도입부
와 말미를 소개하면 아래와 같다.

슬프다. 우리나라가 오늘날 이 참혹한 지경에 이른 것은 다름이
아니라 불합병(不合病)이 깊이 든 연고로다. 불합병의 근원은 교오
병(驕傲病)이니 교만은 만악의 뿌리다.… 여보시오. 우리 동포 지금
이후 시작하여 불합(不合) 이자(二字) 파괴하고 단합 두 자 급성(急
成)하여 유치자질(幼稚子姪) 교육하고 노인들은 뒷배 보며 청년형
제 결사하여 우리 국권 어서 빨리 회복하고 태극기 높이 단 후에
처자권속 거느리고 독립관에 재회하여 대한제국 만만세를 육대
부주 혼동하게 일심단체 불러보세.

안중근의 호소는 처절할 정도였다. 독립전쟁을 앞두고 서로 힘을 합쳐도 모자랄 판에 파당을 지어 할퀴고 싸우는 모습이 몹시도 안타까웠던 것이다. 그것도 고국을 떠나 멀리 낯선 이국땅에서 말이다. 안중근은 문득 르각 신부가 강조한 네 가지 가운데 세 번째 '민심단합'이 떠올랐다. 당시 공립협회에서 국권회복운동의 선결과제로 '국민단합론'을 내건 것이 결코 허언이 아님을 안중근은 실감했다.

1902년 당시 재러 한인은 16,140명이었다. 1863년 함경도 농민 13가구가 두만강을 건너 연해주 남쪽 지신허(地新墟, 현재 비노그라드노예)에 처음으로 정착한 이래 꾸준히 증가했다. 그로부터 30년 뒤인 1892년에는 12,940명, 1910년에는 8~9만 명 수준으로 급증했다. 한인 가운데 더러는 러시아로 귀화해 러시아 국적을 취득했다.

문제는 한인 가운데 귀화하지 않은 사람들이었다. 그들은 러시아 정부로부터 법적 보호를 받을 수 없어 불안한 여건 속에서 온갖 불이익을 당했다. 한인사회에서는 이들에 대한 보호와 상호협력 문제가 대두되기 시작했다. 결국 이범윤, 최재형 등이 주도하여 '동의회(同義會)'를 결성하였는데 안중근도 이에 참여했다.

패배로 끝난 첫 의병투쟁

동의회는 1908년 4월 총장 최재형, 부총장 이범윤, 회장 이위종, 부회장 엄인섭이 지도부가 되어 출범되었다. 5월 8일자 〈해조신문〉에 따르면, 동의회는 "교육을 통한 구국정신 함양과 실력양성, 그리고 단체 조직으로 동포의 일심(一心) 동맹을 제일(第一)의 방침"으로 삼았다. 즉 동의회는 단순히 환난상구(患難相救) 차원의 교민 친목단체가 아니라 국권회복을 목표로 한 독립단체였다.

동의회는 출범 당시 약 100정의 총과 최재형, 이위종 등이 낸 3만 루블 정도의 기금도 갖고 있었다. 따라서 여차하면 언제든지 의병조직으로 전환할 수 있는 준 의병조직이었다. 총기와 군자금이 확보된 이상 의병부대 조직을 더 이상 미룰 이유가 없었다. 당시 이범윤과 최재형은 각자 의병세력을 갖고 있었는데 서로 힘을 합치기로 했다.

마침내 총독 김두성, 대장 이범윤을 지도부로 하는 국외 최초의 의병 연합부대가 창설되었다. 수령(首領) 격인 김두성의 존재를 두고는 이견이 많으나 의병장 출신의 유인석이라는 견해가 유력하다. 안중근은 재판과정에서 김두성이 '강원도 사람'이라고 했는데 유인석은 강원도 춘천 출신이다. 의병 연합부대원 숫자는 정확치 않으나 4,800명이라는 기록이 있다.

안중근은 최재형 파에 속해 있었다. 이 부대의 우두머리인 도영장(都營長)은 함북관찰부 경무관 출신의 전제익(全濟益)이 맡았고, 참모장은 오내범(吳乃凡), 참모는 장봉한과 지운경이 맡았다. 안중근은 우영장(右營長), 그와 의형제를 맺은 엄인섭은 좌영장을 맡았다. 두 사람 밑에는 각각 3개 중대가 배치되었다. 이 부대 소속 의병은 300여 명에 달했다.

안중근은 재판과정에서 거사 당시 자신의 직책을 '의병 참모중장'이라고 거듭 밝힌 바 있다. 그런데 최재형 파 의병부대 내에서 그의 공식직함은 '우영장'이었다. 그렇다면 '의병 참모중장'이라는 직함은 어디서 비롯한 것일까?

안중근 자신이 쓴 자서전 〈안응칠 역사〉부터 살펴보자.

그때 김두성과 이범윤도 함께 의병을 일으켰는데 그들은 이미 총독과 대장으로 피임된 사람들이었고, 나는 의병 참모중장에 피선되었다. 나는 의병과 병기들을 비밀리에 수송하여 두만강 근처에 모은 다음 그곳에서 큰일을 모의했다.

안중근은 자서전에서 "의병 참모중장에 피선되었다"고 했다. 그러나 재판정에서는 "전부터 의병 참모중장으로 추대되어 있었다"거나 김두성으로부터 "의병 사령관으로 일하라는 명령을 받았다"고 밝혔다. 안중근이 자서전에 쓴 내용과 법정 진술내용에 다소 차이가 있다. 구체적인 자료가 나오기 전에는 안중근의 '의병 참모중장' 직함은 공식직함이라고 보긴 어렵다. 의병활동 과정에서 안중근 자신이 편의상 붙인 직책일 가능성이 커 보인다.

1908년 6월, 의병 연합부대는 국내 진공작전에 나섰다. 전체 대원 수는 800~900명, 최종집결지는 함경북도 갑산, 무산 인근이었다. 이들은 육로, 해로 두 패로 나눴다. 600여 명은 두만강 하구 녹둔(鹿屯)에서 배를 타고 성진과 성진 사이의 해안으로 상륙했다. 안중근 등 300여 명은 지신허를 출발해 두만강을 건너 홍의동을 거쳐 무산으로 향했다.

안중근 부대는 행군 도중 일본군과 몇 차례 교전을 벌였다. 이 과정에서 안중근은 일본군과 장사꾼 등을 포로로 붙잡았다. 안중근은 포로들을 면담한 뒤 무기까지 되돌려주면서 모두 석방했다. 이에 대해 부대원들이 불평하자 그는 "만국공법에 포로를 죽이는 법은 없다"며 타일렀다. 그러나 이 일로 부대 내에 분열이 생겼고 급기야 좌영장 엄인섭이 이끄는 부대는 러시아로 돌아가고 말았다.

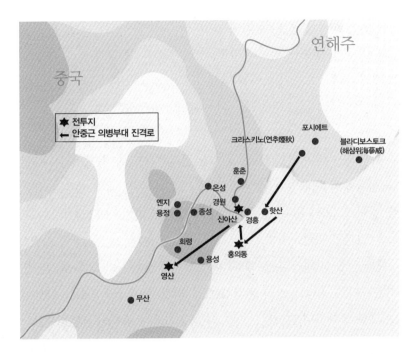

안중근 의병부대의 국내 진공작전 지도

이후 안중근의 상황은 악전고투 말 그대로였다. 포로를 석방한 것이 화근이 되었는지 몰라도 일본군의 습격을 받아 고전을 면치 못했다. 게다가 양식은 떨어지고 피로감이 누적된 데다 60~70명이던 대원들마저 뿔뿔이 흩어졌다. 이들은 숲속에 숨어서 풍찬노숙하며 몇 날 며칠을 보내기도 했다. 안중근이 대원들에게 물었다.

"어떻게 하면 좋겠는가?"

각자 의견이 달랐다. 어떤 이는 끝까지 버티자고 하고 어떤 이는 자살해버리자고 하고 또 어떤 이는 일본군에 투항하자고 했다. 궁리 끝에 안중근이 시 한 수를 지어 이들을 격려했다.

사나이 뜻을 품고 나라 밖에 나왔다가 (男兒有志出洋外)
큰일을 못 이루니 몸 두기 어려워라 (事不入謀難處身)
바라건대 동포들아 죽기를 맹세하고 (望須同胞誓流血)
세상에 의리 없는 귀신일랑 되지 말게 (莫作世間無義神)

최후에는 세 사람만 남게 되었다. 천지분간도 하기 어려워 4~5일을 산속에서 헤매었다. 풀뿌리를 캐 먹으며 주린 배를 채우고 담요를 찢어 발을 싸맸다. 그때 멀리서 개 짖는 소리가 나 달려가보니 그곳은 일본군 파출소였다.

일본군을 피해 산속을 헤매면서 그는 미국 독립의 영웅 워싱턴을 떠올렸다. 7~8년 동안의 온갖 고초를 겪으며 미국의 독립을 이루어낸 그를 생각하니 그야말로 만고의 영웅이라는 생각이 들었다.

안중근 일행은 열이틀 동안에 두 끼밖에 먹지 못하며 그럭저럭 다녔다. 일행은 산속에서 만난 한 노인의 도움으로 겨우 배를 채우고 두만강으로 가는 길을 소개받았다. 두만강을 건너 한 마을에서 며칠간 쉬면서 옷을 벗어 보니 거의 다 썩어서 몸을 가릴 수도 없고 이가 득실거려서 이루 다 헬 수도 없었다. 거지 중에서도 상거지 행색이었다.

의병전쟁에 나선 지 한 달 반 동안에 안중근은 "붓 한 자루로 다 적을 수가 없는 숱한 고초"를 겪었다. 천신만고 끝에 연추로 돌아왔을 때 피골이 상접한 그를 보고 친구들조차 알아보지 못했다. 그곳에서 10여 일 묵으면서 치료한 후 블라디보스토크로 복귀했다. 블라디보스토크 한인들은 그의 귀환을 축하하며 환영회를 열어주었으나 그는 패장이 면목 없는 일이라며 사양했다.

안 의사와 단지동맹을 맺은 황병길과 백규삼, 그리고 국내 진공작전의 동지였던 엄인섭(오른쪽)
엄인섭은 1910년에 국권이 피탈되자 일제의 밀정으로 변절해 한인 항일단체들의 기밀을 일제에
넘겼다.

　'천명'에 따라 나섰던 의병전쟁은 기대만큼의 성과를 거두지는 못
했다. 무엇보다도 의병들의 자질문제가 가장 컸다. 의병이란 자유의
지로 지원한 사람들이다 보니 기강이 서지 않고 지휘·명령이 제대로
이행되지 않았다. 전투 도중에 그는 산 위에서 혼자 실소하며 "저 같
은 무리들을 데리고 무슨 일을 꾀할 수 있을 것인가" 하며 탄식한 적
도 있다.

　그럼에도 첫 출전한 의병전쟁은 의미가 결코 적지 않았다. 우선
대일항전을 위한 전투경험을 쌓은 것이 가장 큰 성과였다. 게다가
의병투쟁의 한계성을 인식하고 장차 의열투쟁으로 방향을 선회하는
계기가 된 것도 값진 성과였다.

단지동맹과 블라디보스토크 결의

독립운동가 가운데 단지로 널리 알려진 사람은 두 명이다. 남자는 안중근, 여자는 남자현(南慈賢)이다.

의병전투에서 전사한 남편에 뒤이어 독립운동에 나선 남자현은 1926년 순종의 장례식을 계기로 사이토 마코토(齋藤實) 총독 처단 계획을 세웠으나 미수에 그쳤다. 그로부터 5년 뒤 일제가 만주사변을 일으켜 대륙침략의 마수를 뻗히자 국제연맹에서 하얼빈에 조사단을 파견했다. 남자현은 조사단에게 우리의 독립의지를 전하기 위해 왼손 무명지 두 마디를 잘랐다. 그리고는 '조선은 독립을 원한다(朝鮮獨立願)'라는 혈서를 쓴 후 자른 손가락과 함께 싸서 조사단에게 보냈다. 1931년 9월의 일이다.

안중근은 이보다 22년이나 앞서 손가락을 잘랐다. 1909년 3월, 러시아 노보키옙스키 부근 카리(下里, 하리)에서 동지 12명과 함께였다. 단지를 결행한 목적과 경위에 대해서는 〈안응칠 역사〉에 자세히 나와 있다.

동지 12인과 상의하면서 이렇게 말했다.

"우리가 전후로 아무런 일도 이룬 것이 없으니 다른 사람의 비웃음을 면하기 어려울 것이오. 또한 만일 특별한 단체가 없으면 어떤 일이라도 목적을 달성하기 어려울 것이오. 오늘 우리가 손가락을 끊어 함께 맹세함으로써 그 자취를 보인 이후에 한마음으로 단체를 이루어서 나라를 위해 몸을 바치고 기필코 목적을 달성하도록 하는 것이 어떻겠소?"

모두가 응낙하여 따랐다. 이에 열두 사람이 각각 왼손 약지(藥指)를 끊어 그 피로써 태극기 앞면에 '대한독립(大韓獨立)'의 네 글자를 크게 썼다. 쓰기를 마치고서는 함께 '대한독립만세'를 삼창(三唱)했고, 그 뒤에 천지에 맹세하고는 흩어졌다. 그 뒤에 각처로 왕래하며 교육에 힘쓰고 국민의 뜻을 단합하고 신문을 구독하는 것으로써 일을 삼았다.

안중근이 주축이 된 단지동맹 혹은 동의단지회(同義斷指會)는 이렇게 해서 결성되었다. 안중근을 상징하는, 손가락 한 마디 없는 장인은 여기서 비롯되었다.

이들 12명이 단지를 한 것은 그 무렵 새로운 목적 달성을 위한 단체를 조직하기 위해서였다. 단지는 이날 모임의 결의를 상징하는 일종의 의식(儀式)이었다고 할 수 있다. 혈서를 쓰는 것보다는 단지가 훨씬 더 강한 인상을 남길 것은 분명했다.

당시 안중근 등이 "아무런 일도 이룬 것이 없다"라고 한 데는 나름의 이유가 있었다. 우선 의병 연합부대의 국내 진공작전 이후 러시아 당국은 한인들의 의병활동을 전면 금지시켰다. 러일전쟁에서 패한 러시아로서는 일본의 항의를 거부하기 어려운 처지였다.

다른 하나는 의병 지도부 내의 갈등 때문이었다. 이전부터 있던 이범윤과 최재형 파 간의 대립은 계속되었다. 인신공격이나 비방 차원을 넘어 상대편을 습격하는가 하면 급기야 최재형이 이범윤 세력에게 저격당하기도 했다. 단지동맹은 당시 이 같은 상황에서 나온 피 끓는 청년들의 울분에 찬 결의였다고 할 수 있다.

어느 새 손가락을 잘라 굳은 맹세를 한 지도 몇 달이 흘렀다. 안중근과 그의 주변은 조용하기만 했다. 뭔가 '새로운 일'을 도모할 계기를 마련하지 못하고 있었다. 그 사이 정대호를 만나 고향 소식도 듣고 이런저런 계획도 구상했으나 어느 하나도 실행에 옮기지는 못했다. 주변 여건도 좋지 않았거니와 경비문제도 만만치 않았다.

그해 9월, 안중근이 돌연 블라디보스토크로 향했다. 헛되이 세월만 보내고 있던 그에게 뭔가 '특별한 일'이 생긴 듯했다. 〈안응칠 역사〉에서는 당시 상황을 아래와 같이 기록했다.

하루는 갑자기 아무 까닭도 없이 마음이 분하고 답답해지는데 조민(躁悶)함을 이길 수 없었고 스스로 진정하기 어려웠다. 이에 친구 몇 사람에게 말했다.

"나는 지금 블라디보스토크로 가려고 하오."

"왜 이처럼 아무 기약도 없이 갑자기 가려는 것이오?"

"나 또한 까닭을 모르겠소. 저절로 마음에 번뇌가 일어나니 여기에 머물고 싶은 마음이 전혀 없어졌소. 그래서 가고자 하는 것이오."

그들이 다시 물었다.

"이제 가면 언제 돌아올 것이오?"

"다시 안 돌아오겠소."

벗들은 내 얘기에 무척 괴이하게 여겼다. 나 또한 무심결에 그런 대답을 했던 것이다. 이에 벗들과 작별하고 길을 떠나 보로실로프(穆□港)에서 기선에 올라탔다.

블라디보스토크에 이르러 들으니 이등박문이 장차 이곳에 올 것이라는 소문이 자자했다. 그래서 여러 신문을 사보았더니 근일 사이에 하얼빈에 도착할 것이라는 것이 참말이요, 의심할 것이 없었다.

자서전의 내용대로라면 안중근은 어느 날 갑자기 "저절로 마음에 번뇌가 일어나" 우연히 블라디보스토크로 향한 셈이다. 그리고 블라디보스토크로 돌아온 후에 소문을 통해 이토의 방문을 알게 되었다는 얘기다. 과연 사실일까?

비록 안중근 자신이 직접 쓴 것이긴 하나 〈안응칠 역사〉의 내용을 액면 그대로 믿기는 어렵다. 이 자서전은 그가 뤼순감옥에서 쓴 것이다. 기록할 것은 기록하되 감출 것은 감출 필요도 있었을 것이다. 그가 검찰관 신문 초기에 이런저런 이유로 허위진술을 했던 것을 감안하면 이해가 간다.

노보키엡스키에 머물고 있던 안중근을 블라디보스토크로 불러들인 사람은 〈대동공보〉 기자 이강이었다. 안중근에게 이토 얘기를 처음 들려준 사람도 이강이었다.

따라서 안중근이 돌연 노보키엡스키를 떠난 것은 "갑자기 아무 까닭도 없이 마음이 분하고 답답해서"가 아니라 이강의 전갈을 받고서였다. 안중근은 연추의 벗들에게는 이런 사실을 숨겼다고 할 수 있다. 당시 러시아 경찰과 일본 밀정이 그의 주변을 감시하고 있었기 때문이다.

심지어 그는 연막작전을 치기도 했다. 블라디보스토크에 도착한 다음날 대동공보사에 들렀다가 김만식(金晚植)을 만났다. 김만식이 대뜸 그에게 물었다.

"이번에 이토가 온다는데 (그 일로) 왔는가?"

"신문에서 이토가 온다는 것은 보았지만 이토 한 사람을 죽였다고 해서 어떻게 하겠는가? 또 내게는 이토가 문제가 아니다. 이번에는 장가를 들고 싶어서 온 것이다."

멀쩡히 처자가 있는 몸이 장가를 든다고 둘러댄 것이다. 이는 전날 이치권의 집에 들렀을 때 이치권이 이토가 온다는 소식을 거론하며 의견을 묻자 말을 돌리기 위해 농담 삼아 했던 말이었다. 당시 블라디보스토크 일대에서 주목을 받고 있었기 때문에 처신을 신중히 하는 것은 물론이고 신변관리도 필요했다.

거사에 앞서 가장 중요한 것은 자금이었다. 궁리 끝에 안중근은 이석산(李錫山)을 찾아갔다. 그는 황해도 평산 출신으로 유인석 부대에서 의병활동을 한 사람이었다. 마침 외출을 하려던 이석산에게 사정을 얘기하고 100원을 꾸어달라고 부탁했는데 거절당했다. 할 수 없이 그는 이석산을 위협해 100원을 강제로 빼앗다시피 했다. 어떤 자료에는 이석산이 적극적으로 자금과 무기를 지원했다고도 하는데 경위야 어떻든 자금문제에 이석산이 관련된 것만은 분명해 보인다.

이제 남은 것은 함께할 동지였다. 안중근 머리에 가장 먼저 떠오르는 사람은 우덕순이었다. 우덕순은 충북 제천 출신으로 을사늑약이 강제로 체결되자 블라디보스토크로 망명했다. 1908년 7월 안중근과 함께 의병전쟁에 참전한 동지이자 단지동맹원이고 공립협회 블라디보스토크지회의 같은 회원이기도 했다. 당시 그는 〈대동공보〉의 회계책임자로서 잎담배 장사로 생계를 꾸리고 있었다.

10월 20일 밤, 안중근은 우덕순의 숙소를 찾았다. 그는 우덕순에게 긴히 할 얘기가 있다며 자신이 머물고 있던 이치권으로 집으로 데리고 왔다.

"할 얘기란 게 무엇이오?"

안중근은 이토 처단 거사 계획을 솔직하게 털어놓았다. 그리고는 동행할 의향이 있냐고 물었다.

우덕순은 한 치의 망설임이 대답했다.

"나도 함께 가겠소!"

안중근은 덥석 그의 손을 잡으며 말했다.

"우 동지, 고맙소! 우리 힘 합쳐 이토를 반드시 처단합시다!"

이제 모든 준비는 끝이 났다. 자금도 모였고 함께할 동지까지 있으니 무엇을 더 바랄 것인가. 큰 꿈을 안고 블라디보스토크로 건너온 지 그럭저럭 두 해가 지났다. 1907년 8월 초에 경성역에서 부산행 열차에 몸을 실은 일이 꿈만 같았다.

지난 두 해를 돌아보니 스스로 부끄러운 생각이 들었다. 무엇 하나 제대로 이룬 것이 없었다. 그렇다고 가만히 앉아 놀기만 한 것은 아니었다. 연해주 일대를 돌아다니며 동지를 규합했다. 또 비록 큰 성과를 내지는 못했으나 의병을 이끌고 일본군과 전투를 벌이기도 했다.

천신만고 끝에 전쟁터에서 살아 돌아온 그가 내린 결론은 의열투쟁이었다. 체계가 갖추어지지 않은 의병을 이끌고 일본의 정규군과 맞서 싸운다는 것은 무모한 일이었다. 그보다는 일제의 추축(樞軸) 세력을 격파하는 것이 훨씬 더 효과적이라는 결론에 다다랐다. 이제 그 출발선에 서게 된 것이다.

1909년 10월 21일은 하얼빈 거사 5일 전이었다. 안중근은 마침내 장도(壯途)에 올랐다. 그리고 10월 26일에 이토를 향해 방아쇠를 당겼다.

제 3 장

두 동생 정근과 공근 — 해외를 떠돈 독립운동가

독립운동가로 변신한 두 동생

안중근에게는 안정근(定根)·공근(恭根) 두 남동생과 여동생이 하나 있었다. 안정근은 1885년생, 안공근은 1889년생으로 각각 안중근보다 여섯 살, 열 살 아래였다. 안성녀는 1881년생으로 안중근보다는 두 살 아래였다.

안중근은 장남인 데다 두 남동생과는 나이 차이가 커서 부친 안태훈이 이들을 대하는 태도가 달랐다. 그러다 보니 형제간이지만 안중근과 두 남동생이 그리 친근한 사이는 아니었다. 특히 안중근이 자기주장이 강한 성격인 데다 사냥과 대외활동 등으로 집을 비우는 경우가 많아 그러했던 것 같다.

1909년 안중근의 하얼빈 의거 당시 정근은 24세, 공근은 20세였다. 두 사람 모두 어려서는 청계동 서당에서 한학을 공부했고 진남포로 이사해서는 안중근이 세운 삼흥학교에서 신학문을 공부했다. 게다가 두 사람 모두 20대 초반으로 시국상황에 대해서도 제법 알 만한 나이였다. 그런데 어찌된 영문인지 이들은 형이 목숨을 걸고 결행한 의거에 대해 하나같이 "잘못한 일"이라고 했다.

하얼빈 의거 한 달여 뒤 이들은 뤼순감옥으로 형 면회를 갔다가 참고인 신분으로 검찰 조사를 받았다. 안정근의 신문조서 가운데 관련 내용을 발췌하면 다음과 같다.

검찰관 형이 이토 공을 암살한 사실에 대해 그대는 어떻게 생각하고 있는가.

안정근 나라에 공로가 있는 사람을 죽인 것은 잘못이라고

	생각한다.
검찰관	중근은 이토 공이 급격하기 때문에 해가 된다고 하는데 그대의 의견은 어떠한가.
안정근	대체로 형의 생각과는 다르다. 따라서 형의 행동은 오늘의 잘못을 초래했다.

안정근은 이토를 "나라에 공로가 있는 사람"이라며 "(이토를) 죽인 것은 잘못이라고 생각한다"고 답했다.

안공근 역시 형 안정근과 같은 입장을 보였다. 안공근은 큰형의 하얼빈 의거를 두고 "아주 잘못한 것이라고 생각한다"고 분명하게 밝혔다. 검찰관이 이토에 대해 한국 황태자를 교육시키고 한국 계발(발전)에 공이 있다는 것을 알고 있느냐는 질문에 대해 "알고 있다"고 답해 사실상 이토에 대해 긍정적인 입장을 폈다.

신문에 앞서 검찰관은 두 사람에게 피해를 입을 일은 없으니 부담 갖지 말고 솔직하게 답할 것을 주문했다. 신문조서 기록대로라면 두 사람은 형의 의거에 대해 비판적인 견해를 밝혔다. 다소 의아스럽지만 이는 분명한 사실이다. 형제라고는 하나 시국관·역사관이 서로 달랐는지 모른다. 아니면 당시만 해도 이들이 세상을 보는 식견이 부족했을 수도 있다.

그러나 시간이 지나면서 두 사람의 생각은 180도 바뀌었다. 형의 옥바라지와 공판투쟁이 직접적인 계기였다. 이들은 일제의 불법적인 재판 진행과 형 안중근의 당당한 공판투쟁 등을 지켜보면서 저항과 분노를 갖게 되었다. 이를 계기로 두 사람은 항일의식을 싹 틔운 두 사람은 본격적으로 항일투쟁에 나섰다.

하얼빈 의거 직후 두 사람은 안중근 의거 공범혐의로 일경에 체포되었다. 두 사람은 진남포 세관 주사 김문규 등과 함께 진남포경찰서에 구치되었다. 일제는 이들에게 안중근과의 사전공모 여부를 캐내기 위해 취조를 벌였다. 그러나 이들에게 혐의점이 있을 리 없었다. 결국 일제는 이들을 근 20일 만에 풀어주었다.

감옥에서 풀려난 형제는 안중근을 면회하기 위해 11월 13일에 인천을 거쳐 중국 다롄으로 향했다. 이들이 인천에 도착하자 일경은 기다렸다는 듯이 경찰서로 잡아가 또다시 혹심한 심문을 했다. 경찰서에서 며칠 구류되었다가 풀려난 이들은 일경 3명과 함께 다롄을 거쳐 11월 18일에 뤼순에 도착했다.

1910년 2월 7일에 공판 개시를 앞두고 1910년 2월 3일에 처음으로 면회가 이루어졌다. 면회는 통역으로 이루어졌는데 둘 중에서 일본어가 유창한 막내 안공근이 나섰다. 이후 두 사람은 뤼순에서 머물면서 형의 옥바라지를 하면서 재판을 참관했다.

2월 12일 제5차 공판에서 검찰관은 안중근에게 사형을 구형했다. 그 이튿날 안중근을 면회한 두 사람은 "일제에 목숨을 구걸하지 말고 대의에 죽으라"는 모친의 말씀을 전했다. 2월 14일 선고공판에서 안중근이 사형선고를 받자 안정근은 형을 면회한 자리에서 통곡하며 슬피 울었다.

사형집행 일주일 전인 1910년 3월 19일, 안중근은 두 동생과 마지막 면회를 했다. 이 자리에서 안중근은 유언 삼아 두 동생의 장래에 대해 충고를 했다. 정근에게는 장차 한국에도 공업이 필요할 것이라며 실업가의 길을 걷도록 권했다. 반면 공근에게는 "너는 재주가 있기 때문에 학문을 연구하는 편이 좋을 것"이라며 공부를 계속하라고

안중근의 부친 안태훈과 두 동생 정근(앞줄 왼쪽)과 공근(1897년경)

1910년 3월 9일과 10일 안정근, 안공근 형제가 안 의사(오른쪽 두 번째)를 면회하는 장면

당부했다.

안중근이 순국한 후 이들 두 사람은 가장 노릇을 하며 집안을 이끌어나갔다. 1919년에 중국 상하이에서 대한민국 임시정부가 수립되자 두 사람도 이에 참여해 중요한 역할을 맡기도 했다. 당시 안정근은 도산 안창호와, 안공근은 백범 김구와 긴밀한 유대관계를 맺고 있었다.

미조부치 검찰관은 이들을 신문하면서 사건 당사자가 아닌 이상 불이익을 받는 일은 없다고 안심시켰다. 그러나 이는 사실과 달랐다. 하얼빈 의거 후 일제는 이들을 포함해 안중근의 집안사람들에게 삼엄한 감시와 탄압을 가했다. 충분히 상상하고도 남는 일이었다. 송상도의 《기려수필(騎驢隨筆)》에 그 일면이 소개되어 있다.

일제가 더욱 일제의 단련(鍛鍊)을 가하여 헌병과 순사들이 매일 그 대문을 두드리고 그 출입자들을 탐문하고 그 의사를 캐물으니 옥리(獄吏)가 죄수를 감시하는 것과 다름이 없었다.

심지어 어떤 기록에는 일제가 모종의 일을 꾸며 두 동생들을 없애 버리려고 했다는 주장도 있다. 일제로서는 이들의 존재가 목에 걸린 가시와도 같았을 것이다. 이 같은 여건 하에서 안중근 일가가 국내에서 생활하기란 매우 어려웠다. 이들이 고국을 떠나 망명길에 오른 것은 당연한 귀결이었다.

첫째 동생 안정근
'전천후 독립운동가'로 활동

러시아 망명시절 밀정 처단하고 벼농사 성공

안정근은 '전천후 독립운동가'라고 부를 만하다. 임시정부의 간도 특파원으로 선발되어 북간도 지역 독립운동단체 통합에 앞장섰으며, 1920년에는 청산리 전투에도 종군했다. 또 대한적십자회 책임자와 임시의정원 의원으로 활동하였으며, 흥사단 등 각종 애국단체에서 간부로 활동하기도 했다.

그러나 안정근을 아는 사람은 그리 많지 않다. 소설가 송우혜는 1992년에 발표한《독립운동가 안정근의 생애》라는 선구적 논문에서 "너무도 유명한 형인 안중근 의사의 그늘에 가려 제대로 조명되지 못했다"고 분석했다.

안정근은 1885년 1월 17일에 황해도 신천군 두라면 청계동에서 안태훈과 조마리아의 3남 1녀 중 차남으로 태어났다. 호는 청계(淸溪)다. 형 안중근이 자기주장이 강하고 호걸형이었다면 그는 성격이 "순후(淳厚, 온순하고 인정이 두터움)"하고 외유내강형이었다고 할 수 있다.

어려서는 청계동 서당에서 한학을 7~8년간 공부했으며, 진남포로 이사 가서는 형이 세운 삼흥학교에서 신식교육을 받았다. 1908년경에는 형의 뜻에 따라 서울로 유학을 떠나 1909년 3월부터 양정의숙 법률과에 다녔다. 그해 9월, 양정학교에 콜레라가 발생하자 휴교령으로 귀향했는데 얼마 뒤 안중근 의거가 일어나면서 학업을 중단했다.

차남인 그는 평소 형을 대신해 집안일을 챙겼다. 1902~1904년까지 자기집안 소유의 농토에 대한 농사감독을 맡았고 진남포 시절에는 사업차 바쁜 형을 대신해 삼흥학교 운영과 집안의 토지 관리를 전담했다. 말하자면 형제들 중에서 집안 살림꾼이었다. 형이 순국한 후에는 모친과 형의 가족, 그리고 본인과 동생 공근의 가족 등 대식구를 이끄는 가장 역할을 했다.

1910년 5월경, 안정근은 북간도를 거쳐 연해주 블라디보스토크로 망명길에 올랐다. 동생 공근은 원산에서 배를 타고 블라디보스토크에 도착했다. 이들이 연해주를 망명지로 택한 데는 몇 가지 이유가 있었다. 우선 그곳에 형의 가족들이 머물고 있었다. 게다가 연해주 일대는 안중근의 활동무대였고 하얼빈 의거로 안중근에게 우호적인 분위기가 형성되어 있기 때문이었다. 한인 지도자들은 '안응칠유족구제회'를 결성해 안중근 추모사업과 함께 기금도 마련해 놓고 있었다.

안정근은 일가를 거느리고 연해주 의병의 본거지이자 '단지동맹'의 현장인 연추(煙秋, 크라스키노)로 가서 한인 지도자 최재형의 집에 머물렀다. 이곳에서 안정근은 동생과 함께 러시아어 공부를 하면서 생활기반 조성에 나섰다. 그러나 이곳도 안전지대가 되지 못했다. 일제 밀정들이 이들 형제와 가족의 동향을 일일이 감시했다. 결국 새로운 터전을 찾아 나서게 되는데 이때 도움을 준 사람이 바로 도산 안창호였다.

그 무렵 안창호는 연해주와 중·러 접경지대를 무대로 독립운동 근거지 개척사업을 벌이고 있었다. 안정근은 안창호의 도움을 받아 1911년 4월에 일가를 동청철도 동부선상에 있는 무링현(穆陵縣, 목릉현)에 정착시켰다. 무링은 개간지가 넓었고 서북출신들이 항일 집단촌을 형성하고 있었다. 게다가 지리적으로는 북만주이지만 러시아의 조계지(租界地)여서 사실상 러시아 땅이나 마찬가지였다. 따라서 여차하면 중국이나 러시아 어디로든 몸을 피하기에 적절한 곳이었다.

무링 시절 그에게는 특이한 이력이 하나 있다. 그의 이력서에는 1911~1912년까지 '아라사 보병'으로 근무했다고 되어 있다. 그는 1912년에 동생 안공근과 함께 러시아 정부에 귀화선서를 하고 러시아 국적을 취득했다. 또 단순히 군에 입대만 한 것이 아니라 1차 세계대전 당시 러시아 장교 신분으로 참전하기도 했다. 이를 입증할 만한 문서는 아직 발견되지 않았으나 가족들의 증언과 러시아 장교 군복 차림의 사진이 남아 있다. 그의 러시아군 입대는 국적취득을 위한 것으로 보이는데 이는 가족의 안위와 직결된 것이었다.

당시 그의 일가는 20명에 달하는 대가족이었다. 제대 후 그는 잡화상을 경영하며 그 수입으로 가족들의 생활비를 충당했다. 그 무렵 그의 자택에는 추정 이갑을 비롯해 수많은 독립운동가들이 드나들며 묵어가곤 했다. 안중근의 친동생이라는 후광과 후덕한 인품으로 그의 집은 독립운동가들의 거점 역할을 했다. 1914년 1월 중순부터 한 달여 동안 그의 집에 머문 춘원 이광수(李光洙)는 훗날 〈독립신문〉에 이런 광경을 소개했다.

그 무렵 안정근은 블라디보스토크로 가서 기부금으로 안중근 사진엽서를 제작했다. 사진엽서는 총 5종의 비매품으로 제작했는데 장

러시아군에 입대해 장교로 근무하던 시절의 안정근(왼쪽)
안중근 의사의 사진과 안 의사가 혈서로 쓴 '대한독립' 글씨, 단지 등이 들어 있는 엽서(오른쪽)

차 러시아 정부의 허가를 얻어 일반인에게 판매도 할 계획이었다. 이 사업으로 안중근 기념사업을 위해 자금을 마련하고 해외 한인들에게 안중근의 위업을 널리 알리려는 목적이었다.

당시 안정근 집안의 넉넉지 못한 생활비를 충당해준 사람은 그의 장모 왕재덕(王在德)이었다. 황해도 신천의 만석지기 갑부였던 그의 장모는 사위 가족을 지원하기 위해 거금을 보내주었다. 안정근의 부인 이정서가 몰래 국내로 들어와 옷 속에 숨겨 가져가기도 하고 더러는 국내 천주교회를 통해 전달하기도 했다고 한다.

1914년 3월, 안정근 일족은 무링 생활 3년 만에 니콜리스크(蘇王嶺)로 거처를 옮겼다. 우선 1차 세계대전으로 동청철도 연변에 일본군이 널리 퍼져 가택 수색과 감시가 심해진 탓이었다. 또 하나는 그의 집에서 신세를 진 이갑의 동생이 차린 '우리국수집'이 장사가 잘되어 생활비를 보조받을 수 있게 되었기 때문이었다.

이와 별도로 안정근은 4천 원의 자본금을 갖고 국내에서 건너온 인사들과 함께 잡화상점을 운영하기도 했다. 안정근은 이미 그 일대에서 유력인사로 자리를 잡고 있었다. 이듬해 하얼빈 총영사관에서 작성한 동향보고서의 한 대목을 옮겨보면 다음과 같다.

> 관내 동청철도 동부선 목릉(穆陵)역에 거주하는 고 안중근의 유족(중근의 모친, 아내, 아이 및 친아우 정근·공근 및 그들의 가족)은 실로 북만주 불령(不逞)조선인 세력의 중심이 되고 있다. 그중에서도 중근의 모친과 처자는 고 지사(志士)의 편신(片身)으로 존경을 받고 있어서 원근에서 금품의 선물은 물론 편지 등으로 위로를 받는 것이 적지 않다고 듣고 있다. 정근·공근은 지나(支那, 중국)의 목릉 봉밀산현(縣) 등에 산재하는 수천 명의 조선인 사이에서 가장 세력을 가지고 있어서 중러 국경역인 포그라니치나야역에 중요한 동료를 보내 여기를 통과하는 일본인과 조선인에 대해 경계를 강하게 하고 있었다. — 〈哈爾賓(합이빈) 지방에 있어 不逞鮮人(불령선인)의 동정에 관한 보고 건〉, 1915년 9월 29일

1차 세계대전 후 일본과 러시아가 동맹관계를 맺으면서 재러 한인들에 대한 감시와 탄압은 더해갔다. 정근·공근 형제의 위상이 높아질수록 일제는 이들을 주목하기 시작했다. 1914년 8월 20일에 블라디보스토크 주재 일본 황실 총영사 외무부는 연해주 군총독에게

비밀문건을 보냈다. 권업회 해산과 기관지 〈권업신문〉 폐간, 그리고 반일성향의 한인 지도자들을 연해주에서 축출시키라는 내용이었다.

문건 속에는 축출대상자 21명의 명단도 함께 들어 있었는데 이동휘(李東輝), 이동녕, 계봉우, 이범윤, 이갑 등을 비롯해 안정근·공근 형제도 포함되어 있었다. 이에 따라 연해주 행정청은 8월 22일에 니콜리스크-우수리스크 경시총감에게 안정근, 안공근, 이강 등 3인에 대한 직업, 품성, 가족사항, 사회적 지위 등을 상세하게 조사해 보고하라고 지시했다. 니콜리스크-우수리스크 지역 경찰서장은 9월 21일에 답신을 보냈는데 그 내용은 다음과 같다.

① 안정근 : 1912년 러시아 국적 취득, 보리소프스카야읍(邑) 농민조합 소속, 니콜리스크 거주, 상업, 처와 3자녀 부양
② 안공근 : 26세, 처와 두 자녀 부양, 니콜리스크 거주, 1914년 6월부터 친형인 안정근의 상업을 돕고 있음.… 상기 한인들은 범죄사실이 없으며 별다른 특징이 발견되지 않고 있음.

이때까지만 해도 두 사람은 별다른 범죄경력이 없었다. 그러나 이 기록은 금세 깨지고 말았다. 경찰서장의 보고가 있던 그달 9월에 두 사람은 '사건'을 저질렀다. 두 사람은 고태규 등 북만주 일대의 독립운동 세력과 함께 밀정 김정국(金鼎國)을 처단했다. 김정국은 블라디보스토크 주재 일본 총영사관의 스파이 혐의를 받고 있었다. 이 일로 고태규 외 2명은 체포되었으나 두 사람은 다행히 몸을 피했다. 일제는 이 사건을 중대사건으로 취급하고 두 사람 체포에 나섰다. 그러나 안정근은 당시 러시아 국적자여서 일제가 함부로 체포할 수 없었다.

그렇다고 방심할 수도 없었다. 안정근은 궁리 끝에 러시아 군대로 몸을 피하기로 했다. 그해 8월 중순 안정근은 니콜리스크 병사관에 출두해 국민병 종군을 자원했고 곧바로 하바롭스크 병영으로 들어갔다. 동생 공근은 니콜리스크로 가서 이갑의 집에 숨어 지내면서 상황을 살폈다. 이 사건은 훗날 안공근이 한인애국단의 특무공작을 벌일 때 소중한 경험이 되었다.

연해주 시절 안정근은 또 하나의 값진 성과를 거두었다. 1919년에 안정근은 기후풍토 여건상 벼농사가 불가능한 것으로 알려진 니콜리스크에서 사상 처음으로 벼농사에 성공했다. 그해 5월에 모를 심고 8월 초에는 200석 가량을 수확했다. 이 소식을 듣고 현지 러시아인들과 학생들이 농장을 견학했으며, 일제도 이를 주목했다. 한껏 고무된 안정근은 이곳에서 생산한 쌀을 시베리아 등지로 수출한다면 막대한 돈을 벌 수 있다며 한국인 자본가들의 동참을 호소하기도 했다.

독립단체 통합운동과 청산리전투 종군

니콜리스크에 자리를 잡고서 한창 꿈을 키워가던 안정근이 돌연 중국 상하이로 향했다. 대한민국 임시정부가 수립된 1919년 가을 무렵의 일이다. 니콜리스크에 일군 벼농사 농장과 여타 사업은 동생 안공근에게 맡겼다.

안정근이 상하이로 향한 이유는 표면상으로 2세들의 교육을 위해서였다. 형 안중근의 딸 안현생과 아들 안준생, 본인의 장남 안원생, 그리고 동생 공근의 장남 안우생 등이 그들이다. 안원생은 이미 2년

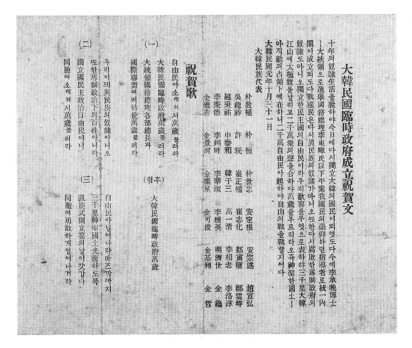

안정근의 이름이 들어 있는 대한민국 임시정부 성립 축하문

전에 상하이로 건너가 중법(中法)학당과 남위열(南偉烈)중학에서 수학했다.

안정근이 니콜리스크를 떠난 실질적인 이유는 다른 데 있었다. 하나는 러시아 한인사회의 분열과 그로 인한 갈등, 다른 하나는 평소 형님으로 모셔온 안창호의 요청 때문이었다. 상하이 생활을 계기로 안정근은 본격적으로 독립운동에 투신하게 된다.

1917년 2월에 러시아혁명의 바람을 타고 러시아 한인사회에서도 통합 움직임이 일기 시작했다. 당시 재러 한인사회는 토착한인과 이주한인, 반볼셰비키파인 고려족중앙총회와 친볼셰비키파인 한족중앙총회로 나뉘어 갈등을 빚고 있었다. 이 문제를 해결하고 대동단결

차원에서 이듬해 1월에 한인사회당 창당이 논의되었다. 이때 안정근은 부르주아민주주의를 지지하는 입장에서 볼셰비즘을 반대했다. 이는 이동휘와 노선을 달리한 것으로 재러 한인사회에서 안정근의 입지는 크게 줄어들었다.

1919년 4월, 상하이에서 대한민국 임시정부가 수립되자 미국에서 활동하고 있던 안창호는 상하이로 건너가 임시정부의 중추적 인물로 부상했다. 안창호는 6월 28일에 내무총장 겸 국무총리 대리에 취임했다. 그해 9월, 통합 임시정부가 성립될 때까지 안창호는 임시정부에서 사실상 최고책임자였다.

연해주 이주 초기 안창호가 안정근 일가의 정착을 도와주었다. 그런 인연으로 두 사람의 관계는 매우 돈독했다. 안정근은 안창호를 두고 "형님이 상해에 재(在)치 안이하면 임시정부의 제반이 극난(極難)할지라 형님이 정부에 무(無)하면 자기도 정부에 경향(傾向)할 마음이 무(無)하노라"라며 전폭적인 지지를 보냈다.

상하이 임시정부는 1919년 10월 15일에 통유(通諭) 제1호로 '천주교 동포에게'라는 제목의 포고문을 발표했다. 포고문은 "참으로 천주의 명을 받들고자 한다면 불의의 압박에 시달리는 자들을 위해 먼저 일어나야 한다"며 천주교인들의 독립운동 동참을 호소했다. 작성자 이름은 밝혀져 있지 않지만 이 포고문은 안정근이 작성한 것으로 추정된다. 당시 상하이 거주 천주교인 가운데 이런 글을 쓸 사람은 많지 않았기 때문이다.

이어 안정근이 발을 들여놓은 곳은 대한적십자회였다. 1919년 11월 20일자 상하이 〈독립신문〉에는 안정근 관련 기사가 둘이나 실렸다. 1면에 실린 기사는 그가 임시정부 내무차장에 임명된 사실을, 3

대한적십자회 제1기 간호사 양성소 기념사진(1919년 8월) 대한적십자회는 상하이 독립운동가들이 발기해 8월 29일에 대한민국 임시정부에서 설립을 인가했다. 앞줄 오른쪽 첫 번째가 여운형이고 두 번째가 안정근이다. 안정근은 1921년 12월 대한적십자회 회장 직무대리가 되었다.

면 기사는 대한적십자회 부회장에 피선된 사실을 보도했다. 1919년 8월에 빈민구제를 목표로 설립된 대한적십자회는 임시정부의 외곽 단체였다. 초대회장 이희경이 미국에 장기체류 중이어서 부회장인 그가 사실상 회장 직무대행을 했다. 취임 후 그는 회원모집대회를 비롯해 적십자간호원양성소 개소 등 활발한 사업을 펼쳤다. 취임 당시 999명이던 회원수는 불과 3개월 만인 1920년 2월에 1,946명, 5월에 2,128명으로 크게 증가했다. 이로써 대한적십자회는 상하이 교민단과 함께 가장 규모가 큰 단체로 성장했다.

　이후 안정근은 현순(玄楯)의 뒤를 이어 한 달여 동안 내무차장을 맡았으며, 동포들에게 군자금 모금을 호소하는 선언서에 이름을 올

리기도 했다. 또 상하이 기독교 민족주의자들이 결성한 신한청년당
에 이사로 참여했다. 1919년 가을부터 임시정부는 국내사정을 파악
하기 위해 각 도별로 조사원을 한 사람씩 두었다. 조사원은 상하이
에 거류하는 각 지방 출신 유력자 가운데서 선발하였는데 임무는 해
당지역의 유력자, 자산가, 학교, 종교 등을 조사해 보고하는 것이었
다. 안정근은 황해도 조사원으로 위촉되었다.

북간도는 두만강 건너 용정, 명동, 훈춘 일대를 말한다. 1910년 국
권 상실 이후 이곳에서는 수많은 독립운동 단체들이 조직되었다. 〈독
립신문〉 1920년 4월 24일자 보도에 따르면, 그 무렵 이곳에서 '독립'
이라는 간판을 내건 단체는 무려 24개에 달했다. 대표적으로는 기독
교 계열의 대한국민회와 대종교 계열의 대한군정서(일명 북로군정
서)를 들 수 있다. 그런데 두 단체는 주도권 경쟁, 종교 및 이념적 차
이로 대립과 갈등이 극심했다. 이를 두고 임시정부와 한인사회에서
우려의 목소리가 높았다.

다행히 1920년 1월경부터 이 지역 독립운동단체들의 통합 움직
임이 일기 시작했다. 대한국민회는 1월 5일에 80여 지회 대표자회의
를 열고 자파를 중심으로 "북만(北滿)에 산재한 각 군단을 통일할 기
관을 설치할 것"을 결의했다. 그러자 맞수격인 북로군정서의 서일
(徐一) 총재는 3월 26일, 임시정부에 수습책을 제시하면서 아래의 조
건을 갖춘 인물을 속히 파견해줄 것을 요청했다.

一, 무(無)종교인(국민회에서 종교 시비 하는 까닭으로)
二, 군정서나 국민회에 무관한 人
三, 명석한 두뇌와 공정한 심지(心志)를 가진 人

四, 사리와 법리에 밝은 人

五, 신망이 잇고 더욱 군사상(軍事上) 지식 잇는 人

— 〈독립신문〉 1920년 4월 22일

위원의 자격조건을 보면 당시 두 단체 간의 불신과 갈등이 어느 정도였는지 짐작이 간다. 독립전쟁을 앞에 두고 양대 독립운동단체가 대립한 것은 매우 안타까운 일이었다. 다행히 두 단체의 통합론이 물꼬를 트면서 공은 임시정부로 넘어갔다.

임시정부 국무원은 4월 19일 북간도 특파원으로 대한적십자회 부회장 안정근과 임시정부 군무위원 왕삼덕(王三德) 2인을 선발했다. 출발에 앞서 안창호는 안정근을 특별히 불러 방책을 알려주었다.

요지는 두 가지였다. 처음부터 양측을 한자리에서 만나지 말고 사전에 따로따로 만나서 얘기를 들어보고 민사와 군사를 분리해 처리하라는 것이다. 이는 북간도의 독립운동단체들을 군정기관과 민정기관으로 분리시켜 재편하려는 임시정부의 방침이었다. 이 밖에도 그에게는 임시정부 재무총장 이시영(李始榮)의 위임을 받아 임시정부의 군자금 모금과 독립군 장정 모집 등의 임무도 주어졌다.

안정근과 왕삼덕은 5월 17일에 상하이를 출발했다. 두 사람이 북간도 명월구(明月溝)에 도착한 것은 8일 뒤인 5월 25일경이었다. 안정근과 왕삼덕은 모든 단체들을 방문해 통합을 호소했다. 예상대로 결과는 좋았다. 7월 1일에 대한군정서를 제외한 국민회, 군정서, 광복단, 의군단, 신민회, 의민단 등 6개 단체 대표 등 100여 명이 모여 회합을 가졌다. 여기서 각 단체는 자신들의 조직과 명칭을 포기하고 민사, 군사 두 부분으로 분리한다는 기본원칙에 합의했다.

7월 7일에는 대한군정서와 홍범도부대도 각 단체 대표자회의에 참석함으로써 북간도 독립단체의 총회가 열렸다. 7월 20일에 옌지현(延吉縣, 연길현) 지인향에서 북간도 독립단체들이 모두 참가한 가운데 세 번째 회의가 열렸다. 이날 회의에서는 북간도에 행정·군사 양 기관을 특설하되 행정기관은 대한민단(민단), 군무기관은 동도군정서 및 동도독립서로 칭하기로 합의했다. 안정근은 동도군정서 고문을, 이용은 민단의 고문을 맡아 분할관리에 들어갔다. 이는 임시정부 안창호의 방침이기도 했다.

7월 하순부터 10월 청산리전투 전까지 안정근은 독립단체 통합 마무리 작업에 나섰다. 양보와 타협을 일체로 거부한 대한군정서와 복벽주의(復主義, 군주제 부활) 계열의 광복단을 제외하고 대한국민회, 의민단, 신민단, 한민회 등 4개 단체가 최종 통합을 했다. 이로써 북간도 지역 독립단체는 사실상 통합을 이룬 셈이다. 얼마 뒤 이들 4개 단체 연합부대는 대한국민회 사령관 홍범도의 지휘 하에 청산리전투에서 큰 성과를 거두었다.

청산리전투는 1920년 10월에 김좌진(金佐鎭)이 이끈 북로군정서와 홍범도의 연합부대가 독립군 토벌을 위해 간도에 출병한 일본군을 청산리 일대에서 10여 회 맞붙은 끝에 대파한 전투다. 당초 독립군 진영에서는 화력과 병력의 열세를 들어 피전책(避戰策)을 취했으나 일본군의 만행을 목격하고 맞서 싸우기로 결정했다.

10월 21일, 첫날 전투에서 이범석(李範奭)이 지휘한 북로군정서 제2지대는 일본군 200명을 전멸시켰다. 이튿날은 일본군 기병중대를 전멸시켰는데 일본군 전사자가 수백 명이 넘었다. 전투 3일째인 23일에 독립군은 자신들을 추적하는 일본군 수색대와 산발적인 접전

청산리전투에 참가한 독립군들　안 의사의 동생 안정근과 사촌동생 안홍근이 청산리전투에 참가했다.

을 벌이면서 일본군의 공격을 약화시켰다.

안정근도 청산리전투에 직접 참가했다. 그는 3일째 전투가 끝난 후 현장에서 긴급보고서를 작성해 왕삼덕이 임시정부에 긴급히 전하도록 했다. '간도의 상황(적의 만행, 적의 패배, 동포의 참상)'과 '간도시찰원 보고'라는 문건에서 안정근은 청산리전투 당시의 상황을 다음과 같이 기록했다.

본 위원도 각 단(團)의 간부와 함께 야간에 산속을 암행하고 혹은 숲속에서 자면서 신고(辛苦)를 겪고 있다. 그런데 음력 9월 11일부터 피아 양 군은 3일간 전투를 개시하여 쌍방 모두 사상자가 3백여 명에 달했고, 아군은 모두 퇴각하여 사방에 주둔중인데 3일간의 전투에서 한 끼도 먹지 못한 아군의 참상은 형언할 수 없다.

청산리전투에 종군한 후 상하이로 돌아온 그의 몰골 또한 비참하기 짝이 없었다. 그의 둘째 며느리(안진생의 부인) 박태정은 당시 그의 모습을 이렇게 증언했다.

남편은 어머님(이정서)의 손을 잡고 집밖에 나가 있었는데, 돌아오는 독립군의 모습이 너무나 비참해 무섭다고 생각했다는 겁니다. 군복은 해어질 대로 해어져 거의 누더기가 되어 있었답니다. 고드름이 독립군들의 얼굴에까지 매달려 있어 도무지 사람처럼 보이지 않아 눈 뜨고 볼 수 없을 정도였답니다. 어린 나이였지만 얼굴에 고드름이 매달린, 흉측한 몰골이 잊혀지지 않았다는 겁니다. ─ 조성관, 〈안중근 동생 안정근, 청산리 전투서 맹활약〉, 《주간조선》 2004년 8월 26일

청산리전투에서 참패를 당한 일본군은 대대적으로 보복공격에 나섰다. 이에 독립군 단체들은 산발적으로 흩어지거나 러시아로 이동했다. 안정근은 상하이로 돌아가지 않고 독립단체 통일과 지원 사업에 나섰다. 현지에서 독립군의 참상을 직접 목격한 그는 긴급 구호품과 여비를 마련해 이들을 도왔다. 안정근은 1921년 3월까지 북간도에 머물면서 직·간접적으로 독립단체들을 도왔다.

'형의 원수 갚겠다' 적진에 뛰어든 안홍근

한편 안민생의 기록에 따르면 청산리전투에는 안정근 외에 그의 사촌형 안홍근(安洪根)도 참전했다고 한다. 그는 1881년생으로 안태현의 차남이다. '안명근 사건'의 주인공 안명근의 동생이자 안중근에게는 바로 위 큰집의 사촌동생이 된다. 공훈록에 따르면, 안홍근은 1918년에 러시아 하바롭스크에서 열린 한인사회당 조직에 참가한 후, 그해 8월 말 독립운동단체의 일원으로 러시아 적위군(赤衛軍)과 함께 일본군과 싸웠다. 안홍근은 부라뵤바-아무르스카야역 전투와 이만 전투에서 일본군이 나타나자 러시아 지도자들의 명령을 무시한 채 "최후 한 사람까지 왜놈을 죽이고 우리의 원수를 갚자"며 용감하게 싸웠다. 그는 이만 전투에서 퇴각할 때 일본군만 보이면 "나의 형 안중근과 안명근의 원수를 갚겠다"며 대오에서 뛰어나갔다고 독립운동가 이인섭이 수기에 썼다.

안홍근은 이 밖에도 1918년 9월 초, 다른 동지들과 크라스나야 레치카역에서 중국인으로 변장한 일본군 3명을 체포하는 전과를 거두기도 했다. 또 시베리아 내전 후 블라디보스토크 수청촌(水淸村) 일대에서 독립운동 자금 모집에도 앞장섰다.

그러나 1920년에 안정근과 함께 청산리전투에 참전한 이후 안홍근의 행적은 알려진 것이 거의 없다. 1946년 5월경 안경근, 안민생 등과 함께 귀국한 그는 매제 최익형(崔益馨)과 함께 황해도 옹진으로 이사해 옹진중학 서무주임을 하면서 적산과수원 1만여 평을 매입해 공동경작했다. 그러나 그는 6·25전쟁 발발 직후 미처 후퇴하지 못한 국군 5명을 과수원에 숨겨주었다는 이유로 체포되었다. 그리고 1950년 10월 15일경에 후퇴하던 인민군에게 피살되어 비극적인 최후를 맞게 된다.

다양한 단체 활동과 투병생활

1921년 가을, 상하이로 돌아온 안정근은 다양한 단체에 몸담으면서 왕성한 활동을 전개했다. 우선 기존에 맡고 있던 대한적십자회 활동을 시작하며 제2차 상하이 시대를 열었다.

그해 11월 21일에 상하이 삼일당(三一堂)에서 대한적십자회 정기총회가 열렸다. 25일에 속개된 회의에서 안창호가 유고 중인 회장 이희경 대신 회장에 선출되었다. 그러나 안창호는 곧 사퇴했고, 12월 1일에 재개한 총회에서 부회장 안정근이 회장 직무를 대리하기로 결정되었다. 이날 총회에서 안정근은 북간도 독립군들의 참담한 실정을 설명하면서 이들에 대한 구호사업에 대한적십자회가 적극 나서야 한다고 주장했다. 이런 사실은 국내 언론에도 크게 보도되었다.

두 번째로 그가 활동을 한 곳은 임시의정원(현 국회)이었다. 임시정부 관련문서가 온전히 남아 있지 않아 그가 언제 임시의정원 의원이 되었는지 알 수 없다. 다만 1922년 4월 7일 제10회 임시의정원 회의에서 그가 발언한 내용이 〈독립신문〉에 실린 것으로 보아 1922년 전반기에 의원이 된 사실만은 분명하다.

그 무렵 임시정부는 개조(改造) 문제를 놓고 한창 논란이었다. 1921년 2월 박은식, 원세훈 등 14인은 국민대표회의를 소집해 임시정부를 새로 구성하자고 주장했다. 이들은 안창호를 중심으로 한 서북세력으로 소위 '임정 개조론'을 폈다. 이에 대해 초대 대통령 이승만 등 기호세력은 임시정부의 기존체제를 옹호하고 나섰다. 이때 안정근은 이미 깊은 유대관계를 맺고 있던 안창호 편에 섰다.

안정근은 6월 9일에 오영선, 조상섭, 차리석 등과 함께 이승만 대

안정근 가족들과 도산 안창호　　웨이하이웨이로 이주한 안정근과 가족들이 도산 안창호와 함께 찍은 사진. 앞줄 왼쪽부터 안정근, 3녀 옥생, 부인 이정서(1957년 별세), 차녀 미생, 뒷줄 오른쪽부터 장남 원생, 안창호

통령과 국무원들에 대한 불신임안을 제출했다. 안정근이 제기한 불신임 사유는 이렇다. 대통령 이승만이 인민의 신망을 잃어 인민이나 반대파들로부터 정국의 혼란을 수습하지 못하고 있고 국제 형세가 일본보다 유리했음에도 파리강화회의나 워싱턴군축회의에 참석하

지 못한 외교상의 실패를 문제 삼았다. 또 국무원 사직 후 후임 각료들을 임명하지 못해 내각을 무정부 상태로 만들고 나라의 위신을 추락시키고 있는 점, 현 국무위원들이 무정부 상태의 시국을 바로잡을 성의가 없고 이를 방관한 점 등이었다. 불신임안은 6월 17일에 열린 의정원 회의에서 이승만 세력이 퇴장한 가운데 가결되었다.

불신임안은 통과되었지만 이승만은 사임하지 않았다. 또 이승만 지지 세력들은 의정원의 결정을 비판하며 별도로 각료를 조직하는 등 의정원에 맞섰다. 자칫하다가는 정부가 두 개나 수립될 우려가 있자 안정근은 7월 4일에 의정원 의원직을 사퇴했다. 의정원 활동은 채 반년도 가지 못했다.

이후로도 안정근은 각종 단체에 몸담으며 활동을 계속해나갔다. 안정근은 7월 13일에 상하이에서 조직된 시사책진회(時事策進會)에 참여했다. 이 단체는 임시정부 외곽의 안창호 지지 세력들이 국민대표회의 개최를 위해 조직한 모임이었다. 참가자는 의정원 의원 및 임시정부 직원, 국민대표회, 기성회 및 주비회의 위원 등 독립운동계 유력자였다. 안정근도 회원으로 참여했으나 별다른 활동도 하지 못한 채 단체 활동은 막을 내렸다.

9월 들어 안정근은 상하이 중한국민호조사(中韓國民互助社) 영업과 간사를 맡았다. 이 단체는 한중 양 국민의 우호를 증진하려고 설립했는데 안정근이 안중근의 친동생이라는 점이 단체 내에서 큰 주목을 끌었다. 이때 장제스(蔣介石, 장개석) 주석, 후난성(湖南省, 호남성) 호(胡) 성장 등과 교류하며 해방 후까지도 인연을 이어갔다.

이 밖에도 1922년 10월 24일 상하이 교민단 제4회 의원 선거에서 본구(本區) 의원으로 선출되었으며, 12월에는 여운형 등이 조직한 노

1945년 9월 7일 광복 직후 상하이로 돌아와 동지들과 함께 촬영한 안정근(앞줄)

병회에도 가담했다. 또 1924년 4월에는 흥사단 청년 다수가 가담한 상하이 청년동맹회의 결성에도 힘을 보탰다.

1924년 2월에 그는 가족을 이끌고 베이징으로 이주했다. 해전(海甸)농장 개척과 운영에 참여하기 위해서였다. 해전농장은 안창호, 안정근, 김승만, 이동필(의사) 등 4인이 공동으로 건설했고 베이징 서쪽 서직문 밖 교외에 있었다. 안정근과 그의 가족 등은 이곳에 살면서 농장을 경영했다. 안창호는 해전지역을 장차 흥사단의 근거지로 만들려고 했던 것 같다.

베이징 체류 시절 안정근은 중국 가톨릭교회 지도자 위빈(于斌) 주교와 친하게 지냈다고 한다. 베이징 생활 1년 만에 안정근은 다시 거처를 옮겼다. 1925년에 안정근은 해전농장 생활을 정리하고 산둥성 웨이하이웨이(威海衛, 위해위, 현 웨이하이)로 이주했다. 그의 뇌병 때문이었다.

요양지로 웨이하이웨이를 택한 데는 몇 가지 이유가 있었다. 우선 웨이하이웨이는 해안도시여서 요양지로 최적이었다. 또 영국군 영향 하에 있어서 일본군의 감시를 피할 수 있었다. 게다가 지리적으로 한국, 특히 처가가 있는 황해도와 매우 가까웠다. 그의 부인 이정서는 밀항선을 타고 여러 차례 친정에 다니며 옷 속에 찬 전대에 지폐를 가득 채워오곤 했다고 한다. 한때 안정근의 국내 잠입설이 국내 언론에 보도되면서 한바탕 소란을 떤 적도 있다.

다행히 10년 정도 요양한 끝에 안정근은 건강을 회복했다. 그러자 안정근은 1935년경부터 다시 활동을 재개했다. 처음 참여한 곳은 흥사단이었다. 흥사단은 중국을 통괄하는 지부를 상하이에 두고 원동위원부(遠東委員部)라고 불렀다. 흥사단은 1935년 1월에 미국 본부의 규약 개정에 따라 그 명칭을 원동지방위원회로 개칭하고 위원 선거를 했다. 이때 안정근은 제5반에 소속되었다. 참고로 장남 안원생은 제3반 반원이었다.

1937년에 중일전쟁이 발발하자 중국 전역이 일본군의 영향 하에 들어갔다. 안정근 가족들은 중국 땅 어디에서도 신변안전을 확보할 수 없게 되었다. 결국 이들은 영(英) 연방에 속하는 홍콩으로 피신했다. 그의 가족은 안공근의 주선으로 광서로 이주했다가 다시 홍콩으로 옮겼다.

김자동 대한민국임시정부기념사업회장은 안정근의 해방 전 행적에 대해 다음과 같이 회고했다.

1937년 중일전쟁이 터지자 정근 선생은 난징에서 한국광복운동
단체연합회(광복전선)에도 가입하고, 난징이 위태로워지자 임시
정부 대가족과 함께 한커우(漢口, 한구)로 피란했다. 그러나 정근
선생 내외는 임정 가족과 함께 창사로 가는 대신 홍콩으로 갔다가
다시 베트남의 하노이로 이주했다. 그리고 41년 말 태평양전쟁이
터진 뒤 남부의 윈난성 쿤밍(昆明, 곤명)을 거쳐 42년에 충칭으로
돌아왔으나 충칭에 있는 동안 거의 활동을 하지 않고 지냈다.

해방, 그러나 안정근은 돌아오지 않았다

1945년 8월, 일제가 패망하자 안정근은 상하이로 돌아왔다. 그해
그의 나이 만 60세였다. 그는 한국적십자회(대한적십자회 후신)의
회장과 한국구제총회 회장을 겸임하며 동포들의 귀국을 지원하고
그들을 구호하는 사업을 펼쳤다. 초기에는 안경근, 안홍근, 안민생
등 여러 친인척이 함께했다. 1948년에 대한민국 정부가 수립되자 그
는 대한민국 상하이 총영사관에서 발급한 서류를 갖고 활동했다.

1949년 3월 17일에 안정근은 형이 잠들어 있는 뤼순에서 뇌암으
로 타계했다. 1910년 5월, 일가족을 이끌고 북간도를 거쳐 연해주 블
라디보스토크로 망명길에 오른 지 39년 만이었다.

3월 22일에 상하이 만국빈관에서 추도회가 열렸다. 그의 시신은
가톨릭 예식에 따라 상하이 만국묘지에 묻혔는데 1949년 5월에 상
하이가 인민해방군에게 점령되면서 묘의 행방을 찾을 수 없게 되었
다. 안중근 의거를 계기로 독립운동에 뛰어든 그의 한평생은 이렇게
막을 내렸다. 형 안중근의 유해는 물론이요, 그의 유해조차도 찾을

길이 없다.

안정근·이정서 부부는 슬하에 원생, 진생, 혜생(惠生), 미생, 옥생(玉生), 은생(恩生) 등 2남 4녀를 두었다.

독립운동가 김의한의 아들로 임시정부 시절 이들과 함께 생활한 김자동(金滋東) 대한민국임시정부기념사업회 회장은 회고록《임정의 품 안에서》에서 안중근 가문 후손들의 행적에 대해 자세한 증언을 남겼다.

장남 안원생은 상하이 명문 자오퉁(交通)대학을 나와 충칭(重慶, 중경) 임시정부에서 활동했다.

차남 안진생은 이탈리아에 유학해 조선공학을 전공했고, 귀국해 해군에 입대해 대령으로 예편했으며 이후 외교관으로 활동했다. 장녀 혜생에 대해서는 별로 알려진 것이 없다.

차녀 안미생은 십대 소녀 때부터 상하이와 난징을 오가며 임시정부의 연락원으로 일했다. 나중에 김구의 장남 김인(金仁)과 결혼해 김구의 맏며느리가 된다.

삼녀 안옥생과 사녀 안은생은 일찍이 미국으로 유학을 갔다. 김구의 차남 김신(金信)이 중국 공군으로 미국에서 훈련을 마치고 귀환하기 직전 미국에서 이들을 만난 일이 있다. 안은생은 그후 캐나다로 이주했는데 중국어, 영어, 불어에 능통했다.

둘째 동생 안공근
'김구의 오른팔'로 활동하다
의문의 죽음

러시아에 특사로 파견되다

안공근은 1889년생으로 큰형 안중근과는 열 살 차이다. 그는 작은형 안정근보다 더 안중근의 기질을 닮았다. 사상적으로도 항일투쟁을 위해 아나키스트 독립운동가들과도 폭넓게 교류했다.

부친 안태훈이 사망한 후 안중근은 이 집안의 가장이나 마찬가지였다. 안공근은 큰형 중근의 지도하에 성장했고 영향도 많이 받았다. 안중근은 막냇동생 안공근이 학문에 자질이 있다고 보고 학업을 게을리하지 말라고 독려하곤 했다. 안중근이 청계동에서 진남포로 이사한 것도 두 동생들의 교육 때문이었다.

블라디보스토크에 체류하던 때인 1904년 4월에 안중근은 공근에게 보낸 편지에 "왜 도중에 폐학(廢學)하였는가. 만약에 가능하다면 다시 고등학교에 들어가 속히 동량(棟梁)의 재(才)가 되기를 절망(切望)한다"라고 썼다. 당시 안공근은 한성사범학교 졸업 후 진남포로 돌아와 보통학교 교사로 있었다.

안공근이 독립운동에 나서게 된 것은 큰형의 하얼빈 의거가 직접적인 계기가 되었다. 의거 후 안공근은 안정근과 함께 뤼순감옥으로 큰형 면회를 갔다. 그런데 두 사람은 면회는커녕 검찰관의 조사부터 받아야만 했다. 면회는 한참이 지나서야 가능했고 한국인 변호사의 변호도 거절당했다. 일제의 간교함에 두 형제는 크게 분노했다.

더 놀랍고 분노가 치민 것은 검찰관의 거짓 논고였다. 미조부치 검찰관은 안중근은 본래 정치사상이 없는 자인데 안창호의 연설로 인해 청지사상을 갖게 되었다는 요지로 논고하면서 "이는 피고의 자백이 아니고 동생들에게 들은 것이다"고 말했다. 이는 사실이 아니었다. 검찰관이 거짓으로 꾸며낸 것이다. 이에 안공근은 "우리가 언제 그런 말을 했기에 우리한테서 들었다는 것인가"라며 강력하게 항의했다.

두 사람은 뤼순감옥으로 형 면회를 가서 "귀국하면 노령(露領, 러시아)으로 갈 생각"이라고 말했다. 약속대로 두 사람은 1910년 5월에 일가족을 이끌고 북간도를 거쳐 연해주 블라디보스토크로 망명했다. 이후 안공근의 초기 삶은 안정근과 상당 부분 겹친다. 정착지를 개척하고 밀정 김정국을 처단하고 상점을 경영할 때도 둘은 늘 함께했다.

안공근이 독립적인 삶을 시작한 것은 1912년 6월경 모스크바로 유학을 떠나면서부터였다. 이때 배운 러시아어는 훗날 임시정부에서 귀하게 쓰였다. 그러나 유학기간이 그리 길지는 못했다. 집안사정과 경비 문제 때문이었다. 귀국해서는 다시 형 정근의 사업을 도우며 독립운동 기반 조성에도 힘썼다. 벼농사를 성공한 후 정근이 2세 교육을 위해 상하이로 떠나자 이를 맡아서 경영하기도 했다.

안정근에 이어 안공근도 얼마 뒤 상하이로 떠난다. 임시정부의 특별한 요청을 받고서였다. 임시정부가 러시아와 관계를 강화하는 일환으로 모스크바에 특사 파견을 검토하면서 그를 특사로 선정한 것이다. 이는 형 정근과 안창호가 상의해 결정한 것으로 그의 유창한 러시아어 실력이 선발 배경이 되었다. 이 일로 그는 본격적으로 독립운동 조직에 몸담게 되었다.

임시정부는 1920년 1월 22일에 안공근, 한형권, 여운형 등 3인을 러시아 특사로 결정했다. 그러나 뜻밖에 복병을 만났다. 국무총리 이동휘가 여운형과 안공근을 러시아 특사로 보내는 데 반대하고 나섰다. 겉으로는 다른 이유를 댔지만 실지로는 두 사람이 안창호와 친하다는 이유 때문이었다. 결국 이동휘는 자신의 측근인 한형권만을 러시아로 파견했다.

안공근은 니콜리스크 생활을 정리하고 1920년 5월경 상하이로 건너왔다. 그때는 이미 한형권이 4월 중순에 모스크바로 향한 뒤였다. 이 일로 인해 임시정부 내에서 논란이 일자 이동휘는 웨이하이웨이로 피신하는 지경에 이르렀다. 임시정부 내에서는 다시 러시아 특사 파견문제가 논의되었다. 이승만이 미국에서 건너와 대통령에 부임하면서 사태는 수습되었다. 이동휘와 대립하던 이승만은 내각 개편을 통해 자진의 측근인 이희경을 외무총장 대리로, 안공근을 외무차장으로 임명했다. 5월 16일에 열린 국무회의에서 러시아로 파견된 한형권을 소환하기로 결정한 후 이희경, 안공근 두 사람을 파견하기로 했다.

두 사람은 1921년 7월경 상하이를 출발해 베를린에 도착한다. 그러나 모스크바 입국 승인이 나지 않았다. 안공근이 후에 임시정부 요인에게 보낸 편지에 따르면 한형권 등이 "베를린에 있는 이희경과 안공근은 자본주의의 원칙과 이념을 가진 정부의 대표자이며, 만약 그들의 러시아 입국이 용인된다면, 그들은 향후 소비에트 러시아에 심각한 손실을 야기할 것이므로 여하한 조건을 달아서라도 이들의 입국을 허용해서는 안 된다"고 했기 때문이었다.

안공근은 거의 반년이나 베를린에 '억류'되다시피 했다. 다행히 그 후 이동휘와 박진순(朴鎭淳)의 자금 착복에 관한 보고가 여러 방면에서 들어오고, 이동휘가 코민테른에 의해 철저한 심문을 받게 된 사실이 러시아 외무인민위원회에 알려지면서 상황이 반전되었다. 러시아 외무위원회는 "누구의 진술이 맞고 누가 옳다고 판단할 수 없다"라며 "사실을 명확히 밝혀내는 것이 필수적이기에 대한민국 임시정부 대표의 모스크바 방문을 용인"한다는 명령을 내렸다.

여러 곡절 끝에 소련 입국이 허용된 안공근은 그해 겨울에야 모스크바에 도착할 수 있었다.

그러나 모스크바의 상황도 호락호락하지 않았다. 이미 또 다른 두 그룹에서 러시아를 상대로 외교활동을 벌이고 있었다. 앞서 출발한 한형권과 원동민족혁명단체대표회에서 참석한 조선대표단이었다. 세 그룹은 각자 러시아를 상대로 외교활동을 벌였는데 주목적은 러시아 정부로부터 지원금을 타내는 일이었다.

세 그룹 중에서 원조금을 받아내는 데 성공한 것은 한형권이었다. 그는 한인사회당의 국제공산당 대표로 파견된 박진순의 소개로 레닌을 만나 200만 루블의 원조를 약속받았다. 한형권은 1차로 40만 루블을 받아서 1922년 초 상하이로 귀환했다.

모스크바에 도착한 안공근은 우선은 소련 정부의 외무위원회 관계자를 만나 자신들의 모스크바 방문이 누군가를 헐뜯기 위한 것이 아니고, 협의를 통해 공동의 적을 상대로 극동지역에서 실현한다는 점에 있다는 것을 명확히 했다. 그리고 모스크바에 와 있는 이동휘나 김규식이 임시정부의 공식 대표가 아니라는 점을 설명했다.

소비에트 정부가 앞서 언급한 인물들로부터만 정보를 받아들이는 것은 공평할 수 없으며, 오직 그들과의 한정된 협력은 소비에트 정부를 실수로 이끌 수도 있다는 것이 상해 임시정부의 예상입니다. 모스크바에 체류 중이던 두 명의 전직 상하이 임시정부 총장을 기준으로 다른 요원들을 판단해서는 안 됩니다. 실로 임시정부의 요원들 중에는 더 활동적이고 보다 인망 있는 인사들이 존재합니다. 그에 더해 임시정부는 소비에트 정부가 한국 혁명을 배신한 이들에 의해 두 차례에 걸쳐서 기만당한 사실을 알고 있기 때문에, 상대가 누구이건 간에 세 번째는 관계를 맺고 싶어 하지 않을 것이라고 생각합니다. 그러나 우리가 판단하기에, 지나간 오해를 씻어내기 위해서는 상해 임시정부와 정상적인 관계를 복원하는 것이 유일한 방법입니다. ―〈대한민국 상해 임시정부의 현황 전반에 관해 안공근의 1922년 4월 29일자 구두 보고〉,《대한민국임시정부자료집》(별책5), 국사편찬위원회, 2011년

사실 안공근은 이동휘와 연해주 시절부터 사이가 좋지 않았다. 이동휘, 김규식 등은 안공근을 '불확실한 사람'이라고 러시아 측에 모함했다고 한다. 또한 러시아 외무부 당국자들에게 임시정부가 전복되었으므로 안공근 등이 어떠한 정부의 대표로 인정되어서는 안 된다고 말했다. 이에 대응해 안공근은 임시정부 측에 자신들이 임시정부의 공식 대표라는 점을 러시아 당국에 통고해 달라고 요청한다.

우리가 현 임정 대표임을 소련 정부에 전신으로 통고해 주십시오. 이것은 그 무엇이든 완수하는 데 필수적입니다. 한형권과 고창일이 착복한 금화 20만 루블은 임시정부에 보낸 자금이며, 그러므로 그들이 자기 멋대로 이 돈을 사용하는 것은 불법 행위입니다.… 소비에트 정부는 우리가 임정의 공식 대표임을 확증하는 교신을 임정이 직접 발송하기를 바라고 있습니다. ― 〈안공근이 임시정부 전 국무원 비서장 오영선에게 보낸 서한〉, 1922년 3월 22일

그러나 여러 이유로 상하이와 연락이 여의치 않았던 것 같다. 그는 상하이 임시정부가 한국 인민들 사이에서 절대적 덕망을 누리고 있다는 점, 임시정부가 일본과의 투쟁을 위해 모든 이들의 통합을 우선적으로 추진하고 있다는 점, 투명한 조건 하에서는 코민테른과의 협력에 동의할 수도 있다는 점 등을 누누이 설명했다.

1922년 3월 8일에 그가 안정근에게 보낸 서한에는 모스크바에서의 답답한 상황에 대한 심정이 잘 나타나 있다.

이곳의 상황을 말하자면, 전술했듯이 현재까지 달성한 것은 없지만, 시간과 기회를 기다리고 있습니다. 김규식과 이동휘는 여전히 여기 있고, 그들은 단지 서로 반대할 뿐만 아니라 우리도 반대하고 있어 아무것도 할 수 없습니다. 그리고 만약 북경이나 상해로부터 현지의 소련 대표부로부터) 어떠한 연락도 받지 못한다면, 저는 이 달이 끝나기 전에 베를린으로 혼자서라도 떠날 것이지만, 이는 분명하지가 않습니다. 설령 마지막 순간까지 우리가 여기서 버티는데 성공하는 것처럼 보일지라도, 저는 더 이상 여기 있고

싶지 않습니다. 김규식의 행동에 관해서는 말로 이루 다 표현할 수 없으며 이동휘의 그것보다 훨씬 더 나쁩니다. 이때문에 여기서는 아무 것도 성취할 수가 없습니다. 소위 전 국무총리이며 전 내각 총장의 행동이 이와 같다면, 누구나 조선 민중 일반의 처지를 판단할 수 있습니다. 이런 온갖 분쟁과 난관에 직면하게 되자 모든 것을 당장 포기하고 싶습니다. 그러나 우리가 떠난 후에 이 악당들은 활동을 재개할 것임을 깨달은 이상, 우리는 문제를 그 상태로 내버려두고 떠나고 싶지 않습니다. 그래서 우리는 즉시 떠날 수가 없습니다. 처리해야 할 모든 일들은 쉽지가 않습니다.

안공근이 편지에서 '악당'이라고 표현한 사람보다 그를 더 실망시킨 것은 여러 차례 상하이에 전보를 치고, 상황보고서를 보냈지만 단 한 통의 답신도 받지 못했다는 사실이었다. 그는 임시정부의 공식 대표라는 신임장만 보내주면 소련 정부와 여러 문제를 협상할 수 있다고 생각했지만 끝내 신임장은 오지 않았다. 상하이 임시정부 내부도 극심한 분열과 혼란에 빠져 있었던 것이다. 그는 형에게 "가족 문제 때문에 돌아가고 싶습니다. 만약 그 일이 없다면 독일에 가서 어학을 공부하며 잠시 쉬고 싶습니다"라는 뜻을 표명하기도 했다. 임시정부의 분열상에 무척 힘이 빠진 그의 심정을 표현한 듯하다.

그래도 그는 포기하지 않았다. 3월 16일에 그는 다시 형 안정근에게 서신을 보냈다.

임시정부가 저희를 대하는 방식을 보고 마음대로 행동할 수 있었다면, 저희는 모든 것을 포기했을 것입니다. 그러나 정말로 우리

국민의 이익과 독립운동을 염려하는바, 이는 확실히 몇몇 개인의 문제가 아니기 때문에, 저희는 감정을 억누르고 있으며, 그 일이 어느 정도 진척되는 것을 볼 때까지 좀 더 참으려고 노력하고 있습니다. 그 후 저는 베를린으로 갈 것입니다. 우리는 임시정부가 취하는 느리고 느슨한 방식에 지쳤습니다. 다른 이유 때문에 저희는 더 이상 오래 참기가 매우 힘듭니다. 어쨌든 무엇보다 독립해서 생활하는 방안을 강구할 필요가 있고, 이 점을 깨달았기 때문에 제가 내린 결정을 바꾸지 않을 것이며, 몇 년 동안 이 길을 따라 노력을 경주할 것입니다.

그러나 이후 모스크바에서 활동은 큰 성과를 거두지 못한다. 임시정부의 분열 때문이었다. 더구나 1923년 1월부터 6월까지 독립운동의 단합과 신뢰를 목표로 상하이에서 국민대표회의가 열렸으나 '임시정부 개조파'와 '창조파'로 나뉘어 결렬되고, 끝내는 상하이 임시정부 자체가 사실상 공중분해 되었다.

이후 안공근이 모스크바에 머물면서 어떤 활동을 했는지는 알려져 있지 않다. 안정근에게 이야기한 대로 독일에 가서 어학 공부를 하며 지냈을 가능성도 있다. 안공근이 모스크바를 떠나 다시 상하이로 돌아온 것은 1925년이었다. 3년가량 모스크바에 체류한 셈이다.

한인애국단 운영과 특무공작 수행

안공근이 상하이로 돌아와 보니 집안사정이 녹록치 않았다. 그간 가족들을 돌봐오던 형 정근은 뇌병이 발병해 요양차 웨이하이웨이로 떠나고 없었다. 당장 생계문제가 걱정이었다. 모친을 비롯해 큰형 중근의 가족들을 부양해야만 했다. 안공근은 일어, 중국어, 러시아어 등 6개 국어에 능통했다. 이를 바탕으로 미국, 영국 대사관과 러시아, 독일 영사관 등을 전전하며 통역으로 일했다. 이런 그를 두고 일경은 보고서에서 "소련의 밀정이 되어 재(在) 상해 백계(白系) 러시아인이 조사·보고를 했다"고 쓰기도 했다. 가족의 생계를 위해 한때 그는 상하이에서 빙과점을 운영하기도 했다.

집안사정만큼이나 임시정부의 상황도 좋지 않았다. 1923년에 개최된 국민대표회의가 결렬되면서 임시정부는 주인 없는 상황이 되어버렸다. 타개책으로 '전민족적 통일'이 시도되었으나 말만큼 쉬운 일이 아니었다. 오죽하면 임시정부 2대 대통령 박은식이 "독립운동을 하려면 전민족적으로 통일되어야 한다"라는 유언을 남겼겠는가. 박은식의 유언을 받아 적은 사람이 바로 안공근이었다. 결국 안공근이 이 일에 총대를 메고 나섰다.

안공근은 1926년 5월에 조상섭, 오영선 등과 함께 독립운동촉성회를 결성하고 회장을 맡았다. 이 운동은 이후 민족유일당운동으로 이어진다. 7월 8일에 안창호는 삼일당에서 개최한 연설을 통해 "주의(主義) 여하를 불문하고 단결하여 대혁명당을 조직하자"고 주장했다. 7월에 새로 취임한 임시정부 국무령 홍진(洪震)은 "전 민족 운동을 망라해 공고한 당체(黨體)를 조직할 것"을 천명했다. 상하이와 베이징을 중심으로 유일당운동은 구체화되었으며, 상하이에서 열린 총회에서 안공근은 홍진, 이동녕, 조완구, 김구 등과 함께 집행위원으로 선출되었다. 그러나 유일당운동은 끝내 좌절되고 말았다. 1927년 중국에서 국공합작이 와해되는 외부적 요인과 함께 내부에서 일

1935년 11월 중국 자싱에서 임시정부 요인들과 함께 한 안공근(동그라미 표시)   앞줄 왼쪽부
터 송병조·이시영·김구·이동녕·엄기순(엄항섭 딸)·조완구이다.

어난 좌우세력 간의 의견대립까지 겹쳤기 때문이었다.

유일당운동이 결렬되자 안공근은 민족주의 인사들을 규합해 한
국독립당을 결성했다. 1930년 1월 25일에 파벌 대립 청산과 대동단
결을 기치로 내걸고 한국독립당이 창당되었다. 민족주의 진영의 이
동녕, 안창호, 조소앙, 김구, 안공근 등이 주축이 되었다. 안공근은 정
강(政綱) 기초위원과 이사를 맡아 당의 핵심간부로 참여했다. 이후
그의 활동은 한국독립당을 중심으로 이루어졌다.

안정근이 안창호와 긴밀한 관계였다면 안공근은 김구와 특별한
관계를 맺었다. 일제의 고등경찰 문건에 "안공근은 김구의 참모로서
그 신임이 가장 두텁고 김구가 범한 불령(不逞)행동은 안공근의 보좌
에 의해 된다"고 할 정도였다. 여기서 '불령행동'이란 임시정부의 의

열투쟁을 말하는데, 그 시작은 한인애국단 결성이었다. 한인애국단은 일제의 요인 암살과 파괴공작을 위한 비밀결사조직이었다.

1931년 만주사변을 계기로 일제는 중국 대륙을 본격적으로 공략하기 시작했다. 이에 임시정부는 "군사공작을 못한다면 테러공작이라도 하는 것이 절대 필요하다"며 독립운동의 투쟁 방략을 의열투쟁으로 전환했다. 이를 위해 임시정부는 의열단 고문을 지낸 적이 있는 재무장 겸 민단장 김구에게 한인애국단 조직을 맡겼다.

김구는 1931년 11월에 안공근, 엄항섭(嚴恒燮), 김동우, 안경근, 이덕주 등의 한인 청년들을 규합해 한인애국단을 조직하고 자신이 단장을 맡았다. 한인애국단은 임시정부 산하의 비밀결사단체였으나 실지로는 김구의 사조직처럼 운영되었다. 김구는 단원들 가운데서 안공근을 특별히 주목했다. 청계동 시절에 얼굴을 익힌 개인적 친분만은 아니었다. 안공근이 이 분야의 전문가로 통했기 때문이다.

안공근은 모스크바에서 돌아온 후 조카 안원생(안정근 장남) 등 한인 청년들을 모아 팔팔단(八八團)을 조직해 이끌고 있었다. 러시아 니콜리스크 시절에는 안정근과 함께 한인 밀정 김정국을 처단한 적도 있다. 게다가 안공근은 상하이 주재 각국 영사관에 통역으로 근무하면서 쌓은 인맥으로 각종 정보에도 밝았다. 당시 일제 경찰은 특무활동에 관한 안공근의 식견과 능력을 높이 평가했다. 김구가 이런 안공근을 주목한 것은 당연했다.

한인애국단을 운영한 실제 책임자는 안공근이었다. 그의 집이 바로 한인애국단의 본부였고, 중요한 결정은 모두 이곳에서 이루어졌다. 이봉창 의사가 출정에 앞서 선서를 한 곳도 안공근의 집이었다. 안공근은 겉으로는 참모라는 직책을 갖고 있었으나 단원 모집과 관리, 연락 업무, 정보수집, 애국단 활동 등을 모두 총괄했다. 러시아어가 유창한 그는 러시아인을 통해 일본영사관 정보를 캐내기도 하고 상하이 한인 밀정들의 정보를 수집해 특무공작에 활용하기도 했다.

당시 안공근은 무정부주의 세력들과도 긴밀한 협조체제를 갖고 있었다. 그는 1928년 3월에 상하이에서 유기석, 이을규 등과 함께 재중국조선인무정부주의자연맹을 조직해 활동한 적이 있다. 이런 인연으로 남화한인연맹의 정화암(鄭華岩)과도 인연을 맺었다. 1933년 8월에 친일파 옥관빈(玉觀彬)을 처단했는데 이 일은 한인애국단과 남화한인연맹의 합작품이었다(옥관빈을 친일파로 오해했다는 견해도 있다).

한인애국단 활동을 통해 안공근은 김구로부터 각별한 신임을 얻게 되었다. 윤봉길(尹奉吉) 의거 후 김구는 피신하면서 안공근에게 한인애국단의 운영을 전적으로 맡기다시피 했다. 안공근이 김구의 '오른팔'로 불리기 시작한 것은 바로 이때부터였다. 김구가 한국독립당에서 퇴출당해 고립되어 있던 시절 그는 엄항섭, 박찬익(朴贊翊)과 함께 김구를 곁에서 보좌했다.

윤봉길 의거 이후 중국 국민당은 임시정부에 대한 지원에 나섰다. 그 가교 역할을 한 사람은 남파 박찬익이었다. 1933년 봄, 김구는 박찬익과 함께 장제스를 만났다. 이 자리에서 장제스는 중국중앙육군군관학교 낙양분교에 한인특별반 개설을 허락해주었다. 한인특별반은 군 간부 양성을 위한 것으로 총괄은 김구가 맡았다. 안공근은 입교생 모집 등 실무 총책을 맡았다. 그의 노력으로 김원봉 계열은 물론 이청천 계열 등 한인 청년 92명이 한인특별반에 입교했다. 당시 김구는 자싱(嘉興, 가흥)으로 피신 중이어서 한인특별반 운영의 실질적 책임자는 안공근이었다. 얼마 뒤 박찬익이 김구와 사이가 틀어져 대중국 교섭 창구가 단절되자 박찬익을 대신해 이 업무도 맡게 되었다. 이로써 안공근은 박찬익이 담당하던 재정과 중국과의 교섭업무를 전담하면서 김구의 최측근으로 부상했다.

그 무렵 김구는 한인애국단 외에도 한국특무대독립군과 학생훈련소를 조직해 운영했다. 특무대독립군은 낙양군관학교에서 김구 계열과 이청천 계열이 불화를 빚자 김구 계열 청년들을 난징(南京, 남경)으로 철수시켜 별도로 조직했는데 일명 '김구구락부(金九俱樂部)'로도 불렸다. 학생훈련소는 중앙육군군관학교에 입교시킬 한인 청년들을 모집해 사전 예비교육을 시키기 위해 만든, 일종의 예비사관학교 같은 것이었다. 이 두 조직은 김구의 사조직과 같은 것으로 훗날 김구의 주요 세력기반이 되었다. 세 조직은 각자 별도로 운영되었으나 실질적인 관리자는 안공근이었다.

1935년 11월에 김구는 한국국민당을 창당했다. 임시정부가 무정부 상태에 있던 상황에서 김구는 주도권을 행사하며 임시정부 조직을 재정비했다. 김구의 최측근으로 통하던 안공근은 한국국민당 이사, 임시의정원 의원, 임시정부 군사위원회 위원 등 당정(黨政)의 요직을 맡아 주요인물로 부상했다.

그러나 안공근은 기존의 특무조직 관리에 주력했다. 당시 한국국민당은 전위조직으로 한국국민당청년단과 한국청년전위단을 결성해 운영했다. 청년단은 특무대독립군과 학생훈련소를 중심으로 조직했고 전위단은 광둥(廣東, 광동)지역 세력 확장을 위해 김인(김구 장남)과 안우생(안공근 장남)을 파견해 조직한 단체였다. 안공근은 전위조직을 운영, 관리하면서 한국국민당의 세력기반을 다져나갔다.

김구와 안공근의 갈등, 사실인가

그런데 이 무렵 안공근에게 과도한 권한이 집중되면서 견제와 비판세력이 등장했고 급기야 자금 문제까지 터져 김구와 안공근의 관계가 소원해졌다는 게 통설이다. 일각에서는 김구가 안공근을 암살했을 가능성까지 제기한다. 정말 사실일까?

우선 대다수 연구나 주장에서는 안공근과 김구가 갈라선 이유에 대해 중일전쟁 이후 안공근이 자신의 큰형 안중근의 가족을 상하이에서 탈출시키지 못했기 때문이라는 설이 널리 퍼져 있다. 상하이에 있는 큰형수 김아려와 조카들을 데리고 오지 않았다는 이유로 김구의 질책을 받았다는 것이 그 근거다.

중일전쟁이 발발한 지 석 달 뒤인 1937년 10월경 상하이가 일본군 수중에 떨어졌다. 급기야 중국 정부는 충칭으로 전시수도를 정하고 각 기관을 서서히 옮겨갔다. 대한민국 임시정부는 우선 창사(長沙, 장사)로 이주하기로 하고 각지의 식구들에게 난징으로 모이라고 했다.

그런데 상하이에서 미처 빠져나오지 못한 독립운동가 가족이 더러 있었다. 안중근 가족도 그들 중 하나였다. 김구는 안공근에게 상하이로 가서 안중근 가족을 모셔오라고 지시했다. 상하이로 잠입한 안공근은 형수와 조카들은 놓아둔 채 자신의 가족들만 데리고 나왔다. 이에 대해 김구는 크게 화를 냈다고 한다. 《백범일지》에 그때의 분노가 고스란히 표현되어 있다.

나는 안공근을 상해로 파견하여 자기 가솔과 안중근 의사의 부인인 큰형수를 기어이 모셔오라고 거듭 부탁했다. 그런데 공근은 자기의 가속(家屬)들만 거느리고 왔을 뿐 큰형수를 데려오지 않았다. 나는 크게 꾸짖었다.

"양반의 집에 화재가 나면 사당에 가서 신주(神主)부터 먼저 안고 나오거늘, 혁명가가 피난하면서 국가를 위하여 살신성인한 의사의 부인을 왜구의 점령구에 버리고 오는 것은 안군(安君) 가문의 도덕에는 물론이고 혁명가의 도덕으로도 용인할 수 없는 일이다. 또한 군의 가족도 단체생활 범위 내에 들어오는 것이 생사고락을 같이하는 본의에 합당하지 않겠는가?"

안공근이 큰형수와 조카들을 데려오지 못한 이유는 분명치 않다. 안공근이 일부러 이들을 상하이에 남겨두었다고 보기도 어렵다. 딱히 그럴 이유도 없었고, 또 그래서도 안 되는 일이다. 두 가지 이유 중 하나일 가능성이 크다고 본다.

첫째는 일본군이 상하이를 점령하자 큰형수 가족들이 잠시 몸을 피해 만나지 못했을 가능성이다. 일제의 수중에 떨어진 상하이의 현지 상황이 그만큼 여의치 못했을 수 있다.

둘째는 상하이에서 안중근의 장남인 안준생과 장녀인 안현생 부부를 만났지만 이들이 이미 친일적 성향으로 돌아섰거나 숙부와의 동행을 거절했을 가능성이다. 실제로 안준생은 악기상을, 부인 정옥녀는 전화교환수를 하며 비교적 안정적인 생활을 하고 있었다. 안현생·황일청 부부도 유복한 생활을 하고 있었다. 안준생이 마약 밀매에 관여하고 있다는 설도 나돌았다. 이런 조건에서 이들이 굳이 상하이를 떠나려 했을지 의문이다. 형수인 김아려 여사가 자식들을 데리고 가는 것에 반대했다는 설도 있다.

뒷부분에서 다루겠지만 이후 안준생과 안현생의 행적을 볼 때 안공근이 이들을 데려오지 못한 것은 후자일 가능성이 크다. 만약 그렇다면 안공근은 돌아온 후 김구에게 이 같은 '부끄러운 이유'를 설명하지 않았을 것이다. 김자동 대한민국임시정부기념사업회장은 "공근 선생이 그때 조카들과 조카사위가 의심이 들어 일부러 형수(김아려)를 찾지 않았을 가능성도 있지 않았나 하는 생각도 든다"라고 회고했다.

김구의 질책은 이런 상황을 전혀 감안하지 않고 나온 것이라고 볼 수 있다. 따라서 이 일로 안공근이 김구의 질책과 주변의 비난을 샀을 수는 있지만, 그것이 안공근과 김구가 멀어진 이유는 되기 어렵다. 안공근의 입장에서는 설사 질책을 받았더라도 감수해야 할 일이었다. 《백범일지》에도 질책이 있은 후 "나는 안휘 둔계 중학에 재학중인 신(信)이를 불러오고 어머님을 모셔와 안공근 식구와 같이 영국 윤선으로 한구(漢口, 한커우)를 향해 떠났다"라고 기록했다. 한커우까지 동행한 공근의 식구들은 이후 충칭으로 이주했다. 김구와 안공근 사이에 큰 문제는 발생하지 않았던 것으로 볼 수 있는 대목이다.

더구나《백범일지》에도 앞서 언급한 질책 내용과는 사뭇 다른 대목이 나온다.

홍콩으로 간 것은 안정근, 안공근 두 사람에게 부탁한 대사건, 즉 그들 형수인 안중근 의사의 부인을 상해에서 모셔내어 왜놈 점령구를 빠져나오게 할 목적이었다. 당초 남경에서 대가족을 장사로 옮기기로 하고 공근을 상해에 밀파할 때, 자동차를 사용하여 자기 가족을 남경으로 이주하도록 하였는데, 이때 형수 댁 식구를 같이 데려오라 하였으나 성공치 못한 것이 일대 유감이었던 까닭이다. 홍콩서 마침 비밀공작 임무를 띠고 상해로 파송되던 유서(劉絮)와 같이 안군 형제와 회의할 때, 나는 강경한 주장으로 안 의사 부인을 적치구역인 상해에서 모셔오자고 하였으나 그들이 난색을 보였다. 나는 "양반의 집에서 불이 나면 사당의 신주부터 옮겨내 온다고 하는데, 우리가 혁명가로 의사 부인을 적치구역에서 구출하는 것 이상으로 긴급한 일은 없다"고 꾸짖었으나 사실 그때는 이미 불가능한 일이었다.

김구도 이 무렵에는 안중근 가족을 데려오는 것이 불가능하다는 것을 알고 있었다. 질책의 내용도 중복된다. 김구의 회고에 문제가 있어 보인다. 김구가 홍콩으로 가 안정근, 안공근 형제와 만난 시점은 1938년 7월 무렵이었다. 따라서 이때까지는 김구와 안공근 사이에 큰 문제는 없었던 것으로 볼 수 있다. 기록에 나타난 안공근의 마지막 행적이기도 하다.

일부에서는 1937년 10월에 일본군이 상하이를 공격해오자 안공근은 자신의 가족들을 제쳐두고 김구의 어머니 곽낙원만을 모시고 난징으로 나왔고, 이에 김구가 크게 질책했다고 주장하지만 이것은 사실관계가 틀리다. 곽낙원 여사는 1934년 4월에 중국에 도착해 상하이 안공근의 집에서 하룻밤을 묵고 다음날 자싱의 엄항섭 집으로 가 여기서 김구와 해후했기 때문이다. 그 후 곽 여사는 난징에서 1년쯤 거주하다 창사를 거쳐 충칭으로 이동한 후 그곳에서 별세했다. 이렇게 잘못된 글이 왜 나왔는지 모르겠지만 지금도 이 글은 통설처럼 돌아다닌다.

그러나 비슷한 시기에 터져 나온 안공근의 자금유용 문제는 심각한 상황으로 이어졌다. 김구의 대리인 격으로 여러 조직의 관리를 맡고 있던 안공근을 둘러싸고 전횡문제가 터져 나오기 시작한 것이다. 먼저 김동우, 오면식 등 중견대원 6~7명이 안공근의 '전횡불륜(專橫不倫)'에 불만을 품고 특무부대를 떠났다. 당시 안공근은 대원들에게 '불인기(不人氣)'로 불리며 비난의 대상이 되었다고 한다.

이 와중에 안공근이 공금을 횡령했다는 주장이 추가로 제기되었다. 1932년 윤봉길 의거 후 중국인들이 김구에게 성금을 모아서 주었는데 그 돈의 일부를 안공근이 사적으로 유용했다는 것이다.

임시정부 시절 자금관리를 둘러싼 잡음은 더러 있었다. 좌우 진영 간 갈등의 대부분은 자금 문제에서 비롯되었으며, 심지어 총격사건으로 비화된 적도 있었다. 특무대독립군 단원으로 국내에 파견되었다가 체포된 백찬기의 진술에 따르면, 안공근은 출입할 때 언제나 인력거를 타는 등 호화로운 생활을 하면서 병이 난 대원들에게는 병원 갈 여비 정도만 쥐여주면서 쫓아버렸다고 한다. 대원들의 불만이 터져 나온 건 당연했다. 다만 이 기록은 일제에 체포된 단원의 진술이라는 점에서 면밀한 검증이 필요하다.

안공근과도 교분이 깊었던 무정부주의자 정화암(鄭華岩)의 증언은 더 자세하다.

안공근은 운동자금 명목으로 중국 정부로부터 많은 돈을 받아 자기 마음대로 지출해 오면서 낭비가 심했다. 한번은 김구가 안공근에게 어떤 용도가 있어 5월의 지출을 요구했다가 돈이 없다는 이유로 거절을 당했다. 어디에 돈을 썼냐고 물으니 화암과 위혜림에게 주었다고 대답했다. 이에 김구가 의심을 품고 자기의 큰아들 김인 등을 나에게 보냈다. 나는 이들에게 안공근을 만난 일도 없고 위혜림을 통해서 접촉한 일도 없다고 말해주었다. 김구는 비로소 나와 안공근이 소원해지고 있다는 것을 알았다.

이와 같이 상황이 바뀌어가자 안공근은 안공근대로 딴 공작을 하기 시작했다. 국민정부의 정보기관인 남의사(藍衣社)의 대립(戴笠)이란 사람과 손을 잡고 김구를 몰아내고 자기의 형인 안정근을 내세우려고 계략을 꾸민 것이다.

그러나 그것이 제대로 될 리가 없다. 그 내막까지 알게 된 김구는 즉시 안공근을 축출하고 그동안 안공근이 맡았던 중국 정부와의 모든 연락과 교섭업무 일체를 성암 이광에게 맡겼다. 그리고 안공근을 중심으로 했던 모든 활동을 봉쇄하고 정보업무에 필요한 공작기계(전신기계)와 그가 쓰던 집까지 몰수해버렸다. 그 후 안공근은 중경에서 병원을 경영하는 교포 유모의 집에 자주 내왕했는데 그 뒤의 소식은 알 길이 없다. ─ 정화암,《이 조국 어디로 갈 것인가》

그러나 정화암의 이러한 증언은 더 치밀한 검증이 필요하다. 그는 1928년에 안공근 등과 함께 재중국조선무정부의자연맹을 결성하기도 했지만 줄곧 상하이에서 활동했다. 상하이를 떠난 후 안공근의 활동에 대해 어느 정도 알 수 있는 위치에 있었는지 의문이다. 특히 안공근이 김구를 몰아내고 형인 안정근을 내세우려고 했다는 증언은 신뢰성이 떨어진다. 정화암은 김구가 안공근의 계략을 파악하고 안공근을 축출했다고 했지만, 정작 김구가 쓴《백범일지》의 원본에는 다르게 기록되어 있다.

김구는 안공근 문제가 불거지자 부득이 한국국민당 임시대회를 소집해 "안공근의 죄상을 선포"하고 6개월간 정권(停權, 권한 정지)시키는 결정을 내렸으며, 이 같은 조치를 통해 안공근의 '분파', '분란' 등 "대문제(大問題)는 해결되었다"라고 기록했다. 이 결정이 정확히 언제 내려졌는지는 명확하지 않다. 다만 《백범일지》의 기록 순서로 보면 1938년 7월에 홍콩으로 가기 전이다. 이 시점이 정확하다면 김구는 안공근에게 징계를 내린 후 홍콩으로 가서 안공근, 안정근 형제를 만나 안중근 의사 가족 구출 문제를 다시 논의한 게 된다.

안공근이 자금관리를 둘러싸고 이런저런 잡음이 있었던 것은 분명하다. 이에 대해 김구는 '축출'이 아니라 6개월간 그의 자격을 정지시키는 조치로 최종 결론을 내렸지만, 그 직후에도 그를 만났다. 이런 점을 고려할 때 김구와 안공근이 멀어졌다는 통설은 재검토가 필요할지도 모른다.

비극적 최후, 드러나지 않은 배후

안공근의 자금 문제에 대해 또 다른 증언이 있다. '임시정부의 안주인'으로 불린 정정화(鄭靖和)는 회고록 《장강일기(長江日記)》에 이런 기록을 남겼다.

안중근의 동생 되는 안공근이 상해에 있을 때 형 안중근의 일로 말썽을 일으키고 공금을 챙겨 홍콩으로 잠시 피한 일도 있었다. 재주가 많고 말을 잘하는 이라서 여기저기에 허튼 소리를 하고 다녔던 모양이다. 임정 어른들께 야단을 맞게 생겼으니까 홍콩으로 도망갔던 것인데 임정이 중경으로 옮겨갔을 때 홍콩이 일본의 손에 넘어가게 되자 용케 홍콩을 빠져나와 중경으로 왔다.

이 증언에서는 안공근이 공금을 챙겨 홍콩으로 잠시 피했다고 했다. 김구의 기록과는 전혀 다른 내용이다.

《백범일지》에는 안공근이 충칭의 가족과 광시(廣西, 광서)에 있던 안정근의 가족까지 홍콩으로 이주시킬 일로 홍콩에 갔다고 기록되어 있다. 더구나 홍콩에 간 직후인 1938년 3월에 반대파가 김구를 테러한 일이 있자 부고를 받고 창사에 다시 오기까지 했다. 얼마 후 김구는 홍콩에 가 안공근을 만나기도 했다.

안공근은 한국국민당에서 징계를 받은 후 난징을 떠나 둘째형 정근이 머물고 있던 홍콩으로 떠날 때 가지고 있던 자금의 일부를 가지고 갔을 수는 있다. 그러나 이것이 사실이라고 하더라도 이 문제는 안공근의 '횡령'보다는 다른 각도에서 조명이 필요하다.

안공근을 비롯해 안중근 일가는 이 시점에 독립운동의 거점으로 충칭보다는 홍콩에 더 주목했을 개연성이 있기 때문이다. 그렇기 때문에 안공근이 홍콩에 갈 때 자금을 가지고 갔다면 사적인 용도로 썼기보다는 홍콩에 거점을 마련하기 위해 사용했을 가능성이 크다. 홍콩에 안중근 일가의 거점이 마련되어 있었다는 점은 여러 정황으로 확인된다. 해방 후인 1947년, 홍콩에서는 성대하게 안중근 의사의 추도식이 거행되었고, 안미생과 안우생이 조국을 떠날 때도 모두 홍콩을 경유했다. 또 안우생은 전쟁 시기에 북한으로 간 뒤에도 여러 차례 홍콩에 나와 활동한 것으로 전해진다.

어쨌든 이 무렵 안공근과 김구가 소원해졌다는 게 일반적인 평가다. 한동안 홍콩에 있던 안공근은 1939년 당시 임시정부가 활동했던 충칭지역에 다시 모습을 드러냈다.

정정화는 회고록 《장강일기》에서 안공근이 "임정이 중경으로 옮겨갔을 때" 홍콩을 빠져나와 충칭으로 왔다고 했다.

김구가 홍콩에서 안공근을 만나고 간 시점이 1938년 7월이고, 충칭에 도착한 것은 10월 중순이다. 당시 임시정부는 창사에서 광저우를 거쳐 류저우(柳州, 유주)로 가 있었고, 다시 치장을 거쳐 충칭으로 이동한 것은 1940년 9월이다. 정정화는 임시정부 요인들의 대가족이 이보다 앞선 1940년 2월에 충칭 인근 토교로 이사를 했다고 기록했다. 그러나 그의 아들 김자동은 최근 임시정부의 대가족이 1939년 4월에 충칭에서 남쪽으로 90km 정도 떨어진 치장에 도착해 2년 정도 지냈다고 회고했다. 정정화는 치장이 충칭과 가깝기 때문에 통칭해서 충칭이라고 했던 것으로 보인다.

이러한 회고를 통해 볼 때 안공근이 충칭지역에 다시 온 시점은 1939년 4월 이후로 보인다. 충칭에 온 뒤 안공근은 김구의 주치의로 활동하던 유진동의 집에 자주 드나들면서 무언가 일을 진행하고 있었다. 그런데 얼마 지나지 않아 안공근이 충칭에서 실종되었다. 한때 김구의 오른팔로 불리던 안공근의 실종은 충칭 독립운동가 사회에서 일대사건이었다. 당시 중국 공안당국에서는 이 사건을 일본과 중국 사이의 이중간첩 소행으로 결론을 내렸다고 한다. 주범으로 지목된 중국인이 영국 시민권을 가진 데다 결정적인 증거가 없어 기소하지 못했다고 한다.

안공근의 최후와 관련해 다른 증언도 있다. 당시 임시정부와 충칭에 있던 정정화의 아들 김자동의 증언이다. 그는 안공근 실종사건이 발생한 직후 일단의 한인 청년들이 충칭의 한인 의사 유진동(劉振東)의 병원으로 안공근의 시신을 들고 왔다는 이야기를 들었다고 한다. 전언 자는 그의 모친 정정화다. 정정화는 평소 가깝게 지내던 유진동의 부 인 강영파로부터 이런 내용을 들었다. 당시 유진동은 중국인 간호사 (1940년에 유진동과 재혼)와 함께 안공근의 시신을 처리했다고 한다.

김자동의 증언에 따르면, 안공근은 한인 청년들에게 살해되었다 는 얘기다. 일각에서는 임시정부 내에서 당시 안공근과 경쟁관계에 있던 반대파 계열에서 암살한 것으로 추정하기도 한다.

안공근의 시신이 평소 그가 자주 드나들던 유진동의 병원에서 '처 리'된 것도 눈여겨 볼 만한 대목이다. 유진동의 병원에서 살해된 것 인지, 아니면 살해당한 후 유진동의 병원으로 옮겨진 것인지 분명치 않다. 상하이 동제대학 출신으로 당시 김구의 주치의이기도 했던 유 진동은 이런 사실을 김구에게 알리지 않았다. 김구 역시 딱히 대책 도 없는 데다 청년들의 보복을 두려워했기 때문이라고 한다.

김자동은 이 사실을 60년 넘게 비밀로 간직해왔다. 그런데 김자동 이 수년 전 백범 기일에 효창공원을 가다가 모 인사를 만나 뜻밖의 얘기를 들었다. 그는 대뜸 김자동에게 "안공근 씨의 시신을 유진동 씨 병원에서 처리했다는 것을 아십니까?"라고 물었다. 김자동은 놀라 당황해하며 "세상에 완전한 비밀은 없군요"라고 대답했다고 한다.

세간의 의혹처럼 한국국민당 내에서 안공근의 처벌을 주도했던 계열에서 다시 안공근이 복귀하려고 하니 암살한 것일까? 물론 안공 근의 시신을 유진동의 병원에서 처리했다는 사실이 곧바로 한인 청 년들의 소행으로 연결되는 것은 아니다.

안공근 실종사건과 관련해 최근에 색다른 주장이 제기되었다.

안공근의 시신을 처리한 유진동(앞줄 오른쪽에서 두 번째) 광복군의 전신인 한국청년전지공작
대가 시안으로 떠나면서 1939년 11월 17일에 촬영한 것으로 박영준, 엄항섭, 박찬익, 김구, 유진
동, 김인(김구의 장남) 등의 모습이 보인다(앞줄 왼쪽부터). 해방 후 귀국한 유진동은 1949년 6월
김구 선생이 암살당하자 안공근의 장남 안우생과 함께 홍콩으로 망명했다.

2008년 8월에 《상해경제》에 실린 두 편의 글에 따르면, 당시 충칭에
서 발행되던 《동방관찰가(東方觀察家)》라는 잡지의 주필 뤄젠베이(羅
劍比, 나검북) 일파가 안공근을 살해했다고 한다. 베이징대학 졸업 후
장쉐량(張學良, 장학량) 수하에서 정보처장으로 일했던 뤄젠베이는 당
시 영국의 첩보원이었다. 그가 홍콩의 한 다방에서 일본간첩과 접촉
해 정보를 주고 돈을 받는 장면을 안공근이 목격한 것을 알고 충칭
까지 쫓아와 살해한 후 폐광의 갱도에 사체를 유기했다고 한다. 사
건 발생 후 영국 측은 뤄젠베이가 영국인이라고 강력히 감싸고돌아
충칭 당국은 뤄젠베이를 석방하고 관련자 세 사람만 처형했다고 한
다. 이 주장 역시 확인이 더 필요하다.

　1939년 안공근이 피살될 때 무슨 일이 있었던 것일까? 여전히 그

의문은 풀리지 않고 있다.

그가 피살된 후 독립운동 진영은 몇 년간의 우여곡절 끝에 한국독립당, 조선혁명당, 한국민당을 통합해 한국독립당으로 단일화를 이뤄냈다. 1940년 5월에 김구 계열과 김원봉 계열이 오랜 갈등을 청산하고 마침내 손을 잡은 것이다. 안공근이 있었다면 더 중요한 역할을 맡지 않았을까 하는 아쉬움이 남는다.

당시 독립운동 진영을 평가한 중국 국민당 내부 문건을 보면 백범은 참 좋은데 변화한 시대를 따라가기에는 능력이 좀 부족하다거나 김원봉은 참 똑똑한데 믿을 수가 없다는 등의 내용이 등장한다. 반면 안공근에 대해서는 추진력 있고 똑똑하고 믿을 만하다고 기록했다. 한때 '김구의 오른팔'로 불리며 핵심 참모역할을 했던 안공근의 비극적 최후가 더욱 아쉬운 대목이다. 그 또한 두 형과 마찬가지로 중국 어느 땅에 묻혔는지 찾지 못해 유해조차 고국에 돌아오지 못했다.

남북으로 흩어진 안공근의 자녀들

안공근은 이인숙(1883년경 황해도 출생)과 결혼해 우생, 낙생, 지생(志生), 연생(蓮生), 금생(錦生) 등 3남 2녀를 두었다.

장남 우생은 충칭 시절부터 김구의 비서로 일했는데, 귀국한 후 김구가 서거할 때까지 곁에서 그를 보필했다. 안우생은 해방 공간에서 통일운동에도 열정을 쏟았고 그의 가족들은 북으로 갔다. 차남 낙생은 윤봉길 의거 후 임시정부가 피난길에 오르자 상하이에 남아 임시정부의 연락 업무를 수행했다.

1917년에 태어난 장녀 연생은 충칭 시절부터 적극적으로 활동한 여성이었다. 상하이 푸단(復旦)대학을 졸업한 연생은 오빠 안우생(당시 임시정부 선전과장) 밑에서 선전원으로 활동했다. 해방 후 미국 컬럼비아대학 아세아학원에서 어학과 미학을 공부한 후 화가와 도자기 연구가로 활동하다 1949년 2월에 귀국했다. 30여년 만에 고국에 온 안연생은 첫 느낌과 포부를 다음과 같이 말했다.

> 인천에 도착하니 공장에서 연기가 나고 있어 우리나라의 공업이 그래도 남아 있고나 하여 참 감개무량하였습니다. 고국에 돌아오니 일기가 좋아 말할 수 없이 기쁩니다. 우리는 먼저 경제독립이 있어야 독립이 있는 법이니 나는 공업방면으로 진출하려 합니다.

귀국 후 그는 후암동에 있던 모친의 집에 기거하며 활동했으며, 1951년에는 제6차 유엔총회 한국대표로 장면, 임병직, 장택상 등과 함께 참석하기도 했다. 한국전쟁 끝 무렵인 1953년 1월 당시 이철원 공보처장이 영국 시찰로 공석이 되자 공보처장 서리에 임명되었다. 당시 안연생은 공보처에서 촉탁으로 일하고 있었는데 유엔한국위원회와 주한 외국 언론인 등과 폭넓은 인맥을 갖고 있어 공보 책임자로 발탁되었다. 1953년 5월에 공보처를 사직한 후 미국으로 건너가 살다가 그 후 파나마로 이주한 것으로 전해진다.

1919년에 태어난 차녀 금생은 충칭에서 한국청년회 부회장을 맡았으며, 광복군의 인면(인도·버마) 전구공작대 대장 한지성과 결혼했다. 한지성은 공산군 치하의 서울에서 서울시인민위원회 부위원장을 지냈다. 막내인 삼남 안지생은 전쟁 때 월북했다.

이승만 대통령, 임병직 외무장관과 함께 한 안진생(뒷줄 오른쪽)과 안연생(앞줄 오른쪽)(위) 안공근의 사위 한지성(아래)　　1943년 8월 29일에 인도 뉴델리에서 영국군과 공동으로 활동한 인면전구 공작대원들이 함께 찍은 사진. 앞줄 왼쪽에서 두 번째가 한지성 전구공작대장

부친 안태훈과 백범 김구

'동학접주' 김구의 청계동 피난시절

한국 독립운동의 양대 산맥이라고 할 수 있는 안중근 가문과 김구 가문은 특별한 인연을 맺고 있다. 그것도 무려 삼대에 걸쳐서다. 처음에는 적으로 만났으나 나중에는 동지가 되었으며 다시 사돈관계로 발전했다.

첫 만남의 계기는 1894년에 발생한 동학농민전쟁이었다. 당시 '아기접주'로 불린 김창수(金昌洙, 김구의 초명)는 황해도 동학군의 우두머리 가운데 하나였다. 1893년에 동학에 입도한 김구는 이듬해 가을 충북 보은으로 가서 교주 최시형(崔時亨)을 만났다. 이후 황해도로 돌아와 팔봉접주가 되어 동학군의 선봉에 서서 해주성 공략에 나섰다. 그러나 일본군의 신식무기 앞에서 패배해 쫓기는 신세가 되었다.

김구가 해주 서쪽 장연군 몽금포에 잠시 피신해 있을 때였다. 안중근의 부친 안태훈이 비밀리에 김구에게 사람을 보내 신사협정을 제안했다. 김구의 동학군 부대가 청계동을 공격하지 않으면 안태훈도 동학군을 공격하지 않겠다는 것이었다. 뜻밖의 제안을 받은 김구는 참모회의를 열어 논의한 결과 이를 수락했다. 김구는 여기서 한 발 더 나아가 "어느 한 쪽이 불행에 빠지면 서로 돕는다"는 밀약도 맺었다.

안태훈이 김구에게 손을 내민 것은 두 가지 이유에서였다. 하나는 청계동을 전쟁으로부터 보호하기 위한 전략적 차원에서였다. 안태훈 휘하에는 산포수로 구성된 '의병'의 숫자가 그리 많지 않았다. 다른 하나는 청년 접주 김구의 재주와 인물됨을 높이 샀기 때문이었다. 안태훈은 그런 김구가 무모하게 청계동을 치려고 나섰다가 실패하면 그의 생명을 보장하기 어렵다고 판단했다. 그리되면 아까운 인재를 잃을 것이 뻔했다.

1895년 2월에 패엽사에 은거 중이던 김구는 청계동으로 향했다. 측근이었던 정덕현(鄭德鉉)은 김구에게 "안 진사(안태훈)는 인재를 아낄 줄 아는 사람이다. 안 진사의 됨됨이가 보통이 아니니 그의 호의를 받아들이는 것이 좋을 것 같다"며 거듭 청계동으로 가서 안태훈을 만나보라고 권했다.《백범일지》에는 그때의 일을 이렇게 기록했다.

… 다음날 정씨는 청계동 안 진사를 찾아가보자고 하셨다. 나는 주저했다. 안 씨가 받아들여준다고 하더라도 패군지장인 나에게 포로와 같은 취급을 한다면 어쩔 것인가? 그러나 정씨는 "안 진사가 그때 밀사를 보냈던 진의는 무슨 책략 같은 그런 것이 아니라 진심으로 형의 연소 담대한 재기를 아껴서 그랬던 것이오. 염려말고 같이 갑시다"라고 자신 있게 말했다. 이토록 힘써 권하는 바람에 나는 정씨와 함께 그날 천봉산을 넘어서 청계동 동구까지 갔다.… 우리의 명함을 본 안 진사는 정당(正堂)에서 우리를 친절히 맞아들였다.

수인사를 나눈 후 안태훈은 김구에게 부모가 무사하시냐고 물었다. 그 무렵 해주 일대의 동학군을 소탕한 일본군은 마을을 수색해 동학군의 가족들을 탄압했다. 김구는 안태훈의 질문에 대해 부모님이 안전하게 거처할 곳이 없다고 했다. 그러자 안태훈은 휘하의 오일선에게 총을 맨 군사 30여 명을 붙여주면서 당장 김구의 고향(해주 텃골)으로 가서 김구의 부모를 모시고 이웃의 우마(牛馬)를 빌려

해방 후 출간된 김구의 자서전 《백범일지》 안중근과 그의 일가에 대한 초기 기록이 담겨 있다.

가산 전부를 옮겨오라고 명했다. 며칠 뒤 김구의 부모는 청계동으로 거처를 옮겼다. 김구의 모친 곽낙원과 안중근의 모친 조마리아는 훗날 상하이에서 다시 만나게 된다.

김구와 그의 부모는 안태훈의 배려로 한동안 청계동에 머물렀다. 이 과정에서 김구는 안태훈 집안의 사람들과 자연스럽게 인연을 맺었다. 당시 김구는 19세, 안태훈의 장남 안중근은 그보다 세 살 적은 16세였다. 정근·공근 두 동생은 아직 소년티를 벗지 못했다. 《백범일지》에 이들 삼형제에 대한 인상기가 실려 있다.

(안) 진사는 아들이 셋 있었는데, 맏아들은 중근(重根)으로, 당년 열여섯에 상투를 틀었고, 자색 명주수건으로 머리를 동이고서 돔방총을 메고 노인당과 신상동으로 날마다 사냥을 다녔다. 중근은

영기(英氣)가 넘치고 여러 군인들 중에도 사격술이 제일로, 나는 새 달리는 짐승을 백발백중으로 맞추는 재주가 있었다. 태건 씨와 숙질이 늘 동행했는데, 어떤 때는 하루에 노루와 고라니 등을 여러 마리 잡아와 그것으로 군사들을 위로하기도 했다... 안 진사는 자기의 아들과 조카들을 위하여 서재를 만들었다. 당시 빨간 두루마기를 입고 머리를 땋아 늘어뜨린 8, 9세의 정근(定根), 공근(恭根)에게는 "글을 읽어라", "써라" 독려하면서도 맏아들 중근에게는 공부 않는다고 질책하는 것을 보지 못했다.

청계동 시절 안중근과 김구의 인연은 그리 오래가지는 못했다. 김구가 의병문제를 놓고 안태훈과 의견차이를 보였기 때문이다. 그해 11월에 '단발령'이 내려진 후 김구는 안태훈에게 의병을 일으킬 것을 제의했다. 그러나 안태훈은 "아무 승산 없이 일어났다가는 실패할 수밖에 없으니 그럴 생각이 없고, 천주교를 믿다가 후일 기회를 보겠다"며 미온적인 태도를 보였다. 이 일로 김구는 청계동을 떠나고 말았다. 비록 몇 개월간의 짧은 시간이었지만 청계동 시절의 인연으로 두 가문은 훗날 특별한 관계를 맺는다.

안태훈으로부터 시작된 인연은 아들, 손자 대에 이르기까지 삼대에 걸쳐 계속되었다. 그로 인해 곤혹스런 일도 없지는 않았다. 1909년 안중근의 하얼빈 의거 직후 김구도 곤욕을 치렀다. 김구는 해서교육총회 학무총감을 맡아 황해도에서 교육운동을 펼치고 있었다. 당시 송화(松禾) 읍내에서 환등회 행사를 열던 김구는 돌연 일경에 붙잡혀 경찰서로 끌려갔다. 영문도 모른 채 끌려온 김구는 이틀이 지나서야 자신이 붙잡혀온 연유를 알게 되었다. 거사 직후 신문

1906년 황해도 장면 광진학교 교사 시절의 김구(맨 뒷줄 오른쪽)

에 이 소식이 실렸는데 이토를 쏜 자가 '은치안'으로 되어 있어 그가 안응칠(안중근)인 줄은 알지 못했다. 이 일로 해주 지방재판소로 압송되었던 김구는 한 달여 만에 무혐의로 풀려났다. 그러나 1910년에 일어난 '안악사건' 때도 안명근과의 친분 때문에 김구는 또 다시 곤욕을 치렀다.

임시정부서 김구 도운 안정근 · 공근 형제

이들의 인연이 다시 시작된 곳은 중국 상하이였다. 1919년 4월에 대한민국 임시정부가 수립된 후 김구와 안중근 가문은 다시 만나게 되었다. 안중근의 두 동생 가운데 안정근은 상하이 임시정부 시절 내무차장, 대한적십자회 부회장, 임시의정원 의원 등을 지냈다. 이 과정에서 김구와 자연스럽게 교분을 맺게 되었다. 특히 안정근은 김구가 낙양군관학교에 한인특별반을 설치해 한인 청년들을 모집할 때 큰 역할을 했다.

둘 가운데 김구와 절친했던 사람은 동생 안공근이었다. 안공근은 한때 '김구의 오른팔'로 불린 최측근이었다. 김구의 사조직처럼 운용된 비밀결사체 한인애국단의 사실상 책임자도 안공근이었다. 그의 집이 한인애국단의 본부였으며, 이곳에서 중요한 결정이 모두 이루어졌다. 당시 안공근은 사실상 김구의 대리인이었다.

나중에는 안공근과 불화했지만 김구는 안공근의 장남 안우생도 곁에 두고 귀하게 썼다. 안우생은 충칭 시절부터 김구의 비서로 활동했으며, 귀국 후에도 경교장에서 김구를 보필했다. 대를 이어 인연을 이어간 셈이다.

김구의 장남과 안정근의 딸이 혼인하다

김구는 딸 셋을 연거푸 잃었다. 셋째 딸 은경이 사망한 그 이듬해인 1918년 11월에 장남 인이 태어났다. 그때 김구의 나이 43세였다. 외아들인 김구가 40살이 넘도록 자식이 없자 주변에서 걱정을 많이 했다. 그러던 차에 아들이 태어났으니 김구로서는 얼마나 반가웠겠는가.

그러나 1919년에 김구가 상하이로 망명하면서 부자는 떨어져 지내야만 했다. 다행히 이듬해 아내 최준례가 상하이로 건너옴에 따라 부자는 다시 만난다. 이 무렵 김구 일가는 모처럼 단란한 시간을 보냈다. 그러나 기쁨도 잠시였다. 김구의 아내가 둘째 신(信)을 낳은 후 1924년 1월 1일에 폐병으로 사망했다. 얼마 뒤 두 아들이 할머니 곽 낙원 여사를 따라 귀국하자 김구는 상하이에 홀로 남게 되었다. 그 때 상황이《백범일지》에 잘 나와 있다.

다른 (국무)위원들은 거의 식구들과 함께 거처했다. 그러나 나는 민국 6년(1924년)에 처를 잃었고, 7년에는 모친께서 신을 데리고 고국으로 돌아가셨다. 그 후 상해에서 나 혼자 인을 데리고 지냈 는데, 모친의 명령에 의하여 인이마저 본국으로 보냈다. 그림자나 짝하며 홀로 외롭게 살면서, 잠은 정청(政廳)에서 자고 밥은 직업 이 있는 동포들 집에서 얻어먹으며 지내니 나는 거지 중의 상거지 였다.

조모를 따라 고향으로 돌아온 인은 숭실중학교에 다녔다. 1934년 에 인은 다시 중국으로 건너가 그해 낙양군관학교에 입교했다. 2년 간의 군사교육을 마친 후 1936년 4월에 엄항섭과 함께 난징 예비훈 련소에 감독관으로 파견되어 한국 청년들의 군사훈련을 독려했다. 이후 인은 부친을 도와 한국독립당 기관지 〈전고(戰鼓)〉 창간과 당 재건에 관여했다. 그 밖에 일제 요인 암살과 첩보활동에도 참여했다.
김자동에 따르면, 안정근의 차녀 안미생은 십대 때부터 상하이와 난징을 오가며 임시정부의 연락원으로 일했다고 한다. 그 무렵 안미 생과 비슷한 일을 하고 있던 김인은 자연스럽게 인연이 시작된 것으 로 보인다. 충칭 시절, 두 사람은 중앙대학에 다녔는데 재학 중에 결 혼했다고 한다. 두 사람의 혼담이 오가자 김구는 "훌륭한 집안의 자

김구와 두 아들　　1939년 4월 충칭 화상산 공동묘지에서 열린 백범 김구의 모친 곽낙원 여사의 장례식에 참석한 차남 김신, 장남 김인, 김구의 모습(왼쪽부터). 김인은 6년 뒤인 1945년 3월 27세의 젊은 나이로 사망했다.

제이니 물어볼 것도 없다"며 흔쾌히 며느리로 맞아들였다고 한다.

　그러나 두 사람의 결혼생활은 그리 오래가지 못했다. 인이 해방을 불과 넉 달 앞둔 1945년 3월 29일에 충칭에서 사망했다. 사인은 모친과 같은 폐병이었다. 다만 모친의 경우 늑막염이 발전해 폐병이 된 것이지만 인의 경우는 환경 탓이었다. 한창 일할 나이인 27세에 인은 아내와 어린 딸을 두고 이국땅에서 생을 마쳤다.

　《백범일지》에 따르면, 당시 임시정부가 있던 충칭의 기후는 최악이었다. 9월 초부터 이듬해 4월까지는 구름과 안개 때문에 햇빛을 보기가 힘들 정도였다. 게다가 분지지대여서 대기 환기가 잘 안 되는 데다 인가와 공장에서 분출되는 석탄 연기로 눈을 뜨기조차 곤란할 정도였다. 당시 충칭에 거주하던 한국인 300~400명 가운데 폐병

1945년 11월 3일 중국 충칭에서의 안미생(동그라미 표시) 한국독립당 요인들과 함께 찍은 환국
기념 사진. 앞줄 오른쪽부터 신익희, 조완구, 황학수, 이시영, 김구, 엄항섭

으로 사망한 사람만 70~80명에 달했다. 김인도 그 폐병을 피해가지 못한 셈이다.

김구는 인의 죽음을 두고 "알고도 불가피하게 당한 일이라 좀처럼 잊기 어렵다"고 했다. 전언에 따르면, 안미생이 시아버지에게 "남편에게 페니실린을 맞을 수 있게 해달라"고 간청했으니 백범은 "나의 노(老) 동지들에게 해 주지 못하는 것을 아들이라고 해서 할 수 없다"며 거절했다고 한다. 백범인들 자식을 살리고 싶은 마음이 왜 없었겠는가. 그러나 백범은 사사로운 정보다는 공(公)을 앞세웠다.

장남 인의 요절을 매우 안타까워하는 사람들이 많다. 단순히 오래 살지 못했다는 이유 때문만은 아니다. 그가 해방 후에 살아서 고국에 돌아왔다면 부친을 도와 큰일을 도모했을 것이라는 얘기다. 그의 유해는 1999년에 고국으로 봉환되어 대전 현충원 애국지사묘역에 안장되었다.

제5장

격랑에 휩싸인 안중근의 후예들

사촌동생 안명근
조선총독 암살시도로
세상을 놀라게 하다

조작사건으로 종신형을 선고받다

안명근(安明根)은 1879년 9월 17일 황해도 해주에서 안태현의 세 아들 가운데 장남으로 태어났다. 안태현은 안중근의 부친 안태훈의 형으로 안중근에게는 중부(仲父)다. 따라서 안명근과 안중근은 사촌 간이다. 안명근은 어려서부터 사촌형 안중근과 친하게 지냈다. 두 사람은 동갑이지만 생일은 안중근이 보름 빨라 형이다. 송상도는 《기려수필(騎驢隨筆)》에서 안명근을 두고 불의를 보면 참지 못하고 강직한 기개와 절조(慷慨有氣節)를 가진 인물이라고 평했다.

안명근은 안중근의 영향을 받아 일찍부터 안악면학회(安岳勉學會), 해서교육총회(海西敎育總會) 등 당시 황해도 지역의 대표적인 애국계몽운동 단체에 가입해 활동했다. 당시 안악지역은 황해도에서 애국계몽운동의 중심지였다.

평안남도 중화(中和) 출신의 최광옥은 1904년에 평양 숭실학당 중학과정을 마친 후 일본으로 건너가 동경고등사범학교와 메이지대학에서 수학했다. 귀국 후 독립협회에 참여해 구국운동에 나선 그는 황성기독교청년회(YMCA) 종교부 간사로 활동했다.

빌렘 신부와 함께한 안중근가 사람들   뒷줄 왼쪽부터 시계방향으로 안공근, 안명근, 빌
렘신부, 안정근

    종래의 학교중심의 교육에서 벗어나 사범강습을 통한 교사 양성
등을 목표로 내건 안악면학회의 활동은 지역사회에서 큰 호응을 얻
었다. 단기간에 회원이 70여 명으로 늘어났는데 면학회에 참여한 지
역유지들이 낸 기금으로 운영되었다.

    1907년에 안악면학회는 양산학교에서 춘계 체육대회를 개최했
다. 이 운동회에는 은율, 장연, 재령, 신천 등 황해도 일대 37개 학교
에서 천여 명의 학생들이 참여해 성황을 이루었다. 당시 통감부는
이 운동회를 주목해 보고서를 작성해 보고하기도 했을 정도였다. 특

히 미국인 선교사 쿤스가 '대한독립'이라는 주제로 연설을 했는데 청중들이 박수를 치며 갈채를 보내기도 했다.

1907부터 시작해 2년에 걸쳐 하기사범강습회를 성공리에 마친 후 안악면학회는 해서교육총회 설립문제를 논의했다. 안악면학회의 활동을 황해도 전역으로 확대, 발전시키기 위해서였다. 그 결과 1908년 11월 마침내 해서교육총회가 출범했다. 도내 '1면(面) 1교(校) 설립'을 최우선 목표로 삼았는데 실무책임은 학무총감을 맡은 김구였다. 김구는 도내 전역을 순회하면서 환등회와 연설회를 개최하였는데 이 일로 김구는 교육운동가로서 널리 알려지기 시작했다.

해서교육총회의 활동은 단순히 교육운동 차원이 아니었다. 교육을 통한 구국운동이 그 바탕에 깔려 있었다. 통감부가 주목한 것도 바로 이때문이었다. 소위 '안명근 사건' 때 해서교육총회 관계자가 대거 연루된 것도 이런 이유에서였다. 김구는 1909년 안중근 의거에 이어 1910년 안명근 사건으로 또다시 곤욕을 치렀다.

소위 '안명근 사건'은 1910년 11월, 안명근을 중심으로 황해도 일대 애국계몽 인사들이 서간도에 무관학교를 설립하기 위해 자금을 모집하던 중 일경에 발각된 사건이다. 이 사건은 뒤이어 발생한 '안악사건', '양기탁 사건'과 함께 일제가 조작한 '데라우치 총독 암살미수사건'으로 비화되었다.

1910년에 한일병탄으로 일제가 한국을 강점하자 독립운동 진영의 의견은 둘로 나뉘었다. 애국계몽운동 계열은 교육운동 등을 통한 실력양성론을 주장했다. 반면 의병 계열은 무장투쟁론을 들고 나왔다. 그러나 둘 다 일제와 맞서기에는 한계를 갖고 있었다.

이 같은 상황에서 새롭게 대두된 것이 독립전쟁론이었다. 해외에 독립운동기지를 건설해 독립군을 양성한 후 적당한 시기에 일제와 독립전쟁을 벌여 국권을 회복한다는 전략이었다. 말하자면 장기 전략이라고 할 수 있는데 이를 위해서는 무엇보다도 막대한 자금이 필요했다. 이 일에 안명근이 총대를 메고 나섰다.

한일병탄 후 안명근은 서간도로 이주했다. 그곳에 무관학교를 세우기 위해 자금마련 차 그해 11월에 입국한 안명근은 황해도 부호들을 상대로 자금 모금에 나섰다. 11월 18일에 안명근은 박만준과 함께 송화군 신석충의 집을 찾아가 2회에 걸쳐 3천 원을 모금했다. 21일에는 신천군 민병찬을 찾아가 그의 조부 민영설에게 2천 원을 요구하였으나 거절당했다. 11월 30일에는 신천군 이원식을 찾아가 1만 원을 요청해 현금 6천 원 등을 받아냈다.

12월 들어 안명근은 안악지역 부자들을 상대로 모금에 나섰다. 12월 19일에 안명근은 원행섭·양성진 등과 함께 안악 읍내 재산가들의 명단과 재산 정도 등을 사전에 파악한 후 그들의 거동을 살폈다. 행동은 그 다음날인 20일에 옮길 계획이었다. 20일 밤 11시경 일행은 안악읍내 남산에 모이기로 했으나 제반 여건이 여의치 않아 이듬해 1월 중순으로 계획을 연기했다.

서간도 이주계획은 신민회 지도부에서 추진한 사업이었다. 그 일환으로 1910년 가을에 이동녕과 이시영이 독립운동 기지 후보지를 답사하기 위해 만주를 다녀왔다. 신민회 지도부는 이들로부터 답사결과를 보고받은 후 집단이주를 위해 구체적인 대책 마련에 들어갔다.

신민회는 1910년 12월에 경성 양기탁의 집에서 비밀회의를 가졌다. 이들은 회의에서 "경성에 비밀리 도독부를 설치하여 전국을 치리(治理)하고 만주에 이민계획을 설치함과 무관학교를 설립하고 장교를 양성하여 광복전쟁을 일으키고 이를 계기할 준비로 이동녕을 선차로 만주에 파송하기"로 결정했다.

이날 회의에서는 참석자들 가운데 각 도별 대표자를 선정하고 도별 모금액도 정했다. 평남 안태국 15만 원, 평북 이승훈 15만 원, 강원 주진수 10만 원, 황해도 김구 15만 원, 그리고 경성의 양기탁이 20만 원을 모금해 이동녕에 이어 후속으로 파송하기로 의결했다.

경성 비밀회의에 참석하고 돌아온 김구는 김홍량과 협의해 토지와 가산을 팔기 시작했다. 또 이웃 군(郡)의 동지들에게도 이 같은 방침을 은밀히 알려 이주계획을 착착 진행했다.

그 무렵 안명근이 안악으로 김구를 찾아왔다. 안명근은 그간의 모금 성과를 설명한 후 김구에게 도움을 요청했다. 김구가 안명근에게 앞으로의 계획을 묻자 안명근이 답했다. 이후 두 사람의 대화내용을 《백범일지》를 통해 살펴보자.

"황해도 일대 부호들에게 금전을 나눠 거두어서 동지들을 모으고 전신, 전화를 단절하고 각 군에 산재한 왜구는 각기 그 군에서 도살하라는 명령을 발포하면 왜병 대대가 도착하기 전 5일간은 자유 천지가 될 터이니 더 나아갈 능력이 없다 하여도 당장의 분을 풀 수 있지 않겠습니까?"

했다. 나는 명근을 붙잡고 만류했다.

"형이 여순사건을 목도한 나머지 더욱이 혈족으로 더욱 피가 끓어 이와 같은 계획을 생각해낸 듯하나 5일간 황해 일대에 자유 천지를 조성하더라도 금전보다 중요한 것이 동지의 결속인데 동지는 몇 사람이나 얻었나요?"

"나의 절실한 동지도 몇 십 명은 되지만 형이 동의하신다면 인물은 쉽게 얻을 줄 압니다."

나는 간곡히 만류했다. 장래 대규모의 전쟁을 하려면 인재양성이 없고는 성공을 기약할 수 없고, 일시적인 격발로는 5일은커녕 3일도 기약하기 어려우니 분기를 참고 다수 청년을 북쪽지대로 데려가 군사교육을 실시하는 것이 당장 급한 일이라고 했다. 매산(안명근의 호) 역시 뜻은 수긍하나 자기가 요량하는 바와 다른 점을 발견하고는 좀 만족하지 못한 의사를 가지고 작별했다.

김구가 안명근의 청을 들어주지 않은 것은 두 가지 이유에서였다. 하나는 신민회 주도로 이미 서간도 이주계획을 세우고 있어 자칫 대사를 그르칠 수 있다고 판단했기 때문이다. 또 하나는 안명근의 주장이 너무 무모하다고 여긴 때문이었다. 안명근으로서는 서운했겠지만 김구로서는 어쩔 수 없는 일이었다.

안명근이 일경에 검거된 것은 그로부터 얼마 지나지 않아서였다. 1911년 1월 10일경 안명근이 모금한 군자금을 보관하고 있던 배경진이 일경에 체포되었다. 보관 중이던 돈 9천 원도 압수당했다. 사태는 거기서 끝나지 않았다. 이 일에 가담했던 안명근을 비롯해 한순직, 원행섭 등이 평양에서 모두 체포되었다. 그 당시 동아일보에는 안명근이 평양역 정거장에 내리자 무장한 헌병과 일경들이 역 부근에서 마치 성을 쌓듯이 기다리고 있다가 그를 체포했다는 기사가 있다. 이 사건이 소위 '안명근 사건'이다.

천주교 신자인 이들 3인이 체포당한 것은 빌렘 신부와 뮈텔 주교의 밀고 때문이었다. 빌렘 신부는 안중근 가문에게 세례를 주었으며 청계동 성당을 이끌고 있었다. 뮈텔 주교는 천주교 한국교구장으로서 당시 한국 내 천주교 최고책임자였다. 이들이 천주교 신자인 안명근 일행을 밀고한 이유는 왜일까?

당시 한국에 와 있던 천주교 지도자들은 정교분리 원칙을 내세우며 한국인들의 독립운동 가담을 반대했다. 이토를 처단한 안중근을 살인자로 규정하는가 하면 안중근이 사형확정 후 성사(聖事)를 요청하자 거절했다. 안명근이 직접 뮈텔 주교를 찾아가 빌렘 신부를 뤼순으로 보내줄 것을 재차 요청하였으나 이 역시 거절했다. 뮈텔 주교의 반대에도 불구하고 빌렘 신부는 안중근과의 그간의 정리를 생각해 1910년 3월 2일에 뤼순으로 향했다.

주교의 반대를 무릅쓰고 뤼순을 다녀온 빌렘 신부는 대가를 치러야만 했다. 뮈텔 주교는 빌렘 신부에게 2개월간 미사 집전을 금지시켰다. 이 일로 뮈텔 주교와 극도로 관계가 악화된 빌렘 신부는 이를 만회하기 위해 고심하던 중 안명근의 '거사'를 뮈텔 주교에게 일러바쳤다. 그리고 뮈텔 주교는 이를 일본 헌병대에 밀고했다.

〈뮈텔 주교 일기〉 1911년 1월 11일자에 따르면, 밀고 다음날 헌병대에서 뮈텔 주교에게 감사인사를 한 것으로 나와 있다. 또 그 다음날에는 조선총독부에서 뮈텔에게 감사표시와 함께 밀고 내용의 사실여부를 빌렘 신부에게 확인할 수 있는지를 물었다. 당시 천주교는 선교만을 중시했을 뿐 한국인들의 독립운동은 안중에도 없었다.

경찰 조사과정에서 안명근은 갖은 고문에도 끝까지 단독범행이라고 주장했다. 그런데 '공범' 한순직이 군수를 시켜준다는 일제의 회유에 넘어가고 말았다. 그는 안명근이 군자금을 모금하기 위해 계획한 일이라고 모두 털어놓았다. 이후 파장은 걷잡을 수 없이 확대되었다.

'안악사건'과 일제의 '105인 사건' 조작

황해도 지역의 불온한 움직임을 눈여겨보고 있던 총독부로서는 울고 싶은데 뺨 때려준 격이 되었다. 총독부는 '안명근 사건'이 신민회 황해도지회의 지시에 따른 것이라고 날조했다. 곧이어 황해도 일대의 지식인과 재산가 등에 대한 대대적인 검거작전이 시작되었다.

안명근을 위시해 신천, 안악, 재령, 장련, 은율, 송화, 봉산, 백천, 연안 등지의 신민회 관계자들이 대거 체포되었다. 그 수가 무려 160여 명에 달했다. 안악의 김구는 양산학교에서 자다가 아침에 일경에 붙잡혀갔다. 이 사건이 소위 '안악사건'이다.

안악사건 연루자들이 경성으로 압송되어 가는 도중에 송화의 신석충(申錫忠)은 열차가 재령강 철교를 건널 무렵 강물에 몸을 던져 자살했다. 그는 해서지방의 저명한 학자요, 자선가로 불린 인물이었다. 그는 안명근과 박만준이 자금 모금 차 찾아갔을 때 두 차례에 걸쳐 3천 원을 내주기도 했다.

김구 일행이 열차로 호송 당하던 중 사리원에서 남강 이승훈을 만났다. 이승훈은 이들이 묶여서 끌려가는 것을 보고 차창 밖으로 머리를 내밀고 남몰래 하염없이 눈물을 흘렸다. 기차가 용산역에 도착할 무렵 형사 한 명이 그에게 인사를 하며 물었다.

"당신이 이승훈 씨 아니오?"

"그렇소."

"경무총감부에서 영감을 부르니 좀 갑시다."

이승훈은 열차에서 내리자마자 김구 일행과 함께 끌려갔다.

일제는 안명근 등 16명에게 강도 및 강도미수죄 등의 혐의를 씌워 재판에 회부했다. 또 양기탁의 집에서 열린 비밀회합 참가자들에게는 보안법 위반혐의를 적용했다. 조사과정에서 일경은 김구에게 안명근과의 관계를 물었다. 김구는 "서로 아는 친구일 뿐 같이 일한 적은 없다"고 진술했다. 사실이 그랬다. 그런 김구에게 돌아온 것은 천정에 매달려 몽둥이질을 당하는 일이었다.

안명근 역시 혹독한 고문을 받았다. 그는 감방에서 더러 큰소리로 일경을 꾸짖고는 수감자들에게는 이렇게 말하곤 했다.

"나는 내 말만 했고, 김구·김홍량 등은 관계없다 하였소."

1911년 8월에 공판에서 검사는 안명근 등이 부호들을 살해하고 우편국을 습격할 음모를 꾸몄다고 허위 공소장을 제출했다. 일제는 또 이들에게 중형을 선고하기 위해 구한국의 〈형법대전〉을 적용시켰다. 〈형법대전〉에는 강도를 '종신징역'에 처하도록 되어 있었다.

결국 재판에서 '주범' 안명근은 종신징역을 선고받았다. 김구·김홍량·배경진·이승길·박만준·원행섭 등은 징역 15년, 도인권 징역 10년, 김용제·최명식·양성진 등은 징역 7년, 최익형 등은 징역 5년을 선고받았다. 예심결과 방면되었던 이동휘 등 40명은 제주도, 울릉도 등 도서지방으로 유배형을 받았다.

두 사건이 채 마무리되기도 전에 일제는 또 하나의 사건을 준비했다. 1911년 7월 일제는 양기탁 등 16명을 보안법 위반 혐의로 구속하여 재판에 회부했다. 일제는 이 사건을 '양기탁 보안법 위반사건'이라고 불렀다. 양기탁 등 애국계몽운동가 16인이 서간도 집단이주 계획을 통해 신한촌을 만들고 무관학교를 세워 독립전쟁을 일으키려 한 것은 보안법 위반이라는 것이었다. 일제는 이 계획을 총괄 지휘한 인물로 양기탁을 지목했다. 1심 판결문의 한 대목을 보자.

청국 영토를 자유의 천지라 믿는 서간도에 단체 이주를 기도하여 조선본토로부터 상당한 자력(資力)이 있는 다수 인민을 이주시켜 토지를 매입하고 촌락을 세워 신영지(新領地)로 삼고 다수의 교육받은 청년을 모집하여 그곳에 보내 민단(民團)을 조직하고 학교 및 교회를 세우고 더 나아가 무관학교를 설립하고 문무쌍전(雙全) 교육을 실시하여 기회를 타서 독립전쟁을 일으키고자 했다.

7월 22일에 경성지방재판소에서 열린 선고공판에서 양기탁, 안태국, 임치정, 주진수, 고정화, 김도희 등에게는 징역 2년, 옥관빈, 김익룡 등에게는 징역 1년 6개월, 나머지 인사들에게는 징역 1년과 징역 6개월을 선고했다.

이 사건의 피의자들은 안명근 사건 피의자들과 뒤섞여 있었다. 엄밀히 말하면 두 사건은 일제가 날조한 사건은 아니다. 안명근 등은 황해도 부호들을 상대로 기금을 모아 서간도에 독립군 기지를 만들려고 했다. 또 양기탁 등도 서간도 이주계획을 세워 그곳에 한인촌 건설과 무관학교 설립을 추진했던 것은 사실이다. 양기탁은 공판과정에서 이 같은 계획을 시인했다.

문제는 일제가 관련자들에게 가혹한 고문을 가해 사건을 확대, 과장, 왜곡시켰다는 점이다. 그래서 나온 것이 바로 '데라우치 총독 암살미수사건'이다. 최종 유죄판결을 받은 사람이 105인이어서 흔히 '105인 사건'이라고도 하는데 일제하 최대 조작사건으로 불린다. 일제는 이미 투옥된 '안명근 사건' 및 '양기탁 등 보안법위반 사건' 연루자들을 재기소하는 등 무리수를 두기까지 했다.

이 사건으로 전국에서 신민회 회원 600여 명이 체포되었다. 일시에 다수의 인사들을 재판하려다 보니 법정이 모자라 재판소를 새로 증축하기도 했다. 법정도 법정이지만 이들을 수감할 감옥도 턱없이 부족했다. 경성감옥, 구치소, 각 경찰서 유치장이 만원이어서 창고와 사무실까지 임시감옥으로 사용할 정도였다. 당시 경성감옥 수감자의 대부분은 의병들이었으며, 소위 잡범은 몇 되지 않았다.

'105인 사건'은 일제의 야심작이었다. 일제는 세 사건을 계기로 애국지사들에 대한 탄압과 체포에 자신감을 갖게 되었다. 일제가 날조한 '105인 사건'의 혐의사실은 대략 이렇다.

1910년 12월, 데라우치 총독이 압록강 철교 준공식 참석 차 서북지방을 방문한다는 소문이 돌자 윤치호, 양기탁, 이승훈, 안태국, 김구, 옥관빈 등은 경성 서대문 밖 임치정의 집에서 총독 암살을 모의하고 그 실행지를 서북지방의 경의선 연변 주요도시(평양, 선천, 정주, 신의주 등)로 정하고 그 지역 동지들과 외국인 선교사들의 지원을 받아 수차례 총독 암살을 시도하려 했으나 삼엄한 경계 등으로 미수에 그쳤다는 것이었다.

일제는 관련자들에게 가혹한 고문을 가하면서 허위자백과 함께 사상전향을 강요하기도 했다. 이 과정에서 김근형, 정희순이 고문으로 순국했고 수많은 사람이 불구자가 되었다. 공판에 회부된 122명은 1912년 6월 8일에 정식기소되어 6월 28일부터 경성지방법원에서 재판을 받았다. 재판과정에서 피고인들은 혐의사실을 전면 부인하면서 공판투쟁에 나섰다.

그러나 움직일 수 없는 증거가 제시되었음에도 재판장은 이를 모두 기각하고 일방적으로 재판을 진행했다. 9월 28일 선고공판에서 기소자 122명 중 양기탁 등 105인이 유죄판결을 받았다. 주모자급인 윤치호, 양기탁, 임치정, 이인환, 안태국, 유동열 등 6명은 징역 10년, 그 외 인사들은 징역 5년에서 7년을 선고받았다.

유죄판결을 받은 105인은 상급법원에 항소했다. 일본과 한국의 인권변호사들은 변호인단을 꾸리고는 경비도 일체 지원했다. 또 미국인 선교사들은 이 사건의 허구성을 세계에 알리는 등 재판에 힘을 보탰다. 그 결과 재판은 대구복심법원으로 환송되어 1913년 3월 20일 재판에서 1심에서 105인에게 선고한 유죄판결이 무효임을 선언했다. 105인 중 99명은 무죄로 석방되었고, 윤치호 등 주모자 6명에게만 징역 5~6년형이 선고되었다. 이들 6명도 1915년 2월 12일에 특별사면 형식으로 풀려나면서 이 사건은 종결되었다. 신민회 탄압을 위해 날조한 이 사건은 사전 예비검속임을 일제 당국 스스로 입증한 셈이다.

안명근은 옥중에서도 조금도 기세가 꺾이지 않고 당당했다. 재판장의 부당한 재판 진행이나 판결에 대해서는 호통을 치곤 했다. 1913년에 메이지 천황이 죽었을 때 남들이 다 하던 요배(遙拜)도 거부했다. 그는 "우리는 일본 천황에게 은택(恩澤)을 입을 일이 없다"며 단호히 거부했다.

안명근은 또 옥중에서 단식투쟁도 마다하지 않았다. 그때 옥중에서 백범과 나눈 얘기가 《백범일지》에 전한다.

마침 안명근 형이 나에 대하여 조용히 이런 말을 한다. 내가 입감(入監) 이후에 아무리 생각하여 보아도 1일을 살면 1일의 욕(辱), 2일을 살면 2일의 욕이니 아사(餓死)하기로 생각한다고 한다. 나는 쾌히 찬성했다. 가능하거든 단행하시오 했다. 그날부터 명근 형은 단식한다. 자기 분(分)의 음식은 다른 수인들에게 주고 자기는 굶

는다. 연 4, 5일을 굶은 즉 기력이 탈진하여 운신을 못하게 되었
다. 간수가 물으면 배가 아파서 밥을 안 먹는다고 하나 눈치 밝은
왜놈들이 병원으로 이감하여 놓고 진찰하여 보아야 아무 병이 없
으므로 명근 형은 뒷짐을 지우고 계란을 풀어서 억지로 관구한다.
이 봉변을 당한 명근 형은 나에게 기별한다. 저는 부득이 금일부
터 음식을 먹습니다 하더라.

석방 후의 근황과 두 아들 의생·양생

종신징역을 선고받은 안명근은 약 15년간 옥살이를 했다. 수감 중
여러 차례 감형이 되어 1925년 5월 16일에 만기출옥이 예정되어 있
었으나나 실지로는 1924년 4월 9일에 경성형무소에서 가출옥했다.
그는 귀향에 앞서 일단 처가가 있는 황해도 신천으로 향했다. 그곳
유지들이 그의 석방을 축하하며 환영회를 개최하려 했으나 일제는
이를 금지시켰다.

가장이 옥살이를 하다 보니 가족들의 고생은 말이 아니었다. 그의
모친은 1912년 아들 면회를 갔다가 기절한 후 병을 얻어 이듬해 7월
에 별세했다. 그의 부인 권수산나는 두 아들 의생(毅生), 양생(陽生)을
데리고 중국 무링현 팔면통, 러시아 하바롭스크 등지에서 농사를 지
으며 방랑생활을 했다.

출감 후 안명근은 어떻게 지냈을까?

〈동아일보〉 1924년 11월 3일자에 그의 근황이 소개되어 있다. 감
옥에서 눈병을 얻어 출옥 당시에는 왼쪽 눈의 시력이 거의 없다시피
했다. 그런데 반년 정도 지나는 동안에 다행히 정상으로 돌아왔다.

가출옥 후 청계동 구택에서 칩거 중인 안명근(《동아일보》 1925년 3월 11일자)

석방된 후 안명근은 고향인 청계동에서 과수재배를 하며 조용히 지냈다. 이듬해 5월이 가출옥 기한이어서 비교적 몸조심을 했던 것 같다. 그는 50이 넘은 부인과 단 둘이서 '속반산채(粟飯山菜)', 즉 조밥에 산나물 반찬으로 은둔생활을 했다.

당시 두 아들 가운데 장남 의생은 중국 하얼빈에서 실업계에 종사했다. 차남 양생은 톈진(天津, 천진) 북양(北洋)대학 2학년에 재학 중이었다. 일제의 동향보고 자료에 따르면, 양생이 광구기사(鑛區技士)로 활동한 기록이 있고 군관학교생도 모집에도 힘을 쏟았다고 한다.

안명근은 이후 만주로 망명해 천주교 전도와 독립운동에 힘쓴 것으로 알려져 있다. 그러나 그의 이주 시점이나 독립운동 활동에 대해 구체적인 내용은 확인되지 않았다. 안명근은 1927년 7월 7일에 지린성(吉林省, 길림성) 이란현(依蘭縣, 의란현) 팔호리에서 48세로 타계했다. 의기남아의 고단한 일생이었다.

김구의 특무활동과 납북협상 보좌

윈난강무학교 나와 황푸군관학교에서 교관으로 활동

1948년 3월, 김구와 김규식은 고민에 빠졌다. 당시 남과 북에서는 각각 분단정부 수립이 착착 진행되고 있었다. 그러자 두 사람은 분단을 막기 위한 마지막 시도로 북한의 김일성과 김두봉에게 한 달 전에 '남북지도자회담'을 제안하는 서신을 보낸 상태였다. 그러자 북한은 한 달도 더 지나 김구, 김규식이 제안한 '남북지도자회담'을 부분적으로 수정해 '남북 조선 소규모 지도자 연석회의'를 4월 초 평양에서 개최하자고 답신을 보내왔다. 더구나 북한은 북조선민주주의민족통일전선 산하 9개 단체의 대표 10명 명의로 남한의 정당 사회단체 대표에게 〈남조선 단독정부를 반대하는 남조선 정당 단체에게 고함〉이라는 편지를 보내, '남북 정당 사회단체 대표자 연석회의'를 4월 14일 평양에서 개최하자고 제안했다.

김구, 김규식이 제안한 남북지도회담은 예비회담으로 하고, 본회담은 남북연석회의로 하자는 것이다.

북한의 서신을 받은 김구, 김규식은 여러 차례 만나 대책을 숙의했다. 북한이 차린 회담에 들러리를 서는 것이 아닌가, 평양에 갈 경우 신변보장은 되는가 등 갑론을박이 이어졌다. 더구나 하지(Hodge, John Rheed) 주한미군 사령관 등 미군정의 고위간부들은 김규식을 찾아가 남북연석회의 참여를 만류했다.

이에 김구는 3월 31일에 공동성명을 발표해 우선 북한의 정확한 의도를 파악하기 위해 연락원을 평양에 파견하기로 했다. 논의과정에서 김일성 북조선인민위원장이 1926년에 잠시 수학한 화성의숙의 숙장을 지낸 임시정부 요인 최동오(崔東旿)가 거론되기도 했지만 4월 5일 밤에 김구는 안경근을, 김규식은 권태양(權泰陽)을 연락원으로 최종 결정했다.

협상이 시작되기 4, 5일 전 연락을 받고 경교장에 들어가니 김구 선생께서 '자네가 평양에 좀 갔다 오게. 저 사람들이 남북협상을 하자고 하지만 믿을 수 없으니 자네가 안면이 있는 김두봉(金枓奉), 최용건(崔庸健)을 만나 언제, 어디서, 어떻게 회담을 할 것인지 타진해 보고 오게'라고 말씀하셨다. 그러나 나는 처음에는 거절했으나 김구 선생이 거듭 지시하는 바람에 나 자신도 우리 스스로 남북통일을 이루어야 된다는 생각에서 승낙했다. — 안경근의 회고, 〈동아일보〉 1971년 11월 2일

정치적 결단을 내려야 하는 결정적 순간, 김구는 사전협상의 중대 임무를 안경근에게 맡겼다. 안경근은 과거 한인애국단 활동 때 김구가 신뢰하는 측근이었고, 이 임무를 원만하게 수행할 수 있는 경력의 소유자였다.

남북협상 전 김구 선생이 나를 평양 연락원으로 보낸 이유는 김두봉, 최용건과 아는 사이기 때문이었던 것 같다. 나는 해방되기 5~6년 전 중국에 있을 때 김두봉과 만주군 게릴러부대 군관생활을 같이 한 적이 있으며, 최용건은 운남성 군관학교 일기 후배였다.

— 안경근의 회고, 〈동아일보〉 1971년 11월 2일

김두봉은 1940년대 초 중국 연안에서 조선독립동맹의 주석으로 활동하다 해방 후 평양으로 들어와 북조선노동당 위원장과 북조선인민위원회 부위원장으로 있었고, 최용건은 북만주에서 동북항일연군의 조선인 최고간부로 활동하다 해방 후 입국해 조선민주당 위원장 겸 북조선인민위원회 보안국장으로 있었다.

안경근은 어떻게 이들과 일찍부터 깊은 인연을 맺게 된 것일까?

안경근은 안중근 의사의 사촌동생이다. 그는 안중근 일가가 함께 살았던 황해도 신천 두라면 청계동에서 1896년에 안태민의 장남으로 태어났다. 안 의사보다는 열일곱 살이 어리다.

1914년, 18살에 김마리아와 결혼했고 이듬해 장남 철생이 태어났다. 이 무렵 그의 가족들은 신의주로 거처를 옮겼다. 1918년경 그는 부인과 아들, 동생 안형근을 신의주에 남겨둔 채 단신으로 러시아 연해주지역으로 망명했다.

1910년 안중근 의사가 순국한 이후 동생인 안정근은 가족을 이끌고 연해주를 거쳐 북만주의 무링에 정착했다가 1년 뒤인 1912년 4월에 니콜리스크로 옮겼고, 1917년에 안 의사의 막내 동생 안공근 가족도 이곳으로 합류했다. 안경근도 이곳에 정착했고, 안정근과 안공근이 상하이로 간 이후에는 안씨 일가의 가장 역할을 담당했다.

1911년에 찍은 안태건, 안태민의 가족사진　뒷줄 오른쪽부터 안태민, 안태건, 안태건의 부인, 안태민의 부인. 앞줄 오른쪽에서 두 번째가 안경근으로 추정된다.

　그는 이곳에서 박은식, 신채호, 이범윤 등과 교류하며 적극적으로 독립운동에 참여하다 상하이로 이주한다. 러시아의 정치적 혼란으로 연해주지역에서 항일운동이 어려워지자 안중근 일가는 일부는 상하이로, 일부는 만주의 무링으로 이주한다. 일제가 남긴 기록에 따르면 안경근은 "안정근의 처자 3인, 고 안중근의 처자 4인" 등과 함께 1921년 봄에 상하이로 갔다.

　상하이로 간 후 임시정부에 가담해 경무국장 김구를 보좌하면서 일제 관헌과 밀정 숙청에 힘을 쏟다가 본격적인 무장항쟁을 준비하기 위해 1922년에 윈난강무학교(雲南講武學校)에 파견되어 교육을 받는다. 1909년에 설립한 윈난강무학교는 북양강무학교, 동북강무학교와 함께 중국의 삼대 군관학교로, 1945년에 폐교될 때까지 9천여 명의 청년들이 졸업했고, 그중 조선인 학생도 50여 명을 배출했다. 조선인 학생들은 윈난(雲南, 운남)까지 길게는 1년 넘게 도보로 걸어와 전부 화교라 칭하고 이름을 중국식으로 바꾸어 입교했다고 한다. 특히 이 학교는 네 나라의 초대 국방책임자를 배출한 것으로 유명하다. 중국의 예젠잉(葉劍英, 엽검영), 베트남의 무원갑, 남한의 이범석, 북한의 최용건 등이다. 최용건과 함께 북만주에서 활동했고, 1940년대 초 러시아 하바롭스크에서 결성된 동북항일연군 교도려(소련군 제88여단)의 영장이 된 주바오중(周保中, 주보중)도 이 학교 출신이다.

최용건은 1922년 겨울, '복건성 출신 최수길'이라는 가명으로 이 학교 17기 보병과에 입교해 1924년 9월에 졸업했다. 그후 중국공산당에 입당한 최용건은 1926년 11월부터 10개월 정도 황푸군관학교(黃埔軍官學校, 황포군관학교) 학생대 구대장으로 근무했다.

안경근은 1년 늦게 윈난강무학교에 들어온 최용건과 함께 생활했고, 졸업 후에는 만주로 건너가 정의부(正義府) 군사부의 위원이 되어 사령장 김창환(金昌煥)의 참모로 활약하다 다시 광저우(廣州, 광주)로 가서 황푸군관학교 교관으로 근무했다.

김구의 비서를 지낸 선우진은 "최용건은 안경근의 운남군관학교 1년 후배로, 2년을 같은 기숙사에서 생활했으며, 1920년대 중반 광광저우의 황푸군관학교에서 함께 교관으로 활동했다"라고 회고했다.

안경근은 다시 만주로 가 1929년에 정의부, 참의부, 신민부 등 3부 통합운동에 힘을 쏟았다. 그러나 민족통합적 차원의 합작운동으

최용건(당시 조선민주당 위원장) 안경근의 윈난강무
학교 1년 후배인 최용건. 최용건은 동북항일연군에서 활
동하다 해방 후 북한에서 소선민주당 위원장, 초대 인민
무력상, 국가부주석 등을 역임했다.

로 추진된 3부통합운동이 실패하자 다시 난징으로 돌아갔다.

당시 그를 '아저씨'라고 불렀던 김자동 대한민국임시정부기념사
업회장은 다음과 같이 회고했다.

경근 선생은 일본이 만주를 강점하자 난징으로 다시 왔다. 우리가
35년 난징에서 백범의 모친과 함께 지낼 때 안 선생이 자주 들러
내 부모하고도 그때부터 가까운 사이가 되었으며, 나도 어려서부
터 그분을 아저씨라고 부르며 귀여움을 받고 지냈다. 경근 선생은
충칭에 있을 때에도 우리 가족과 자주 내왕했다.

1932년 4월 29일 윤봉길의 투탄 의거 이후 안경근은 "백범 김구
와 시종 함께 다니면서 그를 돕는 일"에 매진했다. 특히 윤봉길 의거
이후 중국 국민당정부가 한국독립군을 적극적으로 협조한 결과 중
국중앙육군군관학교 낙양분교가 개교하자 김구를 보좌해 이 학교
내에 설치된 한인특별반과 한국특무대독립군이라는 항일특무조직
운영에서 핵심적인 역할을 맡았다. 낙양분교 한인특별반 운영은 김

구가 고문 자격으로 총괄했고 사촌형인 안공근이 학생보호계를, 안경근은 생도계를 담당했다. 입교생 훈련은 총교도관 이청천과 교관 오광선, 이범석 등 한국독립군 간부들이 담당했다.

한국특무대독립군은 이 시기 김구 계열 핵심조직원들이 집결한 실질적인 중심기구였고, 군사적 문장과 수양을 목적으로 표방했다. 이 조직은 엄격한 규율을 강조했다.

조직 목적 또는 수령의 명령을 배반하고 타당파와 통교하거나, 동지를 적에게 파는 경우에는 혁명반역자로서 처단한다. 한국혁명을 위해 전원 무장하고 일본제국주의와 그 정책을 파괴하는 것을 목적으로 하고, 군사적 조직을 완성한다.

난징에 본부를 둔 이 조직은 한인특별반 입교생 모집 및 수용생활 등 총괄, 졸업생 수용, 관리와 항일특무활동 파견 등 관장을 했다. 지도부는 김구(대장), 안공근(참모), 오면직(비서), 노종균(조사부장) 등으로 구성되었고 안경근은 조사부원으로 선출되었다. 일제의 한 보고문건에는 안경근이 '외교'와 '제7대장'을 겸직했다고 기록했다.

한상도 건국대 사학과 교수는 《안경근이 걸어 간 한국현대사-독립운동에서 통일운동으로》란 논문에서 당시 이 조직에서 차지한 안경근의 위상과 역할을 보여주는 몇 가지 사례를 상세하게 밝혔다.

먼저 1934년 12월 중순 난징성 내 한국특무대독립군 본부에서 김원봉 의열단장 등 외빈과 안공근 이하 김구 계열 인물들, 군관학교 재학 중인 한인 입교생 등 30여 명이 참석한 가운데 '김구 혁명 40주년 기념축하회' 모임이 열렸는데, 이 모임의 개회인사를 안경근이 했다. 그는 "오늘은 김구 선생이 혁명전선에 나서신 이후 만 40주년에 해당되는 날이다. 본래라면, 아주 성대하게 이 기념식을 거행해야 하지만, 주변 정세가 허락지 않아 여기에 형식적으로나마 기념축하회를 거행한다"고 인사를 했다. 다음 해 열린 한국특무대독립군 대원들의 3·1운동 기념식에서도 그는 폐회사를 했다. 또한 대원들의 불평과 요구사항을 청취하고, 이들을 격려하고 지도하는 역할도 했다.

당시 김구, 김원봉 등이 중국의 군관학교에 청년들을 입교시켜 군사간부 양성에 힘을 쏟은 목적은 입교생을 대상으로 한 안경근의 말속에 잘 나타난다.

조선의 대중이 일본제국주의 밑에 병탄되고, 자본가들의 착취에 고생하고 있는 현상을 생각할 때, 대학에 들어가는 것만 생각하는 그 자체가 시대에 뒤떨어진 것이라고 할 것이다. 그러므로 우리들은 제국주의 일본의 자본가들의 착취에 신음하고 있는 조선 대중을 구출하기 위하여 여러분은 먼저 그 투사로서 수련을 쌓기 위하여 지금부터 중국중앙육군군관학교에 입학하지 않으면 알 될 것
―〈백찬기신문조서〉 제2회(1935년 10월 27일)

2차 세계대전에서 일제가 패전하는 것은 필연이고, 이때 허를 찔러 조선의 독립을 감행하지 않으면 안 되니 그 기회에 대비하는 군인을 양성하자는 인식이다. 구체적인 방략으로는 중국 또는 소련과 제휴해 그 양해와 원조 아래 일본과 중국 대륙 중간에 있는 조선에서 일을 벌이고 전선과 일본 본토와의 중간을 차단함으로써 전쟁을 일본에게 불리하도록 유도해 조선의 혁명 달성을 도모해야 한다고 계획했다.

1930년대에 특무대독립군에서 활동하면서 안경근이 가장 주력한 것은 특무활동이다. 이 시기 특무활동의 핵심은 김구 신변 경호활동과 첩보·정보수집 활동이었다. 특히 1930년대 후반 안공근이 홍콩으로 간 후에는 '김구의 그림자'로서 안경근의 역할이 더욱 커졌다. 그는 60만 원의 거액의 현상금이 걸린 김구의 신변안전을 위해 대외 접촉과 연락업무를 맡았다.

남경에 살 때 할머니(곽낙원)가 아버지(김구)를 만나려면 나를 시켜서 안중근 의사의 사촌인 안경근에게 연락했어요. 몇 단계 경로를 거쳐서야 비로소 아버지를 뵐 수 있었지요. ─ 김구의 둘째 아들 김신의 회고, 〈조선일보〉 2009년 6월 26일

한상도 교수는 "김구의 모친과 아들이 김구를 만날 때, 이 정도의 보안이 이루어졌음은 항일특무활동의 보안체계와 안정성의 정도를 보여준다"며 "동시에 안경근이 김구 직계가족의 연락과 소통의 메신저 역할을 담당하였음은 김구의 신임을 반증하는 사실"이라고 평가했다.

안경근은 이외에도 김구가 대외활동을 할 때 '신변 경비' 자격으로 동행했다. 또한 안경근은 첩보활동과 정부수립을 위해 톈진 등 여러 지역에 파견을 갔던 것으로 확인된다. 1937년경 톈진에 파견된 안경근은 일본군 작전지대에 잠입해 일본군 및 일본경찰의 동향, 톈진 거주 일본인의 상황 등을 조사하고 정보를 수집하는 임무를 수행했다.

1930년대 중반 김구는 활동 중심지인 난징을 비롯해 상하이, 항저우(杭州, 항주), 톈진, 뤄양, 광저우, 베이징, 안둥(安東) 등지에 지

방조직망을 개설했고, 군관학교 입교생 모집원을 별도로 파견했다. 1935년 김구 주도로 창당된 한국국민당의 이사이기도 했던 안경근이 이들 조직망을 관리하고, 직접 정보수집을 위해 지방에 나가기도 한 것이다. 그는 일제의 추적을 피하기 위해 "하루에도 옷을 몇 번씩 갈아입곤 했다"고 한다. 1938년에 작성된 일제 기록에 따르면 안경근은 안공근과 함께 수 차례 홍콩에 파견되어 이곳에서 활동 중인 안정근, 김인, 안우생 등이 동지를 규합도록 하는 한편, 항일선전자료 및 정보수집에 노력했다.

한편 안경근은 대한민국 임시정부에서도 활동해 1936년에 임시의정원에서 황해도 의원에 선임되었고, 1937년에 설치된 군사위원회에 유동열, 이청천, 김학규 등과 함께 상무위원에 선임되었다. 그는 군사활동이나 특무활동에 종사해 왔기 때문에 거의 글을 남기지 않았다.

다만 1943년에 충칭에서 발간된 《신한평론(新韓評論)》 12호에 〈몇 가지 긴급히 할 일〉이라는 글이 남아 있다. 그는 이 글에서 "민주국가의 최후승리가 점점 접근해온다"고 강조했다. 그러면서 시급히 추진해야 할 당면과제로 독립운동 역량의 극대화, 거대한 규모의 운동자금의 신속한 확보, 조속한 임시정부 승인 획득, 임시정부의 권위 아래 전 민족 집결을 제시했다.

그의 예상대로 2년 뒤 일제는 패망했다. 그러나 임시정부는 '망명정부'로서 국제적 승인을 얻지 못했고, 임시정부을 중심으로 국내외 독립운동세력의 통합도 이루어지지 않았다. 더구나 해방된 조국은 미국과 소련에 의해 분할되어 점령당했다. 미국과 소련은 한반도 진주 초기 독자적인 '정부'를 인정하지 않았다. 그 결과 임시정부는 '공식 정부'가 아니라 '개인 자격'으로 입국할 수밖에 없었다.

세 살 때 두고 간 아들 얼굴도 몰라보다

1945년 8월 16일에 충칭에서 해방 소식을 전해 들은 임시정부의 요인들은 환국을 서두르기 시작했다. 1945년 9월 3일에 김구는 임시정부 국무회의 명의로 '당면정책 14개조'를 발표한다. 여기서 '임정 환국→각계각층 대표자회의 소집→과도정부 수립→전국적 보통선거 실시→정식정부 수립'이라는 공식 정부수립 방안을 제시한다. 임시정부가 새로운 국가건설의 중심이 되어야 한다는 구상이었다. 또한 김구는 '정부 자격'으로 귀국을 원했으나 미 군정의 하지 사령관은 이를 거부하고 개인 자격으로 귀국하기를 요구했다. 1945년 11월에 김구 주석을 중심으로 15명의 임시정부 요인 1진은 '개인 자격'으로 서울에 입국할 수밖에 없었다.

김포공항에는 환영인파도 전혀 없었다. 김구 주석이 경교장에 도착한 지 한 시간 뒤 미 군정은 "오늘 오후 4시 백범 선생 일행 15명이 서울에 도착했다"는 짤막한 성명서를 발표했다. 임시정부 요인들의 귀국은 이렇게 '비밀 군사작전'처럼 이루어졌다. 다음 달 3일 임시정부 요인 19명이 제2진으로 군산을 거쳐 서울에 도착했다.

안중근 일가 중에서는 조카인 안우생(안공근의 장남)과 안미생(안정근의 차녀), 5촌 조카 안무생(안홍근의 3남)이 1~2진 귀국요인 중에 동행해 입국했다. 중국에는 여전히 돌아오지 못한 안중근 일가가 많았다.

안경근은 사촌형인 안정근을 도와 일가들을 찾는 한편, 넘쳐나는 귀국 동포들을 돕는 일에 나섰다. 안경근은 1946년 5월경 5촌조카인 안민생 등과 함께 귀국길에 올랐다. 안중근 일가는 연고가 있는 황해도 고향으로 돌아가길 원했지만 38선이 가로막혀 있었다. 서울에 정착해 서로 다른 길을 걸을 수밖에 없는 상황이었다.

그는 귀국 후 초기에는 김구 주석이 거주한 경교장에 기거하다시피 했다고 한다. 하루는 신문지상에서 안경근의 소식을 알게 된 아들 안철생 내외가 경교장으로 찾아왔다. 며느리 김준식의 회고에 따르면 처음에는 "네가 누구냐"라고 할 정도로 아들임을 알아보지 못했지만 그는 곧 아들을 확인한 후 눈물을 펑펑 흘리면서 "네가 세 살 때 놓고 갔는데, 이렇게 컸구나"라고 탄식했다고 한다. 1918년에 신의주에 부인과 세 살배기 아들을 남겨 두고 떠난 지 28년만이었다. 그렇게 가족도 챙기지 못하고 조국의 해방을 위해 살아온 세월이었다.

그의 손녀 안미자의 증언에 따르면 안철생은 부인이 개가한 후 할머니 유로사가 거두어 키웠다고 한다. 서울의 동성고등보통학교를 졸업하고 원산근교의 덕원신학교에 진학해 신부가 되고자 했으나 일제의 압박에 직면한 학교 측의 제지로 신부의 길을 포기할 수밖에 없었다고 회고했다.

안철생, 김준식 부부는 이후 아버지 안경근을 모시고 서울, 안양, 인천, 대구, 서울을 거쳐 경기도 양주군 장흥면 일영리 구만동에 정착할 때까지 고단한 세월을 보냈다.

귀국 후 안경근의 활동사실을 보여주는 기록은 거의 없다. 일제강점기 때처럼 비밀리에 '김구의 그림자' 역할을 해서 공식석상에 모습을 드러내지 않았기 때문일 수도 있고, 귀국한 임시정부 요인들이 좌우로 분열되어 정치와 일정한 거리를 두었기 때문일 수도 있다.

정황상 후자일 가능성이 크다. 그는 좌우합작에 소극적이던 김구 노선에 거리를 두며 '제3세력(중간파)'의 길에 들어섰던 것으로 보인

다. 실제로 그는 1946년 11월 말에 중간노선을 표방한 민중동맹 결성
준비회 조직부 준비위원으로 이름을 올렸다. 그가 엄격한 반탁노선
을 걸었던 김구와 달리 좌우합작운동에 공감했을 가능성이 크다. 함
께 귀국 후 항상 같은 길을 걸은 조카 안민생이 당시 좌우합작를 지
지하는 입장이었다는 점도 이를 뒷받침한다. 1948년 4월에는 안경근
과 함께 평양에 파견된 권태양도 민중동맹의 조직부에서 활동했다.

김구의 대북연락원으로 평양 방문

1948년 4월, 김구가 남북협상을 추진하면서 대북 연락원으로 안
경근을 지명하자 "정치를 모른다"는 말로 짐을 벗으려 했던 것도 안
경근이 좌우대립이 극심했던 당시 정치와 일정한 거리를 두고 살았
다는 점을 시사한다.

그러나 안경근은 김구의 "엄한 말씀"으로 북행(北行)을 수락하고,
김구의 특사 자격으로 권태양과 함께 평양으로 간다. 김구 비서였던
선우진은 "(김구의) 느닷없는 북행 지시에 크게 놀라, (안경근은) 정
치를 모른다는 말로 짐을 벗으려 했지만, 말씀이 엄해 사양을 못하
고 사명을 받았다"라고 회고했다. 선우진은 안경근과 당시 북조선노
동당 위원장 겸 북조선인민위원회 부위원장 김두봉과의 인연에 대
해 다음과 같이 회고했다.

김두봉씨는 안경근씨보다 여섯 살 손위였으나, 상해 프랑스조계
하비로에서 함께 빙수장사를 했다고 한다. … 안공근 선생이 운영
하다가 그만 둔 사진관 자리를 빌렸는데, … 김두봉씨가 기술자가

김규식의 특사로 안경근과 함께 특사로 평양에 간 권태양(뒷줄 왼쪽)　　1948년 4월 남북연석회의 때 김구, 김규식 선생을 수행했던 측근들이 평양 상수리 특별호텔 정원에서 찍은 사진. 앞줄 왼쪽부터 송남헌 민족자주연맹 비서처장, 엄항섭 한국독립당 선전부장, 선우진 김구 선생 수행비서. 뒷줄 오른쪽은 여운형의 동생 여운홍이다.

되고, 안경근씨는 회계를 맡고, 뒤에 열사로 이름난 백정기씨가 얼음을 돌리고, 손님을 맞는 형태의 동업이었다고 한다. 김두봉씨는 달걀 노른자위를 빼내고 흰자 위에 향료를 친 프랑스식 아이스크림을 만드는 솜씨가 뛰어나 손님들의 인기를 끌었다고 한다. 몇 달 못하고 걷어치우긴 했지만, 안경근씨와 김두봉씨는 이 장사를 하면서 한집에서 동고동락한 사이였다.

4월 7일 10시 30분에 김구가 내준 승용차로 안경근과 권태양이 출발했다. 두 사람은 저녁 7시가 넘어서야 38선을 넘을 수 있었다. 다음 날 오후 평양에 도착한 안경근은 저녁 7시 30분 북조선인민위원회 별관에서 김일성 위원장, 김두봉 부위원장과 1시간여 동안 남북협상 절차에 대해 회담했다.

두 사람은 김구, 김규식의 안부를 전하고 남북연석회의에 참가할 인원을 확대했다. 그리고 의제는 남북통일 문제에 국한하자는 제안을 전달했다. 이에 김일성은 "우리가 통일을 위해 만나 이야기하는데 아무런 조건이 있을 수 없습니다"라며 "두 분 선생께서 무조건 이곳으로 오셔서 우리와 상의하시면 모든 문제는 해결됩니다"라고 회답했다. 안경근은 김두봉과 별도로 회동을 가졌다. 그는 구체적으로 북측의 본심을 타진하고 평양에 온 김에 억류되어 있는 조만식 선생의 석방문제를 논의하려 했다. 그러나 북측에서 주영하 남북연석회의 준비위원장이 배석하는 바람에 깊은 이야기를 나누지는 못했다.

4월 10일 오후 9시경에 서울로 돌아온 안경근은 회담 결과를 김구에게 보고했고, 김구는 남북연석회의 참가를 결심했다. 4월 19일 회의 개막일 아침에 김구는 자신의 북행을 만류하는 우익 청년들에

남북협상을 위해 38선을 넘기 직전 기념 촬영하는 김구 일행 　　　왼쪽부터 선우진 비서, 김
구, 김구의 차남 김신, 유중렬 기자

게 "나에게 마지막 독립운동을 허락해달라"며 "이대로 가면 한국은
분단될 것이고, 서로 피를 흘리게 될 것"이라고 호소했다. 그후 그는
아들 김신과 비서 선우진을 대동하고 북행길에 올랐다.

정작 특사로 북에 다녀온 안경근은 동행하지 않았다. 안경근은 그
후에는 정치 일선에 나서지 않은 듯하며 잠시 안원생, 안민생 등 조
카들이 사는 인천에 거주했던 것으로 보인다.

전쟁이 터지자 안경근은 낯선 대구로 피난을 가서 23년간 대봉동
에서 살았다. 아들 철생 가족과 함께 조그마한 구멍가게를 차리고
손자인 기종, 기준 등을 가르치며 넉넉하지는 못하나마 조용한 나날
을 보냈다고 한다. 또한 그는 이승만정권이 장기 독재화하고 친일파
가 득세하자 과거 독립운동에 참가했던 사람들, 대구의 지식계 인사
들과 교류했다. 또한 친목모임을 만들어 시국을 논의하며 소일했다.

〈대구매일신문〉 1960년 3월 26일자 인터뷰에서 그는 "내가 현재와 같은 생활에서 만족을 느끼지 않을 수 없다는 데 대해 조상과 국민 앞에 면목이 없으며 매일 아들이 사다주는 술을 마시면서 무위도식한다는 것은 무위하기 짝이 없고 땀 흘려 지은 쌀밥을 먹기에도 농민들에 미안하다"라며 친일파가 득세하는 상황에 참담한 심정을 드러내기도 했다.

그는 자신이 사귄 우리나라의 애국자로서는 아무래도 김구 선생과 김창숙 옹을 으뜸으로 여긴다고 말하고 지금 애국자라고 떠드는 사람 가운데는 절반 이상이 매국노에 더 가깝거나 외국에 있으면서도 사리(私利)를 위하여 애국자를 이용하려고 했다는 것이다.
— 〈대구매일신문〉 1960년 3월 26일

1960년에 4·19혁명이 일어나자 그는 다시 정치활동에 나섰다. 4월 말 대구시청 회의실에서 결성된 민주구국동지회에 참가한 후 이 단체가 확대된 경북시국대책위원회에도 위원장으로 선임되었다. 혁신정당, 청년 학생들을 중심으로 통일논의가 활성화되자 경북시국대책위원회는 다시 경북민족통일연맹으로 개편하고 서울에서 진행되고 있던 민족자주통일중앙협의회(이하 민자통) 결성을 촉진하는 역할을 담당한다.

안경근은 경북민족통일연맹의 위원장직을 수행하면서 1961년 2월 25일 서울 천도교 대강당에서 민자통이 결성되자 중앙위원회 대표부의장으로 선출되었다. 민자통의 공동의장단에는 안경근 외에 함께 임시정부에서 활동했던 김성숙(金星淑), 장건상(張建相) 등의 원

1961년 2월 민족자주통일중앙협의회 결성대회에서 연설하는 장건상 안경근은 이 단체의 공동 의장으로 선출되었다.

로도 포함되었다.

민자통 결성대회에서 채택된 결의문의 주요 내용은 다음과 같다.

1. 외세의존을 배격한다.

2. 선건설 후통일론은 통일방해로 보고 이를 분쇄한다.

3. 유엔과 미소에 통일에의 협조를 요구한다.

4. 통일후는 망각법을 제정하여 일체의 범죄자를 사면한다.

5. 한 사람의 희생도 없는 통일에 노력한다.

6. 통일에 앞서 정부·국회에 다음을 건의한다.

　　㉠ 완충지대에 남북서신 왕래를 위한 우편국 설치

　　㉡ 남북경제교류

　　㉢ 완충지대에 민족친화의 기구를 설치하여 남북동포를

　　　만나게 한다.

　　㉣ 기자 및 민간 사절단을 이북에 파견한다.

　　㉤ 모든 국제경기에 남북혼성팀을 파견한다.

당시로서는 파격적인 제안이었다. 그러나 5·16군사쿠데타가 발생하면서 하루아침에 다른 세상으로 변했다.

통일운동한 죄로 7년형 선고

통일운동은 '반국가행위'로 매도되었다. 안경근은 경북민족통일연맹의 다른 간부들과 함께 체포되어 대구시 삼덕동 대구형무소에 수감되었다. 당시 동생과 함께 체포되어 같은 감방에 수감된 안재구(당시 경북대 수학 강사)의 회고에 그에 관한 내용이 나온다.

거기에는 대부분이 아는 사람들이 잡혀와 계셨습니다. 이일재 선생이 한쪽 벽을 등지고 앉아계시고 그 안쪽에 자그마한 체구로 앉아계신 노인이 인자하신 눈매로 나를 올려다보셨습니다. 방 중에서 가장 연세가 많으신 분으로 나는 그 앞에 꿇어 앉아 고개를 숙여 인사를 드리고 이름을 아뢰었습니다. 노인은 가늘게 하신 눈으로 나를 보고 귀한 종씨를 만나서 반갑다는 말씀을 하셨습니다. … 이 날부터 나는 잠자리를 안경근 선생 옆에 정하고, 누어서 다른 사람들의 잠자리에 방해가 안 되는 시간에 소곤소곤 이야기를 주고받고 하면서 꼭 61일간의 날짜를 함께 보냈습니다.

이렇게 시작된 인연으로 안재구는 안경근의 과거이력에 대해 많은 이야기를 듣게 된다. 그중의 일부를 소개한다.

안경근 선생은 1918년에 중국으로 망명하셔서 저 멀리 운남으로 가셔 조국광복의 꿈을 안고 무인으로 운남의 육군사관학교를 졸업하셨고, 중국군의 장교로 군 대열을 따라 티베트, 동북 등으로 다니셨다고 합니다. 그때 중국의 여러 민족과 지리에 따라 견문하셨던 일을 잠자리에 들기 전 누우셔서 제 귀에 소곤소곤 말씀해주신 일이 아직도 생생합니다. 그러면서 독립운동으로 동북의 정의부에도 참가하셨고, 임시정부 의정원 의원도 하셨으며, 군무로 황푸군관학교 구대장으로, 광복군에도 참여하셨습니다. 그러면서도 항상 자기를 들어내지 않으시고 일의 본질에서는 중심에 계셨습니다.

"항상 자기를 들어내지 않으시고 일의 본질에서는 중심에 계셨습니다"라는 평가는 안경근이 걸어온 일생을 잘 표현한 대목이다.

이후 안경근은 이른바 '혁명검찰부'로부터 조사를 받고 징역 10년을 구형받았다. 그리고 1962년 1월에 열린 재판에서 '반국가단체인 북한집단의 활동을 고무, 동조하는 행위'를 했다는 이유로 징역 7년을 선고받았다. 1962년 4월에 형이 확정된 그는 일제강점기 때 사촌형 안명근이 옥고를 치른 서대문형무소 특감 8사에서 감옥살이를 했다. 그러다 1963년 12월에 발표된 일반사면령에 따라 석방되었다.

그와 함께 수감된 조카 안민생은 10년형을 선고받고 7년이나 감옥살이를 해야 했다. 이들에게 씌워졌던 '반국가행위'란 굴레는 2011년 10월 27일에 대구지법에서 재심청구가 받아들여져 무죄가 선고됨으로써 벗겨졌다. 50년의 세월이 흐른 뒤였다. 그동안 가족들은 '반국가행위자'의 가족이란 굴레를 쓰고 변변하게 취직도 하지 못하고 고통을 받아야 했다.

출감한 후 안경근은 정치와 선을 긋고 여생을 보냈다. 1971년 4월

경기도 양주시 장흥면 일영리에 있는 안경근의 묘와 묘비

천관우, 이병린, 김재준 등 재야인사들이 민주수호국민협의회를 결성하면서 발표한 '민주수호 선언'에 '재(在) 대구유지' 4인 가운데 안경근의 이름이 올랐지만 그는 선언식 현장에 참석하지 않았다. 일체의 대외활동을 중단하고 집에서만 생활하며 간혹 찾아오는 사람이 있어도 다 돌려보냈다고 한다.

그는 1970년대 중반 대구에서의 생활을 청산했다. 그리고 아들 내외와 서울로 올라와 서대문에서 큰 손녀 안미자 집에서 살다가 병환이 깊어지자 아들 내외가 장흥으로 이사가 그를 모셨다고 한다.

그는 "내가 무엇을 했다고 보상을 받느냐. 만약 통일이 된다면 받겠다"며 독립유공자 포상 신청도 한사코 거절하다 주위의 간곡한 권유로 1977년 건국훈장 독립장을 수여받았다. 자식들의 미래를 생각한 고육지책이었다.

며느리 김준식은 말년에 안경근은 "언제 한번 우리가 살던 청계동에 가 보았으면 좋겠다", "통일되기 전에는 아무 것도 안 한다"라는 말을 자주 했다고 한다고 회고했다.

"소주 한 잔과 땅콩 몇 알에 하루하루를 지냈다"는 안경근은 장흥으로 이사한 지 6개월 정도 지난 1978년 12월 9일에 눈을 감았다. 평생을 사촌형 안중근과 김구의 유지를 따라 조국 독립과 통일운동에 몸을 바쳤지만 친일파가 득세하는 조국 하늘 아래에서 그는 제대로 평가받지 못하고 고단한 삶을 마쳤다.

사촌동생 안봉근
독일에서 '손기정 우승 축하연' 열어주다

20대에 독일 유학 가 베를린 정착

안중근 가문의 후손들 가운데는 해외 거주자가 적지 않다. 우선 미국에 거주하고 있는 사람들로는 심장병 전문의 출신의 손자 안웅호(세크라멘토, 2013년 작고), 손녀 안선호(LA)와 안연호(시애틀), 백범의 맏며느리 안미생과 손녀 안효자(뉴욕), 조카 옥생과 은생(정근의 3·4녀) 등이다. 조카 안우생 가족은 북한에 살고 있으며, 조카 안연생 가족은 파나마, 사촌 안봉근 가족은 독일에 살았다.

그중 안봉근(安奉根)은 안태건의 장남으로 1888년 5월 1일 황해도 해주에서 태어났다. 안중근에게는 사촌동생이 된다. 〈매일신보〉 1916년 8월 3일자 기사에 따르면, 청년시절 안봉근은 용감하고 활발한 성격의 소유자로 남자다운 기개가 있었다고 한다. 안봉근은 영어, 일어, 독어 등 3개 국어에 능통했다.

이 집안은 일찍이 천주교를 수용하여 일족이 세례를 받았다. 안봉근은 신천 청계동 성당의 빌렘 신부와 함께 선교활동 등 10여 년간 그를 보좌했다. 산간벽지의 성당이다 보니 재정사정이 좋지 않았다. 빌렘 신부는 프랑스·독일 등에서 성금 모금을 할 작정으로 1914년 4

월 유럽으로 출국했다. 그때 안봉근은 공부를 하기 위해 빌렘 신부를 따라나섰다. 그러나 공부는 명분이었고, 사촌 형들의 유지를 잇기 위한 목적이 숨어 있었다.

북만주 할빈역에서 한번 울리는 피스톨의 음향과 함께 교수대 위에서 원한의 눈물을 뿌리고 한 방울의 이슬이 된 안중근은 사형제로 셋째 동생 되는 봉근씨는 큰 형님의 원한 깊은 죽음, 둘째 형님 명근 씨의 십 오년간에 철창생활, 모든 것이 가슴에 뜨거운 불을 붓지 않는 것이 없습니다. 씨는 모든 불합리한 비분 원한을 가슴에 품고 부자유로운 땅을 벗어나 유지대로 '민족을 위하야'라는 굳은 결심으로 사랑하는 아내 최씨 부인(30)과 당시 다섯 살을 만이로 한 살된 아들까지 삼형제를 쪽박에 밤 쏟듯이 뒤에 두고 정처 없는 발길을 내여 디디게 되었습니다. — 〈동아일보〉 1925년 4월 10일

이후 안봉근은 2년간 독일에서 머물렀는데 체류기간 중에 8개월간 전기기계학을 공부했다.

1916년 2월 22일 밤, 일본 고베항(神戸港)에 여객선 한 척이 도착했다. 이튿날 아침부터 승객들이 배에서 내리기 시작했는데 미리부터 기다리고 있던 일본 특무형사(고등경찰)가 배에서 내린 한 청년을 경찰서로 연행해 갔다. 안봉근이었다. 안봉근은 영국 런던 주재 일본대사관으로부터 호송되어 오는 길이었다. 안봉근은 고베 수상경찰서에서 엄중한 신문을 받은 후 이튿날 풀려나 고국으로 향했다.

독일 체류 중 천주교 성당에서 빌렘 신부를 돕던 중 안봉근은 일

본 간첩 혐의로 카타리야 감옥에 구금되었다. 감옥에서 그는 구타와 욕설 등 가혹행위를 당했다. 다행히 빌렘 신부의 노력으로 2개월 만에 풀려났으나 이후에도 30여 차례나 취조를 당했다.

2년간의 독일 체류 일정을 마친 안봉근은 1916년 4월 26일에 독일을 떠나 귀국길에 올랐다. 중도에 네덜란드에 들렀는데 그때 일본 영사관 영사로부터 독일 간첩 혐의자로 의심을 받았다. 영국 런던에 도착하자 이번에는 영국 경찰과 일본대사관에서 그에게 의혹의 눈초리를 보냈다. 결국 그는 감시자와 함께 일본으로 호송되었다. 3개 국어에 능통한 동양 청년이 전운이 감돈 유럽 땅을 휘젓고 다녔으니 첩자 혐의를 받을 만도 했을 것이다.

일제 정보기관이 문제의 조선인들을 기록한 〈용의조선인명부〉는 안봉근에 대해 "1917년 12월 해외 반일단체에 투신할 것을 결의하고 도항한 것 같고, 그 후에 소식이 없다. 러시아 블라디보스토크 또는 미국에 있다고도 하나 명확하지 않다"고 기록했다.

당시 언론에는 안봉근이 일본 경찰로부터 풀려난 뒤 고향으로 향했다고 보도되었지만 그는 아내와 사남매가 기다리는 고향으로 가지 않고 다시 상하이로 떠난 것으로 보인다. 〈동아일보〉 1925년 4월 10일자는 '안중근 계수 최씨 부인의 애화'란 기사에서 "(안봉근)씨가 임금 같이 붉고 통통한 어린 뺨 위에 주먹 가튼 눈물을 떨어뜨리며 석별의 애타는 키스를 어린 이마에 던진 후에 의지할 곳 없는 젊은 부인과 다시 공공하는 날을 굳게 언약하고 떠난 지 십여 년이 지나도 다시 그의 얼굴은 지금까지 고향에 나타나지 않았습니다"라고 보도했다.

그의 가족조차도 1922년경이 되어서야 소식이 끊겼던 안봉근이 상하이에 머물고 있고, "가족들을 (가세가 넉넉한) 처남에게 맡겼기 때문에 아주 안심하고 있다"는 이야기를 지인을 통해 전해 들었을 정도였다. 고향에 남은 부인이 친정에서조차 홀대를 받으며 사남매를 어렵게 키우고 있다는 사실은 꿈에도 몰랐던 모양이다. 그나마 안봉근은 그후 상하이에서 독일로 다시 건너갔고, 베를린에 정착해 독일 여성과 결혼까지 했다.

그가 독일에 정착했을 때 작가 이미륵(본명 이의경), 마라톤 선수

1936년 8월 9일 베를린 올림픽 마라톤에서 우승한 손기정(왼쪽)과 3위로 입상한 남승룡 선수
안봉근은 이들을 위해 축하모임을 열었다.

손기정과의 감동적인 일화가 전해오고 있다.

《압록강은 흐른다》로 유명한 작가 이미륵은 경성의학전문학교 재학 시절에 3·1운동에 가담했다가 일본 경찰이 수배령을 내리자 안봉근의 도움으로 상하이를 거쳐 1920년 독일로 망명했다. 독실한 천주교 신자였던 안봉근은 한국에서 선교활동을 했던 성 베네딕트회 소속 신부에게 도움을 요청했다. 이미륵은 그의 도움으로 뮌스터슈바르차흐 수도원에 한동안 머물다가 독일에 정착하게 되었다.

1936년에 독일 베를린에서 제11회 올림픽이 열렸다. 한국인 손기정과 남승룡은 일본 국적으로 마라톤 경기에 출전했다. 행사 마지막 날인 8월 9일 열린 마라톤 경기에서 손기정은 1등, 남승룡은 3등으로 들어왔다.

경기가 끝난 후 독일방송에서 우승자 손기정은 일본인이라고 소개했다. 이때 방송국에 찾아가 손기정은 일본인이 아니라 한국인이라고 정정한 사람이 있었다. 그가 바로 안봉근이다.

이들은 올림픽에서 우승한 뒤 일본 선수단이 여는 축하 파티에 참석하지 않고 조선인들끼리 몰래 축하모임 가졌다. 이날 모임을 준비한 사람도 베를린에서 두부공장을 운영하며 독립운동을 후원하던 안봉근이었다. 후에 손기정은 〈동아일보〉 1964년 1월 4일자 인터뷰에서 "교포집에서 첫 축승회가 있었는데, 안봉근씨라고 안중근 의사의 사촌 동생의 집에서 환대를 받았어요, 독일부인이 쌀밥에 두부, 닭고기국을 끓여주어서 잘 먹었어요"라고 회고했다.

일제강점기 말기인 1943년 7월 20일, 〈매일신보〉에는 독일에서 활동하고 있는 한국인 8인에 관한 기사가 실려 있다. 기사에 따르면 안봉근은 이탈리아에서 상과대학을 나와 베를린에서 자영업을 하는 것으로 나와 있다. 그는 1914년에 빌렘 신부를 따라 독일에 갔을 때 8개월간 전기기계학을 공부한 바 있다. 나중에 안봉근이 이탈리아로 가서 상과대학 진학을 했는지 여부는 현재로선 확인되지 않았다. 직업을 '자영업'이라고 한 것은 베를린에서 두부공장을 경영한 것을 말하는 것 같다.

1940년대 초, 안봉근은 베를린 집을 찾아온 조카 안진생을 만나 일가 소식을 듣게 된다. 안진생은 사촌형인 안정근의 둘째아들로 이탈리아에 유학을 와 있었다.

1945년에 해방된 뒤 잠시 중국에 온 안봉근은 안정근을 만나 영구 귀국할 뜻을 밝힌 뒤 신변 정리를 위해 독일로 돌아갔다. 그러나

1940년대 초 독일의 안봉근 부부와 안정근의 차남 안진생(왼쪽)

그는 다시 돌아오지 못했다. 독일을 떠나 경유지인 이탈리아에 도착했을 때 병으로 갑작스럽게 사망했기 때문이다. 안정근으로부터 안봉근이 곧 귀국할 것이라는 소식을 들은 가족들은 가장과의 만남을 학수고대했으나 30여 년이 지난 뒤에야 그의 사망 전말을 접할 수 있었다.

설상가상으로 안봉근의 망명 이후 갖은 고생을 하며 자식들을 부양하던 부인 최유다마저 6·25전쟁 통에 집을 나간 후 행방불명된 채 소식이 끊겨버렸다. 안봉근 부부가 어디에 묻혔는지 아직까지도 확인되지 않고 있다.

안봉근의 차남 안민생
해방된 조국에서
삼대가 옥살이

50년 만에 벗은 억울한 누명

안봉근 가족의 곡절은 안봉근과 안호생에 이어 차남 안민생에게
도 이어진다. 2011년 10월 27일에 대구지법 제12형사부(김경철 부
장판사)는 1962년에 혁명재판소에서 '특수범죄 처벌에 관한 특별법
위반' 혐의로 기소되어 유죄를 선고받은 안중근 일가 3명이 낸 재심
청구에서 무죄를 선고했다. 안봉근의 둘째 아들 안민생도 그중의 한
명이다.

재판부는 "피고인들의 행위가 당시 정부의 정책에 부합하지 않는
성격이었다 하더라도 반국가단체인 북한의 활동을 찬양·고무·동조
한 것이라고 보기보다는 헌법상 보장된 국민의 기본권인 표현의 자
유에 의해 보장되는 범위에 속한다"고 판시했다.

1995년에 별세한 뒤 16년 만에 '북한에 동조한 빨갱이'라는 굴레
를 벗은 것이다. 안민생의 장남 안기명 씨는 "억울함을 밝히는 데 너
무 많은 시간이 걸렸다"며 "돌아가셨지만 하늘에서도 기뻐하실 것
으로 믿는다"라고 말했다.

안중근 의사의 조카인 안민생은 왜 이러한 억울한 굴레를 쓰고 살

어린 안민생을 안고 있는 최유다 여사
최 여사는 6·25전쟁 때 집을 나가 행방불명되었다.

았던 것인가. 일제강점기 때 온갖 고초를 겪으면서도 반일활동을 멈추지 않았던 그였다.

안민생은 1912년에 안중근과 같은 황해도 신천군 두루면 청계동에서 태어났고 어릴 때 이름은 창준이었다. 형 안호생(어릴 때 이름은 창익)은 보통학교를 졸업하고 서울로 갔다가 일찌감치 중국 상하이로 망명해 이후 상하이와 만주지역에서 항일운동에 참여했다.

아버지와 형이 떠난 후 고향에 남겨진 어머니와 삼남매의 생활은 더욱 어려워졌다.

창익이가 하루아침에 불쌍한 어머니와 동생을 두고 간 뒤에 그들의 생활은 더 참담하였습니다. 그 고통은 다시 말할 것도 없이 정신적은 물론이지마는 더욱이 물질상으로 심했습니다. 이럼으로 최씨 부인은 남의 빨래를 빨고 또는 남의 집 곁방 사리를 하여 가며 아침저녁으로 연명이나 하여 갔습니다. 그러면서도 남편의 뜻을 저버리지 않고 아들들을 공부시키기에 게으르지 않았습니다.
— 안중근 계수 최씨부인의 애화 2, 〈동아일보〉 1925년 4월 13일

하루는 둘째 민생이 학교에서 졸도하는 일도 벌어졌다. 먹지 못해서 온 심한 공복증으로 쓰러진 것이다. 그때서야 민생이 가정이 어려워 굶고 다닌다는 것을 알게 된 학교의 동무들이 몇 십전씩 거두고, 담임 선생님이 박봉을 털어 학비를 도와주었다. 그런 어려운 환경 속에서도 민생은 "마음 착하고 공부 잘하며 친구들과 우의 있게" 지냈다고 한다.

최씨 부인은 친정아버지에게 도움을 요청했으나 아버지는 아들과 며느리의 질투가 무서워 거절했다. 심지어 최씨 부인은 "조카가 어떠한지 말 한마디는커녕 약 한 봉지 값도 주지 않았다. 남편이 상하이로 떠나기에 앞서 성모마리아 앞에서 아내의 장래를 부탁했던 오빠는 돈만 밝히고 고개 한번 기웃거리지 않았다"고 한다. 오히려 친정에서는 재혼을 하라고 성화였다.

다행히 해주식당에 숙수로 있는 김원식이 이러한 참상을 듣고 매달 25원을 가계로 보태줘 근근이 생활을 이어갈 수 있게 된다.

1922년경 최씨 부인은 소식이 끊겼던 남편 안봉근이 상하이에 있다는 소식을 지인을 통해 듣고, 얼마 후 장남인 호생도 그곳에 있다는 사실을 알게 되자 자신도 자식들과 함께 상하이로 갈 뜻을 굳힌다. 최씨 부인의 애환을 보도한 〈동아일보〉 1925년 4월 13일자는 "좀 자유로운 데로 가서 혹이나 남편을 맞날까 하는 생각으로 상해로 며칠 후에 떠날 터라는데 그 어린 남매들은 수양산머리에 넘어가는 해를 바라보며 빨리 떠나는 날을 손곱아 기다린다고 합니다"라고 썼다.

남편과 장남이 있는 상하이로 가려던 계획은 뜻대로 되지 않은 듯하다. 그로부터 2년 뒤인 1927년경 최씨 부인은 마침내 둘째 민생 등 삼남매를 데리고 상하이가 아닌 안중근 일가가 터전을 일군 무링

안봉근이 중국으로 떠난 후 어렵게 살고 있는 부인(최유다)과 자식들의 애환이 보도된 기사

으로 일가족을 데리고 떠났다.

안민생 가족은 무링에서 당숙인 안정근이 살던 집 바로 앞집에 자리를 잡았다. 1962년 재판기록에는 그가 1923년에 만주로 간 것으로 되어 있다. 1988년 1월에 중국 옌지에 사는 사촌 여동생 안경옥에게 보낸 편지(이하 안경옥에게 보낸 편지)에서도 그는 "내가 무링(穆九站)에 간 것은 1923년 7월"이라고 썼다. 그러나 형 안호생의 활동기록을 감안할 때 그가 무링으로 이주한 시점은 1927년으로 추정된다. 형 호생도 이 무렵 상하이에서 만주로 왔다.

숙부 안태건과 안태순도 반일운동 참가

이들이 무링으로 이주한 것은 조부인 안태건과 작은 아버지 안성근 가족들이 이곳에 거주하고 있기 때문이었다. 안중근 의사가 순국한 후 이곳으로 이주한 할아버지 안태건과 숙조부 안태순은 1919년 3·1운동 이후 하얼빈 일본 헌병대에 체포되었다가 풀려나기도 했다.

안태순은 1872년에 황해도 신천 청계동에서 안인수의 6남으로 태어났다. 안중근에게는 막내삼촌이 된다. 태(泰) 자 항렬 가운데 독립유공 서훈자는 안태순이 유일하다. 국가보훈처가 펴낸 독립유공자 공훈록에 따르면, 안태순은 1919년 음력 3월에 러시아 블라디보스토크에서 청년 운동가들을 지원할 목적으로 대한국민노인동맹단을 조직했다. 그해 5월, 이 단체의 대표 중 한사람으로 서울에 들어와 종로 보신각 앞에서 태극기를 흔들며 시위를 벌이다 체포되어 징역 1년을 선고받았다. 그 외 자세한 행적은 알려져 있지 않다.

안민생이 무링으로 갔을 무렵 그곳에는 135호, 500여 명의 조선인들이 거주하고 있었다. 만주에 이주한 조선이주민 대부분은 살길을 찾아 떠난 사람들이다. 당시의 참상을 펑톈(奉天, 봉천)에 있는 기독교전문학교의 외국인 목사는 다음과 같이 묘사했다.

만주에 오는 조선이주민의 고통은 심지어 그들의 불행을 실제로 본 사람조차 완전하게 묘사할 수가 없다. 겨울날 영하 40도의 혹한 속에서 백의를 입은 말없는 군중은 혹 10명 혹 20명 혹 50명씩 떼를 지어 넘어 온다.… 몇 명의 조선이주민이 맨발로 강변의 깨어진 얼음장 위에서 바짓가랑이를 걷어 올리고 두 자나 깊은 얼음장이 섞인 강물을 건너가서 저편 언덕에서 바짓가랑이를 내리고 신을 신는 것을 나는 본 적이 있다. (중략) 남녀 늙은이는 굽은 등과 주름살 많은 얼굴로 끝날 줄 모르는 먼 길을 걸어 나중에는 기진맥진하여 발을 옮기지 못하게 된다. 그들이 노소강약을 막론하고 그 고향을 떠나오는 것은 모두 이 모양이다.

간도지방에서 사는 조선 이주민은 이주시간이 오래되어 대체로 생활이 안정되고 살림집도 대부분이 한 세대에 한 채식 갖고 있었으나 접경지대인 둔화(敦化, 돈화), 에무(額穆, 액목), 닝안(寧安, 영안) 등 지역에는 몇 세대의 수십 명이 각 세대별로 끼니만 따로 해 먹고 동거하는 것을 흔히 볼 수 있었다.

안민생이 이곳에 도착했을 때 조부는 이미 돌아가신 지 2년이 지난 뒤였고, 숙부 안성근은 연해주 외갓집으로 공부하러 가고 없었다. 당시 이곳에는 조모, 숙부 안충근, 큰 고모 부부와 어린 사촌 3명, 작은 고모 부부, 안성근의 자식 안경옥, 안마리아, 안창열 등이 있었다.

조부님께서는 2년전 이미 별세하셨고, 할머님과 큰 삼촌(忠根)과 성근(性根) 숙모님(정의희, 경옥이 母), 그리고 큰고모님(고모부 김병삼), 작은 고모(고모부 손씨)와 다섯 살 된 경옥이, 동생 마리아, 출생된 지 얼마 안 되는 남동생 창열(昌烈)이가 있었고, 것들애(구 참정거장) 큰고모님에게는 어려서 혼자서 하도 잘 논다고 귀여워서 조부님께서 '도톨이'라는 별명을 지어주시고 돌아가신 여섯 살 된 장녀와 남동생 '덕산'이, 그 아래 돌이 안 된 동생이 있었다. — 〈안경옥에게 보낸 편지〉 중에서

그러나 얼마 지나지 않아 가족들은 다시 뿔뿔이 흩어져야 했다. '극동조선인학교' 교장으로 반일활동을 하던 형 안호생이 교원들과 함께 무링 경찰에 체포되어 하얼빈감옥에 2년여 동안 수감되었다 다행히 안민생은 형과 함께 체포되었다가 석방되었다. 안민생의 기록에 따르면 안호생 등이 수감되자 북만주의 여러 독립운동 인사들이 구명운동에 나섰다고 한다. 친척들도 구명운동에 나섰지만 그 과정에서 사기를 당했다고 한다.

그동안 북만의 많은 인사들의 적극적인 구원도 별 성과를 얻지 못하고 돈 오백 원(그 당시는 큰 돈이었다)을 성장(省長)에게 뇌물로 주며는 석방된다는 우덕순의 말을 듣고 셋째집(중근 당숙) 땅을 소작하든 왕춘(우리 집 앞집)에게 그 땅을 팔아서 갔다 준 돈을 우덕순에게 사기당하는 등 남모르는 고충과 눈물 나는 일들을 겪었었다. 1945년 왜놈들 패전과 동시 왜놈의 주구로 있든 그 우덕순이 서울로 도망 와서 애국자로 행세했으며 지금 이곳의 독립기념관에 애국열사로 모셔 있는 이 사실은 이미 지난 일이라 할지라도 우리 민족사를 올바르게 사실대로 정립하기 위하여 밝혀져야 할 일이다. 그 곳 자치구에 계신 많은 인사들께서도 이미 알고 계시는 일이다. ―〈안경옥에게 보낸 편지〉 중에서

1929년에 하얼빈감옥에서 풀려난 안호생은 쇠약해진 몸을 이끌고 남만주 지린성 판스현(磐石縣, 반석현)으로 떠나고, 안민생도 어머니, 두 동생과 함께 남만주 솽양현(雙陽縣, 쌍양현)으로 터전을 옮겼다. 이곳에서 동포들의 아이들을 가르치는 광진학교에 선생으로 취직한 안민생은 일제의 탄압을 피하기 위해 '임창환'으로 이름을 바꾸고 아예 중국인으로 귀화했다.

당시 만주에 있던 조선인 학교들은 대부분 항일 독립활동의 중심 역할을 하는 거점이었다. 광진학교도 밤이면 항일유격대가 쉬어가고 낮이면 학생들이 공부를 하면서 아동단 활동을 했다고 한다.

그러나 만주의 일본 관동군이 이 사실을 모를 리 없고, 그대로 둘 리가 없었다. 탄압을 피해 또 다시 가족들은 흩어질 수밖에 없었다.

어느 날 왜놈이 만주인으로 가장하고 끌고 온 80여 명의 군에게 학교와 마을이 습격되고 수색을 당했으나 45명의 유격대원과 등사판 등도 발각되지 않고 화를 면했으나 학교는 폐쇄되고 마을도 흩어지고 나는 판스현 벌리허(璃河)로, 어머님과 여동생은 장춘으로, 창은(昌恩)은 유하로 흩어졌다.

홀로 판스현으로 간 그는 이곳에서 박정숙과 첫 결혼을 했다. 그러나 만주의 정세는 갈수록 험악해지고 있었다. 1931년에 일본의 관동군은 만주사변을 일으켜 이듬해까지 만주전역을 점령한 후 만주국을 세우고 청나라의 마지막 황제 푸이를 만주국의 황제로 앉혔다.

동생과 함께 총을 들다

일제가 만주를 침략하자 안민생은 농민들과 함께 일본군의 군사물자 수송 통로인 길회선(중국 지린과 함경북도 회령을 잇는 철도) 등의 철로를 파괴하고 철도 전신주를 불태우는 투쟁에 참여했다. 그러나 비행기까지 동원한 일본군의 탄압을 맨손으로 당해낼 수는 없었다. 자연스럽게 무장의 필요성이 제기되었고, 만주전역에서 무장단체가 본격적으로 결성되기 시작했다. 중국공산당 만주성위원회에서도 청년들에게 무장투쟁을 호소했다.

안민생도 동생 창은과 함께 항일무장투쟁에 참가했다. 의열단 출신인 전광(본명 오성륜), 이홍광 등 조선인들도 상당수였다. 안민생의 기록에 따르면 4백여 명이 넘었다고 한다. 그가 참가한 부대는 판스현에서 결성된 '중국 홍군 제32군 남만유격대'로 보인다. 안민생이 중국 팔로군에 참가했다는 일부 증언은 사실과 다르다.

1931년 9월에 일제가 만주를 침략했다. 중국공산당 만주성위원회의 지시에 따라 같은 해 10월 이통현(伊通縣, 이통현)에서 7명의 한인 청년들을 토대로 '적위대'(대장 이홍광)를 창건해 항일무장투쟁 및 반봉건투쟁에 나섰다. 이 적위대는 추후 '개잡이대(일명 타구대)'라는 속칭으로 널리 알려졌다.

1932년 5월에는 판스현의 합마하자(哈螞河子)에서 한인 농민 500여 명과 다수의 중국인 농민들이 참가한 대규모 항일농민봉기를 주도해 일제 침략의 통로인 길해철도(吉海鐵道, 지린과 하이룽 사이의 철도)의 일부 구간을 파괴하는 등 큰 반향을 일으켰다.

또 같은 해 6월에는 기존의 적위대를 반석공농반일의용군(磐石工農反日義勇軍, 약칭 반석의용군 또는 반석유격대)으로 확대 개편하고 본격적 항일무장투쟁에 나섰다. 반석의용군은 일본군 및 만주군과 싸우면서 50여 명으로 증가했고 4개 분대체제로 재편된다.

1932년 여름에 일본군의 항일부대 유격근거지 토벌작전이 전개되자 흑석진(黑石鎭) 전투를 주도해 승리를 거두었다. 같은 해 12월 중국공산당의 방침에 따라 반석의용군은 '중국 홍군 제32군 남만유격대'로 개편되었다. 대장은 맹철민(안민생은 '맹유향'이라고 기록), 참모장은 이홍광이었다. 북만에서 활동하던 중국인 양징위(楊靖宇, 양정우)도 이곳으로 파견되었다. 1933년 전반기에는 일본군과 만주국군의 항일근거지 포위 공격에 맞서 60여 차례의 공방전을 벌이며 끈질기게 투쟁해 이들을 격퇴했다. 그리고 부대 규모도 250여 명으로 대폭 증가했다. 이 무렵 중국 동북의 여러 지역에서 항일무장투쟁이 고조되고 중국공산당의 항일민족통일전선방침이 강화되면서

1933년 9월 18일에 남만유격대는 동북인민혁명군 제1군 독립사(獨立師)로 개편되었다.

안민생은 주로 판스, 허톈(和田, 화전), 둔화현 등지에서 무장대 활동을 했다. 그러나 그에게는 가혹한 시련이 찾아왔다. 만주군에게 잡혀 양쪽 다리의 발가락이 모두 절단된 것이다. 당시 상황을 그는 다음과 같이 기록했다.

1933년 겨울 무장을 풀고 등사판을 지고 동료 한명과 벌리허((璃河)로 돌아오다가 화전현 봉림구자에서 왜놈이 끌고 다니는 만군(만주국 군대)에게 붙들려 혹독한 고문을 당하고 감시의 눈을 피해 밤에 탈주하여 도망을 하다가 다음날 저녁 화전현 능도하자에서 추적해온 군인들에게 왼편 다리에 총을 맞고 다시 붙들려 도망했다는 이유로 양쪽 발끝을 작두로 끊기고 총살직전에 지난날 다같이 항일활동을 하다가 할 수 없이 동료들과 함께 위장투항 귀순한 사자구의 만주인 동료(이곳에서는 지금 동무, 동지라는 말을 안쓴다) 이가성에게 기적적으로 구출되어 천신만고로 벌리허로 돌아오기는 했으나 심한 상처를 치료할 도리가 없어 우리 농민들의 협력으로 마적의 피해자로 가장하고 길해선 연통산역에서 기차로 길림시 병원에 입원하고 뼈를 깎고 살을 베어 내는 수술을 받은 지 한 시간도 채 못 되어 길림 왜놈영사관 경찰에 탐지되어 담당의사에게 책임지고 신병을 확보하라는 명령을 하고 돌아갔다.

상처가 치료되면 왜놈들에게 끌려가야 하는 나는 십여 일 후 일요일 이른 아침에 인부에게 품삯을 주고 등에 업혀 길림역을 떠나 영길현(永吉縣) 4구(四區) 만리구(萬里溝)로 갔다. 내가 벌리허를 떠난 다음날 이 마을들은 닭 한 마리 남지 않고 모두 소탕되고 처조 모님이 희생되고 장모님이 총에 맞고 많은 희생들을 당하고 처가는 만리구로 피해 와서 있었다.

몇 년 후 안민생은 또 하나의 비극적 소식을 접했다. 함께 무장대에 참가했던 동생 창은이 일본군과 격전 중에 전사했다는 소식이었다. 당시 25세의 젊은 나이였다. 안민생은 전사 당시 안창은이 '구국의용군 제18군단장'이었다고 기록했다. 그러나 안창은이 어느 전투에서 전사했는지는 확인되지 않는다. 동생 역시 가명을 쓰고 있었기 때문에 기록으로 확인하기가 어렵다.

1935년에 안민생은 상처가 아직 완치되지 않은 상태에서 동포들의 권유로 천강(天崗)소학교에 안명희(安命希)라는 가명을 쓰며 선생이 되었다. 그러나 이 생활도 오래가지 않았다. 그는 다시 지린(吉林, 길림) 헌병사령부에 체포되어 지린 경무소 지하실에 갇혀 고생을 하다 다시 지린성 신개문 일본 헌병대로 끌려가 모진 고문을 당해 허리뼈 한 마디가 삐뚤어지기까지 했다.

나는 그때 여기에서 무고한 인간들이 왜놈들에 의해 마대자루 속에 돌과 함께 집어넣어져서 한 밤에 송화강 물속에 수장되는 사실을 보았다. 하늘과 별이 보고 내가 아는 악귀보다도 더한 왜놈들의 죄악상이다.

지린 일본영사관 경찰서로 이송된 후 죽느냐 사느냐의 갈림길에서 안민생은 혐의를 부인하며 마지막까지 버텨 풀려나왔다. 다시 학교로 돌아왔으나 학교는 이미 폐쇄되고 학부형들도 떠날 준비를 하고 있었다. 그는 울먹이며 작별의 인사를 하는 어린 학생들을 달래고, 부인과 함께 자이허(蛟河, 교하·옛 에무)로 갔다. 처부모님과 나이 어린 처남 박재복이 1년 전부터 이곳에 정착해 있었다. 이곳에서 그는 '바보'로 행사하며 지냈다고 한다.

그러나 천강소학교 제자가 찾아와 며칠을 지내며 눈물을 글썽이다 돌아가는 모습을 보면서 다시 홀로 지린으로 향했다. 친분이 있던 대동신보 기자의 주선으로 상점의 점원으로 신분을 위장했다. 상점을 오가는 인파들 속에서 '동지'들의 얼굴을 찾았다. 그러던 어느 날 손님이 주문한 구두를 가지고 일본 영사관에 간 안민생은 그곳에서 자신을 고문한 일본 헌병을 발견한 후 다시 몸을 피했다. 이후에는 아예 만주인이 서장으로 있던 경찰서에 경찰로 들어가 활동하기도 하고, 통화(通化, 통화)에서 야스다 도요사쿠(安田豊作)라는 이름으로 창씨개명까지 해 임시직(囑員)으로 취직하기도 했지만 안중근의 일가라는 꼬리표는 그를 내내 따라다녔다. 더구나 항일활동에서 생사를 같이 한 부인이 어린 자식을 두고 사망했다.

더 이상 일본인의 세상이 된 만주지역에서 살기 어렵다고 판단한 안민생은 통화에서 재혼한 아내와 함께 산둥성 룽커우(龍口, 용구)로 떠났다. 그러나 1년이 채 안 되어 영사관 촉탁으로 중국어 통역을 해주던 지인이 찾아와 "안중근의 친척 되는 자가 근자 불온 항일책동을 하기 위하여 산둥성으로 잠입했다 하니 예의조사할 것"이라는 공문이 와 있다는 것을 알려주면서 떠나는 것이 좋겠다고 충고했다. 1943년에 그는 다시 이곳에서 태어난 어린 아들 기명을 안고 룽커우를 떠나 더저우(德州, 덕주)로 갔다.

어느 날 덕주 거리를 지나다가 순찰 중이던 왜놈 헌병을 보았다. 수년 전 길림헌병대에서 나를 고문하던 그 악귀놈이다. 뒤쫓아 가서 머리통을 까서 쓰러트리고 싶은 생각이 왈칵 떠올랐으나 어쩔 수 없는 일이다. 원수를 보고도 원수를 갚지 못하는 분한 생각뿐이었다. 세상은 넓고도 좁다는 말 그대로였다.

그래도 일본의 패전이 임박했다는 희망적인 이야기들이 들려왔고, 마침내 일본이 패전했다. 일제에 협력했던 조선인들은 모든 것을 버리고 베이징과 톈진으로 도피해버렸다.

안민생은 중국 친구들의 요청으로 더저우시 행정과에 직원이 되어 "아직 조국을 떠나와 갈 곳이 없어 잔류하고 있는 동포들과 남북으로 우왕좌왕하는 전재민들을 위해 그 뒷일을 돌봐주는 일"을 했다.

1946년 봄에 안민생은 당숙 안정근으로부터 편지 한 통을 받았다. 안정근은 충칭을 떠나 만주로 향하던 길에 산해관에서 길이 막혀 잠시 베이징에 머물고 있었다. "왜놈들은 비록 물러갔다 하나 내 조국은 해방도 독립도 아니며 남과 북으로 갈라져 있는 상태에서 귀국길은 다시 멀어지고 있다"라는 내용이었다. 안정근은 그후 청다오(靑島, 청도)를 거쳐 상하이로 갔다. 그리고 얼마 후 다시 안정근으로부터 소식이 왔다. "귀국 길에 독일에서 상하이에 잠시 들른 봉근 종제를 봤다. 민생이의 소식을 전해주었으며 독일로 다시 돌아가 모든 것을 준비하고 곧 귀국하기로 약속을 하고 떠났다"는 반가운 내용이었다.

일제는 패전해 물러갔지만 중국은 곧바로 국민당과 공산당 간의 내전으로 혼돈에 빠져들었다. 그는 잔류 동포들과 함께 만주로 갈

목적으로 더저우를 떠나 톈진으로 향해 떠났다. 동행한 동포들은 대부분 만주지역에서 농사를 짓다가 일제의 탄압을 견디다 못해 이곳으로 온 사람들이었다. 그러나 내전이 격화되면서 더 이상 갈 수가 없었다. 내전이 언제 끝이 날 것인지 막연하고 시시각각으로 긴박해지는 상황 하에서 어린 것들을 데리고 언제까지나 기다릴 수도 없던 그는 1946년 5월 말 톈진에서 만난 당숙 안경근 등과 함께 고국으로 향하는 배에 몸을 실었다. 당시 심정을 그는 이렇게 기록했다.

그 누구도 반겨줄 사람 없고 고향도 없는 돌아오기 싫지 않은 내 조국으로 귀환 전재민이 되어 미군 화물선에 실려 20여 년 만에 서울로 돌아왔다. 그 많은 서울 거리의 사람들 모두가 내 동포형제 같지 않았다. 일찍이 하얼빈역에서 중근 당숙에 총에 쓰러진 이등박문을 왜놈들이 제사 지내든 사당이 있는 장충단 공원에 전재민 수용소 천막 속에 머물렀다. 일행 중 대다수가 다시 북으로 떠났다.

낯설고 서먹한 서울에서 그는 일찍이 해주를 떠나 서울에서 의사가 된 외사촌동생, 외삼촌 등과 해후하고, 독일에서 아버지 안봉근과 함께 지내다가 서울로 돌아온 친구를 만나서 "안 선생께서는 귀국하실 것이니 고생스러운 대로 참고 기다리자"는 말을 들었다. 그러나 독일에서 돌아오신다는 아버지는 끝내 모습을 나타내지 않았다. 그로부터 30여 년의 세월이 흐른 뒤에야 안봉근이 귀국길에 이탈리아에서 갑자기 사망했다는 사실을 확인할 수 있었다.

해방직후 서울도 중국 못지않게 혼란스러웠다. 좌우대립이 극심했다. 안민생도 한 번은 통일문제, 청년문제를 주제로 강연했다가 서북청년단의 습격을 받기도 했다.

청산리전투에 안정근과 함께 참전했던 안홍근은 1946년에 귀국한 뒤 광복된 조국에서도 돌아온 조카들이 전재민(戰災民) 신세를 면치 못하고 어렵게 생활하는 모습을 지켜보면서 "이럴 줄 알았으면 만주에서 그대로 살다가 가고 말 것"이라며 돌아온 것을 후회하기도 했다. 혼란스러운 조국의 정치상황에 실망한 안홍근은 고향과 가까운 옹진반도로 이주해 정착했으나 1950년 6·25전쟁 때 인민군의 손에 세상을 떠났다.

1948년경 안민생도 서울을 떠나 인천에 정착했다. 주한 미국대사관에 근무했던 사촌형 안원생이 미국 공보원 인천분원이 설치되자 원장으로 부임했고, 그를 이곳 미술부에 취직시켜 준 것이다.

1950년에 6·25전쟁이 터지면서 또 다른 고초가 찾아왔다. 어렵게 정착한 인천을 떠나 피난길에 올라야 했다. 그 와중에 잠시 집을 나갔던 어머니가 행방불명된 채 생사를 모르게 되었다.

그는 가족들을 데리고 낯선 대구로 피난을 갔다. 처음에는 장사를 해서 생계를 꾸려가던 그는 얼마 후 한국일보 대구경북 지사장, 특파기자로 활동하기 시작했다. 이때부터 그는 역시 대구로 피난해 정착한 당숙 안경근과 자주 만나면서 언론계, 청구대학 교수 등 대구경북지역의 유지들과 교류하기 시작했다. 대체로 이승만 독재에 비판적인 인사들이었다.

그러던 중에 4·19민주항쟁의 도화선이 된 2·28대구학생시위가 일어났다. 당시 민주당 정·부통령 후보인 장면 박사의 유세 당일은 일요일이었으나 학생들이 민주당 유세장에 못나가도록 당국이 등교

지시를 내린 것이 2·28대구학생시위의 발단이 되었다. 이날 1,200여 명의 학생이 시위에 참여를 했고 그중 120여 명이 경찰에 체포된다.

그리고 4월 19일부터 3·15부정선거에 항의하는 대학생들의 시위가 전국적으로 이어져, 마침내 4월 26일에 이승만 대통령이 하야성명을 내고 물러났다. 이른바 4월민주혁명이다.

이승만 정권이 붕괴하자 그동안 억눌렸던 혁신정당을 비롯해 사회각계각층에서 사회민주화를 요구하는 단체들이 결성되기 시작했다.

4·19혁명 나자 통일운동에 적극 참여

대구에서는 안중근 일가가 중심이 되었다. 50대에 접어든 안민생은 당숙 안경근, 순흥 안씨 화수회 회장인 안잠 등 60여 명과 함께 민주구국동지회를 결성했다. 이들은 4월 26일에 이승만이 물러난 직후 대구시청 회의실에 모여 과거의 친목회적인 조직을 변화시켜 구국운동이라는 대의를 표방하는 단체로 민주구국동지회를 결성한 것이다. 그러나 기대했던 7월 29일 총선거에서 보수정당이 압승하자 민주구국동지회는 상징적인 조직체로 남아 있기보다는 적극적인 행동을 하기 위해 경북시국대책위원회로 조직 명칭을 개편했다.

1960년 11월 12일에 시국대책위원회는 대구 종로초등학교 교정에서 통일문제시국대강연회를 개최한다. 약 3천여 명이 운집했다. 이날 강연회에서 유병묵 중앙대 교수, 주홍모 서울대 교수가 "국제정세와 통일문제"라는 연제로 강연을 했다.

2주 후인 11월 26일에는 "우리는 통일전이라도 우선 우리들의 기본인권에 관한 부모처자의 소식조차 모르는 일이 없도록 남북간의 자유와 삶을 위한 경제적 교류와 정치적 목적 외의 인사왕래 및 문화교류는 급속히 실현되어야 하고 세계의 그 어떠한 힘도 이것을 막을 수 없을 것"이라는 내용의 결의문과 선언문을 발표했다.

시간이 흐를수록 청년 학생들을 중심으로 남북교류와 통일문제가 폭넓게 제기되자 1960년 11월 26일 시국대책위원회는 남북통일에 관한 범국민운동을 하기 위한 단체로서 경상북도 민족통일연맹(경북민통련)으로 확대 개편되었다. 안민생은 이 단체가 "지역의 학생운동과 청년운동을 정신적으로, 물질적으로 지원하는 배후의 힘이 되었다"라고 평가했다. 이 단체의 총무위원회 기획부장직에 취임한 안민생이 조직의 강령과 규약, 선언문 등을 기초했다.

안민생은 다른 단체들과의 연대사업에도 나섰다. 4·19 이후 결성된 교원노조를 탄압하는 장면 정부에 맞서 대구에서 1961년 2월 교원노조지원투쟁위원회가 결성되었다. 그러자 안민생은 학부모 대표로 준비위원회 활동에 참가했다. 지원투쟁위원회 결성준비위원은 위원장에 항일독립운동가 방한상(方漢相) 선생, 부위원장에는 학계대표 이종하 교수, 학부모 대표 안민생 등이 선출되었다. 선출된 실무 부서에는 당시 대구에서 활동하던 학계, 청년, 노동 관계자들이 참가했다.

총무	서도원(청구대학)
선전	장우희(학부모), 김종태(언론계)
섭외	이봉섭(학생), 이윤근(대학교수), 석종구(시의원)
동원	김종화(노총경북도련), 이일재(노동조합협의회), 최송학(노협)

한편 삼일절을 맞아 경북민통련은 대구 달성공원에서 3만여 명의 청중이 운집한 가운데 '민족통일촉진궐기대회'를 개최했다. 김충섭 대구대 교수가 '국내에서 본 우리통일', 민주민족청년동맹의 최일이 '통일의 길은 남북협상으로' 등의 주제로 강연을 했다. 강연에서는 "미소가 문화교류를 하는데 어찌 우리가 못한단 말이냐. 남한의 면포와 북한의 비료, 전기를 교역하고 통일을 위한 실정을 알기 위하여 인사교류, 서신왕래, 기자교류를 하자. 1962년의 삼일절 행사는 통일된 민족의 광장에서 하자. 일체의 외부세력을 배격한다. 선건설후통일론을 배격한다" 등의 내용이 주로 이야기되었다.

강연이 끝난 후 청중들은 오후 6시경부터 "실업자의 일터는 통일에 있다"라는 플래카드와 선전용 지프차를 선두로 대회장에서 대구시 북성로2가를 경유해서 중앙통을 거쳐 반월당까지 "통일만이 살길"이라는 구호를 외치며 행진했다. 안민생의 아들인 안기명 씨는 "당시 대부분의 선전구호나 플래카드는 아버님이 쓰신 것으로 알고 있다"라고 말했다.

그러나 전국적으로 고조되던 통일운동은 5월 16일 군사쿠데타로 한순간에 철퇴를 맞았다. 안민생은 안경근, 안잠, 김성달 등 경북민통련의 주요 간부들과 함께 체포되어 이른바 '혁명재판소'에 넘겨졌다. 당시 안민생의 장남 안기명 씨도 고등학생으로 민주민족청년동맹 경북지부에서 활동하다 대구형무소에 잠시 수감되었다. 안경근-안민생-안기명 등 삼대가 통일운동을 했다는 이유로 함께 형무소에 수감된 것이다. 다음은 당시 혁신정당인 사회당 경북지부에서 활동하다 수감된 김병권의 회고다.

1961년 5·16군사쿠데타 발생을 보도한 〈동아일보〉(왼쪽)   5·16쿠데타 이후 4·19시기에 전개된 민주화와 통일운동은 혹독한 탄압을 받았다. 5·16군사쿠데타 직후 체포되어 '혁명재판소'에서 재판받고 있는 안민생(오른쪽에서 두 번째).

유치장에 들어가니 벽면에 일제 때 독립운동가들이 써놓은 글귀가 그대로 있더군요. '일본놈들 물러가라', '조선은 조선 사람의 것이다.' 가슴이 뭉클했습니다. 그 대구형무소에 수용되었는데 그때 안중근 의사의 사촌동생 안경근(당시 민자통 대구경북위원장) 선생과 그 분의 조카인 안민생 선생도 들어와 계시더군요. 또 가슴 아팠던 일은 안민생 선생의 아들이 당시 경북대 학생위원장(고등학생의 잘못)으로 활동하다가 역시 그 곳에 잡혀와 있었던 일입니다. 삼대가 한 감옥에 갇혔단 말입니다.

경북민통련 관계자들은 "사회질서를 문란하게 하고 북한의 통일론을 왜곡해 국민을 선전·선동했다"며 기소되어 1962년에 유죄판결을 받았다. 가장 중심적으로 활동했던 안민생이 가장 긴 10년 징역형을 선고받았고, 안경근은 7년, 안잠은 5년이 선고되었다.

서대문형무소에서 윤길중, 기세충 등 혁신계 인사들과 감옥생활을 한 안민생은 민족일보 기자였던 이수병 등 함께 수감된 청년들에게 중국어를 가르치기도 했다. 당시 수감생활에 대해 안민생은 "해방 독립이 되었다는 내 조국에 돌아와서 말 그대로 평생을 조국의 독립을 위하여 몸 바쳐 오신 경근 당숙과 함께 내 국가 내 민족을 배반했다는 죄명으로 한 감방에서 지내는 내 심정도 괴로웠다"라며 다음과 같이 기록했다.

1961년 5월 조국의 평화통일을 신념으로 주장했든 나는 반국가 범죄행위를 범한 죄로 10년형을 선고받고 같은 죄명으로 7년형을 받으신 경근 당숙과 함께 과거 왜놈시대에 사내총독암살사건으로 명근 당숙께서 무기형을 받으시고 동생 홍근 당숙께서 4년형을 받으시고 형제분께서 옥로를 치르신 경성 서대문형무소 특ㅇ 8사에 오늘은 숙·질간에 수감되어 17년이라는 징역을 해방, 독립이 되었다는 내 조국에 돌아와서 또 치러야 함으로서 우리 안 씨 가문은 이역에서 조국에서 선후대 50여 년이라는 세월을 감옥에서 지내야 했으며, 인명의 피해, 이 엄연한 사실들은 일직이 왜놈들에게 나라를 빼앗기로 독립을 이루지 못하고 망국노가 된 백의민족의 슬픈 사연 중의 하나일 것이다.

안민생은 친일파들이 권력의 중심에 있는 현실을 개탄했다. 해방이 되었지만 사회가 올바르게 되지 못하고 일본의 '앞잡이 노릇'을 하던 친일파들이 권력을 잡게 됨으로서 애국자들의 피해가 여전했다는 것이다.

경근이 당숙과 나를 1961년 5월에 평화통일을 주장한 반국가반역자로 투옥한 것도 만주에서 왜놈들 만군 주구 노릇을 하며 영안현, 동경성 일대의 항일해방전을 마적(馬賊)이니 비적(匪賊)이니 하며 야만적으로 토벌하던 만군 대위(중위의 잘못-필자) 박정희와 왕청현 출신 강문봉을 비롯한 그들이 이곳 대통령이며 그 밖에 당당한 권력의 자리를 차지하고 있기 때문이었다.

안민생은 1968년 가을에 형기를 다 채우지 않고 특사로 나왔다. 그러나 불행은 여기서 그치지 않았다. 감옥에서 나온 뒤 과속하는 자동차에 치여 오른쪽 다리를 절단하고 의족에 의지해야 하는 상황이 된 것이다. 사촌여동생에게 보낸 편지에서 그는 자신의 처지를 솔직하게 털어놓았다.

옛말에 '禍不單行(화불단행, 재앙은 번번이 겹쳐 옴)'이라는 말이 실로 나에게 두고 한 말인가? 세상은 우리가 생각하는 것과는 너무도 멀다. 새, 짐승들도 내 조국 땅을 마음대로 넘나드는데, 하물며 인간으로서 내 마음대로 오고가지도 못한다. 그뿐이 아니다. 나는 지금 그보다 더한 고통스러운 일들을 당하고 있다.

안민생이 편지에서 언급한 "더한 고통"이란 사회안전법으로 인한 행동 제약이었다. 1975년 7월에 박정희 정부는 '긴급조치 9호' 선포와 함께 사회안전법을 제정했다. 이 법은 정권에 의해 사상범 또는 공안사범으로 규정된 사람들이 형기를 마치고도 사회에 복귀하는 것을 원천적으로 봉쇄한 악법이었다.

이 법에서 규정한 보안처분 대상자는 ①형법상의 내란죄·외환죄, ②군형법상의 반란죄·이적죄, ③국가보안법상의 반국가단체구성죄, 목적수행죄, 자진지원·금품수수죄, 잠입·탈출죄, 찬양·고무죄, 회합· 통신죄, 편의제공죄를 지어 금고 이상의 형을 받고 그 집행을 받은 사실이 있는 자들이다.

안민생도 이 법의 대상자였다. 그는 사촌 여동생 안경옥의 편지를 받고 중국에 가서 만나고자 했지만 사회안전법 대상자는 해외여행이 금지되어 있었다. 그는 "보안법, 사회안전법 모두 나에게 억울하게 씌워진 잘못된 법률"이라고 항의하며 사회안전법 개정에 기대를 걸었다. 그러나 이 법이 폐지된 것은 1987년 6월 민주항쟁이 일어난 뒤로도 2년이 지난 뒤였다.

결국 그는 무링에서 헤어진 사촌여동생의 소식을 60여 년 만에 접했지만 결국 만나지 못하고 1995년 파란만장한 생을 마감한다. 당숙인 안경근과 달리 그는 마지막까지 독립유공자 서훈을 신청하지 않았다. 그는 가족들에게 "내가 죽으면 나에 대한 모든 기록을 없애 버려라"라고 얘기할 정도로 과거 행적에 대해 말하는 것을 꺼려 했다고 한다.

그런데 정말 다행스럽게도 안민생은 시중에 출간된《안중근 일대기》책 속에 자신의 이력을 적고 활동지역도 직접 그려놓았다. 또한 1988년에 옌지에 사는 사촌여동생 안경옥에게 보낸 편지(중국 연변대 민족문제연구소 소장) 두 통은 단순히 안부를 전하는 것이 아니라 안민생이 남긴 유일한 '회고록'이라고 할 수 있다. 이 회고 속에는 그동안 밝혀지지 않은 안중근가 사람들의 행적을 확인할 수 있는 귀중한 단서들이 곳곳에 숨어 있다. 원치 않는 일이었는지 모르지만

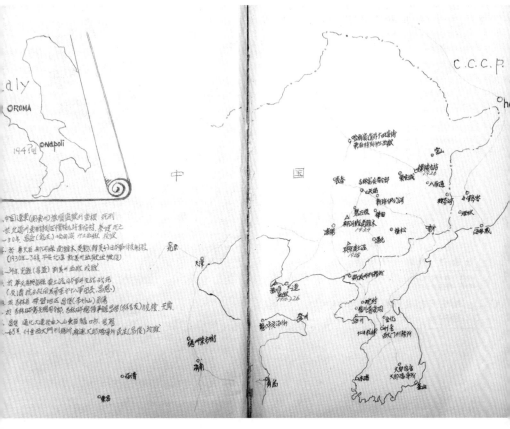

안민생이 직접 쓰고 그린 약력과 활동지역 지도　　좌측 상단에 이탈리아 지도를 그려놓은 것은 부친 안봉근이 이곳에서 사망했기 때문으로 보인다.

그가 남긴 기록은 안중근 일가의 행적과 인식을 후대에게 전하는 귀중한 사료로 남게 된 것이다.

안봉근의 장남 안호생
'항일투사'에서 친일파로 전향

안광훈은 안호생의 가명이었다

'박문사 참배'로 친일행적을 남긴 안중근의 차남 안준생 외에 안중근가 사람들 중 친일행적을 남긴 또 한 명이 있다. 독일에 거주했던 안봉근의 장남 안호생(安鎬生)이다. 그는 4·19 때 민주화와 통일운동에 뛰어들었다가 옥고를 치른 안민생의 친형이다.

지금까지 안호생의 행적에 대해서는 알려진 사실이 거의 없다. 학계의 관심이 없던 탓도 있지만 그가 다양한 가명으로 활동해 행적 자체를 제대로 파악할 수 없었기 때문이다. 그가 사용한 이름만 해도 기록상 안창익, 안일엽(安一葉), 김호생 등이 확인된다. 물론 다양한 가명은 일제강점기에 신분을 숨기기 위해 반일운동가에게 아주 흔한 일이었다.

그런데 안호생이 '안광훈(安光勛)'이라는 또 다른 가명을 사용한 것으로 확인되었다. 친동생 안민생의 기록에 따르면 안호생은 1929년부터 남만주에서 '안광훈'이라는 가명으로 판스현에 있는 한 학교에서 교편생활을 했다고 한다.

안광훈은 독립운동사 연구자들에게 익숙한 이름이다. 1930년대

左記

一、桂園盧伯麟先生ヲ悼ム
二、先ッ思想上ノ一致ヨリ組織的統一ヲ求メヨ
　　　　　　　　　　　　　　　　　　　一、韓
三、唯物史観大義
四、海市民大會ト或感想
五、只其想ヒノミハヤ一
六、何處ニ二性ノカ
七、學軍創刊號ヲ見ル
八、恋愛問題ノ如是我観
九、盧伯麟氏ヲ哀ム
一〇、人生

鄭逵
一辛日築謳述
金商龍
李虎
雪松生
安鎬生
H.S.生

안호생이 기고한 《학군》 잡지에 대해 보고한 일제 기록

중반이후 만주에서 항일무장투쟁을 전개했던 동북항일연군 제1군 참모장으로 활동하다 전향해 전향공작에 참가했던 인물이 안광훈이기 때문이다. 두 사람은 같은 사람일까? 뜻밖에도 안호생과 참모장 안광훈은 이명동인(異名同人)이었다.

그렇다면 교사생활을 하던 안호생은 어떻게 동북항일연군의 최고 간부 중의 한 사람이 되었다가 갑자기 전향해 과거의 동지들을 잡으려 다니게 된 것일까?

1908년에 황해도 신천군 청계동에서 태어난 안호생은 보통학교를 졸업하고 더 공부하고 싶은 생각이 있었지만 어려운 가정형편을 고려해 재판소에 취직해 급사 노릇을 하면서 독학을 했다. 그러나 안중근 일가라는 꼬리표는 그를 빗겨가지 않았다. 안중근의 조카라는 사실이 밝혀지면서 재판소에서 해고되었고, 다른 곳에 취직하기도 어려워졌다. 몇 년 후 천신만고 끝에 경성체신리원양성소(京城遞信吏員養成所)에 우수한 성적으로 합격한 그는 어머니와 동생 셋을 두고 서울로 떠났다.

그러나 서울에서의 생활도 순탄치 않았던 것 같다. 그는 홀연히 서울을 떠나 아버지를 찾아 상하이로 망명길에 올랐다. 당시 안봉근은 안중근에게 마지막 성사를 집전하기 위해 주교의 명령을 어기고 뤼순감옥에 갔던 빌렘 신부가 프랑스로 추방될 때 그와 동행해 유학을 떠났는데, 3·1운동 이전에 상하이로 와 있었다.

일제가 작성한 〈용의조선인명부〉에는 안호생에 대해 다음과 같이 기록되어 있다.

상해에 도항한 실부(實父) 안봉근을 찾으러 1924년 봄 도항하여 상해를 방랑 중에 공산주의에 공명하게 됨. 1926년 3월 블라디보스톡 신한촌(新韓村)에 이르러 모스크바공산학교에 들어가려고 준비했으나 이루지 못함.

상하이에 정착한 안호생은 상하이소년회, 상하이한인학우회, 상하이한인청년회 등에서 간부로 활동했다. 특히 1925년 10월에 상하이소년총회에서는 사촌동생 안우생, 정옥녀(鄭玉女, 후에 안중근의 며느리가 됨) 등과 함께 집행위원에 선출되었다. 1925년 12월 18일자 〈동아일보〉에 따르면 안호생은 상하이에 있는 4개 단체가 연합해 개최한 강연회에서 '소년과 사회'란 제목으로 연설을 했다. 또한 1926년에 한인학우회가 창간한 잡지 《학군(學軍)》 제1권 2호에 연애 문제를 주제로 기고하기도 했다. 조카인 안기명은 "큰아버님이 연설을 아주 잘하셨다는 이야기를 들은 적이 있다"라고 말했다.

주목할 것은 이 잡지 2호에 정원(鄭遠)이 쓴 〈먼저 사상상(思想上) 일치에서 조직적 통일을 구(求)하라〉라는 제목의 글이 실려 있다는 점이다.

당시 중국 관내와 만주에서는 민족유일당운동이 광범위하게 전 개되고 있던 때였다. 이를 위한 작업으로 1927년 11월에는 중국본부 한인청년동맹 창립대회가 열렸다. 이 단체는 "청년회의 진보 발전을 기하는 데 있어 청년회의 연맹을 필요로 하여 결성"된 베이징, 상하이, 광저우, 난징, 우한(武漢, 무한)의 5개 지역 한인청년회의 연합체였다.

창립대회에서는 조선청년운동의 총본영인 조선청년총동맹의 1지 대(支隊)로서의 임무를 수행하고 만주청년단체와 제휴해 속히 중국 한인청년총기관을 조직하기로 결의했다. 또한, 조선의 독립과 세계 혁명이론 및 실질적인 전술의 수립을 꾀한다는 강령을 채택했다.

그리고 중앙집행위원장 및 정치·문화부 담당에 김기진(金基鎭), 서 무부에 이관수(李寬洙)·정태희(鄭泰熙), 재무부에 엄항섭(嚴恒燮), 선 전·조직부에 정원(鄭遠), 조사부에 안우(安愚) 등이 선임되었다. 이 대 회의 결의에 따라 정원을 1928년 1월 만주로 파견해 만주의 각 청년 단체들과 접촉하게 된다.

안호생은 정원보다 앞서 만주에 가 1927년 8월에 하이린(海林, 해 림)에서 개최된 만주지역 청년단체 통합을 위한 남북청년단체대표 협의회에 참석했던 것으로 보인다. 안민생은 1920년대 안호생의 활 동에 대해 다음과 같이 기록했다.

안호생을 체포한 사실을 보도한 당시 신문 기사들

1923년 여름 연길 대성중학에서 개최된 원동지역 약소민족대표
자대회에 참석했다가 돌아온 직후 호생형이 동성특별구 무링(목
릉현) 경찰에 체포되어(그날 나도 형과 같히 체포되었다가 석방
되었다) 하얼빈으로 이송되어 다른 11명들과 함께 하루빈(하얼
빈) 제3감옥에 수감되었다가 1928년 말 중국 국민혁명 성공으로
모두 석방되었다.

여러 자료를 종합해 볼 때 안호생이 체포된 것은 1927년 여름이고,
그가 참석한 대회는 '약소민족대표자대회'가 아니라 남북청년단체
대표협의회였던 것으로 판단된다. 체포 당시 안호생은 '극동조선인
학교 교장'이었다. 그의 체포 사실이 국내 언론에 보도된 것은 1928
년 3월이었다. 당시 언론들은 그가 '적화선전', '로농 연락' 등의 혐의
로 조선인 교원 9명과 함께 체포되었다고 보도했다. 신한민보 1928년

12월 27일자에 이들이 15개월 동안 불법감금되었다는 내용이 있다.

안호생 등이 체포된 후 국내에서는 이들을 구명하기 위한 다양한 노력이 전개되었고, 1928년 말 또는 1929년 초에 석방되었다. 석방된 후 안호생은 몸을 추스릴 겨를도 없이 지린성 판스현으로 자리를 옮겨 '안광훈'이란 가명으로 '성구(省區)모범학교'에서 교편생활을 시작했고, 이때 한영훈과 결혼했다. 그러나 일제의 탄압으로 얼마가지 않아 학교가 폐쇄되었고, 안호생 부부는 다시 류허현(柳阿县, 유하현)으로 이동해 활동하다 일제 헌병에 체포되었다.

안민생의 기록에 따르면 이때 "신의주형무소에서 3년 6개월의 징역을 살았다"고 한다. 이 무렵 부인인 한영훈이 일본군에게 사살되었다고 한다. 안민생은 "유하현 남유목(南維木)에서 다시 항일활동을 하시든 형수님은 일본군의 추격을 피신하다가 끝내 사살되셨다. 당시 32세였다"라고 기록했다.

신의주형무소에서 나온 안호생은 연고가 있던 판스현으로 돌아갔다. 일제의 〈용의조선인명부〉에는 안광훈(안호생)이 "1934년 현재 중국공산당 만주성위원회 반석현위원회 간부"로 활동하고 있다고 기록되어 있다.

당시 만주전역에서는 항일무장투쟁의 불길이 거세게 타오르고 있었다. 남만주지역의 경우 신빈현(新賓縣), 환런현(桓仁縣, 환인현)을 중심으로 국민부 산하 조선혁명군이 활동하고 있었고, 판스현 일대를 중심으로 이홍광부대가 활발하게 일본군과 전투를 치르고 있었다.

중국공산당 만주성위 남만특위 산하에서 활동하던 이홍광부대(남만유격대)는 1933년 9월에 동북인민혁명군 제1군 1사로 확대 개편된다. 1군 군장은 중국인 양징위, 1사장은 이홍광, 병력은 700여 명이

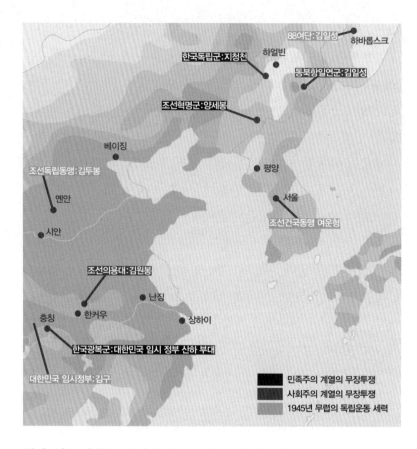

베이징

조선독립동맹:김두봉

옌안

시안

충칭

한커우

난징

상하이

조선의용대:김원봉

한국광복군:대한민국 임시 정부 산하 부대

대한민국 임시정부:김구

88여단:김일성 하바롭스크

한국독립군:지청천 하얼빈

동북항일연군:김일성

조선혁명군:양세봉

평양

서울

조선건국동맹 여운형

■ 민족주의 계열의 무장투쟁
■ 사회주의 계열의 무장투쟁
■ 1945년 무렵의 독립운동 세력

었다. 안호생의 동생 안민생도 한때 이 부대 소속으로 활동했다.

1936년 봄 동북인민혁명군 제1군은 다시 동북항일연군 제1군으로 확대 개편되었다. 양징위가 군장(軍長) 겸 정치위원, 송철암(宋鐵岩)이 정치부주임이었다. 이때 안광훈(安光勛), 즉 안호생이 참모장으로 임명되었다. 제1군 산하에 2개 사(師)를 두었는데 제 1사장 겸 정치위원은 정빈(程斌)이고 정치부주임은 한국신이었다. 1군 2사장은 조국안(曹國安)이고 정치부주임은 전광(全光, 본명 오성륜)이다. 제1군의 총병력은 전성기에 약 6천여 명에 달했다.

과거의 동지였던 동북항일연군 소속 간부들의 귀순공작에 참여한 안호생   주요 공작대
상이던 김일성(앞줄 오른쪽에서 4번째)과 오성륜(앞줄 오른쪽에서 두 번째)이 1937년 가을 웨이정
민 등 동북항일연군 제1로군 간부들과 찍은 사진이다.

　중국공산당 판스현위원회에서 활동하던 안호생이 2년 만에 6천
여 명의 남만주 무장조직을 지휘하는 핵심지위에 오른 것이다. 아마
도 제1로군 총지휘를 맡은 양징위와의 인연 때문일 것이다. 이 무렵
김일성은 동만주에서 활동한 동북항일연군 제2군 6사 사장으로 활
동하고 있었다.

　동북항일연군은 제1군부터 11군까지 편성되어 전성기에는 참여
인원이 2만 명이 넘어 일본제국의 만주 및 중국 침략의 가장 큰 '암
적 존재'가 되었다. 특히 1937년에 제1로군 제2군 제6사(사장 김일
성)가 일본의 식민지 지배하에 있던 함경남도(현재는 양강도) 혜산
의 보천보를 습격한 사건이 국내 언론에 대대적으로 보도되면서 위
협을 느낀 일본군의 토벌작전은 갈수록 심해졌다.

일제는 만주국의 경찰·군대나 관동군 등을 동원해 게릴라의 거점
이나 이들에게 협력하는 촌락 등을 섬멸하며, 이것과 병행하여 집단
부락을 건설해 그들의 활동을 고립시키고, 귀순공작 등의 수법을 이
용해 동북항일연군을 탄압했다. 특히 집단부락의 건설로 동북항일
연군은 물자의 공급이 곤란해져 두메산골에서 유격전을 전개할 수
밖에 없게 되었다. 일제의 대대적인 토벌로 1938년경 동북항일연군
의 전체 규모는 2천여 명도 채 안 될 정도로 급감했다.

체포되어 전향 후 과거 동지들을 잡으러 다니다

이 와중에 참모장 안호생이 총격전 끝에 일본군에 체포되었다.
1938년 2월에 그는 동북항일연군 제1로군 군장 양징위가 1군의 주
력부대를 이끌고 노령지역으로 북상했을 무렵 환런(桓仁, 환인)과 콴
뎬(寬甸, 관전) 사이에 있던 1군 밀영에 남아 있다가 그만 토벌대에
잡힌 것이다. 안민생은 "1934년 신의주에서 돌아온 호생형은 무송,
장백현 등지에서 양징위와 함께 동변도 항일무장활동을 하다가 일
곱 번째 왜놈들의 총을 맞고 포로가 되었다"라고 기록했다.

체포된 후 안호생은 전향해 모든 비밀을 털어놓았다. 일반 군사간
부가 아니고 참모장이던 그가 동북항일연군 1군의 모든 군사비밀을
제공하자 유격대들이 건설해놓은 밀영은 거의 모두 파괴되었고, 그
밀영에 숨어서 병 치료를 하던 항일연군의 부상자들도 모조리 잡히
거나 피살되었다.

참모장 안호생의 전향은 이에 그치지 않고 남아 있던 양징위의 최
측근 정빈 제1사 사장을 동요시켜, 결국은 일본군에 투항케 했다. 정

1938년에 안호생이 일본군에 체포되어 전향한 후 함께 활동한 통화성 경찰들(왼쪽) 전향 후 안호생은 통화성 경좌로 임명되어 동북항일연군 고위간부의 귀순공작 반장으로 활동했다.
사살된 동북항일연군 제1로군 군장 양징위의 시신(오른쪽) 일제는 그의 배를 가르고 머리를 잘라 효수했다.

빈의 투항은 양징위의 체포와 죽음으로 이어졌다.

비극은 여기서 그치지 않았다. 체포되어 전향한 안호생이 이후 만주국 치안부 이사관으로 있던 김창영(金昌永)의 밑으로 들어가 과거의 동지들을 귀순시키는 일에 투입된 것이다. 일제는 동북항일연합군을 '토벌'하기 위해 특정기간을 정해놓고 '완전히 소탕하겠다'는 의지를 보였다. 1939년 10월부터 노조에 쇼토쿠(野副昌德) 소장을 책임자로 '동남부치안숙정공작'을 실시하면서 총 6만 5천여 명의 병력을 동원해 동북항일연군을 토벌하고자 했다.

당시 일제는 동북항일연군의 주요 지도자를 잡으려고 김일성과 양징위, 웨이정민(魏拯民, 위증민)은 1만 엔, 박득범, 차오야판(曹亞範, 조아범) 등은 5천 엔의 현상금까지 내걸었다. 이 과정에서 양징위가 1940년 2월에 총살당하고 효수되어 나무에 내걸렸다. 남은 사람들은 동북항일연군의 조선인 수장 3명과 차오야판(1940년 12월 총살),

1940년에 귀순한 동북항일연군 제1로군 간부들　　　　　뒷줄 왼쪽부터 김재범(전 김일성부대 정치주임), 박득범(전 동북항일연군 제1로군 제3방면군 참모장), 김백산(전 제1로군 경위려 3단 단장). 앞줄 가운데가 1930년대 후반 동북항일연군 대토벌(치안숙정공작)을 지휘한 노조에 소장

웨이정민(1941년 3월 병사) 등으로 압축되었다.

　당시 김창영은 1939년 가을에 직속상관인 만주국 치안부 차장으로부터 만주국 사법부, 치안부, 관동군 공동결정이라며 김일성을 비롯해 전광 등 동북항일연군의 핵심간부 귀순공작을 성사시키라는 특명을 받았다. 당시 김일성은 동북항일연군 제1로군 제2방면군 군장이었고, 전광은 제1로군 비서차장 겸 군수처장이었다.

　안호생은 통화성 경좌(警佐, 경정에 해당)로 임명되어 후이난현(輝南縣, 휘남현)과 멍장현(濛江縣, 몽강현) 공작반장을 맡아 10여 명의 부하를 인솔하고 1941년 1월에 전광이 귀순하도록 하는 데 성공했다. 1920년 초에 의열단에 가입해 김익상 등과 1922년 3월 상하이에서 일본 육군대장 다나카 기이치 암살시도까지 했던 전광도 귀순 후 만주국 치안부 고문으로 활동한다.

귀순공작 책임자였던 김창영은 대한민국 정부 수립 후 설치된 반민족행위특별조사위원회(반민특위)에 체포되어 조사를 받았다. 그의 진술에 따르면 1940년부터 1942년 10월까지 귀순한 동북항일연군, 만주군, 일본군과 더불어 동만지구 일대의 숙청공작을 추진·협력하여, 김일성 부대 참모장 임수산 외 30여 명, 양징위 군사령부 총무부장 오성륜 외 10여 명, 군사령부 박득범 외 6명, 사령부 소속단장 김백산, 김일성 부대 정치주임 김재범 외 6명 등 수백명의 항일조선군을 체포·숙청하게 했다.

이렇게 1920년대 10대 중반의 나이로 반일운동에 투신한 안호생은 20대 후반에 만주지역 최대의 반일조직이던 동북항일연군 제1군의 참모장에 올라 반일유격투쟁을 2년여 동안 지휘했지만 일본군과의 전투에서 부상을 입고 체포된 후 과거의 동지들을 체포하는 '귀순공작'에 참여해 혁혁한(?) 공을 세우는 오점을 남겼다. 여러 차례 투옥되고 사선을 넘었던 그가 1945년 해방까지 마지막 7년을 버티지 못한 것이다.

그의 마지막 행적은 알려져 있지 않다. 일설에 의하면 동북항일연군의 주요 지휘자가 귀순, 사살되고, 생존 간부들이 연해주로 이동하자 이후에는 조선의용군이 활동하던 러허성(熱河省, 열하성)지역으로 파견되었다가 해방 전에 사망했다고 한다. 너무나 아쉬운 말년의 행적이 아닐 수 없다.

5촌 조카 안춘생
안중근 가문에서 배출한
유일한 육사 출신

광복군 출신 초대 독립기념관장 역임

일제는 안중근 의거 이후 안 의사 친인척의 일거수 일투족을 감시하며 탄압했다. 안 의사의 일가라는 점 때문에 국내에서는 안정적인 직장에 취직조차 할 수 없었다. 이때문에 안중근 의사의 직계 가족뿐만 아니라 안태건, 안태민, 안태순 등 숙부는 물론 그의 사촌형제들, 조카들까지도 거의 대부분 해외로 망명해 독립운동에 투신했다. 그런 만큼 1945년 8월 해방이 되었을 때 국내에 거주하고 있던 안중근 의사의 일가는 거의 없었다.

해방 후 임시정부 요인들이 환국할 때 안미생이 1진, 안우생이 2진에 포함되어 제일 먼저 돌아왔고, 1946년이 되어서야 안홍근, 안경근 등 안 의사 일가의 주요 인사들이 귀국했다. 귀국 후 이들은 서로 다른 정치적 행보를 보였고, 대한민국 정부 수립 이후에는 안정근의 장남인 안원생이 중심역할을 했던 것으로 보인다. 주한 미대사관에 근무하던 안원생이 미국 공보원 인천분원 원장으로 부임하면서 안 의사 일가들이 한때 인천에 정착했다. 전쟁 후 이승만, 박정희 정권 시절 안 의사 일가는 일부는 정부각료로, 일부는 반독재민주화운동에 투신해 상반된 길을 걷기도 했다. 그러다 광복군 출신으로 해방 후 국군에 투신했던 안춘생(安椿生)이 1982년에 독립기념관장으로 부임하면서 그가 안 의사 일가의 중심역할을 맡게 된다. 해외에 흩어져 있던 친척들도 그에게 연락을 해오기 시작했다.

일제 패망 후 남한에 진주한 미군정은 임시정부 세력들을 경계했다. 김구 주석 등 임시정부 요인들은 개인 자격으로 입국해야만 했다. 이런 연유로 광복군 출신들은 미군이 세운 군사영어학교(약칭 군영) 입교를 기피했다. 그런데 군영 출신들이 창군의 주체가 되다 보니 광복군 출신 가운데 창군에 참여한 사람은 극히 드물었다.

반면 정부수립 후 초대 군 수뇌부는 광복군 출신이 차지했다. 철기 이범석과 최용덕(崔用德)이 그들이다. 광복군 제2지대장과 참모장을 지낸 이범석은 초대 국무총리와 국방부장관을 겸임했다. 조종사 출신으로 광복군 총사령부 참모처장을 지낸 최용덕은 초대 국방부 차관, 2대 공군참모총장 등을 지냈다. 그러나 엄밀히 말하면 이들은 현역군인은 아니다.

광복군 출신 가운데 육사에 입교해 장교로 임관한 사람은 더러 있다. 육사2기로 입교한 고시복·이종국, 육사3기 박시창·최덕신·박기성·장호강, 육사7기 특별반 김관오·장흥·김국주, 육사8기 특별반 이준식·권준·박영준·오광선·전성호 등이 그들이다. 이들은 모두 장성으로 진급했으나 군에서 요직을 맡은 사람은 아무도 없다.

안중근 집안에도 육사 출신이 한 명 있다. 바로 안춘생이 육사8기 특별반 출신이다. 육사8기 특별반은 1~4반까지 있었는데 안춘생은 1반이었다. 동기생 8명 가운데 김석원·백홍석·안병범·유승렬 등은 일본군 출신, 이준식·오광선·권준 등 세 사람은 광복군 출신이었다.

안춘생의 중국 중앙육군군관학교 11기 입교기념 사진(1935년 3월 24일)

　안춘생은 1912년 8월 12일에 황해도 벽성에서 태어났다. 그의 부친 안장근(安莊根)은 안태진의 둘째아들이니 안춘생은 안중근에게 큰집 조카가 된다. 안장근은 농사를 지어 생계를 이으며 훈장 노릇을 하기도 했다. 안중근의 하얼빈 의거 후 일제의 핍박을 견디다 못해 얼마 뒤 황해도 벽성군 금산면으로 이사를 했다.

　그러나 여기서도 오래 살지 못한 채 안춘생이 일곱 살 되던 해에 고국 땅을 등져야만 했다. 이들이 다시 정착한 곳은 만주 지린성 무링현의 한 조그만 마을이었다. 이후로도 그들은 여러 차례 거주지를 옮겨 다녀야만 했는데 안춘생은 퉁허현(通河縣, 통하현) 소재 양진학교에서 소학교와 중학교 과정을 마쳤다.

　1931년 9월, 그의 나이 열아홉 살 때 만주사변이 일어났다. 만주는 일본군의 손아귀에 들어가게 되었다. 청년 안춘생은 당시 헤이룽

장성(黑龍江省, 흑룡강성) 주석으로 있던 마잔산(馬占山, 마점산) 장군을 따라 항일운동에 나설 결심을 했다. 그러나 마잔산부대가 이미떠난 뒤여서 뜻을 이루지는 못했다. 할 수 없이 그는 진로를 바꿔 상하이로 가기로 마음먹었다.

이듬해 4월 29일에 윤봉길의사의 훙커우공원(虹口公園) 거사가 성공하자 장제스는 "중국의 백만 대군이 불가능한 일을 한국의 한 청년이 해냈다"며 격찬했다. 장제스 정부는 마침내 임시정부에 손을내밀며 지원 의사를 밝혔다. 1933년 5월에 김구 주석은 남경중앙군관학교에서 장제스와 면담하고 한국의 독립전쟁에 필요한 무관 양성에 합의했다. 그 결과 하남성 뤄양에 있는 중국 중앙육군군관학교제7분교(낙양분교)에 한인특별반을 설치하게 되었다.

그 무렵 잠시 국내로 들어와 고향에 머물고 있던 안춘생은 처음

에는 해주에서 배를 타고 상하이로 갈 생각이었다. 그는 용당포에서
부두노동자로 일하면서 기회가 오기를 기다렸다. 그러나 끝내 기회
를 잡지 못해 결국 육로를 택하게 되었다. 육로라면 신의주로 가서
압록강을 건너는 길 뿐이었다.

1933년 9월 2일, 그는 주재소에 신고도 하지 않은 채 신의주행 기
차에 올랐다. 무사히 신의주에 도착한 그는 배를 타고 중국 안둥(安
東)으로 건너가 그곳에서 다시 옌타이(煙台, 연태)로 가는 배표를 구
입했다. 그곳에서 다시 웨이하이(威海, 위해)를 거쳐 천신만고 끝에
상하이에 도착했다. 그러나 꿈에도 그리던 임시정부는 이미 상하이
를 떠난 뒤였다. 할 수 없이 자싱으로 가서 그곳에서 뤄양으로 가는
길을 소개받았다.

1933년 12월 중앙군관학교 낙양분교에 한인특별반이 문을 열었
다. 이듬해 2월 한인반은 낙양분교 제2총대 제4대대에 소속되어 육
군군관 훈련반 제17대로 군사훈련을 받았다. 1기생으로 92명이 입
교하였는데 교관은 오광선·조경한·한헌 등이었다. 이들은 입교생들
에게 혁명정신 교육 등 정치훈련과 일반 군사교양을 교육했다. 마술
훈련을 시키고 각종 포와 기관총을 조작하는 법도 가르쳤다. 92명
가운데는 안춘생도 들어 있었다. 그의 나이 22세 때였다.

당시 한인특별반 생도들은 중국식으로 이름을 바꿔 중국인으로
위장을 했다. 학적부도 마찬가지였다. 일본으로부터 트집을 잡힐까
봐 그리 한 것이다. 안춘생은 왕형(王衡)으로 이름을 바꾸었다. 중국
인 행세를 하려면 호(號)도 필요하다고 해서 악남(岳南)이라는 호도
하나 만들었다. 그 무렵 그는 왕형, 혹은 왕악남으로 불렸다. 그러나
한인 생도들의 변성명에도 결국 들통이 나고 말았다. 일본으로부터

안춘생의 중국 중앙육
군군관학교 졸업증명서
(1936년 6월 20일)

강력한 항의를 받은 장제스 정부는 1935년 4월에 제1기 62명의 졸업과 함께 한인반을 폐쇄했다.

안춘생은 운이 좋았다. 그는 다른 한인 16명과 함께 특별히 선발되어 난징에 있는 중국 중앙육군군관학교 본교로 진학하게 되었다. 1936년 6월 20일에 이 학교를 졸업한 그는 육군 소위로 임관되어 중국군 제2사단에 배속되어 소대장을 맡는다. 비록 중국군 소속이지만 군인의 꿈을 이룬 것이다.

소위 임관 6개월 뒤 장쭤린(張作霖, 장작림)이 장제스을 연금하는 소위 '시안(西安) 사건'이 발생했다. 그는 장제스 구출임무를 띠고 이 작전에 참가했다. 이듬해 '노구교 사건'을 빌미로 중일전쟁이 터지자 그는 8월에 상하이전투에도 참가한다. 그가 지휘한 소대는 일본 해군 육전대(陸戰隊) 사령부를 공격하라는 임무를 맡았다. 그러나 아

임시정부 피난시절인 1938년 중국 창사 소재 백범 김구 선생이 살던 집 앞에서 찍은 기념사진 앞줄 왼쪽부터 안춘생, 김자동(정정화 아들), 엄기동(엄항섭 아들), 노태준 순이며, 뒷줄 오른쪽 기둥 앞에 서 있는 청년은 백범의 차남 김신이다.

무런 정보도 없이 공격한 것은 무모한 일이었다. 이 전투에서 소대원 60명 가운데 50명이 죽고 그도 구사일생으로 목숨을 건졌다.

8월 20일경, 그는 인상항(引翔巷) 보산지창전투에 다시 투입되었다. 지난 패전의 경험으로 그는 단단히 작전을 세웠다. 일본군은 함포사격에 비행기로 공격을 해댔으나 그의 부대원들은 기껏해야 기관총이 고작이었다. 그럼에도 일전불사의 정신으로 싸운 끝에 상당한 전과를 올렸다. 그러나 중국군은 결국 상하이를 내주고 철수해야만 했다. 철수작전 당시 그는 왼쪽 허벅지에 기관총 관통상을 입고 쉬저우(徐州, 서주) 육군병원으로 후송되었다.

병상에 누워 있던 그에게 난징으로 피신 와 있던 임시정부로부터 연락이 왔다. 용건은 임시정부 요인들을 피신시킬 선박을 하나 구해 달라는 것이었다. 그 무렵 난징도 이미 위험한 상황이었다. 그는 곧장 우후(蕪湖, 무호)로 가서 목선을 하나 구해 왔다. 그리고 임시정부 요인 가족들을 배에 태워 한커우를 거쳐 광저우로 이주시켰다. 이듬해 그는 육군 대위로 후난성 창사에서 경비사령부에 복귀했다.

당시 그는 임시정부의 비밀지령을 받아 특수임무를 하나 수행했다. 일본군이 점령하고 있는 상하이에서 거사에 필요한 폭탄을 홍콩까지 운반하는 임무였다. 그는 또 임시정부와 상하이 지구 간에 통신에 필요한 무전암호를 가지고 비밀리에 상하이로 가서 상하이 특수공작반에 전달하기도 했다. 당시 그는 중국군 신분이었다.

1939년에 안춘생은 육군 소령으로 승진했다. 그는 충칭에서 새로 편성된 중국군 군정부(軍政部) 병공서(兵工署) 감호대대에 배속되었다. 담당업무는 소련에서 들어오는 휘발유 등 군수물자를 수송하는 일이었다. 그 밖에도 그는 묘족(苗族)을 훈련시키는 일도 맡았다.

광복군서 OSS 훈련 … 정규 육사 초대 교장

그 무렵 충칭 임시정부에서 광복군을 조직했다. 안춘생은 4년간의 중국군 생활을 마감하고 광복군에 합류했다. 1940년 6월 임시정부 군무부는 산시(山西, 산서)지역에 군사특파원을 파견하여 군사활동을 전개했다. 이때 그는 이준식·노태준 등과 함께 특파단원으로 파견되었다. 주요 임무는 일본군 점령지역을 다니면서 광복군 요원을 초모(招募)하는 일이었다.

그해 11월에 광복군 총사령부가 설치되자 그는 제1지대 간부를 맡았다. 1지대는 산시성 다퉁(大同, 대동)을 근거지로 하여 하남성, 산시성 지역을 무대로 초모공작에 주력했다. 1942년 4월에 광복군 조직이 개편됨에 따라 이범석이 이끄는 2지대에서 1구대장을 맡았다. 당시 계급은 광복군 육군 중령이었다.

서안에 본부를 두고 있던 2지대는 한인 장·사병 30여 명을 일본군으로부터 탈출시켜 광복군에 편입시키는 성과를 거두기도 했다. 적지에서 적군에 소속된 병사들을 탈출시키는 작업은 목숨을 걸고 하는 일이었다. 2지대는 1943~1944년에도 한인 청년 20여 명씩을 일본군에서 탈출시켜 대원으로 확보했다.

2지대가 본격적으로 활동을 전개한 것은 조국 광복을 코앞에 둔 1945년 5월부터였다. 물론 당시만 해도 일본이 그리 빨리 항복하리라고는 아무도 예상하지 못했다. 1941년 12월에 태평양전쟁이 발발하자 임시정부는 대일선전포고문을 발표했다. 임시정부는 미국과 손잡고 대일전에 나섰다. 그 첫걸음은 미군의 협조 하에 광복군에게 미군 특수부대(OSS)의 특수훈련을 시키는 일이었다. 그 일을 2지대가 맡았다.

2지대는 시안 두취(杜曲, 두곡)에 위치한 2지대 본부에 OSS 훈련대를 설치했다. 미 육군 특전단에서 파견된 교관 20여 명은 광복군 대원들에게 도하 및 침투훈련, 사격술, 무전기 조작법 등을 가르쳤다. 안춘생이 지휘하던 1구대는 대원 전원이 이 훈련에 참가했다.

1945년 8월초, OSS 책임자 도노반 국장이 2지대의 훈련 상황을 점검했다. 이 자리에서 도노반은 김구 주석, 이청천 장군 등과 협의하여 대원들을 국내에 투입하기로 결정했다. 이른바 광복군의 '국내

1945년 8월 7일 중국 시안에서 미국 전략첩보국 도노반 국장과 국내 진입작전을 협의한 후 회의장에서 걸어 나오는 김구 주석 왼쪽부터 엄항섭 임정 선전부장, 김구 주석, 이청천 광복군총사령, 이범석 광복군 제2지대장, 도노반 국장

정진(挺進)공작'이다. 훈련을 마친 대원들은 출동명령만을 기다렸다. 그러나 뜻하지 않은 중대변수가 발생했다. 일본이 항복한 것이다.

잠수함이나 낙하산으로 우리 대원들을 서해안에 침투시켜서 우선 유격전을 전개해서 병참선을 차단하고 또 적을 교란시키고…, 한편으로는 미군이 뒤따라 들어오고…, 이렇게 계획이 되어 있었는데, 그렇게 하려고 일본 군복까지 만들어 놓고 기다렸는데…, 아아 그렇게 되었으면 얼마나 멋졌겠습니까? 우리 계획이 성공되었더라면 38선이란 절대로 있을 수 없지요. 이게 우리 민족의 운명을 좌우하는 중요한 분기점이 된 겁니다. ― 오효진, 〈영원한 광복군〉, 《월간조선》 1986년 8월호

1945년 9월 30일 해방 후 광복군 제2지대 간부와 미국 OSS 대원   앞줄 왼쪽부터 노태준, 사전트(Clyde B.Sargent), 이범석, 안춘생, 노복선이다.

남양군도에서부터 미군에게 연전연패를 거듭하던 일본군은 결사항전 의지를 불태우며 본토 사수에 나섰다. 그러나 8월 6일과 9일에 일본 본토의 히로시마와 나가사키에 원자폭탄이 투하되자 상황이 급변했다. 게다가 8월 6일에 소련이 일본에 선전포고를 해 일본은 마침내 8월 15일 항복을 선언했다. 이로써 태평양전쟁은 막을 내렸다.

8월 10일, 일본이 항복 의사를 표명했다는 소문이 시안에 나돌았다. 이튿날 광복군은 제2지대의 OSS 훈련대원들을 국내 정진군으로 재편하고 총사령에 이범석 장군을 임명했다. 이때 안춘생 정령(正領, 대령)은 제1지구 대장에 임명되었다. 1지구대는 평안도, 황해도, 경기도에 정진할 예정이었다.

정진군 선발대는 8월 18일에 미군 수송기를 타고 시안을 떠나 서울 여의도 공항에 착륙했다. 그러나 일본군 사령관이 이들의 입국을

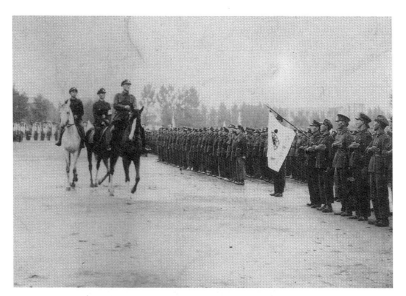

1946년 결성된 조선민족청년단 대열을 사열하는 이범석 단장과 안춘생 훈련부장

거부함으로써 정진군의 국내 진입은 허사가 되고 말았다. 동포들의 꽃다발을 받으며 개선하고자 했던 안춘생의 꿈도 허망하게 무너지고 말았다.

해방 후 그는 일본군에서 넘어온 한인 장병 7백 명을 모아 난징에서 잠편(暫編) 지대를 편성한 후 지대장을 맡았다. 잠편지대는 훈련을 하면서 귀국을 기다렸으나 그마저도 뜻대로 되지 않았다. 결국 그는 해방 이듬해 6월, 미군 LST 수송선을 타고 인천을 거쳐 귀국했다. 청춘을 바쳐 독립운동에 헌신한 그였지만 미군정의 푸대접으로 일본군 포로나 송환자들과 같은 취급을 받았다.

귀국 후 그는 이범석 장군이 결성한 민족청년단에서 활동하다가 정부수립 후 국군에 입대했다. 1948년 12월에는 육사 8기 특별 1반으로 들어갔다. 그는 광복군 시절의 계급보다 하나 낮은 중령으로

안춘생의 가족사진 부인 조순옥(1923~1973)도 광복군에서 활동했으며 1990년 애국장이 추서되었다.

임관했다. 당시 일본군 출신들은 다 제 계급을 찾았으나 중국군이나 광복군 출신만 하나를 낮춰 받았다. 창군 초기 수뇌부는 '일본군 냄새'가 나는 사람들이 잡고 있었기 때문이다.

1949년 1월 7일자로 그는 첫 보직을 받았다. 육군본부 감찰감 자리였다. 당시 군에서는 꽤 괜찮은 자리로 통했다. 그러나 그에겐 상관없는 일이었다. 그는 한국전쟁 당시 육군본부가 대구에 주둔할 때 다섯 달 만에 무려 여섯 번이나 이사를 했다고 한다. 주변에서 '대구는 군용지도 있고 공병대에 자재도 있으니 판잣집이라도 지어서 살면 되지 않느냐'고 했지만 그는 '감찰감이 그래서야 되겠느냐'며 끝내 전세살이를 고집했다.

1951년에 장군으로 승진한 안춘생은 그해 10월 30일에 4년제로 개편한 정규육사의 초대 교장에 임명되었다. 그가 교장이 되어 진해에서 문을 연 육사에 입교한 생도들이 육사 11기생들이다. 그를 발탁한 사람은 육군참모총장 이종찬이었다. 이 총장은 일본육사 출신으로 일본군에서 복무하다 해방은 맞았다. 현역시절 군의 정치개입을 반대해 '참장군'으로 불려온 이 총장은 '4년제 사관학교 초대 교장이라면 일본군 때가 묻은 인물이어선 안된다'며 광복군 출신의 그를 발탁했다.

이후 안춘생은 8사단장, 육본 인사참모부장, 국방부 차관보를 거쳐 5·16 쿠데타 직전인 1961년 4월 4일에 육군 중장으로 예편했다. 인천중공업 사장, 영진운수 사장, 정방물산 사장 등 한동안 기업체에서 활동하기도 했다. 1973년에 유정회 국회의원, 광복회장을 지냈고 1982년에는 일본의 역사왜곡사건을 계기로 건립된 독립기념관 초대 관장을 맡아 민족정기 선양에도 힘썼다. 2011년에 98세로 천수를 다했다.

안춘생의 형 안봉생

안춘생의 형 안봉생도 독립운동에 참가했다. 1908년에 황해도 벽성(碧城)에서 태어난 그는 1917년 가족과 함께 만주로 망명했다. 1927년 9월에 중국 지린성 주허현(珠河縣, 주하현)에서 김좌진의 부탁으로 혁명동지 규합에 힘썼고, 1931년부터 1932년 사이에 독립투사양성소인 동광학교(東光學校)에서 교편을 잡으면서 반만항일군(反滿抗日軍) 조직에 적극 노력했다. 1933년 1월에 일본영사관원이 체포하려 한다는 정보를 입수하고 재빨리 몸을 피해 상하이로 탈출했다.

그후 당숙인 안정근, 안공근, 안경근의 지시로, 동생 안춘생을 비롯한 중앙군관학교 지망생 30여 명과 함께 난징의 중앙군관학교에서 엄항섭, 조완구, 차이석(車利錫) 등의 임시정부 요인을 보좌했다.

1935년 9월에 만주로 가서 항일운동을 전개하라는 안공근의 특명을 받고, 헤이룽장성 란시현(蘭西縣, 난서현)에 도착해 삼합(三合) 농장주인 오영렬(吳永烈)과 제휴해 청소년을 모아 독립사상과 민족의식을 고취시키는 활동에 나섰다. 그러나 그해 12월에 친일파 정준수(鄭駿秀)의 밀고로 일본 경찰에 체포되어 4개월간 옥고를 치렀고, 일제의 요시찰인물 제1호로 지목되어 감시받다가 광복 후 귀국했다. 1980년에 별세한 안봉생에게 1990년에 건국훈장 애국장이 추서되었다.

안정근의 두 아들
안원생과 안진생
박정희와의 인연으로
외교관 활동

축구 선수로 이름 날리다 임시정부에서 활동한 장남 안원생

안정근의 장남 원생도 대를 이어 독립운동에 투신했다. 1905년 황해도 안악에서 태어난 그는 아버지와 함께 블라디보스토크로 이주했다가 1919년 상하이로 근거지를 옮긴 후 여기서 명문 자오퉁대학을 다녔다. 그는 재학 중 주요한(朱耀翰), 현정주(玄正柱), 최남식(崔南植) 등과 함께 프랑스조계에서 전단을 배포하는 등 시위를 벌이기도 했다. 그는 만능 스포츠맨이자 공부도 잘 했다. 대학시절 축구부 주장으로 활약하면서 신문에 여러 차례 소개될 정도로 중국과 국내에 이름이 꽤 알려기도 했다.

안 군은 상해교통대학을 마쳤다. 체력이 당당하고, 운동정신이 매우 아름다울 뿐 아니라 각종 운동을 모두 잘한다. 낙화팀에서 전위(공격수)로 활약했고, 일찍이 화동원동 대표로 활약했다. 체력이 매우 좋아서 한번 출장하면 피로한 기색이 없었다. 매우 강하게 상대를 압박해서 상대가 중앙선을 넘지 못하게 만들었다. 안원생은 공수를 겸비한 천재선수다. ― 〈동아일보〉 1930년 9월 5일

1922년에 상하이유학생축구단의 일원으로 고국을 방문했을 때의 안원생((동아일보) 1929년 1월 6일자) 뒷줄 왼쪽부터 신영철, 김정식, 안원생, 김영희, 주요한(시인), 최경섭, 진우철

대학 졸업 후 그는 황해도 장연 출신으로 동향인 김구를 따라 독립운동을 한 김보연의 딸과 결혼한다.

1930년대 초 난징으로 간 그는 김구의 측근으로 활동했으며, 부친과 함께 흥사단 원동지방위원회에서 활동하기도 했다. 이후에는 임시정부의 선전과 홍보 활동에 참가한다. 1930년대 후반 난징에서 교류했던 김자동 대한민국임시정부기념사업회장은 "난징에 있을 때부터 안정근 선생의 장남 원생은 백범의 측근으로 항일투쟁에 적극 참여했으며, 충칭에 있는 동안에 미국 대사관을 다니면서 역시 항일운동에 적극 참여했다"라고 회고했다. 안원생은 1942년 1월에는 임시정부 외무부 직원으로서 선전위원을 겸하였으며, 1943년 4월에는 외무부 외사과장 겸 선전부 비서를 겸임했다. 또한 한국독립

1940년 충칭 임시정부 시절 임시정부 요인들과 함께한 안원생(앞줄 오른쪽 첫 번째)　　앞줄 왼쪽
부터 조소앙, 김구, 엄항섭

당에 입당하고, 1944년 3월에는 다시 주석판공실 비서직을 맡았다. 1944년 6월에는 선전부 편집위원으로 중국 국민당 선전부의 대적 선전위원회와 합작하여 충칭 방송국을 통한 우리말 방송을 하기도 했다.

　1943년 3월 1일 오전 10시 충칭에 거주하는 교민 3백여 명이 모인 가운데 신생활운동복무소(新生活運動服務所) 대강당에서 '3·1'절 기념대회가 거행되었을 때 안원생은 한국청년회 대표로 나와 연설하기도 했다. 임시정부의 영도 하에 더욱 단결하고 적극 공작을 전개할 것을 다짐하는 내용이었다.

　특히 임시정부 외무부에 근무하던 시절 안원생은 아주 특별한 임무를 수행하게 된다. 1943년 7월 26일에 중국의 장제스 총통이 미국의 루즈벨트 대통령을 만나러 간다는 첩보를 입수한 김구 주석은 조소앙, 김규식, 이청천, 김원봉, 안원생을 대동하고 장 총통을 찾아간다. 안원생의 역할은 통역이었다. 이때 김구 주석은 장 총통에게 "미국과 영국은 조선 문제에 대해 국제 공동 관리 방식을 채택하려하니, 중국은 전후 즉시 조선의 자주 독립성취에 대한 미국과 영국의 합의를 얻어 달라"고 요청했다.

장 총통은 이를 흔쾌히 받아들이며, 둘로 갈라져 있는 조선독립 단체가 하나로 합치도록 당부하며, 그래야 중국도 이 문제를 쟁취할 수 있고, 이 일에 착수하기 쉬울 것이라고 입장을 밝혔다.

4개월 후인 1943년 11월 27일에 미국 루스벨트 대통령과 영국 처칠 수상 중국 장제스 총통이 이집트의 수도 카이로에 모여 카이로선언을 발표한다. 1943년 11월 23일부터 5일간에 걸친 회담을 통해 삼대 연합국은 승전하더라도 자국의 영토 확장을 도모하지 않으며, 일본이 1차 세계대전 이후 약탈한 영토를 반환할 것을 요구했다. 특히 한국을 자유독립국가로 승인할 결의를 하여 처음으로 한국의 독립이 국제적으로 보장된 역사적 회담이다. 우리가 익히 아는 "대일 전쟁을 수행중인 삼대 강국(미·영·중)은 한국인들의 노예 상태를 유념하여, 적절한 절차를 거쳐서 한국을 자유로운 독립 국가로 수립할 것을 결의한다"는 대목이 카이로선언에 들어간 것은 임시정부 요인들이 벌인 외교적 노력의 결과였고, 여기에 안원생이 통역의 역할을 수행한 것이다. 안중근 일가가 대체로 어학에 뛰어난 자질을 보였는데, 그 역시 중국어와 영어에 능통했던 것 같다.

1944년에 안원생은 스웨덴인 벤지(기독교 세계전쟁복리회의 충칭 책임자)로부터 100만 원의 원조를 받아 투차오(土橋, 토교) 신한촌에 기독교 청년회관을 건설하고 충칭 허핑루(和平路, 화평로) 오사야항 1호(전 임시정부 사무실)에 무료 의료소를 설립해 운영하기도 했다.

그러나 해방을 얼마 앞두고 그는 한국독립당에서 탈당해 신한민주당에 참여했다. 신한민주당은 한국독립당의 지도층에 불만을 품은 홍진(洪震), 유동열(柳東說), 김붕준(金朋濬) 등이 1945년 2월 8일에 창당한 정당으로 그는 상무위원 겸 선전부장을 맡았다. 상무위원에는 안원생 외에 김원서(金元敍)·유진동·신기언(申基彦)이 선출되었다. 안정근, 안공근과 가까웠던 유진동과 행동을 같이 한 것으로 추론된다.

신한민주당의 당원 수는 20명 안팎으로 이 당은 설립 초부터 귀국할 때까지 짧은 기간 동안 존속하였기 때문에 당세 확장에는 별진전이 없었다. 이 당의 조직동기는 창립선언에 잘 나타나 있다.

> 본 당은 전민(全民)이 공동으로 마땅히 앞으로 하여야 할 임무의 집단행동을 수행하는 데 있으며, 같은 사상이나 같은 주의, 혹은 어떠한 계급의 정치단체는 결코 아니며 정권을 욕망하는 정당도 아니며, 민족을 구하고 맹국(盟國)을 광복하고 민주를 실천하는 애국주의의 결사(結社)

이 당은 대한민국 임시정부가 할 일을 하지 못했다는 것을 당의 조직구호로 내세웠다. 또한 대내외에 임시의정원과 임시정부를 개혁하자는 주장이 있었으므로, 해외의 독립운동자 대표대회를 소집하는 책략을 채택했다. 이에 따라 임시의정원은 어쩔 수 없이 각 당 통일회의를 거행하도록 했다.

1946년에 귀국한 안원생은 그해 3월 26일에 열린 '안중근 추도식'에서 유족대표로 나와 "목 메인 추도 답사"를 하기도 했다. 이후 그는 주한 미국대사관에 취직해 근무하다 1947년에 미국 공보원 인천분원 원장으로 자리를 옮겼고, 전쟁이 나자 해외로 나가 인도네시아 등지에서 미국대사관 직원으로 근무했다. 정부는 그의 공훈을 기려 1990년에 건국훈장 애족장을 추서했다.

'조선공학 박사' 출신의 외교관 둘째 아들 안진생

안정근은 상하이에서 활동하던 중 뇌병이 발병했다. 요양 차 웨이하이웨이에 머무는 동안 그는 선박 건조에 큰 관심을 갖고 있었다. 선박을 다량 건조하여 평상시에는 어업용으로 쓰다가 적절한 기회에 본국 상륙용으로 쓸 생각이었다. 실지로 그는 어선 겸 공작선을 건조하기도 했다. 도중에 일본의 사주를 받은 중국 관헌의 방해로 중도에 포기하고 말았다. 안정근의 이 같은 계획은 집안에서 구전되어올 뿐 달리 입증할 길은 없다. 그런데 그의 차남 진생(珍生)의 행보를 보면 수긍이 가는 면도 없지는 않다.

1916년에 부친의 망명지 블라디보스토크에서 태어난 진생은 상하이 천주교 중학교를 졸업했다. 1938년에 진생은 당시 중국 가톨릭 교회의 지도자 위빈 주교의 추천을 받아 이탈리아로 유학을 떠났다. 당시 중국 국적의 진생은 나중에 이탈리아 중국인 학생회장을 지내기도 했다. 참고로 위빈 주교는 백범 김구가 '조선독립의 숨은 은인'으로 칭송한 인물이다.

이탈리아 제노아대학에 입학한 진생이 선택한 학과는 조선공학과였다. 진생이 조선공학과를 선택한 것은 부친 안정근의 권유 때문

이탈리아 제노아 공대 졸업 앨범 속의 안진생(왼쪽)과 이탈리아 레지스탕스 지하조직에서 활동하던 시절의 안진생(오른쪽 사진 뒷줄 오른쪽 끝)

인 것으로 보인다. 그는 이 대학의 대학원에서 석·박사 과정을 마치고 한국인 최초의 조선공학 박사가 되었다. 그가 박사학위를 받을 당시는 제2차 대전 기간 중이었다. 진생은 무솔리니 정권에 대항하는 레지스탕스에 가담해 저항군 비행기에 포탄을 실어 나르는 역할 등을 했다고 한다.

유학을 간 후 그는 가족과도 소식이 끊겼다. 심지어 여동생 안미생도 1946년 11월 신문 보도를 통해 미국에 있는 그의 소식을 접하고서야 오빠가 살아 있다는 사실을 알았을 정도다.

우리 오빠가 도라가신줄만 알았더니 이렇게 훌륭한 사람이 되었군요. 마음 같애서는 당장에라도 맞나보구 싶지만 어느 때고 우슴(웃음) 가운데 내나라 내땅에서 맞날 날이 있을 것만 기대하며 말하겠습니다. ―〈경향신문〉 1946년 11월 15일

안진생의 유학생활을 보도한 1935년 2월 20일자 〈동아일보〉 기사　안진생은 상하이로 이주한 후 인성소학교, 베이징 해전소학교를 졸업하고 보인대학에서 수학했다.

종전 후 그는 제노아 조선소에 입사해 근무했다. 1946년에 미국으로 건너가 1953년까지 미국에서 회사원으로 생활했다. 이때 그는 미국에서 이승만과의 만남이 인연이 되어 1953년에 한국으로 귀국했다. 1954년에 서울사대 출신의 박태정과 결혼했고 1955년에 해군 사관후보생 20기로 입대해 해군 조함병과 장교로 3년간 복무하면서 해군 함정 건조에 일익을 담당했다. 1958년에 해군대령으로 예편한 그는 상하이 임시정부 시절부터 잘 알고 지낸 손원일(孫元一) 해군참모총장의 소개로 대한조선공사 부사장으로 자리를 옮겼다. 손 총장은 상하이 임시의정원 초대 의장을 지낸 손정도 목사의 장남이다.

안진생은 중국어·영어·이탈리아어·프랑스어·에스페란토 등 5개 국어에 능통했다. 5·16쿠데타 이듬해인 1962년에 그가 외교관으로 변신한 것은 다분히 외국어 실력 덕분이었다. 당시 박정희는 이탈리아로부터 어업차관을 받아내기 위해 이탈리아어를 하는 사람을 찾고

1970년대 안진생이 콜럼비아 대사로 근무하던 시절 가족이 로마교황청 대사와 함께 찍은 사진
왼쪽부터 안진생 대사, 장녀 안기려, 교황청 대사, 차녀 안기수, 부인 박태정

있었다. 그때 그가 발탁되어 이탈리아 참사관으로 임명되었다. 이후 그는 프랑스 공사, 네덜란드 대리대사 등을 지내면서 유럽국가 상대로 한국정부의 차관 협상을 주로 전담했다. 또 콩고·콜롬비아·버마(현 미얀마) 대사를 역임했고 1980년에 외교안보연구원 본부대사로 재직 중 전두환 정권에 의해 해임되었다. 당시 충격으로 뇌경색이 발병해 투병생활을 하다가 1988년 12월 24일에 72세로 타계했다. 그는 해군 대령과 외교관 생활을 18년 동안 했지만 국립묘지에 묻히지 못하고 용인 천주교 묘지에 묻혔다. 슬하에 기수·기려 두 딸을 두었다.

프랑스어 번역가로 활동하던 안기수는 1988년 서울올림픽 당시 국제레슬링협회장을 지냈고 이후로는 보험회사 컨설턴트로 일했다.

이 집안과 해군과의 인연은 또 있다. 해군은 안중근 의거 100주년인 2009년 12월에 214급(1천 800톤급) 잠수함 3번함을 '안중근함'으로 명명했다. 안중근함은 독립운동가의 이름을 함명으로 사용한 최초의 사례로 안중근 가문과 손원일 장군의 인연이 계기가 되었다. 참고로 1번함은 손원일함, 2번함은 정지함, 2013년 8월에 진수된 4번함의 함명은 '김좌진함'이다.

안진생은 안중근 일가 중 거의 유일하게 박정희 정부 때도 고위직을 역임했다. 이와 관련해 일부에서는 안진생의 부친인 안정근과 박정희의 '특별한 인연'을 거론하기도 한다. 안정근은 해방직후 상하이로 돌아와 적십자사 활동과 함께 한국구제총회 회장직도 맡게 된다. 한국구제총회는 만주, 중국 대륙 각지에 흩어져 있던 동포들의 조국 귀환을 지원하고 어려운 처지에 빠진 이들을 돕는 일을 했다. 한국구제총회장 시절 중국 대륙에 흩어져 있던 많은 한국인들이 그를 찾았다. 이들 중에는 만주군 장교로 있던 일단의 그룹도 있었다.

아버님을 찾아온 일본군 장교 중에는 박정희가 있었답니다. 정일권씨, 문익환 목사도 역시 아버님을 만나고 돌아갔다고 해요. 이 사실은 박정희 대통령이 남편이 대사직에 있을 때 남편에게 직접 '일본이 망해갈 때 부대에서 이탈해 고명하신 안정근 선생을 찾아 뵌일이 있다'는 얘기를 했답니다. ─ 안진생의 부인 박태정 씨의 증언

박정희가 왜 일단의 한국인 출신 일본군 장교들과 함께 안정근을 찾아갔는지는 그동안 밝혀지지 않았다. 이와 관련 안중근 일가에서 나돈 이야기는 이렇다.

해방이 되자 광복군에 학병 출신과 만주군 출신들이 대거 들어왔는데, 그들 사이에 알력이 많아 다투는 일이 빈번했다고 한다. 하

루는 밤에 학병 출신들이 만주군 출신들을 습격했고, 박정희도 이들을 피해 도망을 하다가 어느 집의 담을 넘어 들어갔는데 그 집이 바로 안정근의 집이었다. 안정근은 쳐온 이들을 '해방된 마당에 이렇게 폭력을 행사하며 다투는 것은 옳지 않다'며 설득해 보냈고, 곤란한 상황을 면한 박정희는 이후 안정근에 대해 특별한 마음을 갖게 되었다.

이처럼 박정희가 학병 출신과 만주군 출신 사이의 갈등을 조정해 달라고 하기 위해 안정근을 찾아갔든, 안정근이 테러의 위험에서 박정희를 구해줬든 두 사람 사이에 특별한 인연이 있었던 것은 사실인 듯하다.

안공근의 두 아들 안우생과 안지생
전쟁 중 북을 선택하다

아버지를 닮아 외국어에 능통했던 안우생

안공근은 한때 '김구의 오른팔'로 통했다. 형 정근과 함께 블라디보스토크에 망명 시절 그는 모스크바에 유학해 러시아어를 공부했다. 1921년 임시정부 외무차장에 임명된 것은 그의 러시아어 실력 때문이었다. 안공근은 러시아어 말고도 일어, 영어, 프랑스어 등 6개 국어에 능통했다. 뤼순감옥에서 큰형 안중근을 면회를 갔을 때 정근 대신 그가 면회를 한 것은 그의 능통한 일어 실력 때문이었다. 그를 닮아서인지 그의 자녀들도 어학에 뛰어났다.

안공근은 슬하에 3남 2녀를 두었다. 모두 아버지의 뒤를 이어 임시정부와 임시정부 산하 청년단에서 활동했다. 그러나 해방과 남북 분단의 격랑 속에서 이들의 행보는 엇갈렸다. 특히 다년간 모셨던 백범 김구가 1949년 안두희의 흉탄에 암살되고 6·25전쟁이 터지면서 남과 북, 미국으로 흩어졌다.

장남 우생, 삼남 지생, 차녀 금생은 북쪽을 선택했고, 차남 낙생은 남쪽에 남았으며, 장녀 연생은 미국으로 건너갔다. 도대체 이들 사이에 무슨 사연이 있었던 것일까?

안우생(安偶生)은 1907년 황해도 신천군 청계동에서 태어났다. 그는 12세 이전에는 부모를 따라 러시아 블라디보스토크에서 생활했다. 12세 때인 1919년 상하이로 이주한 그는 당시 임시정부에서 운영하던 한국인 학교인 인성학교에 들어가 민족교육을 받았다.

이후 상하이 진단(震旦)대학 예과, 광저우 중산(中山)대학, 상하이 지지(持志)대학, 북평 보인(輔仁)대학 등에서 주로 영문과, 서양어문학과 등에서 수학했다. 당시 중국 이름으로는 광저우에서는 왕자천(王子天), 홍콩에서는 왕달례(王達禮)를 사용했다. 28세 때인 1936년 10월, 그는 가족을 이끌고 광동성 광저우로 이주해 중산대학 영문과에 입학했다. 중산대학 학적부에 따르면 당시 그는 기혼상태였는데 언제 어디서 누구랑 결혼했는지에 대해서는 자세히 알 길이 없다.

안중근 의사의 둘째 동생 공근 선생과 부인 이인숙 여사 사이에는 3남 2녀가 있었는데, 장남 우생, 장녀 연생, 그리고 막내 지생과는 잘 아는 사이였다. 특히 나와 지생은 가까운 친구였다. 우생은 충칭에 있을 때부터 백범 선생의 비서로 일했으며, 해방으로 환국 뒤에도 백범이 서거할 때까지 계속 보필했다. 1932년 윤봉길 의거 이후 공근 선생의 가족이 상하이에서 난징으로 이주할 때, 그의 둘째 아들 낙생은 상하이에 남아서 임정의 연락 업무를 수행하고 있었다. ― 김자동 대한민국임시정부기념사업회장의 증언

안우생은 1936년 한국 국민당이 조직한 한국청년전위단의 핵심 단원이 되었고, 광복군 내 정보 분야에서 활동했다.

김구 주도로 결성된 한국국민당은 산하에 행동력을 가진 청년단

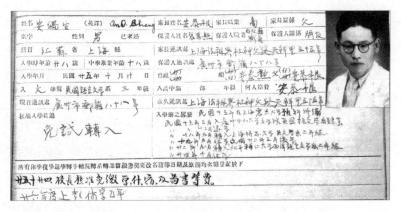

안우생의 중산대학 학적부

체로 '한국국민당청년단'을 두었다. 이 단은 1936년 7월에 김구의 청년전위단체였던 한국특무대독립군에 이어 만들어진 것으로, 당의 선전부장 엄항섭의 지도 아래 남경중앙군관학교 졸업생 17명과 응모 청년 20명으로 조직되었다. 그리고 이 단의 중심인물은 김구의 장남인 김인과 안공근의 장남인 안우생이었다. 또 이들은 〈한청(韓靑)〉이라는 기관지를 1936년 8월에 창간했다.

이 청년단은 18세 이상 35세 이하의 남녀로 구성되었다. 이 단은 강령을 통해 "스스로 훈련하고 자체의 역량을 제고·강화하여 본 당의 핵심이 되는 전위적 임무를 충실히 하는 외에, 국내외에 산재해 있는 각층 청년과 제휴하여 한국광복운동에 노력한다"고 밝혔다. 즉 이들은 김구의 지도노선에 따라 활동하는 한국국민당의 전위활동조직이었다. 또한 한국국민당은 그 세력을 확장시키기 위해 1936년 10월에 안우생 등 수 명을 민족혁명당의 지부활동이 전개되고 있던 광둥으로 파견했다. 그들은 그곳에서 청년들을 규합해 한국청년전위단을 결성했다.

이후 충칭으로 돌아온 안우생은 임시정부 김구 주석 판공실 비서, 선전부 선전과장, 문화부 편집위원을 지냈으며, 주중 미국대사관에서 한인공작반의 일원으로 첩보업무를 담당하기도 했다.

안우생은 부친 안공근처럼 어학에 탁월한 능력을 갖고 있었다. 영어를 비롯해 중국어, 러시아어, 프랑스어, 에스페란토 등 5개 국어에 능통했다. 특히 한국 에스페란토 운동사에서 그는 빼놓을 수 없는 인물이다. 에스페란토는 그가 상하이 체류시절인 1927년경 배우기 시작한 것으로 알려져 있다. 중산대학 시절에는 에스페란토 동아리인 답록사(踏綠社)에 가입해 중국인 친구 천위안(陳原, 현재 중국 국가언어위원회 부위원장)과 함께 〈지옥〉과 〈국제단결〉이라는 유인물을 만들기도 했다. 당시 그는 '엘핀(Elpin)'이라는 필명으로 활동하면서 중국의 대표적 문학가 루쉰(魯迅)의 소설 〈광인일기〉, 〈고향〉, 〈백광〉 등을 에스페란토로 번역해 주목을 끌었다.

에스페란토 운동과 항일투쟁을 함께 한 중국의 원로 천위안 교수는 "안우생은 시를 사랑했고 아름다운 시구를 지었다. 중산대학에서 영어를 전공하면서 에스페란토 시 강의를 하기도 했다"라고 회상했다. 천 교수는 또 "나의 에스페란토 인생에서 가장 큰 행복은 애국문학가 안우생을 알게 된 것이다"라고 술회한 바 있다.

그는 한국의 문학작품을 에스페란토로 번역에 해외에 알리는 일에도 앞장섰다. 헝가리·스페인·네덜란드·오스트리아·리투아니아 등지의 에스페란토 도서관에서 다년간 안우생의 작품을 수소문해 온 최대석에 따르면, 그는 세계적으로 권위 있는 에스페란토 문학잡지 《문학세계(Literatura Mondo)》 1934년 11월호에 소설가 김동인의 '걸인'을 번역해 소개한 것으로 확인되었다. 그는 또 극작가 유치진의 희곡 '소'도 에스페란토로 번역해 중국에서 단행본으로 펴낸 것으로 알려졌다.

안우생은 시·소설·희곡 등 여러 장르를 넘나들며 작품 활동을 했다. 그는 작품을 통해 일제의 만행과 전쟁의 참혹성을 고발하는 한편 전장으로 나선 병사들이 애국적 행동을 알리는 데 주력했다.

원작 시 '어머니의 땅(Tero patrina)'에서 그는 "화약 냄새로 뒤덮인 이 시대에 어머니의 뜻에 맞는 새 시대를 찬미할 자손들이 기꺼이 자신을 바칠 것이다"라고 읊었다. 또 '유격대원(Geriloj)'에서는 "성스러운 사명을 완수할 때까지 유격대원들은 적의 세력을 박멸하고, 형제들에게 다시 찾아줄 평화를 위해 장렬하게 피를 흘린다"라고 적었다. '평화의 비둘기(Paca kolombo)'는 제국주의를 반대해 조국을 떠나 중국에서 펜과 마이크를 들고 일본 군국주의와 맞서 싸운 일본 여류작가 하세가와 데루코(長谷川照子)에게 바친 시다.

이 밖에 원작 단편소설 '숙모와 사촌들(Onklino kaj gekuzoj)'은 고부간 갈등으로 마음고생을 하는 미망인 숙모를 주제로 하고 있으며, '쉬운 내기(Facila veto)'는 미신타파를 다루고 있다. 특히 번역 시 '전사의 유언(Testamento de batalanto)'의 마지막 구절에서 "슬픈지고, 밤 유령들을 겁먹게 하고, 찰나의 영광을 누린 후, 번쩍이는 불꽃과 함께 꺼져버린, 성냥개비처럼 나는 잊혀져 폐기될 거야"라며 역사 속에 파묻힌 애국열사들을 안타까워했다.

안우생의 에스페란토 문학 활동은 이 분야에서 거인으로 평가받는 데 전혀 손색이 없다는 평가가 나오고 있다. 이영구 교수(전 한국 에스페란토협회장)는 "적에게 대항할 때 그는 사사로운 정을 남겨두지 않았으며 친구를 대할 때는 칭찬하는 말을 아끼지 않았다. 그의 작품을 보면 평화에 대한 갈망과 평화의 시대가 도래할 것이라는 믿음이 가득 넘친다"고 평했다.

안우생은 그 자신이 임시정부에 관여하면서 직간접적으로 항일투쟁에 참여했다. 그런 그는 에스페란토를 통해 또 한 몫의 항일투쟁을 한 셈이다. 한국에스페란토협회에서는 2007년에 그의 탄생 100주년을 맞아 기념문집을 펴냈다. 기념문집에는 기존에 발표된 작품 41편 외에도 시 5편, 평론 4편 등 총 9편을 추가로 발굴해 실었다.

'의문의 인물' 성시백과의 만남

해방 후 임시정부 요인 2진과 함께 귀국한 그는 김구 선생의 대외담당비서로 일했고, 한중문화협회 이사와 과도입법의원 영문비서 등도 역임했다. 이때 그는 자신의 운명을 바꾼 인물을 다시 만나게 된다. 1930년대부터 정향명(丁向明)이라는 가명을 사용하며 중국공산당에서 활동했고, 충칭 임시정부와 광복군에 관계한 성시백(成始伯)이란 인물이다.

안우생이 언제 성시백을 다시 만났는지는 분명치 않다. 그가 이북으로 간 후 남긴 회고에는 1947년에 막내 동생 안지생의 소개로 만났다고 한다.

당시 남조선에 있던 나(안우생)는 중경시절부터 교우관계를 갖고 있던 구면(舊面) 친지인 성시백 선생을 재회했다. 그는 나의 아우를 대동하고 찾아와 남창동에 있던 우리 집에 보름가량 묵으면서 어지럽게 변천되는 시국관을 나누기도 했다. 우리들 사이에 의기

상통(意氣 相通)할 수 있었던 것은 아마 공통된 우국지심(憂國之心) 때문이었을 것이다. 마침내 우리는 민족의 출로에 대한 일치된 결론에 도달할 수 있었다. 그것은 일체 외국 군대를 철거시키며 단정(單政), 단선(單選) 음모를 저지, 파탄시키기 위하여 북(北)의 공산주의자들과도 제휴, 합작해야 한다는 것이었다. 우리는 능동적으로 작용하기로 했다. 제반 사정을 타산하여 성시백 선생은 홍명희(洪命熹)와 협의하기로 했고, 나는 조완구(趙琬九) 선생과 협의하기로 했다. 우사(尤史) 김규식(金奎植) 선생의 측근인 신기언(申基彦)과도 상통하여 우사 주변에 반발이 일지 않도록 대책을 세우기로 했다.

실제로 안지생(安志生)은 귀국 직후부터 성시백과 만나고 있었던 것으로 보인다. 충칭 임시정부 시절 안지생과 가깝게 지낸 김자동은 "안지생은 충칭에서 처음 만났을 때부터 멋쟁이였다. 귀국한 뒤에도 명동거리 최고의 멋쟁이로 알려져 있었다. 홍콩에서 중학교를 다닌 것이 학력의 전부이지만, 영어도 잘하고 세련된 모습과 언행으로 소위 '마카오 신사'의 표본이라고 할 정도였다"라고 회고했다.

이러한 그의 행적은 역시 서울에 나타난 후 '마카오 신사'로 불린 성시백의 모습과 닮아 있다. 성시백을 소재로 한 북한의 소설에서는 안우생과 안지생이 일찍부터 성시백과 연계된 인물로 묘사된다. 그러나 안우생과 안지생이 북조선공산당의 비밀공작원, '김일성 특사'로 불리는 성시백의 정체를 알고 있었는지도 불투명하다. 다른 측면에서 보면 충칭 시절부터 친분이 있던 성시백과 서울에서 만나 교유하는 것은 어쩌면 당연한 일이기 때문이다.

'성시백 사건'을 대대적으로 보도한 1950년 5월 26일자 〈동아일보〉 기사

　성시백은 한국광복군을 이끌었던 김홍일 장군과 호형호제하는 사이였다. 민족청년단을 이끌던 이범석과도 친했다고 한다. 김자동은 "지생이 '성시백 간첩사건'에 연루되어 체포당했다. 이시영 부통령과 이범석 총리가 보증을 서서 경찰도 할 수 없이 석방했다"고 한다. 성시백은 서울에서 공개적으로 활동했으며 접촉 범위가 아주 넓었는데, 아마 지생이 그와 내왕이 있었더라도 간첩은 아니라고 믿었던 것 같다"라고 회고했다.

　그렇다면 문제의 성시백은 어떤 인물인가?

　기록에 따르면 성시백은 1930년경 상하이에서 활동하던 사회주의자들의 조직인 유호동맹의 선전부장을 역임했고, 1942년 한국광복군총사령부가 작성한 '한국광복군총사령부 관병소비합작사 사원 명단'에도 '정향명'이라는 가명으로 이름이 올라 있다.

　성시백은 1905년 황해도 평산 출신으로 안우생보다 2살 위였고,

고향도 가까웠다. 그는 소학교를 마친 후 서울에 올라와 중동학교 고등과를 졸업했는데, 재학 중 3·1운동에 참가하기도 했다. 이후 고려공산청년회에서 활동하다 1928년경 상하이로 망명해 유호동맹의 간부로 활동했다. 1932년에 중국공산당에 입당한 후에는 후쭝난(胡宗南, 호종남) 사령관의 막료로 '정향명'이라는 가명을 사용하며, 국민당 통치하의 시안지구 공산당 정보기관의 책임자로 활동하는 등 비밀지하활동을 했다.

이 일로 후에 중국 수상을 지낸 저우언라이(周恩來, 주은래)와 깊은 인연을 맺었고, 상하이에서 중국혁명호제회(中國革命互濟會) 회원으로 활동하다가 체포되어 난징감옥에서 복역했다. 감옥에서 나온 그는 1935년에 난징에서 김규식, 김두봉, 김원봉, 이범석 등이 이끄는 조선민족혁명당에 입당했다. 중일전쟁 발발을 전후해 옌안으로 갔다가 다시 충칭으로 이동해 임시정부 관계자들과 폭넓은 교류관계를 유지했다.

1946년 2월에 부산과 서울을 거쳐 평양에 들어간 그는 북조선공산당 부부장으로 임명되어 다시 서울로 내려와 박헌영(朴憲永)의 조선공산당에 대한 연락업무와 남한 정세파악 임무를 수행했다. 그러면서 일제강점기 때 인맥을 기반으로 남한 내 우익 및 중간 정당·단체들, 미군정청·경찰·첩보대·군부, 심지어 재외대표부에까지 산하조직들을 만들었다. 1948년 4월에 남북연석회의에서 실무역할을 담당했고, 8월에 해주에서 열린 남조선인민대표자대회에도 참가했다. 1950년 2월에 제2대 국회의원선거에서 남북협상파와 임시정부 계열 일부 출마자들을 지원하던 중 5월에 경찰에 검거되었다. 같은 해 6월에 군사재판에서 사형을 선고받고 6·25전쟁이 발발하자 다음 날

1945년 9월 윈난성 쿤밍의 당계요 장군묘를 방문한 엄항섭 등 임정 요인과 광복군 대원들. 왼쪽에서 두 번째가 안우생

남로당의 핵심간부였던 김삼룡, 이주하와 함께 처형되었다.

성시백의 영향을 받아서일까 아니면 그의 회고대로 시국에 대한 공감대가 형성되었기 때문일까? 안우생은 분단이 눈앞에 다가오자 일체의 외국 군대를 철수시키고 통일된 독립국가를 세우기 위해서는 남북의 제휴와 합작이 필요하다고 주장했다.

김구·김규식도 1948년 2월 16일에 김일성과 김두봉에게 서신을 보내 남북지도자회담을 제의했다. 북한은 '긴 침묵' 끝에 3월 25일에 김구·김규식의 제의를 '부분적'으로 수용하면서 독자적으로 '남북

1945년 11월 3일, 중국 충칭에서 대한민국 임시정부 요인들이 환국을 앞두고 찍은 기념사진 동그라미로 표시된 사람이 안우생이다.

김구 비서 안우생이 환국 후인 1947년 경교장에서 기념 촬영한 모습   오른쪽부터 안우생, 김구, 안미생, 장우식

정당·사회단체 대표자연석회의'를 제의했다. 김구와 김규식은 북한의 의도를 파악하기 위해 안경근과 권태양을 북에 보내 사전 접촉을 했다. 그리고 마침내 북행을 결단하게 된다.

안우생은 남북연석회의에 다녀온 정치세력을 중심으로 서울에서 결성된 통일독립촉진회에 참여해 외교전문위원회 위원이 되었다. 9월 9일 통일독립촉진회는 "조국의 자주통일독립을 완수하는 것은 전 민족의 확고부동한 각오이고 신념임에도 불구하고 국토를 분할한 남북에서 양개의 정권이 수립된다는 것은 외세로써 민족의 자결원칙을 유린하는 것인 동시에 조선민족 최대의 비극이다. 이에 우리는 자주민주통일독립을 지향하여 국민운동을 강력히 추진할 것이니 애국동포는 공동분투하자"라는 요지의 선언을 발표했다. 특히 강령에서 "계급독재와 자본독점을 배격하고 정치·경제의 민주화"를 지향한다는 점을 분명해 사회주의와는 일정하게 선을 그었다.

그러나 1949년 6월 26일에 백범 김구가 암살되는 충격적인 사건이 일어났다. 충칭 시절부터 비서로 있으면서 오랜 동안 모셨던 김구의 암살은 안우생에게는 청천벽력과도 같은 일이었다. 더구나 암살의 배후로 군과 경찰 등 공권력이 직접 개입한 것이 속속 드러났다. 신변에 위협을 느낀 안우생은 김구의 주치의였던 유진동과 함께 홍콩으로 망명의 길을 선택했다.

홍콩을 거처 평양에 가서 정착

서울에 남겨진 가족들은 전쟁 중 인민군이 후퇴할 때 모두 북으로 갔다. 아마도 안지생이 데리고 갔을 것이다.

한동안 안우생의 이후 행적을 둘러싸고 홍콩 망명설, 월북 혹은 납북설이 제기되었으나 1991년 북한이 그의 사망 소식을 발표하면서 그의 최후가 세상에 알려졌다. 홍콩으로 간 안우생이 언제 평양으로 갔는지는 기록이 없다. 북한 노동당의 고위간부를 지낸 박병엽 (1998년 9월 서울에서 사망)은 안우생이 전쟁 때 입북했다고 증언했다. 당시 북한에는 전쟁 때 온 엄항섭, 조소앙 등 임시정부 요인들이 있었기 때문에 이들과 함께 지냈을 것으로 추정된다.

6·25전쟁이 끝날 무렵 남로당 출신 박헌영, 이승엽의 '반혁명사건'이 터졌다. 대남사업을 담당하고 있던 조선노동당 대남연락부는 해체된 뒤 새로운 인물들로 다시 구성되었다. 이때 안우생도 대남연락부에 소환되어 교육을 받고 과거 활동경험이 있던 홍콩과 마카오

로 파견되었다고 한다.

당시 새로 조직된 대남연락부의 지도원으로 온 박병엽은 이 시기 안우생의 행적에 대해 다음과 같이 증언을 남겼다.

안우생은 1955년 봄에 공작원으로 소환되어 6개월 기간의 정치 사상교양과 실무기술교양을 받은 후 1955년 말부터 중국 광동에 서 마카오 거주 화교 상인으로 위장하고, 마카오를 통해 홍콩에 합법 공개적으로 정착했다.

홍콩에 자리를 잡은 안우생은 당시 홍콩에 머물고 있거나 남한에 서 홍콩을 내왕하고 있던 안중근의 친척과 김구의 친족들 및 과거 한국독립당 관계자들을 접촉하였으나 확실한 결실을 맺지 못하 고 만날 때마다 인간적 대화범위를 벗어나지 못했고, 그나마도 이 들이 홍콩을 떠나게 되자 접촉마저 단절되었다.

안우생이 전쟁이 끝난 후 홍콩, 마카오지역에 한 동안, 또는 여러 차례에 걸쳐 거주했던 것은 사실로 보인다. 김자동도 "홍콩을 내왕 하는 사람 중에서 우생과 만난 사람도 더러 있었다. 언젠가 내가 홍 콩에 갔을 때, 우생을 만나 보겠느냐고 권유한 사람도 있었다"라고 회고했다.

그러나 안우생의 공작활동은 별다른 성과를 내지 못한 것으로 추 정된다. 1956년에 조봉암이 평화통일을 내세우며 결성한 진보당이 2년도 채 못가 해산되고 조봉암마저 사형되는 엄혹한 시절이었다. 반공과 멸공통일이 맹위를 떨치던 당시에 정체가 불투명한 안우생 과 밀접한 관계를 맺기는 어려웠을 것이다.

1960년 무렵 안우생은 다시 마카오에 파견되었다. 이번의 임무는 사람을 만나는 것이 아니라 금괴를 달러로 바꾸는 일이었다. 박병엽이 남긴 증언이다.

북한은 1960년 4·19가 나자 남쪽에 파견하는 공작원을 늘리기 위해 많은 자금이 필요했다. 그래서 북한이 가지고 있던 금괴를 달러로 바꿔 자금을 마련하기로 했고, 이 임무를 마카오에 거점이 있던 안우생에게 맡겼다.

안우생은 이 임무를 성공적으로 마쳤다. 20만 달러 이상의 막대한 자금이었다. 그러나 1961년 7월에 이 자금의 대부분을 가지고 남파된 이만희는 별다른 활동을 하지 못하고 1963년 9월에 체포되었다. 그가 가지고 온 22만 달러 중 사용하고 남은 18만 8천 6백 달러가 당시 개국을 준비하고 있던 KBS 텔레비전의 시설과 방송기자재 자금으로 쓰였다. 김종필은 최근 발간된 그의 회고록에서 "간첩들에게 압수한 20만 달러를 당시 오재경 공보부 장관에게 넘겨 KBS 개국을 지시했다"라고 밝혔다. 안우생이 마카오까지 가서 어렵게 마련한 거액의 자금이 의도치 않게 KBS TV개국에 큰 역할을 한 셈이다.

한편 안우생은 1950년대부터 당숙인 안중근 의사의 유해를 찾기 위해 노력했다. 그러나 쉽지 않았다. 1986년에 안우생은 북한조사단과 함께 뤼순감옥 인근을 조사했지만 그곳은 이미 고구마밭으로 변해 있었다.

1979년 8월에 안우생은 북한 당국이 주는 첫 조국통일상을 수상했다. 동생 안지생도 다음해 8월 조국통일상을 수상했다.

북한에 정착한 후 1980년대 후반에 찍은 안우생–리은선(가운데) 부부와 후손들

안우생은 생전에 선글라스에 파이프 담배를 좋아했다. 일제하에서는 항일운동을, 해방공간에서는 통일운동에 앞장서온 그는 1991년 2월 22일에 84세로 평양에서 생을 마쳤다. 그의 유해는 평양 애국열사릉에 묻혔다. 지금도 가끔씩 북한은 그의 후손들이 묘를 참배하는 모습을 소개하곤 한다.

북한에서 활발한 활동하는 후손들

안우생은 장녀 안기애(安基愛, 1938년생)와 기철(基哲, 1939년생), 기호, 기영의 세 아들을 두었다. 장녀 안기애는 1965년경 북한 과학원 출판사 편집부에 수학전문가로 배치되어 일했다. 장남 안기철은 제주도 유격대장이던 김달삼의 딸과 결혼하여 장모와 함께 평양에서 살고 있으며, 둘째 기호는 1946년 12월에 작성된 문서에는 기웅

안우생 묘   1991년에 사망한 후에 북한
국립묘지 애국열사릉에 묻혔다.

(基雄, 1946년생)으로 나오며 전쟁 중 홀로 된 고모와 함께 부친을 모
시고 평양 신원동 간부 사택에서 살았다. 셋째 기영은 평양 정권의
부주석을 역임한 김병식의 사위가 되었다.

안우생의 막냇동생 안지생의 월북 후 행적은 알려져 있지 않다.
다만 1980년 8월에 조국통일상이 수여된 점으로 봐서 형과 함께 대
남기관에서 활동했던 것으로 추정된다.

안우생의 장남 안기철과 그의 가족들(위) 　왼쪽에서 2번째가 안우생의 손자 안덕준. 또 다른
손자 안덕호는 북한 외무성에서 근무하고 있다.
애국열사릉의 안우생 묘에 참배하고 있는 후손들(아래)

안공근의 둘째 아들 안낙생
역사의 한순간을 기록하다

　둘째 안낙생은 형 우생보다 다섯 살 밑이다. 가족과 함께 상하이로 갔는데 부친인 안공근이 한인애국단 단장이 되자 함께 활동했다. 김구가 더욱 강력한 항일투쟁을 펼치기 위해 비밀결사로 한인애국단을 결성했다. 단장은 안공근이 맡았고 안낙생도 이 조직에서 부친을 보좌했다.

　1931년 12월 13일에 안공근의 집에서 비밀모임이 있었다. 이 자리에서 이봉창(李奉昌)이 한인애국단에 가입하고 "나는 적성(赤誠)으로서 조국의 독립과 자유를 회복하기 위하여 한인애국단의 일원이 되어 적국의 수괴를 도륙하기로 맹세하나이다"라는 선서문을 썼다. 그리고 이봉창은 수류탄 두 개를 손에 들고 환한 표정으로 기념사진을 찍었다. 이 사진을 찍은 것이 바로 안낙생이다. 청년 이봉창은 1932년 1월 8일에 히로히토 천황이 탄 마차에 수류탄을 던졌지만 불행히도 빗나갔고 그 자리에서 체포되었다. 그해 10월에 사형이 집행되어 그는 짧은 생을 마감했다.

　이봉창 의사가 일본으로 출발하기 직전 침구를 건네받아 이를 김구에게 전달한 것도 안낙생이었다. 이후에도 그는 한인애국단의 단원으로 활동하면서 1934년 4월, 윤봉길 의사 거사 직전 자신의 집에

유상근·최흥식 의사 거사 출발 전 기념사진(위)과 윤봉길·이봉창 의사의 마지막 사진(아래)
모두 안공근의 차남 안낙생이 찍었다.

1946년 3월 26일 해방 후 처음으로 열린 '안중근 의사 추도회' 행사에 참석한 안중근가 사람들
앞줄 오른쪽 두 번째가 안낙생, 세 번째는 안미생이며 두 사람 사이로 안우생이 보인다. 추도답사
는 안원생이 했다.

서 '태극기를 배경으로 양손에 폭탄을 들고 가슴에 선서문을 건 윤
봉길 의사의 사진'을 촬영했고, 또 유상근(柳相根)·최흥식(崔興植) 의
사의 거사 출발 전에도 기념촬영을 담당했다. 역사의 한순간이 그가
찍은 사진으로 남은 셈이다.

1937년에 임시정부가 또다시 난징에서 철수할 때도 상하이에 남
아 정보활동을 하던 그는 1938년 11월에 체포되어 해주경찰부로 압
송되었다. 그는 오래 전부터 지명수배된 상태였다. 1940년 5월 24일
에 해주지방법원에서 이른바 '치안유지법 위반'으로 징역 3년을 받
고 수감생활을 했다.

해방 후 그의 행적은 거의 알려지지 않았다. 다만 1946년 3월 26일
에 열린 '안중근 의사 추도회'와 1947년 3월에 결성된 '청백축구단'에
안원생과 함께 참여한 것이 확인된다. 그는 인천에서 안원생 등과 지
낸 듯하고, 6·25전쟁이 일어난 직후 사망한 것으로 전해진다. 정부에
서 그의 공훈을 기리어 1995년에 건국훈장 애족장을 추서했다.

안공근의 사위 한지성

조선의용대와
한국광복군에서 활동

1943년 8월, 한국광복군은 2차 세계대전의 연합국이던 영국군의 요청에 따라 인도-버마전선으로 인면전구공작대(印緬戰區工作隊)를 파견한다. 인면전구공작대는 영국군을 보조해 일본군에 대한 선전, 포로 신문, 문건 번역 등의 작전을 수행했다. 이들의 활동은 미국 OSS와의 합작과 더불어 광복군이 연합국과 함께 대일작전을 펼친 대표적인 사례로 평가된다.

이 인면전구공작대를 이끈 인물이 바로 안공근의 사위인 한지성(韓志成)이다. 9명으로 구성된 인면전구공작대의 대장 한지성은 주로 대원들을 통솔하고, 인도군총사령부와 협의를 통해 선전 전술을 기획하는 임무를 맡았다.

1944년 12월에 인원 증파를 논의하기 위해 잠시 충칭에 온 한지성은 다음 해 1월에 안금생과 결혼했다. 두 사람은 임시정부 선전부와 한국청년회에서 함께 활동하며 가까워진 것으로 보인다.

한지성은 1912년에 경북 성주군 가천면 창천동에서 태어났다. 본명은 한재수(韓再洙)였지만 중국에서 활동할 때 '뜻을 이룬다'라는 의미로 '지성(志成)'이라는 가명을 사용했다고 한다. 그는 가천공립보통학교를 나온 후 대구공립상업학교를 졸업했다. 당시 대구상업학

조선의용대 창립 1주년을 맞아 1939년 10월 10일 중국 구이린(桂林, 계림)에서 기념촬영

교를 나온 학생들은 금융계나 공직에 진출하는 경우가 많았지만 그는 중국으로 망명해 독립운동에 헌신하는 길을 선택했다. 일제기록에 그가 '의열단 관련자'라고 기록되어 있는 점을 볼 때 국내에 있을 때부터 의열단 관계자와 연결이 되어 있었던 것 같다.

1932년, 중국 난징에 도착한 한지성은 국민당이 설립한 중앙정치학교에 입학해 1936년 8월에 졸업했다. 졸업 후 그는 최창익, 허정숙 등과 함께 조선청년전위동맹에서 중앙간부로 활동하기 시작했다.

두 번째 줄 왼쪽에서 첫 번째 앉은 이가 한지성이고, 열 번째가 약산 김원봉이다.

1938년 10월에 약산 김원봉 주도로 조선의용대가 창립되자 창립대
원으로 참가해 김원봉과 인연을 맺었고, 이후 20년 동안 그의 최측
근으로 활동한다. 조선의용대 시절 그는 주로 선전분야에서 두각을
나타냈고, 1940년 조선의용대 창립 2주년 기념으로 발간된 〈조선의
용대(朝鮮義勇隊)〉에 2년간의 교훈과 활동에 대해 글을 기고할 정도
로 단기간에 핵심 간부로 성장했다. 그리고 다음 해 5월에는 조선의
용대 외교주임을 맡아 중국 국민당과 동남아 약소민족과의 연대를

안금생과 결혼한 한지성이 충칭 임시정부에서 활동할 때의 모습　세 번째 줄 오른쪽에서 세 번째가 한지성이다. 오른쪽이 후에 대통령 후보로 나왔던 신익희이고, 그 옆으로 해방 후 한지성과 비슷한 정치행로를 걸었던 박건웅의 모습이 보인다. 맨앞줄 오른쪽 끝이 약산 김원봉이다.

위한 외교활동에도 나섰다.

　김원봉을 비롯한 조선의용대의 주요 인사들이 임시정부와 광복군에 합류하면서 그가 1942년에 임시의정원 의원으로 선출되었고, 다음 해에는 임시정부의 선전부 총무과 과장, 선전부 선전위원으로 임명된다. 또한 임시정부의 청년들을 규합해 만든 한국청년회에서 부총간사를 맡는다.

　당시 총간사는 안정근의 장남 안원생이었다. 이때부터 그는 안원생, 안우생, 안금생 등 안중근가의 청년들과 인연을 맺게 된다. 1943년에 좌우를 망라한 중국 거주 한인 독립운동가들이 모여 재중국자유한인대회를 개최하는데, 이 대회에서 한지성은 최연소 주석단으로 선출된다. 당시 그의 위상을 짐작케 한다.

결혼 직후 다시 인도전선으로 돌아간 그는 해방이 되자 충칭으로 귀환했다. 1946년 초에 귀국한 그는 줄곧 김원봉과 정치행보를 함께 한다. 귀국 후 김원봉이 임시정부와 갈라서 1946년 2월에 좌파 주도로 결성된 민주주의민족전선의 의장으로 취임하자 그도 이 단체의 상임위원으로 선출된다. 1947년에는 김원봉이 결성한 조선인민공화당의 서울시 지부장으로 활동했고, 1948년 4월 남북협상 때 월북해 황해도 해주에서 개최된 남조선인민대표자회의에서 제1기 최고인민회의 대의원에 선출되었다.

1950년에 6·25전쟁 발발 후 인민군이 서울을 점령하자 그는 뜻밖에도 서울시인민위원회 부위원장으로 임명되어 서울에 나타났다. 김자동 대한민국임시정부기념사업회장은 "6·25 발발 직후 서울시민은 대부분 먹을거리가 없어 9·28 수복 때까지 어려운 3개월을 지냈는데, 한지성이 우리 집에 쌀 한 말과 팥 한 되를 보내온 일이 있었다"라고 회고했다. 전쟁이 끝난 후 평양으로 돌아간 한지성은 조소(朝蘇) 친선협회 부위원장 등을 지내다가 김원봉이 정계에서 물러난 1958년 무렵 모든 공직에서 해임되었고, 그 후의 행적은 알려져 있지 않다. 해방 후 부인인 안금생의 활동은 알려진 게 없다.

한지성은 조선의용대와 한국광복군에서 주도적으로 활동하며 독립운동사에 뚜렷한 발자국을 남겼지만 해방 후 월북했기 때문에 독립유공자로 포상을 받지 못했다.

제6장

안중근가의 여성 ─ 묻히고 잊힌 이름들

"대의에 죽어라"라고 한
대쪽 같은 인품

일본순사와 헌병까지 감탄한 '위대한 여걸'

하얼빈 거사 후 안중근은 현장에서 러시아 헌병에게 체포되어 하얼빈 일본영사관으로 넘겨졌다. 간단한 조사를 마친 후 그는 중국 뤼순에 있던 일본 관동도독부 지방법원으로 송치되어 재판을 받았다. 1910년 2월 7일부터 총 6회에 걸친 재판 끝에 그는 2월 14일 선고공판에서 사형선고를 받았다. 형 집행을 기다리며 옥중에서 〈동양평화론〉을 집필하던 그는 모친에게 유서를 겸해 편지 한 장을 보냈다.

불초한 자식은 감히 한 말씀을 어머님 전에 올리려 합니다. 엎드려 바라옵건대 자식의 막심한 불효와 아침저녁 문안인사 못 드림을 용서하여 주시옵소서. 이 이슬과도 같은 허무한 세상에서 감정에 이기지 못하시고 이 불초자를 너무나 생각해주시니 훗날 영원의 천당에서 만나 뵈올 것을 바라오며 또 기도하옵나이다.

얼마 뒤 옥중의 안중근에게 소포가 하나 배달되었다. 소포 뭉치 속에는 수의(壽衣)와 편지 한 장이 들어 있었다. 조마리아 여사가 보낸 것이었다. 편지 전문은 다음과 같다.

네가 만일 늙은 어미보다 먼저 죽은 것을 불효라 생각한다면 이 어미는 웃음거리가 될 것이다. 너의 죽음은 너 한 사람 것이 아니라 조선인 전체의 공분을 짊어지고 있는 것이다. 네가 공소(항소)를 한다면 그것은 일제에 목숨을 구걸하는 짓이다. 네가 나라를 위해 이에 이른즉 딴 맘 먹지 말고 죽으라. 옳은 일 하고 받은 형이니 비겁하게 삶을 구걸하지 말고 대의에 죽는 것이 어미에 대한 효도이다. 어미는 현세에서 너와 재회하기를 기대치 않으니 다음 세상에는 반드시 선량한 천부의 아들이 되어 이 세상에 나오너라.

사형선고를 받고 형 집행을 기다리고 있는 아들에게 조 여사는 "비겁하게 목숨을 구걸하지 말고 대의에 따라 당당히 죽는 것이 효도이다"라고 썼다. 과연 독립운동가 안중근의 어머니다운 당당함과 서릿발 같은 기상이 담겨 있다. 위인의 뒤에는 항상 위대한 어머니가 있는 법이다.

한편 조 여사의 '편지'를 두고 이견이 있다. 그간 이 편지는 국가보훈처 공식 블로그 등에서 공공연히 '사실'로 알려져 왔다. 그런데 〈연합뉴스〉 2016년 3월 24일자에서 안중근의사기념사업회는 2015년에 펴낸 '안중근 자료집'을 통해 이 편지는 구전되는 것일 뿐 기록은 남아 있지 않다고 주장했다. 편지의 구체적인 내용을 두고는 다소 이견이 있을 수 있겠으나 편지 자체는 실존했던 것으로 보인다.

조마리아 여사의 본명은 조성녀(趙性女)로, 1862년 백천 조씨 집안에서 태어났다. 여사는 남편 안태훈의 뜻에 따라 온 가족과 함께 천주교에 입교했다. 세례명은 마리아(瑪利亞). 조 여사의 성장과정이나 초기 이력은 자세히 알려져 있지 않다.

조 여사는 흔히 '안중근 의사의 모친' 정도로 알려져 있다. 그러나 여사는 일찍부터 애국활동을 펴 왔다. 구한말 항일애국지 〈대한매일 신보〉 1907년 5월 29일자 4면 '국채보상의연금 수입광고'란에 다음과 같은 기사가 실려 있다.

> 삼화항은금폐지부인회 제이회의연 안근자친 은지환두쌍 넉량닷 돈은아즉팔못얏 은투호두은장도은귀이두 은가지셰 은부전두 합 십종넉량닷돈代金원

쉬운 말로 풀이하면 대략 다음과 같다.

> 삼화항(三和港, 현 진남포) 은금폐지부인회(銀金廢止夫人會) 제2차 의연(義捐). 안중근(安重根) 자친(慈親, 모친) 은가락지 두 쌍 넉 냥 닷 돈은 아직 팔지 못했음. 그 밖에 은투호(노리개) 두 개, 은장도 한 개, 은귀이개(귀후비개) 두 개, 은가지 세 개, 은부전 두 개, 총 10 종에 넉 량 닷 돈. 대금은 20원

한국 독립운동사에서 여성이 항일운동에 나선 계기가 바로 '국채 보상운동'이었다. 이 운동이 처음 일어난 대구의 여성들은 1907년 '패물폐지(佩物廢止)부인회'를 결성했다. 이를 계기로 전국 각지에서 애국 부녀단체들이 속속 생겨났다. 평안도의 '삼화항 은금폐지부인 회(銀金廢止夫人會)'도 그 가운데 하나였다.

앞의 기사는 조 여사가 가지고 있던 패물을 국채보상 성금으로 내놓았다는 내용이다. 패물의 종류와 수량이 적지 않은 걸로 보아 당시 안중근 집안의 가세를 대략 짐작할 만하다. 조 여사 이외에도 이 집안에서 안중근의 부인과 두 동생의 부인 등이 시집올 때 가지고 온 가락지 등을 내놓았다. 집안형편이 여유가 있다고 해서 다 돈을 내놓는 것은 아니다.

안태훈이 사망한 후 조 여사는 안중근에게 정신적 기둥이자 절대적 후원자였다. 1907년에 안중근이 해외 망명의사를 밝히자 조 여사는 "집안일은 생각지 말고 최후까지 남자답게 싸우라"며 격려했다.

하얼빈 거사 후 중근이 뤼순감옥에 갇혀 재판을 받게 되자 몸소 나서서 한국인 변호사(안병찬)를 수소문하는 등 뒷바라지에 나섰다. 이 일로 조 여사는 일경의 감시대상이 되었다. 하루는 일본 순사와 헌병이 집으로 찾아와 조 여사를 하얼빈 거사와 관련해 조사하며 따져 묻자 그들에게 다음과 같이 말했다.

중근이가 이번에 행한 일은 경영한지가 오랜 지라 아일(俄日)전쟁 (러일전쟁-필자) 이후로 밤이나 낮이나 말을 하든지 일을 하든지 다만 나라를 위하여 몸을 받칠 생각뿐이오, 평일에 집에 있을 때에도 정당한 주의(主義)만 쓰고 털끝만치라도 사정(私情)을 쓰지 아니함으로 집안이 항상 엄숙했고, 연전에 국채보상금 모집할 때에도 부인과 제수가 시집올 때 가지고 온 패물 등을 다 연조(捐助) 케 하여 말하기를 '나라가 망하게 된지라 패물을 무엇에 쓰리오' 하매 부인과 제수들도 낙종(樂從)하여 그 뜻을 조금도 못했다.
— 놀라운 부인, 〈대한매일신보〉 1910년 1월 30일

조 여사의 얘기를 전해들은 순사와 헌병들도 혀를 차며 "안중근 씨가 행한 일은 우리도 크게 놀라는 바이거니와 그 모친의 인품도 한국에 드문 인물"이라고 감탄해 마지않았다고 한다. 안중근의 위국헌신(爲國獻身) 사상은 조 여사의 가르침 덕분이라고 할 수 있다.

안중근이 사형선고를 받은 후 항소를 포기한 것도 조 여사의 평소 가르침과 전언 때문이었다. 조 여사는 사형선고를 받은 안중근에게 "비겁하게 삶을 구걸하지 말고 대의에 죽는 것이 어미에 대한 효도"라고 말했다. 이 말을 전해들은 간수 헌병 지바 도시치는 경탄한 나머지 그 소감을 다음과 같이 남겼다.

어머니로서 자식의 목숨을 구걸하지 않고 깨끗한 죽음을 요구한다는 것은 안중근의 이토 살해가 의거였고, 역시 늙은 어머니에게도 참지 못할 공분(公憤)이었을 것이다. 유감이긴 하지만 그것은 또 이토로 대표되는 일본정치에 대하여 전체 한국인의 심중에서 우러나는 절규로 보아도 될 것이다. — 사이토 다이켄,《숨겨진 진실, 내 마음의 안중근》, 인지당, 242쪽

조 여사는 안 의사가 재판을 받는 동안 딸을 데리고 진남포 천주교 성당에 머물면서 기도를 올렸다. 재판부가 외국인 변호사의 변호를 불허하자 조 여사는 "이등(이토 히로부미)이는 다수의 한인을 살(殺)하였거늘 안중근이가 이등 1인을 살한 것이 무슨 죄요, 일본 재판소가 각 국인 변호사를 불납(不納)한 것은 무지가 극(極)함이다"라며 일본을 통렬히 비난했다.

하얼빈 의거 후 조 여사는 정근·공근 두 아들 식구들과 함께 일제

1922년 4월 22일 연해주에서 열린 조마리아의 수연(회갑) 기념사진　　두 번째 줄 왼쪽에서 세
번째가 조 여사

의 탄압을 피해 러시아 블라디보스토크로 망명길에 올랐다. 앞서 가
있던 안중근 가족들과 합류하면서 일가는 다시 한데 모여 지냈다.
처음에는 흑룡강성 무링현에 거주하다가 1차 세계대전 후 정세가
불안해지자 러시아령 니콜리스크로 옮겨 1920년에 상하이로 이주
할 때까지 이곳에서 지냈다.

　이곳에 머무는 동안 조 여사는 '어른'으로서 교포사회에 문제가
생기면 나서서 해결해주었다. 이로 인해 조 여사는 교포사회에서 존
경과 흠모를 한 몸에 받았다. 블라디보스토크에서 발행되던 〈대동
공보〉 주필이자 안중근의 동지인 이강은 그런 조 여사를 두고 "내가

평생에 그렇게 위대한 여걸은 다시 보지 못했다. 그러므로 과연 범이 범을 낳았다고 생각했다"고 썼다.

고국에 돌아오지 못하다

1919년 상하이에서 임시정부가 수립되자 그해 가을 안정근이 먼저 가족 몇을 데리고 상하이로 떠났다. 이듬해 4~5월경 남아 있던 가족들도 상하이로 향했다. 조 여사 일가족은 장남 중근의 가족, 정근·공근의 가족 등 20여 명에 달했다. 상하이 독립운동가들에게 조 여사와 안중근 가족은 정신적 기둥과도 같은 존재였다. 조 여사는 이곳에서도 교포사회의 갈등 조정과 중재자 역할을 하면서 어른으로서 책무를 다했다.

〈동아일보〉 1926년 7월 28일자와 〈독립신문〉 1926년 9월 3일자 등의 보도에 따르면, 조 여사는 1926년 7월 19일에 상하이 삼일당(三一堂)에서 개최된 '대한민국임시정부 경제후원회' 창립총회에서 임원으로 선출되었다. 그 무렵 임시정부는 "행정상 가장 필요한 사업비는 차치하더라도 경상비까지 여유가 없을 정도"로 재정형편이 매우 열악한 상황이었다. 이에 도산 안창호 등 상하이 거주 10여 명의 명망가들이 나서서 "민중이 중심이 된 후원단체를 조직하여 정부의 경제적 기초를 공고하게 할 목적"으로 이 단체를 창립했다.

창립총회에 앞서 7월 9일에 열린 연설대회에는 상하이 거주 조선 동포 108명이 참석했다. 두 시간여에 걸친 도산의 연설에 이어 이들은 즉석에서 발기 준비회를 열어 임시주석에 안창호를 임명한 후 다음과 같은 사항을 결의했다.

1. 단체의 명칭은 임시정부 경제후원회로 할 것
2. 본회의 회원은 법정세금을 납부할 뿐만 아니라 특별히 후원금을 지출할 것
3. 후원금은 매년 1인당 1원 이상으로 정하고, 이에 따라 지출하게 할 것
4. 준비위원 15인을 선출하고, 간장(簡章, 규약) 기초, 동지 모집, 창립총회에 관한 사항을 일임할 것

이날 모임에서 조 여사는 준비위원 15인 가운데 한 사람으로 뽑혔다. 준비위원 가운데는 조 여사 말고도 여성이 한 명 더 있었는데 김규식의 부인 김순애(金順愛)였다. 7월 19일에 열린 총회 임원 선거에서 위원장에는 안창호, 서무위원 조상섭, 재무위원 태창희, 그리고 위원으로는 조 마리아, 김순애 등 6명이 선출되었다.

여사는 천금보다 귀한 맏아들 중근을 조국에 바쳤다. 또 구한말 나라가 빚에 허덕이자 소중히 간직해오던 패물 여럿을 기꺼이 내놓았으며, 임시정부의 재정이 어렵다는 소리를 듣고 망명지 상하이에서 안창호와 함께 재정후원회를 결성해 적극 도왔다. 일생을 통해 여사는 '어머니의 삶'보다는 '애국여성의 전범(典範)'을 보였다.

조 마리아 여사는 어떤 성품의 소유자였을까?

광복 직후 《경향잡지》 인터뷰에서 안정근의 차녀 안미생에게 "(안중근이) 어디서 그처럼 끓어오르는 애국심과 놀라운 희생정신을 받으셨을까요?"라고 묻자 안미생은 "우리 할머니가 조마리아신데 여중군자(女中君子)라는 평을 들었던 분으로서 그 사상이 퍽 훌륭하셨답니다. 그 교육의 영향이 크리라고 믿습니다"라고 대답했다.

아나키스트 독립운동가 정화암(鄭華岩)은 조 여사를 다음과 같이 회고했다.

만주에서 이사를 가는데 마차에다 이삿짐을 잔뜩 싣고 가는데 마적들이 나타났어요. 총을 마구 쏘면서. 그러니까 같이 가던 청년들 수십 명이 전부 땅에 엎드려서 꼼짝 못해요. 이때 그(안중근-필자)의 어머님이 척 내려오더니 "이놈들아, 독립운동한다는 놈들이 이렇게 엎드리기만 하기야? 이렇게 엎드려 있다간 다 죽어!"라고 대성일갈했다는 겁니다. 그러고는 벌벌 떠는 마부를 제치고 스스로 말고삐를 쥐더니 "죽는 한이 있어도 가고 보자"고 소리를 질렀다죠. "에야!" 소리 지르며 마차를 몰아 결국 무사했다는 것 아닙니까? 보통 여자가 아니었습니다. — 이정식·김학준·김용호, 《혁명가들의 항일회상》(정화암 편), 민음사, 2005

이강도 조 여사를 두고 '여걸(女傑)'이라고 했는데 빈말이 아닌 것 같다. 상하이 시절 함께 생활했던 정정화는 조 여사를 두고 "너그러우면서도 대의에 밝은 분이었다"고 기억했다. 조 여사는 김구의 모친 곽낙원 여사와 함께 독립운동 진영의 어른이자 상징적 어머니였다. 또 남편 안태훈 사후에는 안중근 가문의 정신적 지주이기도 했다.

조 여사는 1927년 7월 15일 오후 11시경 상하이에서 별세했다. 1927년 7월 19일자 〈중외일보〉 보도에 따르면, 조 여사의 사인은 위암이었다. 조 여사의 유해는 프랑스 조계 내의 외국인묘지 징안쓰(靜安寺) 만국공묘에 묻혔는데 묘지는 이후 도시개발로 사라졌다. 1950년대 말 홍콩에서 발행되는 〈사우스 차이나 모닝포스트〉에 상하이 임시정부의 광고가 실렸는데 외국인 유족들에게 징안쓰 만국공묘 이전을 요청하는 내용이었다. 김자동 대한민국임시정부기념사업회 회장에 따르면, 당시 상하이 교민회가 주동이 되어 묘지 내의 항일지사 유골을 화장해 쉬자후이(徐家匯, 서가회) 만국공묘(현 쑹칭링 능원)로 이장했는데 조 여사를 포함해 항일지사 몇 명의 유해를 빠뜨렸다고 한다. 안중근 모자(母子)는 지금도 이국땅에서 고혼(孤魂)으로 떠돌고 있다.

부인 김아려
일제의 감시와 탄압 속에서 고통

독립운동가에게 숙식 제공

안중근은 16세가 되던 1894년에 혼례를 올렸다. 배필은 황해도 재령의 향반 출신 김홍섭(金鴻燮)의 딸 김아려(金亞麗, 세례명 아네스) 였다. 김아려는 안중근보다는 한 살 위였다. 두 사람은 슬하에 2남 1 녀를 두었다.

안중근 내외는 부부사이가 썩 좋지는 않았다. 평소 안중근이 사 냥을 즐긴 데다 바깥활동을 하면서 집안을 제대로 돌보지 않은 탓이 아닌가 싶다.

거사 후 검찰관 신문 과정에서 안중근은 처음에는 처자가 없다고 말했다. 그러다가 나중에는 "2년 전부터 처자는 없는 셈치고 동양의 평화만을 위해 온 힘을 다하고 있었기 때문에 없다고 한 것이다"며 말을 바꾸었다.

두 동생들의 얘기를 들어보면 부부사이가 그리 화목하지는 못했 던 것은 사실로 보인다. 하얼빈 거사 후 둘째동생 공근은 검찰관 신 문에서 다음과 같이 말했다.

검찰관	부모형제와의 사이는 어땠는가.
안공근	형은 배짱이 센 사람이었는데 그다지 (사이가) 나쁜 일은 없었지만 그렇다고 화목하지는 않았다.
검찰관	부부 관계는 어땠는가.
안공근	나쁘다고 말할 수는 없으나 화목하지는 않았다.
검찰관	중근은 평소 행실이 나쁜가.
안공근	그렇지 않다. 정부(情婦)는 없었지만 늘 밖으로만 돌았기 때문에 부부사이도 자연 화목하지 않았다.
검찰관	왜 늘 밖으로 나갔는가.
안공근	진남포로 와서부터는 사냥을 좋아해서 늘 외출을 했다. 그 외의 이유는 없는 것 같다.

―〈참고인 안공근 신문조서〉, 관동도독부 지방법원, 1909년 12월 20일

사형집행을 이틀 앞두고 안중근은 가족과 지인들 앞으로 모두 7통의 고별편지를 썼다. 그 가운데는 아내 김아려에게 보낸 편지도 한 통 포함되어 있었다. 그는 평소 잘 대해주지 못한 아내에게 미안한 감정과 함께 천주교 신앙을 굳게 믿고 천당에서 다시 만나자고 했다. 큰 아들 분도(芬道, 본명 우생)를 특별히 거론하며 신부로 키워달라고 부탁했다.

거사 반년 전인 1909년 4월경, 안중근은 중·러 국경도시인 쑤이펀허를 찾았다. 그곳 세관의 주사로 근무하고 있던 지인 정대호를 만나기 위해서였다. 정대호와는 진남포에서 활동할 당시부터 교류해온 사이였다. 정대호는 훗날 중국으로 망명해 임시의정원 의원을 지냈다.

안중근 의사의 부인과 두 아들　　안 의사는 의거 전 정대호에게 가족을 블라디보스토크로 데리고 오라고 부탁하여 부인 김아려 여사가 아들 분도, 준생을 데리고 왔는데 안타깝게도 의거 다음날인 1909년 10월 27일, 하얼빈에 도착했다. 이 사진은 하얼빈 일본 총영사관에서 일본 경찰들이 찍은 것으로 통역관이었던 소노키 스에요시가 보관하던 것을 그의 딸이 야요이 미술관장에게 준 것이다.

안중근은 정대호로부터 고향 소식을 전해 들었다. 고향 떠난 지 근 2년이 다되어 갔다. 안중근은 얘기 끝에 정대호에게 고향의 가족을 연해주로 데려다 달라고 부탁했다. 정대호는 흔쾌히 동의했다. 그는 평양으로 가서 안중근의 부인과 분도·준생 두 아들을 데리고 의거 다음날인 10월 27일에 하얼빈에 도착했다.

장녀 안현생이 해방 후에 남긴 '수기'에 따르면, 김아려 일행이 창춘(당시 신징)에 이르렀을 때 정거장에는 총을 메고 칼을 찬 헌병과 경찰들이 서성대 의아스럽게 여겼다고 한다. 그런데 나중에 알고 보니 이토 히로부미의 시체를 실은 기차가 이들이 탄 기차와 마주 서 있었다고 한다.

생면부지의 하얼빈에 도착한 김아려는 두 아들과 함께 김성백의 집에 묵었다. 그때까지만 해도 김아려는 남편의 거사를 알지 못했다. 누군가 김아려에게 "일경이 잡으러 오면 절대 안중근의 아내라고 말해선 안 된다"고 일러주어 남편의 거사 사실을 알게 되었고 이들은 곧 일경에 붙잡혀가 조사를 받았다. 그러나 정대호와 안중근 가족에게 특별한 혐의가 있을 리 없었다. 일제는 결국 3일 만에 이들을 풀어주었다.

얼마 뒤 안중근 가족은 하얼빈을 떠나 러시아 연해주로 향했다. 뒤이어 1910년 10월경 안정근·안공근 가족들이 합류하면서 일족이 함께 살게 되었다. 안중근의 활동무대이기도 했던 그곳에는 '안중근 유족 구제공동회'가 결성되어 있었다. 최재형, 최봉준 등 블라디보스토크의 유력인사들이 중심이었다. 최재형의 딸 올가의 회상기에 안중근 가족 이야기가 등장하는 걸로 봐 이 지역인사들이 이들을 돌보았음을 알 수 있다.

1911년 4월경 안중근 가족은 다시 헤이룽장성 무링현 팔면통으로 이주했다. 여기서 안중근의 가족은 안창호와 이갑(李甲) 등의 도움으로 농사를 지으며 정착하게 되었다. 그해 여름 이곳에서 장남 분도가 의문의 죽음을 당했다. 안중근 가족은 1917년 7월에 다시 니콜리스크로 이주했다. 당시 연해주는 러시아 혁명의 소용돌이 속에서 격랑에 휩싸였다. 그래서 이들의 신변안전이 다시 문제가 되었다.

　　1919년에 상하이에서 대한민국 임시정부가 수립되자 큰 시동생 안정근은 안창호의 부름을 받고 상하이로 건너갔다. 얼마 뒤 안중근 가족도 상하이로 건너갔다. 그때까지 명동성당에서 생활하고 있던 장녀 현생도 합류했다. 안중근 가족은 상하이 프랑스 조계 내 남영길리(南永吉里)에 자리를 잡고 모여 살았다. 상하이 시절 모친 조 마리아 여사와 안중근의 가족들을 돌보아준 사람은 둘째 시동생 안공근이었다. 당시 안공근은 김구의 오른팔로 불릴 정도로 영향력이 대단했다.

　　김아려는 연해주에서 체류하던 시절부터 독립운동가들의 숙식 대접을 많이 했다. 상하이 시절에도 마찬가지였다. 당시 유럽으로 유학을 가던 청년들이 중국 여권을 취득하기 위해 상하이로 건너와 김아려의 집에서 며칠씩 묵곤 했다고 한다. 그들 중에는 이미륵도 포함되어 있었다. 경성의전 3학년 때 3·1운동에 가담했다가 일본경찰을 피해 상하이로 망명한 이미륵은 김아려로부터 식사를 제공받은 적이 있다. 이미륵은 그의 대표작《압록강은 흐른다》에서 그때의 일을 소상히 기록했다.

요 며칠 전에 나는 어떤 부인을 한 분 알게 되었다. 그 여자는 바로 젊은 나이에 영웅적인 애국행위를 하고 세상을 떠난 너무도 유명한 안중근 의사의 부인이었다.… 이 부인은 일곱 살 된 딸과 세 살밖에 안된 아들을 데리고 막연하게 북쪽으로 도망쳤던 것이다. 그 후 안 여사는 10여 년이나 시베리아 땅에서 방랑생활을 했고, 성장 일로에 있던 일본세력은 이 가족을 더욱 추적했을 것이며, 혹한과 가난 그리고 자식들에 대한 걱정이 끊일 날이 없이 지금까지 살아왔던 것이다. 이제 이 부인은 상해로 오게 되었고 마침내 조국을 위해서 목숨까지 바친 의사의 부인이라는 것이 알려지자 결국 한국남자들의 보호를 받게 된 것이다.

얼굴도 갸름하고 나이는 사십쯤 되어 보이는 이 부인은 내가 회색으로 도배질되어 있는 작은 방으로 들어가려고 하는데 나에게 악수를 청했다. 부인은 "얘가 내 딸이에요"라고 열일곱 살쯤 되어 보이는 중국 옷차림으로 서 있는 여학생을 가리키면서 나에게 소개했다. 아들아이는 소련 옷차림을 하고 있었으며, 아주 튼튼하게 생긴 것이 얼굴색은 더욱 건강해보였다. 우리는 식탁에 자리를 잡고 앉게 되었다. 그 부인은 나에게 나이는 몇 살이며 직업은 무엇이며 가족은 어디 있는가 등을 물어보았다. 내가 나이를 말했더니 "아직 그렇게 어려요?"라고 말하는데 아주 부드러운 목소리였으나 어딘가 모르게 슬픈 어조였다.

이미륵에 따르면, 김아려는 처음 만난 그에게 먼저 악수를 청하는 등 비교적 적극적이고 활달한 성격이었던 것으로 보인다. 그러나 이미륵의 눈에 김아려는 어딘가 모르게 슬픈 모습을 하고 있었던

1930년대 중반 상하이에서 안정근의 가족들과 함께 한 김아려 여사(앞줄 가운데)　뒷줄　왼쪽부
터 안정근의 차남 진생, 3녀 옥생, 차녀 미생

것 같다. 당시 그는 남편과 장남을 잃은 몸이었다. 당시 장녀 현생은 1902년생으로 '열일곱 살', 1907년생인 차남 준생은 열두 살이었다.

1937년에 중일전쟁이 발발해 상하이는 날로 불안한 상황이 되었다. 1932년 윤봉길 의거 후 상하이를 떠난 임시정부는 창사를 거쳐 난징에 집결했다.

김구는 안공근에게 상하이에 남아 있던 안중근 가족을 모셔오라고 지시했다. 그러나 안공근은 그곳에 있던 김구 모친 곽낙원 여사만 모시고 난징으로 왔다. 김구는 격노하여 다시 안공근에게 안중근 가족들을 데려오라고 했다. 다시 상하이로 간 안공근은 형수와 조카들은 만나지 못한 채 자신의 가족들만 데리고 나왔다.

결국 김아려와 장녀 현생, 차남 준생은 일본군의 수중에 떨어진 상하이에 남게 되었다. 이들은 '안중근 가족'이라는 이유로 일제의 감시와 탄압 속에서 고통을 겪어야만 했다. 소위 '박문사 화해극'과 같은 차남 준생의 친일행각도 이런 상황에서 비롯되었다고 할 수 있다.

김아려는 1946년 2월 27일에 중국 상하이에서 지병으로 별세했다. 고희를 1년 앞둔 69세였다. 그의 유해는 프랑스 조계 내 외국인 묘지인 만국공묘에 묻혔다. 그러나 도시개발로 인해 현재 그의 묘는 행방을 찾을 수 없다. 특별히 내세울 만한 공적이 없다보니 독립유공 서훈도 받지 못했다. '영웅' 남편에 가려 그는 이름 석 자조차도 역사에 묻히고 말았다.

여동생 안성녀
서훈받지 못한
숨은 독립운동 공로자

부부가 독립운동 참가했지만 부산에 외롭게 묻혀

안중근에게는 정근·공근 두 남동생 외에도 여동생이 한 사람 있다. 이름은 안성녀(姓女, 세례명 누시아)로 한동안 그의 출생연도조차 알지 못했다. 안중근기념사업회나 역사학계도 마찬가지였다. 그런데 〈국제신문〉의 끈질긴 취재 끝에 2005년에야 그가 1881년생임이 확인되었다. 4남매 가운데 안중근보다 두 살 아래, 두 남동생보다는 손위 누님인 셈이다.

부산 〈국제신문〉은 2005년에 광복절을 앞두고 그해 8월 1일자에서 '안중근 의사 여동생 묘 부산 있다' 제하의 발굴기사를 실었다. 이 신문은 안중근의 여동생 안성녀가 사망한지 54년이 지나도록 묘소가 방치되어 왔다고 지적했다. 당시만 해도 안성녀의 묘소가 국내에 존재한다는 사실은 안성녀의 시댁 후손 극소수만 알고 있었다. 안중근 가문이나 국가보훈처조차도 실태를 파악하지 못한 상태였다.

〈국제신문〉은 광복 60주년을 맞아 독립운동가와 후손들의 생활실태를 조사하는 과정에서 독립지사이자 안성녀의 며느리 오항선(2006년 작고)을 통해 그의 묘지를 확인했다. 묘소는 부산 남구 용

1970년대 초반 안성녀의 묘소를 참배한 안춘생의 형 안봉생(왼쪽)과 안성녀의 장남 권헌이 함께 묘소 앞에서 찍은 사진

호동 천주교 교회묘지 내에 있다. 〈국제신문〉 취재진은 그의 장손 며느리 이용순 씨의 도움으로 묘소를 답사했는데 1m가 넘는 수풀로 뒤덮인 채 방치된 상태였다. 독립운동의 거목 안중근의 여동생의 묘라고 하기엔 너무도 초라할 정도로 봉분과 비석이 훼손된 상태였다.

당초 안성녀의 묘는 부산 영도구 청학동에 있었다. 그러나 묘지 자리에 부산체육고등학교가 들어서는 바람에 1974년에 이곳으로 이장되었다. 이용순 씨는 "살기가 빠듯해 묘지 관리를 제대로 못해 왔다"며 "매년 추석에 맞춰 벌초를 하지만 묘지 관리인이 없다 보니 방치되고 있다"고 했다. 만약 묘소가 발견되지 않았더라면 안성녀 역시 역사 속에 묻혔을지도 모른다.

그간 안성녀의 행적에 대해서는 본격적인 연구가 이루어지지 못했다. 무엇보다도 관련 기록이 전무했기 때문이다. 중국 각지를 떠돌

부산 남구 용호동 천주교 묘역에 있는 안성녀의 묘와 묘비

아다니며 일제의 감시하에서 생활했기 때문에 드러내 놓고 독립운동을 할 수 없는 입장이었다. 안중근은 일제 심문과정에서 '출가외인'인 여동생에 대해서는 철저히 함구했다.

게다가 그가 국가보훈사업이 시작되기도 전인 1954년에 사망하는 바람에 학계나 정부의 관심 밖으로 밀려났다. 특히 안성녀의 외아들 권헌(1980년 사망)과 절친했던 안봉생(안춘생의 형)마저 1980년에 사망하면서 두 가문의 교류는 거의 단절되다시피 했다.

여기에 국가보훈처의 무관심도 한 몫을 했다. 1974년에 묘소 이장 당시 유가족들은 부산지방보훈청에 묘소 관리를 요구했으나 거절당했다. 안성녀가 독립유공자 서훈을 받지 못했다는 것이 그 이유였다. 그 이후에 재차 똑 같은 요구를 했지만 또 다시 묵살당했다. 그 당시부터 보훈처가 안성녀에 대해 관심을 갖고 자료수집과 연구를 해왔다면 이미 상당한 성과가 나왔을지도 모른다.

안성녀의 남편 권승복(1920년 사망)도 독립운동가였다. 권승복은 안중근 가문과 같은 마을(황해도 신천)에 살고 있어서 자연스럽게 혼담이 오간 것으로 보인다. 두 사람의 결혼 시점은 1905년 이전에 청계동 시절로 추정된다. 1909년 하얼빈 의거 후 안성녀 가족은 친정식구들과 함께 망명한 것으로 보인다. 망명 이후 10년 정도 남편과 같이 살았으나 1920년에 남편 권승복이 사망하자 아들 권헌이 인쇄소와 정미소를 운영하여 어렵게 살았다고 한다.

안성녀에 대해 가장 많은 증언을 남긴 며느리 오항선은 여성 애국지사로 동지들과 함께 하얼빈 주재 일본영사관을 습격한 바 있다. 오항선은 2005년에 〈국제신문〉과의 인터뷰에서 "시어머니는 안 의사 여동생이라는 이유로 일제의 감시와 갖은 탄압을 받으면서도 독립군을 몰래 도왔다"며 "한번은 일본 놈들에게 잡혀 9일 동안 감금되어 있다가 구사일생으로 탈출했다"고 회고했다. 또 "시어머니와 함께 독립군들이 입다 해진 군복을 깁고 있으면 난데없이 일본 군인들이 나타나 집안을 휘젓고 다니며 비밀문서와 숨겨 놓은 총기를 찾기 위해 가택수색을 했어. 잠시도 편히 놔두질 않았지. 또 일경들의 탄압을 피해 집을 자주 옮겨 다니는 등 고생이란 고생은 다했지"라고 증언했다. 안춘생 전 독립기념관장도 생전에 "안 여사가 재봉틀 10여 대를 놓고 독립군 군복을 만드는 일을 했다"고 증언했다.

일제감정기 시기에 중국 동북3성을 전전하던 안성녀 일가는 1945년 해방 당시 허베이성(河北省, 하북성), 성도 스좌장(石家莊, 석가장)에 있었다. 안성녀는 여기서 며느리 오항선 등 가족과 함께 귀국했다. 귀국 후 처음에는 수용소에서 지내다 김규식 박사의 소개로 김 박사의 조카집인 쌍림동에 거처를 얻었다. 이후 김구 등의 도움으로 서울 을지로 6가 적산가옥에 살았다. 서울에 거주하는 동안 정부에서 담배보급소를 내줘 생활했다고 한다. 한국전쟁이 터진 뒤 한강철교가 폭파당하자 도보로 부산에 내려온 안성녀 일가는 당시 부산시장이 마련해준 영도구 봉래동의 2칸짜리 가옥을 거쳐 인근 신선동 2가 2번지 산비탈에 본적지를 등록했다. 안성녀는 1954년에 4월 8일 이곳에서 73세로 타계했다.

2005년 8월에 〈국제신문〉 보도가 나가자 당시 국회 정무위 한나라당 간사인 김정훈(부산 남구 갑) 의원은 그의 독립운동 기록 발굴과 묘지 관리를 촉구하고 나섰다. 이에 당시 허남식 부산시장과 남구청장은 그의 며느리이자 생존 독립지사인 오항선의 집을 찾아 안성녀 묘지의 철저한 관리를 약속했다.

국가보훈처도 뒤늦게 나섰다. 보훈처는 2005년 9월에 국회 국정감사에서 "현재 보훈처 공훈심사과에서 안 여사의 서훈을 긍정적으로 검토하고 있다"며 "안 여사의 서훈 여부는 빠르면 내년 3·1절에 결정될 것으로 예상된다"고 밝혔다. 또 "안 여사가 독립유공자로 선정되면 남구청과 천주교 부산교구 유지재단의 협조를 얻어 안 여사 묘지를 국립묘지로 옮길 계획"이라고도 했다.

그러나 안성녀에 대한 서훈은 물론 묘소 이장 역시 감감무소식이다. 이듬해 2006년에 안성녀의 후손들은 중국 등에서 독립운동을 했다는 몇몇 애국지사들의 진술을 토대로 보훈처에 공적서류를 제출했다. 그러나 보훈처는 이를 입증할 자료가 없다는 이유로 심사를 보류시켰다. 국립묘지 이장 문제 역시 서훈과 맞물려 있어 한 발자국도 나가지 못한 상태다. 다만 여론을 의식한 듯 부산지방보훈청과 부산 남구청은 2009년부터 그의 묘소를 관리하기 시작했다.

2017년 현재까지도 안성녀는 독립유공 서훈을 받지 못한 상태다.

딸 안현생
이토 사당 박문사에 참배하다

남편은 해방직후 중국서 피살

안현생(安賢生, 데레사)은 1902년 5월 1일에 황해도 신천 청계동에서 안중근의 2남 1녀 가운데 장녀로 태어났다. 안중근의 하얼빈 의거 당시 8세였던 안현생은 프랑스 신부의 보호 아래 서울 명동 수녀원 기숙사에서 5년간 숨어 지냈다. 안중근은 재판 당시 딸에 대해서는 일체 언급하지 않았다.

13세가 되던 1914년에 안현생은 러시아 블라디보스토크에서 가족과 합류했다. 19세 때인 1919년에는 온 가족이 상하이 프랑스 조계로 이주했다. 상하이 천주교 숭덕여학원 고등과 졸업 후 동 대학부 불문과 및 미술과에 진학했다. 25세 때 일곱 살 위의 황일청(黃一淸)과 결혼하여 슬하에 은주·은실 두 딸을 낳았다.

《주부생활》1958년 12월호에 따르면 황일청은 신흥무관학교를 나와 상하이 임시정부 초대 군무부 참사를 지냈다. 또 무장독립단체 '구국모험단'의 기술부장으로 폭탄제조 기술에 능했다고 한다. 황일청은 음악을 좋아하는 안현생의 환심을 사기 위해 부지런히 바이올린을 배우고 같은 집으로 하숙을 옮기는 등 적극적이었다고 한다.

상하이 거주 시절의 안현생 가족 　 오른쪽이 남편 황일청이고 가운데는 딸 황은실과 황은주

안현생은 황일청에 대해 아주 호의적인 평가를 내렸다. 20년간의 결혼생활에서 안현생은 불만이 없었다고 했다.

《월간 실화》1956년 4월호에는 안현생의 '수기(手記)'가 실려 있다. 부친 안중근에 대한 얘기부터 해방 전후에 걸쳐 자신의 삶의 역정에 대해 비교적 소상히 밝혔다. 해방 후 귀국한 안현생 가족은 한동안 서울에서 프랑스 수녀들의 도움을 받으며 지냈다. 이후 그는 금강전구에서 생산한 전구를 떼다 팔기도 하고, 한때는 안국동에 '안생공사'라는 간판을 걸고 군대에 된장과 간장을 납품하기도 했다. 그 무렵 안현생은 양자를 하나 두었는데 여순사건 때 양자가 부상을 당해 한동안 고생을 했다. 당시 신한공사(新韓公司) 총재가 영등포에 땅 천 평을 구해줘 안현생 일가족은 그곳에서 돼지와 닭을 치며 생계를 유지했다.

1950년에 6·25전쟁이 터지자 일가족은 서울에 그대로 있다가 1·4후퇴 때 대구로 피난을 갔다. 피난지 대구에서 안현생은 천주교단의 도움으로 다행히 일자리를 구했다. 그는 1953년 4월부터 1956년 3

상하이에서 발간된 《상해화보》 1927년 4월 7
일자에 안중근의 딸로 소개된 안현생의 모습

월까지 만 3년간 대구 효성여자대학(현 대구가톨릭대)에서 문학과
교수로 근무했다. 이 학교에 보관된 '사령원부'에는 펜으로 쓴 '4286
년 2월18일 敎授에 任함 安賢生(양력 1953년 4월 1일 교수에 임함 안
현생)'이라는 발령사항이 자세히 기록되어 있다.

　게다가 당시 대구시장이 쌀 배급을 해줘 일가족은 그럭저럭 생활
을 유지했다. 장녀 은주는 대구서 현역군인 이용문과 결혼했다. 차녀
은실은 리더스다이제스트사에 근무하다가 1956년 1월에 학업을 위
해 미국 로스앤젤레스로 유학을 떠났다. 효성여대 교수직을 그만둔
후 서울로 올라온 그는 서대문구 북아현동에 자리를 잡았다. 생계는
이화여대 불문과 학생들을 상대로 개인교수를 하면서 해결했다.

　해방 당시 황일청·안현생 부부는 장쑤성(江蘇省, 강소성) 쉬저우에
살았는데 황일청은 쉬저우 한인 교민회장을 맡고 있었다. 당시 쉬저
우는 일본군 점령지여서 황일청 역시 일본군 영향력 하에 있었다는
얘기다. 그 경위에 대해 황일청의 딸 황은주는 다음과 같이 말했다.

1940년 요양 차 평양에 온 안현생 가족이 평남 양덕온천에서 찍은 모습

일본이 상하이를 점령한 후 아버지를 평양으로 압송해갔다. 나는 상하이에서 외할머니(안중근 부인)와 함께 남았고, 어머니(안현생—필자)는 남편 뒷바라지를 위해 따라갔어요. 아버지는 거기서 5년간 연금생활을 했습니다. 그 뒤 일본 담당자가 중국 장쑤성(江蘇省) 쉬저우(徐州)의 거류민 단장으로 발령받으면서 아버지를 '조선인 교민회장'으로 데려갔어요. — 〈조선일보〉 2015년 11월 23일

그런데 1945년 12월 4일에 황일청이 권총에 맞아 피살되었다. 범인은 황일청의 머리에 대고 총을 쏘고는 달아나다 중국 공안에 붙잡혔다. 안현생은 이 사건을 두고 수기에서 "(남편이) 나쁜 사람들로부

터 저격을 당해 세상을 떠나게 된 불행한 사실이 있다"고 썼다. 황은주는 "부친을 쏜 사람은 광복군이었다"며 "광복군은 점령군 행세를 하면서 아버지나 학병들을 일본군 앞잡이처럼 본 것 같다"고 말했다.

해방이 되면서 일본군에서 풀려난 조선인 학병들이 쉬저우로 대거 몰려들었다. 이들은 귀국선을 타기 위해 반년 이상 기다려야 했다. 그들 가운데는 충칭에서 상하이로 내려오던 광복군 3지대 대원 40여 명도 포함되어 있었다. 이들과 학병 간에 마찰이 잦았는데 황일청이 중재를 서곤 했다고 한다. 황일청 피살사건은 이 와중에서 발생했다. 다음은 사건 현장을 목격한 학병 출신의 이병훈 소위의 말이다.

> 서주에는 우리 동포가 2천 명 가량 있었고 일본군에서 제대한 우리 병사들이 150명 가량 있었습니다. 감격의 8·15를 당하여 황일청 선생을 중심으로 모든 일을 우리의 손으로 잘 처리해 갔습니다.… 그런데 돌연 김학규(金學奎) 씨 지휘의 ○○군(광복군-필자) 제3지대원들이 서주로 오자 교민들과 저희들에게 절대복종을 명하여 이 때문에 여러 가지로 마찰이 생겼습니다. 그러던 끝에 황 선생을 암살한 것인데 범인은 중국 군법처에서 무기징역의 처단을 받았습니다. ─〈자유신문〉 1946년 5월 9일

황은주와 이병훈의 이야기를 종합해보면 당시 광복군 대원들이 황일청과 일본군에서 풀려난 학병들을 친일파 취급을 했던 것 같다. 쉬저우 교민회장을 맡고 있던 황일청을 친일파로 볼 여지가 없지는 않다.

황일청은 1939년 9월 처남 안준생(안중근 차남)과 함께 총독부가

기획한 '재(在) 상해 실업가 유지 만선(滿鮮) 시찰단'에 포함되어 조선을 다녀왔다. 이때 안준생은 이토 히로부미를 기리는 사당 박문사(博文寺)를 참배했으나 황일청은 참배하지 않았다.

그러나 황일청은 1년 반 가량이 지난 1941년 3월 26일에 장인 안중근의 기일에 맞추어 안현생과 함께 박문사에 참배했다. 당시 총독부는 이 부부를 관리하고 있었다. 이와 관련해 〈신한민보〉는 총독부 기관지 〈매일신보〉의 기사를 번역해 소개하면서 이를 비판하는 기사도 곁들였다. 다음은 안현생-황일청 부부의 박문사 참배에 대한 〈신한민보〉의 비판 글이다.

3월 26일은 고 안중근 공이 사생취의(捨生取義)한 기념일이므로 왜놈이 꼭 이날 공의 영애(안현생-필자) 부처를 잡아다 강제로 자복(自服)을 받았고 고전에 공의 장자(차자의 오기임-필자) 안준생 씨를 잡아다 또한 이와 같이 했다. 우리의 기억이 아직까지 새로운 것은 안중근 공이 하얼빈 정거장에서 동양평화의 죄괴(罪魁) 이등박문을 징벌한 후 이등박문의 잔명이 끊어져 마지막 턱을 칠 때 말하기를 '나는 조선인 때문에 죽는다' 이는 제 죗값으로 죽는 것을 자백한 것이다. 이제 왜적의 함락을 당한 상해에서 아무런 보호도 없는 그 유족을 잡아다 아무리 강제 자복을 받아도 어찌 죽은 이등의 죄를 가리랴. 만일 이등의 귀신이 있고 또 무엇을 안다면 이와 같은 짓은 도로 부끄러워할 것이다. 그런고로 우리는 왜놈의 이 같은 짓을 웃을 뿐이며 다만 한 가지 유감은 매일신보의 사장과 주필은 모두 한인이거늘 왜놈을 위하여 이 같은 글을 쓰고 앉아 있는 것은 다른 죄가 아니오, 글 배운 죄이다.

1955년 전남 장흥 해동사에 안중근의 영정과 위패를 모시는 의식에 참석한 안 의사의 장녀 안현
생과 조카 안춘생(오른쪽에서 두 번째) 박정희 대통령은 1964년 9월 전남 장흥 소재 해
동사(海東祠)에 추모시를 써준 바 있다. 해동사는 장흥에 살던 유림 안홍천(죽산 안씨)이 순흥 안씨
인 안 의사가 후손이 없어 제사를 지내지 못하는 것을 안타깝게 여겨 1955년 죽산 안씨 문중에서
건립한 사당이다.

황일청이 독립운동가 출신으로서 적지에서 교민회장을 지낸 점,
창씨개명을 한 점 등은 분명한 '변절'이다. 기자가 "아버님이 변절·
친일(親日)을 했다고 보지는 않습니까?"라고 묻자 황은주는 "위안부
나 학도병에 끌려간 것을 '친일(親日)했다'고 하는 소리나 같겠지요.
아버지가 거기서 친일을 했으면 그 뒤 그런 증언이 나왔을 테고 친
일파 명단에 올랐겠지만 그건 없습니다"라고 대답했다. 그러나 황일
청의 변절행각은 강제로 끌려난 위안부나 학도병과는 차이가 있다.

안현생 부부를 박문사로 안내한 총독부 외사과 아이바 기요시(相
塲淸) 촉탁은 나중에 쉬저우 거류민단장으로 나가면서 황일청을 쉬

서울 도봉구 수유리에 있는 안현생의 묘

저우 한인 교민회장으로 데리고 갔다. 황일청 피살사건은 그의 친일
행적과 당시 쉬저우의 여러 상황이 복합적으로 어우러져 발생한 것
으로 보인다. 상하이 시절 황일청은 전차회사에 근무하면서 '상하이
전차공사(電車公司) 한인친목회 회장'을 지내기도 했다.

안현생 일가족은 해방 이듬해 1946년 11월 11일에 귀국했다. 안
현생이 남편의 유골을 수습해 오느라고 귀국이 늦어졌다. 안현생은
1959년 4월 4일에 자택에서 사망했다. 당시 안현생의 나이는 58세,
병명은 간암이었다. 안현생의 묘는 서울 강북구 수유동 아카데미하
우스 본관 우측 언덕에 있다. 그의 묘비에는 박문사 참배와 관련된
내용은 일언반구도 없다. 황일청의 묘는 소재가 파악되지 않고 있다.

조카 안미생
백범 김구의 맏며느리가 되다

김인과 결혼 후 백범의 비서로 활동

1945년 11월 23일에 김구 주석 등 임시정부 요인 1진이 환국했다. 그중에는 여성도 한 명 포함되어 있었다. 당연히 그가 누구인지 관심의 초점이 되었다. 이를 의식한 듯 경교장을 찾은 손님들에게 김구 주석은 곁에 있던 여성을 가리키며 " 이 사람은 우리 자부인데 아들 인(仁)이 불행히 단명하여 자부 청춘에 홀로 있게 되었어. 그런데 이번 나와 함께 귀국하였오이다"라고 소개했다.

그가 바로 김구의 며느리이자 안정근의 둘째 딸 안미생(安美生)이다. 〈중앙신문〉 1945년 11월 25일자에 따르면 그는 사촌 오빠 안낙생을 만나자 "하도 반가워서 무엇이라 말할까. 오직 목이 메일뿐입니다"라고 말했다. 그의 귀국 일성이었다.

안미생은 중국 베이징에서 태어났다. 안미생의 생몰연도는 정확히 알 수 없다. 다만 출생연도는 남편 김인보다 2~3세 많은 것으로 알려져 있다. 1954년 귀국 당시 〈중앙신문〉 1945년 11월 25일자에서는 28세라고 보도되었다. 안미생이 '1947년 여름 유학차' 미국으로 건너간 이후 현재까지 생사 여부는 확인된 바 없다. 이는 1920년

일제 패망 후 환국하기 위해 충칭을 출발, 1945년 11월 5일 상하이에 도착한 임시정부 요인들
앞줄 왼쪽 두 번째가 안미생이며, 목에 화환을 두른 사람이 시아버지인 백범 김구 주석

경에 찍은 가족사진으로도 확인된다. 생존해 있다면 올해로 100세
전후가 된다. 두 사람 사이에 난 효자(孝子)는 1942년생으로 생존해
있다면 올해 75세다.

안미생은 홍콩 센트베리학원을 졸업한 후 윈난성 쿤밍(昆明, 곤명)

의 쿤밍서남연합대학(칭화대·베이징대·난카이대의 전시연합학교)
영문과에 입학했다. 영어에 능통했던 안미생은 1944년부터 충칭 주
재 영국대사관 산하 공보원에서 근무했다. 안미생은 미술에도 재능
이 있었는데 그의 딸 효자도 미술을 전공했다. 김인과 결혼한 후 안
미생은 김구의 며느리이자 비서 노릇도 했다.

안미생은 〈자유신문〉 1946년 1월 1일자에서 해방 후 부모님의 교
육에 대해 "제가 철이 난 후에 기억으로도 산동에서 살 때에도 왜놈
들의 눈에 피해서 이리 피하고 저리 숨어가면서 심지어는 변성명을
하면서 살았습니다. 그런 중에도 어머님은 우리에게 '너희는 조선말
을 잊어서는 안 된다'고 하시고 조선말을 익히도록 가르치셨습니다"
라고 회고한 바 있다.

귀국 후 안미생은 줄곧 경교장에 머물면서 경교장 안살림을 맡아
보며 김구의 비서이자 며느리로서는 물론 대외활동도 활발하게 했
다. 해방공간에서 그는 여성의 정치활동과 반탁운동에 적극 동참했
다. 귀국한 그해 12월 22일에 안미생은 좌파여성들이 주도한 부녀총
동맹 결성식에 참석해 축사를 하였으며, 이듬해 1월 1일에는 사회주
의 계열의 여성운동가 고명자(高明子)와 〈자유신문〉에서 지면대담을
갖고 여성운동의 방향에 대해 자신의 견해를 피력하기도 했다. 또 1
월 13일에는 개성 명덕여고에서 초청강연을 했으며, 3월 26일에는
서울운동장에서 열린 안중근 의사 추모식에 참석하기도 했다.

4월 4일에 종로 기독청년회관에서 열린 청년문학가협회 결성식
에서는 시아버지 김구를 대신해 축사를 했으며, 4월 말에는 김구의
비서 자격으로 김구의 충남지방 시찰에 동행했다. 당시 안미생은
'대한민국 임시정부 주석 김구'의 비서 겸 퍼스트레이디 역할도 일

안미생과 고명자의 신년 대담이 실린 〈자유신문〉 1946년 1월 1일자 기사(왼쪽)
안미생의 귀국 소회를 인터뷰한 〈자유신문〉 1946년 1월 27일자 기사(오른쪽)

정 부분 수행했다. 그 무렵 안미생은 본의 아니게 성재 이시영(李始
榮)과 함께 소위 '조선정판사사건'에 이름이 오르내리기도 했지만,
나중에 무관한 것으로 밝혀졌다.

그는 정치적 성향은 그다지 강하지 않았던 것 같다. 〈자유신문〉의
1946년 신년대담에서 안미생은 "우리나라의 가정생활로 이번에 조
국에 돌아와서 느낀 것은 첫째로 의복개량을 하고 식사범절을 개량
해야겠다고 생각하얏습니다"라고 말해 주로 여성의 생활적인 문제
를 거론했을 뿐이다.

그러나 새로운 정부를 수립하는데 친일세력은 배제해야 한다는
뜻은 확고했다.

그런 불순분자(친일파와 민족반역자-필자)가 있어서는 물론 통
일할 수 없겠지요. 만약 그런 불순분자가 지금도 권세를 잡고 있
다면 돌아가신 우리 큰아버지(의사 안중근 선생)도 지하에서 눈
을 감지 못할 것이야요. 임시정부에서도 어떤 자가 불순분자인가
를 조사하고 있습니다. 반드시 그런 무리는 처단되어야지요.

왜 갑자기 그녀는 미국으로 떠났나

시아버지를 도와 왕성한 활동을 하던 안미생은 돌연 홍콩을 거쳐 미국으로 떠났다. 도미 시점을 두고 '1947년 여름(김자동)', '1947년 9월 초', '1948년경' 등 여러 추정이 있다. 안미생의 도미 목적도 불분명한 편이다. 김자동은 '유학차'라고 했다. 반면 안정근 2남 안진생의 장녀 안기수의 주장은 좀 다르다.

미생 고모께선 '남편이 없는 이 나라에 살기 싫다'고 말씀하셨대요. 건국운동의 숨은 주역인 고모께서 막상 고국에 돌아와 보니 나라는 당파싸움으로 혼란스러웠습니다. 나라를 되찾기 위해 목숨까지 걸었던 터라 고국의 현실에 크게 실망하신 거죠. 그래서 고모는 6·25전쟁이 발발하기 전 미국으로 건너갔습니다. 효자 언니도 대학(서울대 조소과)을 졸업한 후 곧 미국으로 갔고요.
— 〈김구 손녀 김미&안중근 조카손녀 안기수〉, 《신동아》 2006년 11월호

김자동 얘기가 틀린 건 아니다. 그러나 그것이 전부는 아닐 것이다. 어쩌면 안기수의 얘기가 더 맞는 지도 모른다. 오랜 망명생활 끝에 다들 부푼 꿈을 안고 해방된 조국으로 돌아왔다. 그러나 안미생은 남편을 이국땅에 묻고 홀로 돌아왔다. '짝 잃은' 안미생으로서는 결국 새 희망을 발견하지 못한 채 도피의 길을 택한 것이 아닌가 싶다. 김구는 경교장 시절 남편 없이 홀로 지내는 며느리 안미생과 어린 손녀 효자를 끔찍이도 아꼈다고 한다.

미국으로 건너간 후 안미생의 행적 또한 자세히 알려져 있지 않다.

경교장에 마련된 백범의 빈소   안미생은 조전만 보내고 백범 장례식에는 참석하지 않았다.

1949년 6월 26일에 시아버지 김구가 안두희의 흉탄에 서거했으나 안미생은 미국에서 조전(弔電)만 보냈을 뿐 장례식에는 참석하지 않았다. 안미생이 김구의 장례식에 불참한 이유는 정확히 알 수 없다.

그 무렵 미국에서 발행되던 교포신문인 〈신한민보〉에 그의 동정을 다룬 기사 두 편이 실렸다. 백범 서거 한 달 전인 1949년 5월 26일자 〈신한민보〉에 따르면, 안미생은 미국에서 상하이에 갔다가 5월 14일에 샌프란시스코를 거쳐 로스앤젤레스에 도착한 것으로 나와 있다. 당시 그의 부친 안정근은 상하이에서 한국적십자회 회장을 맡아 동포들의 귀국지원과 구호사업을 펼치고 있었다. 로스앤젤레스에 머물고 있던 그가 상하이에 들른 것은 부친 문병 차 갔거나 사망 소식을 듣고 갔던 것으로 보인다. 안정근은 1949년 3월 17일에 상하이에서 뇌암으로 타계했다. 안미생은 부친 장례식에 참석한 후 다시 미국으로 돌아갔다.

안미생은 로스앤젤레스에서 인척인 곽림대(본명 곽태종)의 집에 머물렀다. 그는 안중근 의사의 고모인 안태희와 결혼했다. 곽림대는 안명근이 연루된 '105인사건' 때 평북 선천 신성중학교 교사로 재직하고 있었는데, '암살에 쓰일 무기를 대주었다는 혐의'로 2년간 옥살이를 했다. 그는 출옥 후 1913년에 상하이로 망명해 '곽림대'로 이름을 바꾸고, 그해 9월에 미국으로 망명해 안창호가 이끄는 흥사단과 대한인국민회에서 활동하기 시작해 1929년에 흥사단 이사장에 오르기까지 했다. 또한 로스앤젤레스의 교포신문인 〈신한민보〉 주필도 역임했다. 〈신한민보〉가 안미생의 행적을 두 차례 보도한 것도 우연이 아닐 것이다. 국내에 남아 있던 두 딸도 3·1운동에 참가했다가 옥고를 치렀고, 부인 안태희는 1949년에 남편을 다시 만나지 못하고 56세로 별세했다.

한편, 1950년 3월 26일자 〈신한민보〉에는 안미생이 뉴욕 '폿햄 유니버시티(현 뉴욕 소재 포덤 대학교)'에서 신문학을 전공하고 있으며, 시카고에 거주하고 있던 리연식씨 댁에 왔다가 시카고 한인교회를 방문하여 열렬한 환영을 받았다고 전했다. 이 기사를 마지막으로 안미생의 행적은 끊어졌다.

안미생은 김인과 사이에 딸 효자를 두었다. 1942년생인 효자는 한동안 외갓집에서 자랐다. 1947년에 여름 중국 공군에서 예편한 김신(金信)이 귀국길에 상하이 안정근의 집을 방문했다. 당시 건강이 좋지 않던 안정근은 외손녀(효자)를 서울로 데리고 가라고 해서 9월 초 귀국하면서 김신은 효자를 서울로 데리고 왔다. 그런데 서울에 도착해보니 엄마 안미생은 이미 미국으로 떠난 뒤였다. 결국 백범, 김신, 효자 삼대가 경교장에서 한동안 같이 생활했다.

환국 후 백범은 명동 성모병원에서 탈장 수술을 받은 적이 있다. 퇴원 후 병원장 박병래 박사는 더러 경교장을 찾아 백범을 치료해주곤 했다. 박 원장은 백범이 며느리도 없이 어린 손녀를 돌보는 것을 보고 자신이 효자를 데려다 키우고 싶다고 했다. 마침 박 원장 집에 효자 또래의 아이들도 있다고 하자 백범이 이를 허락했다. 이후 박 원장은 효자가 대학을 졸업할 때까지 친딸처럼 돌봐주었다.

1962년에 공군에서 예편한 김신은 그해 10월에 타이완 주재 대사로 나가 1970년 말까지 만 8년간 근무했다. 김신이 대사 시절 효자가 이화여대 미대 조소과를 졸업했다. 김신은 박병래 원장 집에 있던 효자를 타이베이로 불러 2년간 데리고 있었다.

1960년대 중반 김신은 미국에 있는 형수 안미생의 요청으로 효자를 미국으로 유학을 보냈다. 효자가 잘 도착했다는 연락을 받은 후로 모녀는 소식이 끊겼다. 그 후 김신이 백방으로 수소문했으나 두 사람의 종적을 찾지 못했다고 한다. 모녀 스스로 은둔을 택한 것인지 아니면 무슨 사고를 당한 것인지 알 길이 없다. 양 가문의 연결고리 격인 이들 모녀의 소식이 끊어진 것은 안타까운 일이 아닐 수 없다.

경교장에서 김구와 함께한 안미생(왼쪽)
1948년경 손녀 효자를 안고 경교장 앞마당에서 환히 웃는 백범과 그의 차남 김신(오른쪽)

제 7 장

차남 준생의 친일행적과 찾지 못한 유해들

안중근 의사의 장남 분도
일제의 독살이 아닌 병으로 요절

안중근은 2남 1녀를 두었다. 장녀 현생은 1902년생, 장남 분도는 1905년생, 차남 준생은 1907년생이다. 1909년 하얼빈 거사 당시 현생은 8세, 장남 분도는 5세, 차남 준생은 3세였다. 장남 분도의 본명은 우생(祐生)이지만 본명보다는 세례명 '분도(芬道)'로 널리 알려져 있다.

거사 이튿날 안중근 아내 김아려는 정대호의 도움으로 두 아들을 데리고 하얼빈에 도착했다. 김성백의 집에 머물고 있던 이들은 안중근의 하얼빈 거사 연루자로 지목되어 하얼빈 주재 일본 총영사관에서 조사를 받고 3일 만에 풀려났다. 하얼빈 총영사관에서 찍은 이들 모자의 사진이 한 장 전해오는데 김아려의 표정이 몹시 어둡다.

얼마 뒤 이들은 하얼빈을 떠나 러시아 연해주 블라디보스토크로 향했다. 그곳에는 '안중근 유족 구제공동회'가 결성되어 있어 이들을 돌봐주었다. 뒤이어 안정근·공근 형제도 합류하면서 안중근 일족은 다시 만나게 되었다.

그런데 이곳에서 예기치 않은 비극이 발생했다. 장남 분도가 의문의 죽음을 당한 것이다. 분도의 사망 이유와 경위를 두고는 논란이 있다. 유동하의 동생인 유동선(劉東善)의 증언에 의하면 밀정에 의해 독살되었다고 한다. 유동선은 당시 안중근 가족 집에게 놀러갔다가 분도의 죽음을 목격했다고 한다. 그에 따르면, 분도는 어떤 낚시꾼이 주는 과자를 먹고 이내 숨을 거두었다고 한다. 다음은 유동선의 증언이다.

1911년 여름이었다. 언니와 나는 목릉에 잇는 안중근 가족들에게 문안을 갔었다. 그리하여 안중근 가족들의 집에서 며칠간 지내게 되었는데 나는 군도(분도의 오기-필자), 마태(안준생 세례명-필자) 셋이서 숨바꼭질도 하고 목릉강변에 나가 가재잡이도 하곤 했다. 그러던 어느 날이었다. 군도가 강변에 나간 지 이윽했는데 갑자기 비지땀을 흘리면서 배를 끌어안고 뜰악으로 비칠비칠 들어오면서 "엄마, 나 죽소, 아이고 배야, 아이고 배야……"하며 집 안에 들어서자 쓰러지는 것이었다.

군도의 어머니 김아려는 당황하며 어쩔 바를 몰라 하며 "애! 도야! 어찌된 일이냐! 어서 말 하려무나!" 하고 달래듯이 물었다. 군도는 모지름을 쓰며 정신을 가다듬더니 간신히 입속말로 알리었다.

"웬 조선 사람이 낚시질을 하며 나를 부르기에 가까이 갔더니 과자를 먹자고 했어요. 그 사람도 먹고 나도 먹었는데 이렇게 배가 아파요……."

"그래? 그 사람이 강변에 그냥 있니?"

"가, 갔어요."

군도는 눈을 치뜨며 더는 말을 잇지 못하더니 어쩔 사이 없이 숨지고 말았다. 후에야 안 일이지만 그 낚시꾼은 일본놈들이 파견한

간첩이었다. 일본놈들은 앞으로의 일을 우려하여 안중근의 후손들까지 멸족시킬 야심이었다. 이 일이 있은 후 안중근의 유가족들을 보호하기 위하여 동지들은 그 일가를 차츰 상해로 이주시켰다.
— 류동선 구술, 김파 정리, 〈민족해방사화-안중근과 그의 동료들 7-오빠 류동하에 대한 회상〉, 《송화강》, 1985

유동선의 '독살설' 증언에 대해서는 이견도 있다. 당시 〈권업신문〉에 실린 기사가 그것이다.

고 안중근 공의 가족이 무린(무링-필자)에 우거하는 것은 일반 다 아는 바거니와 공의 아들형제가 총준 명민하여 장차 그 부친의 뜻을 이으리라고 모두 일렀더니 그 맏아들 九세된 분도가 우연히 병에 걸려 음력 본월 四일에 엄연히 죽은 고로 안공의 대부인과 부인은 물론 정리가 남달리 사랑하던 남아에 불의에 참변을 당함에 의약이 갖지 못한 적막한 촌에서 미처 구원 못한 것을 더욱 유감하여 통석불이 할뿐더러 듣는 바에 누구든지 눈물 안 흘리는 자가 없더라. 슬프다. 나고 죽는 것은 떳떳한 일이나 저 푸른 하늘이 어찌 저를 차마 하느냐. — 의사 령윤의 요소, 〈권업신문〉 제118호, 1914년 6월 22일

〈권업신문〉 보도에 따르면 분도는 독살당한 것이 아니라 병으로 사망한 것으로 보인다. 당시 안중근의 장남이 일제 밀정으로부터 독살을 당했다면 언론에 대서특필되었을 가능성이 크다. 어쩌면 분도의 독살설은 마치 이준 열사가 헤이그에서 할복자살했다는 식의 민

족감정에 기댄 과잉 주장인지도 모른다.

안중근은 아내에게 보낸 마지막 편지에서 분도를 신부로 키워달라고 부탁했다. 그러나 그 꿈은 채 피어나지도 못한 채 꺾이고 말았다. 장남 분도의 때 이른 죽음은 가장을 잃은 안중근 가족들에게는 큰 충격이었다. 이른 죽음으로 분도에 대해서는 더 이상 자세한 기록이 남아 있지 않다.

'박문사 참배' 친일 논란된 차남 안준생

안중근의 가족은 1917년 7월에 러시아 니콜리스크로 옮겼다가 1919년 이후 상하이로 이주했다. 안정근·공근 형제가 도산 안창호의 요청으로 상하이 임시정부에 관여하게 되면서 안중근 가족도 이들을 따라 상하이로 이주했다.

상하이로 이주할 당시 차남 안준생(俊生, 마태오)은 13세였다. 무링현 거주 시절 그곳 한인소학교를 다닌 그는 항저우 소재 후장(滬江)대학에 진학했다. 안준생은 식당에서 바이올린을 연주해 번 수입으로 모친과 함께 생활했다.

1928년에 안준생은 항저우 홍도(弘道)여고를 나온 정옥녀(鄭玉女, 1907년생)와 결혼했다. 정옥녀는 중국어와 영어에 능통했고 당시 전화교환수로 일하고 있었다. 그러나 '특수신분'인 안준생이 적 치하인 상하이에서 일자리를 구하기는 쉽지 않았다. 당시 바이올리니스트로 활동하던 안준생은 악기상을 했는데 형편이 그리 좋지는 않았던 모양이다. 한때 그가 마약 밀매를 한다는 소문까지 나돌았다.

1932년 윤봉길 의거 후 임시정부는 일제에 쫓겨 피난길에 올랐

상하이로 이주한 직후 안정근과 안중근 가족(위) 왼쪽부터 안우생, 안현생, 안원생, 안정근, 안준생
안중근 의사의 직계 가족사진(아래) 오른쪽부터 부인 김아려 여사, 손자 웅호, 아들 준생, 손녀 선
호(맨 뒷줄), 연호, 안준생의 부인 정옥녀

다. 그러나 안중근 가족은 임시정부 식구들과 동행하지 못한 채 상하이에 남게 되었다. 이것이 바로 이 집안의 비극의 단초가 되었다.

'노구교사건'을 계기로 1937년 7월 7일에 중일전쟁이 발발했다. 10월 10일에 일본군이 상하이 각 요새를 공격해 돌파에 성공한 후 26일에 상하이 부근 국민당 요새 본거지를 함락시키자 국민당 군은 난징으로 후퇴했다. 상하이는 마침내 일본군 수중에 떨어졌고 안중근 가족은 적의 손아귀에 들어가고 말았다. 김구는 뒤늦게 안공근을 상하이로 보내 안중근 가족을 데려오라고 했으나 안공근은 김구 모친과 자신의 가족들만 찾아서 데리고 나왔다.

적의 수중에 있던 안중근 가족에게 마침내 마수가 뻗쳐 왔다. 조선총독부가 기획한 소위 '박문사 화해극'이 그것이다. 차남 안준생과 장녀 안현생 부부가 연루된 이 사건은 안중근 가족에게는 씻을 수 없는 불명예가 되었다. 이때문에 안중근 가족은 해방 후에도 즉시 조국으로 돌아올 수가 없었다.

총독부는 이토 히로부미의 23주기 기일인 1932년 10월 26일에 이토의 이름을 따서 '박문사'라는 사당을 세웠다. 건립 장소는 장충단 맞은편, 현 신라호텔 영빈관 자리였다.

그 무렵 총독부는 야심찬 계획을 하나 세워놓고 있었다. 이토와는 철천지원수인 안중근의 가족들을 이곳으로 초청해 '빅 이벤트'를 하나 벌일 계획이었다. 이 작업의 실무 책임자는 총독부 외사과 촉탁 아이바 기요시였다. 아이바는 경찰 통역관으로 시작해 총독부 외사과 촉탁, 간도 일본 총영사관 경찰부장 등을 지내면서 주로 조선인 규찰업무를 담당했던 공작(工作) 전문가다.

1939년 10월 8일 오후 1시경, 경성역에 한 무리의 사람들이 모습

1932년 이토 히로부미의 이름을 따 남산에 세워진 사당 '박문사' 전경 1939년 10월에 안 의사의 차남 준생이 이곳을 참배했다.

을 드러냈다. 당일자 〈동아일보〉 보도에 따르면, 이들은 9월 26일 상하이를 출발해 만주를 거쳐서 온 '재(在) 상해 실업가 유지 조선시찰단'이었다. 시찰단 단장은 상하이 거류 조선인회 회장 이갑녕(李甲寧, 창씨명 靖原甲寧), 부단장은 조선인회 부회장 겸 무역상을 하는 박용각(朴容珏)이며, 단원은 이들을 포함해 총 14명이었다. 대부분 기업인들로 구성된 이 시찰단에 뜻밖의 인물이 둘 포함되어 있었다. 안중근의 차남 안준생과 사위 황일청이 그들이었다. 당시 안준생의 직업은 '악기상', 황일청은 '회사원'으로 나와 있다.

3일간의 경성 체류기간 중 이들은 〈매일신보〉의 초대를 받았다. 이 신문은 10월 9일에 이들을 조선호텔로 초대해 오찬을 연 후 '재(在) 상해 동포시찰단 환영좌담회'를 가졌다. 참석자는 이갑녕 단장을 비롯해 단원 14명 전원이 참석했다. 이날 좌담회에서 안준생, 황일청 두 사람이 한 발언은 다음과 같다.

황일청	저 역시 28년 만입니다. 변한 것도 많습니다마는 정 거장에 여러분들이 나와 주시고 따뜻한 정을 보여주 시고 하여 어쩐지 내 집에 돌아온 것 같이 다만 기쁠 따름입니다. 그리고 이곳에 와서 보니 거지(乞人)가 적다는 것을 느꼈습니다. 길거리 어느 곳에나 거지가 옹기종기 하고 있는 상해에 비하면 하나도 없는 것 같습니다.
안준생	저는 조선을 처음 보는 만큼 모든 것이 이상하게만 보이고 마치 외국에 나온 것 같은 생각이 납니다. 그 외에는 별 감상이 없습니다.

시찰단은 10월 11일에 평양에서도 좌담회를 가졌다. 두 차례의 좌담회에서 발언을 주도한 사람은 단장 이갑녕이었다. 그는 일본 도쿄 제국대 농학부 출신으로 상하이로 건너가 1934년부터 일본 총영사관 외무성 촉탁을 지냈다. 그는 상하이에서 손꼽히는 거물 친일파로 상해계림청년단 단장, 일본 대동아성 촉탁 등을 지냈다. 1937년에 조선민족혁명당 당원 3명에게 습격을 당하기도 했다.

9월 26일에 상하이를 출발해 칭다오(靑島, 청도), 신징(현 창춘)을 거쳐 함경북도로 들어와 금강산 구경을 마친 시찰단은 10월 8일에 경성에 도착했다. 시찰단은 이튿날 미나미 지로(南次郎) 총독을 면담했다. 민간 기업인들이 총독을 면담한 것은 이들의 시찰을 총독부가 주도했음을 뜻한다. 시찰단의 조선 방문 목적은 시찰이라고 하나 특별한 일정도 없었다. 경성과 평양 두 곳에서 현지 기업인들과의 좌담회가 고작이었다. 시찰은 형식일 뿐, 진짜 목적은 다른 데 있었다.

황일청을 포함해 시찰단은 일정을 마치고 18일에 부산에서 배편으로 상하이로 돌아갔다. 그런데 안준생은 그들과 함께 상하이로 돌아가지 않고 혼자 경성에 남았다. 조선은 초행인 데다 아는 사람도 하나 없던 그에게 무슨 볼일이 더 있었을까?

안준생은 10월 15일 오전에 총독부 외사과 촉탁 아이바 기요시, 외사부장 마쓰자와 다쓰오(松澤龍雄)와 함께 박문사를 방문했다. 현장에는 또 한 사람이 기다리고 있었다. 그는 안중근 재판 당시 통역을 맡았던 소노키였다. 안준생은 박문사에서 이토의 명복을 빌며 부친 안중근이 죽기 직전에 자신의 행위가 "오해로 인한 폭거(暴擧)였음을 인정했다"고 발표했다. 참고로 안중근은 최후진술에서 "내가 이토를 오해하고 있다고 하지만 오해하고 있는 것이 아니라 오히려 너무 잘 알고 있다. 이토는 영웅이 아니라 간웅(奸雄)"이라며 미조부치 검찰관과 미즈노 변호인의 변론에 대해 정면으로 반박했다. 뤼순 감옥 면회는 물론 부친의 얼굴조차도 모르는 그가 어떻게 이런 말을 했을까? 소노키가 이 자리에 참석한 것을 주목할 필요가 있다. 안준생의 이날 발언은 총독부의 공작결과였다.

그런데 이것이 전부가 아니었다. 16일 오후에 안준생은 조선호텔에서 이토의 둘째아들 이토 분키치(伊藤文吉, 일본광업 사장)를 만나게 되었다. 이들의 만남은 '우연'이 아니라 사전에 총독부가 알선한 것이었다. 이토 분키치는 일본광업 사장 자격으로 광산 시찰을 위해 조선에 왔다가 돌아가는 길에 경성에 들른 것이라고 했다.

이튿날 17일, 두 사람은 극적인 장면을 연출했다. 소위 '박문사 화해극'이 그것이다. 안준생과 이토 분키치는 장충동 박문사를 방문해 이토 영전에서 '화해'하는 장면을 연출했다. 당사자도 아닌 아들들

1939년 10월 16일 조선호텔에서 안준생(앞줄 왼쪽)과 이토 분키치(앞줄 오른쪽)가 만나는 장면   이 만남을 주선한 총독부 외사부 장 마쓰자와 다쓰오(뒷줄 가운데)와 통역을 맡은 아이바 기요시(뒷줄 오른쪽)의 모습도 보인다. 아래는 당시 이들의 만남을 보도한 〈매일신보〉 1939년 10월 18일자 기사

이 '대리화해'를 한 셈이다. 이 기막힌 장면은 총독부 기관지 등에 대서특필되었다.

일어판 총독부 기관지 〈경성일보(京城日報)〉는 16일자 '망부(亡父)의 속죄는 보국(報國)의 정성으로'라는 제목의 기사에서 안준생이 전날 박문사를 방문해 이토의 영전에 향을 피우고 주지가 준비한 안중근의 위패를 모시고 추선(追善) 법요를 거행했다는 내용을 자세히 소개했다. 안준생은 이 자리에서 "죽은 아버지의 죄를 내가 속죄하고 전력으로 보국의 정성을 다하고 싶다"고 말했다. 17일자에서는 안준생과 이토 분기치가 마주앉은 사진 등 관련기사를 추가로 실었다.

한글판 총독부 기관지 〈매일신보〉 역시 빠지지 않았다. 〈매일신보〉는 18일자에서 '극적인 대면, 여형약제(如兄若弟), 오월(吳越) 30년 영석(永釋)'이라는 제목으로 이들의 '화해'를 비중 있게 다루었다. 일본에서는 〈오사카아사히신문(大阪朝日新聞)〉이 '원수를 넘어 따뜻한 악수'라는 제목의 기사를 실었다. 한국인이 발행한 신문도 예외는 아니었다. 몇몇 신문은 두 사람의 만남을 두고 "조선통치의 위대한 전환사", "부처의 은혜로 맺은 내선일체"라며 총독부의 입맛에 맞추어 보도했다.

'박문사 화해극'은 전적으로 총독부가 연출한 '작품'이었다. 총독부 외사과 촉탁 아이바가 시찰단의 전 일정에 동행했으며, 외사부장 마츠자와가 이를 중재했다. 아이바는 이후 안준생과 안현생 부부를 특별히 관리했다. 그는 안준생에게 200만 원 정도를 주면서 영국인 세관장이 살던 집을 구해 주었다. 준생은 '안생공사'라는 약방을 경영하며 비교적 유복하게 살았는데 그 밑천은 아이바가 구해준 것으로 보인다. 아이바는 또 안준생의 아내 정옥녀를 "딸과 같은" 존재로 여겼으며, 안준생의 딸은 아이바의 딸에게 피아노를 배우기도 했다.

〈매일신보〉 1940년 신년호 광고란에 상하이 거류 기업인들이 대대적으로 신년축하 광고를 실었다. 그 속에는 황일청(4면), 안준생(13면) 두 사람 명의의 광고도 실렸다. 이미 두 사람은 공공연히 친일노선을 걷고 있었다.

황일청은 1939년 시찰 당시에는 박문사를 참배하지 않았다. 그러나 1941년 3월 26일 안중근 기일 때는 아내 안현생과 함께 박문사를 참배했다. '박문사 화해극' 이후 아이바는 중국으로 건너가 쉬저우 거류민 단장을 맡으면서 황일청을 후생부장으로 데리고 갔다. 황일청은 나중에 쉬저우 조선인 교민회장을 지냈다.

총독부가 '박문사 화해극'을 기획한 의도는 무엇일까?

1937년 중일전쟁을 계기로 만주 침략에 나선 일제는 조선을 대륙 병참기지로 만들었다. 나아가 부족한 병력을 보충하기 위해 조선 청년들을 전쟁터로 내몰 필요가 생겨났다. 이를 위해 일제는 조선인을 일본인화시킬 필요가 있었고, 이때 총독부가 추진한 것이 이른바 황국신민화 정책이었다. 이는 사이토 총독이 내건 유화책인 '문화통치'에서 일대전환이었다.

1936년 8월에 만주국 일본대사 겸 관동군사령관을 지낸 미나미 지로(南次郎)가 제7대 조선 총독으로 부임했다. 당시 그는 '2·26 사건'의 여파로 예편한 몸이었다. 미나미는 부임 직후 '내선일체(內鮮一體)'를 기치로 내걸고 황국신민화 정책을 추진했다. 지원병 제도 실시를 비롯해 창씨개명, 조선어 사용금지, 일어 상용(常用), 궁성요배, 황국신민의 서사(誓詞) 봉독 등이 그것이다.

이때 총독부가 일본정신의 상징으로 내세울만한 사람이 바로 이토 히로부미였다. 그런데 이토는 한국인 안중근에게 총 맞아 죽었다는 점이 큰 맹점이었다. 이에 총독부는 죽은 이토와 안중근을 화해시킬 방책을 찾던 중 상하이 점령지역에 남아 있던 안중근 가족을 생각해냈다. 총독부는 안중근 유족과 이토 후손들을 '대리화해'시킴으로써 내선일체를 상징적으로 보여주려고 했던 것이다. '테러리스트' 안중근의 자식과 메이지 원훈인 이토 히로부미의 자식의 화해는 내선일체를 상징적으로 보여주기에는 아주 좋은 '그림'이었다. '박문사 화해극'은 총독부가 기획한 일종의 '정치 쇼'와 같은 것이었다.

안준생의 친일행각에 대한 비판론과 동정론

안준생의 '박문사 화해극'을 두고는 비판론과 동정론이 교차한다. 우선 비판론부터 보면, 항일투쟁의 상징인 안중근의 장남이 이토의 사당을 참배한 친일행각은 비판받아 마땅하다는 것이다. 비록 적치하에서 발생한 일이라고는 하나 그가 총독부의 간계에 놀아난 행위는 결코 납득할 수 없다는 입장이다. 해방 직후 김구는 충칭에서 장제스와의 회담 때 안준생을 거론하면서 적절한 조치를 요구했다.

> 한국의 혁명선열 안중근의 자식이 변절하여 일본에 항복하여 상하이에서 여러 가지 불법행위를 하며 아편을 매매하므로 실로 유감이다.… 한국 임시정부에 도움 되지 않으므로 엄중하게 처리해야 할 것입니다. 위원장(장제스-필자)께서 직접 상하이 경비사령부에 명령을 내려 안준생 등을 구금해주시기 바랍니다.

김구는 안중근은 물론 그의 형제, 조카들과도 아는 사이였다. 그저 얼굴이나 알고 지내는 정도가 아니라 안공근의 경우 김구의 대리인으로, 안우생 등은 김구의 핵심측근으로 활동했다. 그럼에도 '임시정부 주석' 김구로서는 안준생의 반역행위에 대해서는 결코 묵과할 수 없었던 것이다.

1945년 11월 5일, 귀국길에 상하이에 들른 김구는 "민족반역자로

1952년 11월 부산 중앙성당에서 열린 안준생 장례식   왼쪽 두 번째부터 한국 최초의 여성 조종사 권기옥, 안정근의 부인 이정서, 안중근의 누이동생 안성녀, 안준생의 아내 정옥녀, 안준생의 장남 웅호, 안준생의 6촌 동생 안춘생, 초대 해군참모총장 손원일 제독, 맨 오른쪽은 안성녀의 외아들 권헌이다.

변절한 안준생을 체포하여 교수형에 처하라"고 중국 관헌에게 재차 부탁했다. 그러나 두 차례에 걸친 김구의 부탁은 모두 실행되지는 않았다. 안준생이 상하이에 체류 중인 김구에게 면담을 요구했으나 김구는 끝내 이를 거절했다고 한다.

반면 '상황론'을 들어 당시 안준생의 딱한 사정을 동정하는 입장도 없지 않다. 1932년 이후 민족진영으로부터 유리된 채 상하이에 남겨졌던 그로서는 일제의 회유와 압력을 거절하기 힘들었을 것이라는 주장이다. 특히 '안중근의 아들'이라는 굴레를 운명적으로 안고 살아가야만 했던 그의 처지를 이해할 만하다는 견해도 있다.

상하이가 함락 당하자 안준생과 그의 모친 김아려, 누이 안현생 등 세 사람만 일본군 치하의 상하이에 남겨졌다. 당시 그들의 삶이

경기도 포천 천주교 묘역에 있는 안준생-정옥녀 부부의 합장묘

어떠했을지는 미루어 짐작이 간다. '믿었던 사람들', 즉 임시정부 사람들이 자신들을 남겨두고 피난을 간 데 대해 매우 실망했을 것이다. 반면 조만간 맞닥뜨릴 일본 세력에 대해서는 두려웠을 것이다. 그래서 자구책으로 '영웅의 아들'이 아니라 '평범하게' 살기로 작정했는지도 모른다.

다만 여기서 짚고 넘어갈 점은 상하이 시절 안준생 가족의 실상이다. 당시 그들이 겪은 경제적 곤란이 어느 정도였는지, 또 일제의 탄압이 가족들의 생명을 위협할 정도였는지를 따져볼 필요가 있다.

상하이 시절 초기 안준생은 바이올리니스트로 식당 등에서 연주를 하며 돈을 벌었다. 1928년에 전화교환수 정옥녀와 결혼한 후에는 맞벌이를 했는데 당시 전화교환수는 여성들이 선망한 직업이었다. 또 1939년에 시찰단으로 조선에 올 당시 그의 직업은 '악기상'이었다. 따라서 '박문사 화해극' 이전에도 안준생 일가가 극도로 곤궁한 형편에 처해 있었다고 보기는 어렵다.

두 번째, 일제의 탄압 문제다. 이에 대해서는 관련 문건이나 증언이 없어 정확한 실상을 알기는 어렵다. 다만 탄압보다는 감시와 회유, 협박을 받았을 가능성이 커 보인다. 일제는 이들이 '안중근의 가족'이라는 사실을 파악한 이상 '탄압'보다는 '활용'에 초점을 맞췄을 것이다. 총독부는 안현생의 남편 황일청을 통해 안준생의 '박문사 화해극'을 사전에 조율한 것으로 보인다.

김자동은 회고록에서 안공근이 큰형수와 조카들을 상하이에서 구해내지 않은 것을 두고 "그때 조카들과 조카사위가 미심쩍어 일부러 형수 김아려 여사를 안 찾은 것이 아닌가 싶다"고 썼다. 안공근이 이들을 구하러 갈 당시 벌써 의심스런 기미가 있었던 게 아니냐는 얘기다. 김자동의 추측이 맞다면 안공근이 김구로부터 안중근 가족을 구해오지 못했다는 이유로 호된 질책을 당한 것은 억울한 측면이 있다고 하겠다.

1939년 '박문사 화해극' 당시 안준생은 만 32세였다. 안준생이 세상물정을 모르는 철부지여서 이 같은 일에 동참했다고 보기는 어렵다. 게다가 당시 안중근의 아내 김아려도 엄연히 생존해 있었다. 이런 일이라면 안준생이 모친과도 상의했을 가능성이 있다고 본다. '박문사 화해극'은 일본군 치하라는 악조건에다 현실에 안주한 안준생의 민족의식 결여가 낳은 비극이라고 봐야할 것이다.

1945년 8월, 조국이 꿈에도 그리던 해방을 맞았다. 그러나 안중근의 가족들은 곧바로 귀국하지 못했다. 안준생은 1949년 5월에 상하이가 공산화되기 직전 홍콩으로 피난했다가 한국전쟁 발발 직전인 1950년 6월 17일에 귀국했다. 당시 안준생은 부인 정옥녀와 아들 웅호만 데리고 귀국했다.

귀국 직후 한국전쟁이 일어나자 안준생은 1951년 1월에 부산으로 피난을 갔다. 그곳에서 폐결핵이 발병해 고생하던 중 손원일 제독의 도움으로 당시 부산항에 정박 중인 덴마크 병원 정크선 안에서 치료를 받았다. '해군의 아버지'로 불리는 손원일은 상하이 임시의정원 초대 의장과 대한적십자회 회장을 지낸 손정도(孫正道) 목사의 장남으로, 두 사람은 상하이 시절에 인연을 쌓은 사이였다.

손원일의 배려로 병원선에서 치료를 받던 안준생은 1952년 11월에 18일 46세로 사망했다. 그의 유해는 부산시 초량4동 뒷산에 묻혔다가 1971년에 경기도 포천시 소흘읍 이동교리 14-1 천주교묘지로 이장되었다. 묘지번호는 1549호다. 그의 사후 아내 정옥녀는 1남 2녀를 데리고 미국으로 이민을 떠났다. 1986년 11월에 영구 귀국한 정옥녀는 경기도 성남시에서 홀로 지내다 1991년 8월 13일에 보훈병원에서 간암으로 사망했다. 당시 84세이던 정옥녀는 남편 묘에 합장되었다.

안준생은 1남 2녀를 두었다. 장남 웅호(雄浩, 세례명 요셉, Anthony Ahn)는 1933년에 상하이에서 태어났다. 귀국 후 서울 정동 외국인학교를 다니다 1952년에 미국으로 건너갔다. 캘리포니아 의대에서 의학박사 학위를 받고 이후 캘리포니아에서 심장전문의로 활동하다가 2013년 1월에 80세로 사망했다. 웅호는 슬하에 장남 도용(度勇, Tony Ann Jr.), 장녀 리사(Lisa Nakagawa), 차녀 캐런(Karen Ahn) 등 1남 2녀를 두었다.

안준생은 1950년 6월에 귀국하면서 두 딸은 한국으로 데려오지 않고 바로 미국으로 유학을 보냈다. 1930년생인 장녀 선호(善浩)는 미국에서 간호대학을 졸업한 후 한국인 2세 한성권과 결혼해 샌프란시스코에 거주하다가 2003년에 미국에서 사망했다. 차녀 연호(蓮浩, 1938년생)는 뉴욕에서 대학을 다녔으며, 2011년 2월에 사망한 것으로 전해졌다.

지지부진한 안중근 유해 찾기와 묘소 없는 가족들

해방 이후 안중근 유해 찾기는 민관에서 연례행사처럼 추진되어 왔다. 그러나 순국 117주년이 되도록 한 발자국도 진척을 보지 못한 채 원점에서 맴돌고 있는 실정이다.

1950년대까지만 해도 안중근 묘를 참배하는 이들이 적지 않았던 것 같다. 안 의사의 장녀 안현생은 1956년 그의 수기에서 이렇게 밝혔다.

> 선친이 돌아가신 3월 27일이면 중국 사람을 비롯한 외국 사람들 까지도 그 묘지를 찾아주었다는 사실입니다. 일본 사람들도 그날 이면 분향을 했습니다. 얼마 전 향항(香港, 홍콩)을 거쳐 중국에서 돌아 온 사람이 전하는바 지금도 그 묘지를 찾아주는 사람이 많다 고 합니다.

안정근은 해방이 되자 안 의사 묘를 찾아가려 했지만 중국 국민당 과 공산당 사이의 내전이 격화되면서 중도에 포기해야만 했다. 그나 마 1949년에 중국혁명이 성공하면서 뤼순으로 갈 길이 완전히 막혀 버렸다.

남북분단과 중국의 공산화로 한동안 안중근 유해발굴은 시도조

효창원에 마련된 안중근 의사 가묘　가운데 흰 두루마기 차림을 한 사람이 백범이다.

차 불가능한 상황이었다. 그러다가 1980년대 들어 중국의 개방화 바람을 타고 뒤늦게 민관에서 다양한 경로를 통해 시도하였으나 별 성과를 거두지 못했다. 그 이유는 과학적 접근이나 근거자료가 미비한 데다 무분별한 풍설로 오히려 혼란만 가중시켰기 때문이다.

안중근에게 1910년 3월 26일 오전 10시에 중국 뤼순감옥 내 사형장에서 형이 집행되었다. 사형선고를 받은 지 한 달 12일째 되는 날이었다. 사형 당일 안중근의 시신이 매장된 것까지는 분명하다. 그러나 매장지로 알려진 '감옥서의 묘지'가 어디인지는 더 이상 알 길이 없다. 일본은 그 위치를 알고 있을 것이 분명하나 여태 입을 다물고 있다. 안중근의 유해는 당시 일반 사형수의 경우와 달리 즉시 가족에게 인도되지 않았다. 이는 뤼순감옥의 묘지가 당시 제대로 조성되어 있지 않았다는 의미일 수도 있다. 안중근 유해 매장 추정지로 감옥 뒷산이나 인근 야산 능선 등이 거론되는 것도 바로 이런 이유에서다.

해방 이후 안중근 유해봉환을 처음 제기한 것은 1946년 3월 안중근 순국 36주기를 맞아 우덕순 등이 설립한 안중근의사기념사업회였다. 이들은 유해 봉환에 힘쓰기로 결의했으나 단지 구호에 그치고 말았다. 안중근 유해 찾기에 관심을 갖고 실질적인 추진을 한 사람은 백범 김구였다. 환국 직후 백범은 순국선열의 유해봉환 사업을 추진하여 1946년 5월에 일본에서 이봉창, 윤봉길, 백정기 3의사의 유해를 봉환해 효창원에 안장했다. 이때 백범은 장차 안중근의 유해를 찾아 봉환해올 것에 대비해 3의사 묘역에 안중근의 가묘를 마련해두었다.

백범은 1848년 4월에 남북협상을 계기로 안중근 유해봉환에 본격적으로 나섰다. 그는 평양에서 김일성을 만나 이 문제를 논의하였으나 소련 군정의 비협조로 소기의 성과를 거두지 못했다. 이때 김일성은 김구에게 "남북통일을 이룬 뒤 본격 추진해보자"고 말했다고 한다. 그런데 1949년 6월에 백범이 서거하고 이듬해 한국전쟁이 발발하면서 안중근 유해 봉환문제는 한동안 세인의 관심에서 멀어지고 말았다.

이 문제가 다시 여론의 주목을 받기 시작한 것은 1980년대 들어 중국의 개방화 정책으로 문호가 열리면서부터였다. 광복 40주년을 전후해 독립기념관건립추진위원회(위원장 안춘생)는 해외에 산재한 애국선열들의 유해봉환을 추진하면서 안중근 유해봉환 문제도 자연스럽게 다루었다. 당시 중국 역시 비정치적이고 인도주의적 입장에서 호의적인 반응을 보였다. 그러나 정작 안중근의 묘가 어디에 있는지를 정확히 알지 못해 성과를 거두지 못했다. 묘 위치를 두고 뤼순형무소 왼쪽 동산에 있다는 주장, 묘지 이장설 등 소문만 무성했다.

1986년 12월에 외무부는 중국 정부를 상대로 안중근 유해매장지 확인조사를 요구하는 협조를 구했으나 미수교 상태여서 교섭이 불가능했다. 결국 1986년과 1987년 두 차례에 걸쳐 민간기구인 대한적십자사를 통해 협조를 의뢰했으나 별다른 성과를 거두지 못했다.

한중 국교수교 후 정부차원에서 나서게 되면서 한층 기대감이 높아졌다. 1993년 7월에 외무부는 일본 정부에 안중근 묘소확인 자료 수집 확인을, 8월 한일 외무차관 회의에서는 유해 발굴 협조를 요청했다. 그러나 일본 외무성은 구체적 자료가 발굴되지 않았다는 답변을 보내왔다. 중국 정부 역시 묘소를 찾기 위해 노력했으나 확인되지 않았다는 답변을 보내왔을 뿐 양국 정부 모두 별 도움이 되지 않았다.

1993년 9월에 일본에서 재일동포 김정명 교수는 안중근 유해발굴이 불가능해졌다는 주장을 펴 많은 한국인들에게 큰 실망감을 안겨주었다. 1988년에 뤼순기념관을 방문했을 때 주상영이라는 근대사 부주임이 들려준 얘기에 따르면, 1970년대 중반 북한이 뤼순에 조사단을 파견해 조사하였더니 안중근 매장지가 아파트로 변해 발굴이 불가능하다는 결론을 내렸다는 것이었다.

2004년 5월에 국가보훈처장은 중국을 방문해 안중근 유해발굴에 협조를 요청했다. 이에 대해 중국 측은 현장조사 결과 유해 매장 단서를 찾지 못했다는 것과 함께 남북이 공동으로 유해발굴을 추진할 경우 협조하겠다고 밝혔다. 이를 토대로 2004년에 정동영 통일부장관이 남북공동 유해발굴을 추진했다. 2005년 9월에 개성에서 실무접촉을 통해 '안중근 의사 유해 공동발굴단'을 구성했으며, 2006년 3월 3차 실무접촉에서 유해 위치 파악을 위해 남북 공동으로 조사 작업을 벌이기로 했다. 북한 핵실험으로 일시적으로 공동사업이 중단되었으나 2007년 4월에 다시 실무접촉을 재개해 현지조사를 벌이기로 최종 합의했다. 그러나 중국 측의 비협조에다 매장 추정지에 아파트 부지조성 공사로 어려움이 적지 않았다.

2008년 3~4월에 걸쳐 두 차례 정밀조사를 벌였으나 별다른 성과를 거두지는 못했다. 묘지를 정확히 짚어서 조사한 것도 아닌 데다 묘지가 아니라 광대한 '묘역'을 대상으로 했기 때문이다. 안중근 유해를 찾기 위해 우리 정부가 시도한 처음 발굴 작업이었다. 이후로 지금까지는 발굴 작업을 하지 않았다.

2010년에 순국 100주년을 맞아 유해 발굴사업이 재가동되었다. 2010년 4월 28일에 민관합동으로 대규모 유해 발굴 추진단이 결성되었다. 국가보훈처에서는 실무팀을 구성해 과학적·학술적 자료에 근거하여 발굴 업무를 추진키로 했다. 그러나 여전히 묘소 위치 문제에서 번번이 주저앉고 말았다. 추진단이 자체적으로 추정하고 있는 곳이 있으나 이 일대에 아파트가 들어섰고, 인근 지대로 개발이 진행되고 있어서 유해발굴은 난관에 봉착하고 말았다. 유해 발굴에 실패한 이후 국가보훈처는 발굴 작업에 과도하게 신중한 태도를 보이고 있다.

2014년에 우리 정부는 유력 후보지에 대해 지표 투과 레이더를 이용한 탐지조사라도 하게 해달라고 요청했으나 중국 정부는 묵묵부답이다. 중국 측은 확실한 근거 자료 없이는 발굴할 수 없다는 입장을 고수하고 있다. 중국이 이처럼 소극적인 자세를 취하는 가장 큰 이유는 북한과의 관계 때문으로 보인다. 안중근의 황해도 해주여서 북한이 연고권을 주장하는 만큼 중국으로서는 북한을 고려하지 않을 수 없는 입장이다. 실제로 2008년 유해 탐사 작업 때도 남북이 공동조사를 벌였으며, 발굴 작업 역시 북한의 동의가 있었기에 가능했다.

안중근 유해 발굴의 첫걸음은 정확한 묘지 위치를 확인하는 일이다. 설사 묘지가 현재 밭이나 주택지로 변형되어 있다고 해도 위치만 정확하게 파악할 수 있다면 다각적인 조사 및 발굴 작업을 시도해볼 수 있다. 그러나 현재로선 정확한 묘소 위치가 확인되지 않았다. 이 점은 중국보다는 일본의 도움이 절실한 대목이다. 일본 어디엔가는 묘소 위치와 관련된 자료가 남아 있을 것이다. 일본과 중국의 적극적인 도움 없이는 유해 발굴은 사실상 불가능한 상황이다.

안중근의 유해 발굴은 여전히 원점에서 맴돌고 있다. "조국이 독립되면 반장(返葬)해 달라"고 한 안중근의 유언은 순국 107년이 되도록 아직도 민족의 숙제로 남아 있다.

안중근 의사 외에도 안중근 가문의 독립운동인사 중 유해를 찾지 못한 분들이 여럿 있다. 안중근 형제들 가운데 친동생 정근·공근과 사촌 동생 명근, 모친 조마리아 여사, 부인 김아려 여사, 생(生) 자 항렬의 여러 조카 등이 그들이다. 따라서 안중근 유해 찾기는 물론 안중근 일가의 유해 찾기 사업도 국가 차원에서 병행할 필요가 있다.

1927년 7월에 상하이에서 별세한 안 의사 모친 조마리아 여사는 프랑스 조계 안에 있던 외국인묘지 징안쓰 만국공묘에 묻혔다. 상하이 시내 중심가에 위치한 이 묘지는 이후 도시개발로 사라졌다. 1950년 말 상하이시가 외국인 유족들에게 묘소 이장을 공고한 뒤 상하이 교민회가 항일투사들의 유골을 화장해 인근 쉬자후이 만국공묘로 이장하는 과정에서 조 여사 유해를 빠뜨렸다고 한다.

1947년 홍콩에서 거행된 안중근 의사 순국 37주년 추도 미사 모습

　1949년 2월 27일에 사망한 안중근 부인 김아려 여사와 1949년 3월 17일에 병사한 동생 안정근도 조마리아 여사와 같이 징안쓰 만국공묘에 묻혔으나 이장 이후 유해가 어디 있는지 현재로서는 전혀 파악되지 않고 있다. 따라서 이제라도 상하이, 특히 만국공묘와 충칭 등지에서 거주할 당시의 사료 발굴이 시급한 실정이다.

　상하이 징안쓰 만국공묘는 도시개발로 현재 징안쓰 뒤의 일본 지우광(九光)백화점으로 사용되고 있다. 상하이 외곽지역에 중국 열사

1946년 해방 후 처음으로 서울에서 열린 안중근 의사 순국 36주년 추도회 모습을 상세히 보도한 《서울신문》 1946년 3월 26일자 기사

능원 형태로 분산되어 있을 가능성도 있다. 중국 자료에 따르면, 만국공묘는 문화대혁명으로 상당히 파손되었고 푸둥(浦東)공원에 외국인 묘지를 두고 있다. 1976년에 이장해 25개국 640명의 인사가 매장되었다가 이후 현재의 만국공묘로 재이장 되었다. 따라서 푸둥공원의 외국인 묘지에서 재이장 당시 소실 여부를 확인해볼 필요도 있다.

안중근의 둘째동생 안공근은 1939년에 충칭에서 행방불명된 이후 유해의 행방이 확인되지 않고 있다. '안명근 사건'의 주역인 사촌동생 안명근은 10년 동안 복역했지만 유해가 없다. 독살된 것으로 알려진 장남 분도는 조선족 집단거주지였던 헤이룽장성 무링현에 묻혔다고 전해질 뿐 역시 유해의 행방을 알 길이 없다. 여동생 안성녀는 근년에 부산의 한 공동묘지에서 묘소가 발견되었다. 안중근의 직계 가운데 차남 준생과 장녀 현생의 묘소만 소재가 파악되고 있을 뿐이다.

정부 수립 이후 '안중근 의사 선양' 사업과 안 의사 유해 찾기에만 신경을 써 유족과 그 일가의 유해 찾기는 관심 밖으로 밀려나 있었던 것이다.

안중근의 '단지(斷指)'는 어디에 있나

안중근은 1909년 2월 7일에 청국과 러시아의 경계지역인 카리(下里)에서 동지 12명과 함께 '단지동맹'을 맺었다. 이날 안중근은 결의의 표시로 왼손 무명지 한 마디를 잘라 그 피로 태극기에 '대한독립'이라는 글씨를 쓰기도 했다. 안중근은 뤼순감옥에서 쓴 글씨에 낙관 대신 무명지 한 마디가 잘린 장인(掌印, 손바닥 도장)을 사용했는데 이는 그의 상징과도 같다.

검찰관	단지동맹은 언제 몇 명이 했는가.
안응칠	작년(1909년-필자) 10월 12일 카리(下里, 엔치야 부근. 인가가 대여섯 채 있는 소부락)라는 곳에서 열두 명이 했다.
검찰관	동맹할 때 손가락을 잘랐는가.
안응칠	그렇다.
검찰관	그 피로 한국 국기에 '대한독립'이라는 글씨를 썼는가.

안응칠	그렇다.
검찰관	그 기는 누가 보관하고 있는가.
안응칠	김(金)의 집에서 썼는데 어떻게 했는지는 모른다. 동맹취지서와 같이 동맹자 중 누군가가 가지고 있을 것이다.

— 〈안응칠 신문조서〉 8회, 1909년 12월 20일

정대호가 안중근의 왼손 손가락 한 마디가 잘려 있는 것을 보고 그 까닭을 묻자 안중근은 "의병이 될 목적으로 그리 했다"고 답했다. 혈서를 쓴 피 묻은 태극기는 1914년 8월 23일자 〈권업신문〉에 게재된 바 있다. 혈서 태극기는 블라디보스토크의 대동공보사에서 한동안 보관했으며, 순국 후 엽서로 제작되어 널리 유포되었다.

사형집행 하루 전인 1910년 3월 25일에 안중근은 두 동생과 마지막 면회를 했다. 이 자리에서 안중근은 자신이 죽은 뒤 처리해야 할 일들을 당부했다. 하얼빈에서 동지들과 함께 촬영한 사진과 블라디보스토크 이치권의 집에 맡겨둔 의복과 손가락을 찾으라고 당부했다. 안정근은 1911년 단지동맹원 백규삼(白圭三)에게서 잘린 손가락과 함께 혈서를 한 태극기를 넘겨받았다고 한다.

안정근의 차녀 안미생에 따르면, 안정근은 해방 후까지도 이 단지(斷指)를 보관하고 있었다고 한다. 2014년 8월에 안정근의 둘째며느리 박태정(당시 84세)은 MBC 광복절 특집다큐 '안중근 105년, 끝나지 않은 전쟁'에 출연해 "어머님이 저한테 하루는 '내가 단지를 허리에 묶어 매고 다녔는데'라고 하시더라고요"라며 안정근의 부인 이정서가 단지를 허리춤에 묶고 다녔다고 증언했다.

근년에 몇몇 뜻있는 개인과 단체에서 뤼순감옥 뒷산의 흙을 가져와 효창원 안중근 가묘에서 초혼제를 지낸 바 있다. 이국땅을 떠돌고 있을 그의 혼백을 한 줌 흙으로라도 위로하고자 함이었으리라. 만약 안중근의 단지를 찾게 된다면 효창원의 안중근 가묘는 더 이상 가묘가 아니다. 따라서 유해 발굴 못지않게 단지의 행방을 수소문하는 것도 중요한 일이다.

人種各殊、互相競爭、如行若茶

新發明、電氣砲飛行船潛水

械也、訓鍊青年、驅入于戰役、

如犧牲、血川肉地、無日不絶、

明世界、是何光景、言念及比、

自古東洋民族、但務文學而、

奪敗洲寸土尺地五大洲上、

而、挽近數百年法、歐洲列

武力、養成競爭之心小無忌、

暴行殘害、西歐東垂、無處不

제 8 장

동양평화론의 메시지

최후의 순간까지 〈동양평화론〉 집필에 몰두

안중근 의사가 사형을 앞두고 마지막 순간까지 몰두한 일은 〈동양평화론〉을 집필하는 것이었다. 안 의사 순국 이후 대한제국은 일본의 완전한 식민지가 되었고, 그로부터 35년간 우리 민족은 일제의 가혹한 식민통치를 받아야 했다. 1945년 해방이 되었지만 그 후로도 분단과 전쟁, 장기 독재의 아픔을 겪었다. 세계정세도 변했다. 식민지체제가 해체되고, 자본주의와 사회주의 간의 냉전체제도 종식되었다. 그런 점에서 안 의사가 1909년에 남긴 〈동양평화론〉은 지난 100여 년간 격변한 국내외 정세를 제대로 반영하지 못할 수밖에 없다.

그러나 '다자간 평화협력'을 핵심으로 하는 그의 평화론은 아직까지도 우리에게 큰 울림을 주고 있다. 분단된 지 70년이 지났지만 여전히 우리는 민족통일이라는 숙제를 안고 있고, 미국과 중국의 틈새에서 자주권을 확보하고 경제성장을 이루어내야 하는 난제를 풀어가야 하기 때문이다.

안중근은 항소를 포기한 채 옥중에서 〈동양평화론〉을 집필하기 시작했다. 이미 각본이 짜인 재판정에서 아무리 항변을 해봐야 별 소용이 없었다. 설사 항소심이 열린다고 해도 별로 기대할 게 없다고 판단했다.

안중근은 자서전격인 〈안응칠 역사〉 집필을 서둘러 3월 15일에 마쳤다. 예정된 사형집행일까지는 불과 열흘밖에 남지 않았다. 〈안응칠 역사〉 집필에 너무 많은 시간을 쏟은 때문이었다. 안중근은 마음이 급했다. 3월 18일에 〈동양평화론〉 서문 집필을 끝낸 후 안중근은 소노키 통역을 통해 15일 정도 사형집행일 연기를 주선해달라고

뤼순감옥 전경　　1919년 10월 26일에 체포된 후 1910년 3월 26일 순국할 때까지 안중근 의사가 약 5개월간 수감되어 있었다.

재차 요청했다. 그러나 이 역시 받아들여지지 않은 채 3월 26일에 사형이 집행되었다.

〈동양평화론〉은 결국 미완으로 끝나고 말았다. '서(序)'와 '전감(前鑑)' 2장만 끝냈을 뿐 나머지 '현상(現狀)', '복선(伏線)', '문답(問答)' 등은 목차만 잡아놓은 채 손도 대지 못했다.

구리하라 전옥은 안중근의 〈동양평화론〉을 두고 "잡감을 서술한 것이어서 수미일관한 논문이 되지 못할 것"이라며 그 가치를 낮게 평가했다. 그러나 전체적으로 보면 〈동양평화론〉은 서론, 본론, 결론 등 논문의 형식을 갖추려 한 것 같다. 설사 학술논문의 면모를 갖추지는 못했다고 해도 자신의 사상과 역사관·세계관 등을 피력한 논고(論考)로서 가치는 충분하다고 할 수 있다.

1970년대 후반 〈동양평화론〉의 전문을 처음 발견해 공개한 재일 사학자 김정명 교수는 당시 31세의 청년이 이 정도로 세계정세를 인식하고 있었다는 것에 대하여 놀랐다고 한다. 20세기 초 동아시아를 둘러싼 열강의 각축 실태를 예리한 시선으로 관찰을 하면서 장차 닥쳐올 조국의 위기를 염려하는 우국충정을 토대로 한 '평화론'이라는 것이다.

'앞사람이 한 일을 거울삼아 스스로를 경계한다'

"대저 합치면 성공하고 흩어지면 패망한다는 것은 만고에 분명히 정해져 있는 이치이다"로 시작하는 〈동양평화론〉은 안중근이 영하 10도를 오르내리는 뤼순감옥에서 쓴 최후의 옥중 수기다. 동서고금을 통해 정치범·사상범들이 유배지나 옥중에서 쓴 저작이 많이 있지만 안중근처럼 사형집행을 며칠 앞둔 상태에서 쓴 경우는 흔치 않다.

이 무렵 그는 〈동양평화론〉을 완성하지 못한 아쉬움을 드러낸 유묵을 남겼다.

암담한 동양의 대세를 생각해보니 뜻을 이루지 못하고 죽음을 맞이해야 하는 기개 있는 남아가 편안하게 눈을 감을 수가 없구나, 게다가 아직 동양 평화의 시국을 이루지 못한 것이 더욱 개탄스럽기만 한데, 이미 야욕에 눈이 멀어 정략 즉 침략정책을 버리지 못하는 일본이 오히려 불쌍하다.

안중근은 검찰 신문 과정에서 '이토의 죄상 15가지'를 밝혔다. 그 가운데는 동양의 평화를 교란한 일, 일본 황제와 세계 각국에 한국이 무사하다고 속인 일 등이 포함되어 있다. 이는 동양평화와 직접 관련된 것으로 〈동양평화론〉 집필의 출발점이 되었다고 할 수 있다.

그러나 그가 옥중에서 집필한 〈동양평화론〉은 미완으로 끝나 자세한 내용을 알 길이 없다. 다만 그가 1910년 2월 17일에 히라이시 고등법원장과의 면담 때 밝힌 동양평화론에 대한 내용이 일제가 작성한 '청취서'라는 제목의 문건 속에 남아 있다. 물론 신문 및 재판 과정에서도 안중근은 동양평화론에 대해 수차례 언급한다.

동양평화론 집필 목적 등을 담은 '서문'의 한 대목을 한번 살펴보자.

지금 서양세력이 동양으로 뻗쳐오는 환난을 동양 인종이 일치단결해서 극력 방어해야함이 제일의 상책임은 비록 어린 아이일지라도 익히 아는 일이다. 그런데도 무슨 이유로 일본은 이러한 순연(順然)한 형세를 돌아보지 않고 같은 인종인 이웃나라를 깎고 우의(友誼)를 끊어 스스로 방휼(蚌鷸)의 형세를 만들어 어부를 기다리는 듯 하는가. 한·청 양국인의 소망이 크게 절단되어 버렸다.

만약 일본이 정략을 고치지 않고 핍박이 날로 심해진다면 부득이 차라리 다른 인종에게 망할지언정 차마 같은 인종에게 욕을 당하지 않겠다는 의론이 한·청 양국인의 폐부(肺腑)에서 용솟음쳐서 상하 일체가 되어 스스로 백인의 앞잡이가 될 것이 명약관화한 형세이다. 그렇게 되면 동양의 몇 억 황인종 중의 허다한 유지와 강개(慷慨) 인사가 어찌 수수방관(袖手傍觀)하고 앉아서 동양 전체가 까맣게 타죽는 참상을 기다릴 것이며, 또한 그것이 옳겠는가.

그래서 동양 평화를 위한 의전(義戰)을 하얼빈에서 개전하고, 담판(談判)하는 자리를 여순(旅順口)으로 정했으며, 이어 동양평화 문제에 관한 의견을 제출하는 바이다.

안중근은 〈동양평화론〉 서문에서 당대의 적은 일본이라고 지목했다. 러일전쟁 당시 한국과 청나라는 일본을 위해 음으로 양으로 도왔는데 전쟁에서 승리한 일본은 한국을 억압하여 조약(을사늑약)을 맺고, 만주의 창춘 이남을 조차(租借)를 빙자하여 점거하였으니 러시아보다 더 나쁘다는 것이다. 동양평화론의 집필 목적을 일제로 하여금 대한(對韓)·대만(對滿) 침략정책을 수정하도록 하는 데 두었던 것이다.

특히 날로 서양세력이 뻗쳐오는 상황에서 일본의 이 같은 처사는 '동양 전체가 까맣게 타죽는 참상'을 자초하는 일이며, 이때문에 동양평화를 위하여 하얼빈에서 의전(義戰), 즉 이토를 처단했다고 밝혔다. 이러한 역사적 배경에서 하얼빈 거사를 결행했고, 동양평화의 당위성을 알리기 위한 장으로 뤼순을 선택했다는 것이다.

'전감'이란 '앞사람이 한 일을 거울삼아 스스로를 경계한다'는 뜻이다. 여기서는 지난 역사를 되새겨 일본 군국주의의 무모함을 경계하는 의미로 해석된다. 안중근은 '전감'에서 청일전쟁부터 러일전쟁까지의 상황을 자세하게 소개하면서 청일전쟁 때 청나라가 망한 것은 청의 교만함과 더불어 권신척족이 국권을 멋대로 휘두른 탓이라고 진단했다. 반면 일본이 승리한 것은 메이지 유신 이래로 있어 왔던 내부 갈등을 끝내고 한 덩어리 '애국당'으로 화합을 이룬 덕택이라고 분석했다.

전감에서 하나 눈여겨 볼 것은 만국공법(萬國公法), 즉 국제법에 대한 그의 인식변화다. 당초 안중근은 만국공법을 존중했다.

1908년 6월에 러시아 연해주에서 의병 연합부대가 국내 진공작전에 나설 때 그는 최재형 파의 우영장(右營長)을 맡아 참전했다. 몇

제국주의 열강에 분할되는 중국의 모습을 형상화한 삽화　안중근 의사가 거사를 하기 전 한반도의 정세도 크게 다르지 않았다.

차례 교전 과정에서 안중근은 일본군과 장사꾼 등을 포로로 붙잡았다. 안중근은 포로들을 면담한 뒤 무기까지 되돌려주면서 모두 석방했다. 이에 대해 부대원들이 불평하자 그는 "만국공법에 포로를 죽이는 법은 없다"며 타일렀다.

그런데 전감에서 그는 "이른바 만국공법이라느니 엄정중립이라느니 하는 말들은 모두 근래 외교가의 교활하고 왜곡된 술수이니 말할 것조차 되지 못한다."며 만국공법에 대한 불신을 타나냈다. 당시 만국공법과 엄정중립은 제국주의의 침략논리라는 것을 안중근은 꿰뚫어 보고 있었던 것이다.

그 무렵 러시아를 능가할 정도로 침략전쟁에 혈안이 된 일본을 두고 그는 "자연의 형세를 돌아보지 않고 같은 인종 이웃나라를 해치는 자는 마침내 독부(獨夫)의 판단을 기필코 면하지 못할 것"이라고 경고했다. '독부'란 '인심을 잃어서 남의 도움을 받을 곳이 없게 된

외로운 사람'을 말한다.

미완으로 남긴 '현상', '복선', '문답'은 어떤 내용들을 담으려고 했을까?

안중근 연구자 신운용은 '현상'에는 한국과 아시아 침략의 실상을, '복선'에는 동양평화를 지키기 위한 방책을, '문답'에는 일제의 한국 및 아시아 침략을 정당화하는 논법을 담으려 했을 것으로 추정했다. 그리고 안중근은 그 결말을 일본인들이 자신의 동양평화론에 설복당하는 내용으로 구성하려 했던 것으로 보인다고 했다. 논리 전개상으로 볼 때 일리 있는 추정이라고 생각된다.

안중근의 동양평화론의 핵심으로 불리는 한·청·일 3국 공동은행 설립 및 공동화폐 발행, 3국 공동 군대 편성 등은 서문과 전감에는 없는 내용이다. 이는 안중근이 1910년 2월 17일에 있었던 히라이시 고등법원장과의 면담내용을 기록한 '청취서'라는 문건에 들어 있는 것이다. 참고로 '청취서'에는 살인범에 대한 재판의 부당성, 의병중장 자격으로 하얼빈 거사 결행, 이토 처단은 동양평화를 위한 것, 동양평화를 문란케 한 것은 일본의 잘못된 정책 때문, 동양평화를 위한 정책, 일본의 삼대 급선무, 한중일 협조로 범태평양권 구성, 국가를 위해 싸웠음 등의 내용을 담고 있다.

'청취서'에 담긴 안중근의 동양평화론에 나타난 실천방안은 대략 다음과 같다.

첫째, 뤼순을 한(韓)·청(淸)·일(日) 3국이 공동으로 관리하는 군항을 뤼순에 만들고, 각국이 이곳에 대표를 파견하여 동양평화회의를 조직해야 한다.

둘째, 원활한 금융을 위해 3국 공동의 은행을 설립하고, 공용화폐를 발행해야 한다.

셋째, 3국 공동의 군대를 편성하고, 이들에게 2개국 이상의 어학을 가르치면 서로 우방으로 생각하게 되고 형제의 관념도 높아질 것이다.

넷째, 한국과 청국 두 나라는 일본의 지도 아래 상공업의 발전을 도모할 필요가 있다.

다섯째, 한국과 청국, 일본 세 나라 황제가 로마 교황을 방문하여 협력을 맹세하고 왕관을 받는다면 세계 민중의 신용을 얻을 수 있을 것이다.

'청취서'에 따르면, 안중근은 일본을 두고 "세계 각국에 동양 평화를 문란케 하고 파괴한 책임을 져야 한다."며 자신의 거사가 죄가 되지 않는다고 반박했다. 안중근은 또 '일본의 삼대 급선무'로 재정 확보, 각국으로부터의 신용 확보, 세계 각국의 노림에 대한 대비 등을 거론했다. 그리고 이를 해결하는 방안은 다름 아닌 이토의 정책을 고치는 것이라고 지적했다.

안중근의 열변에 대해 히라이시는 어떤 반응은 보였을까?

청취서에 따르면, 히라이시 고등법원장은 '쇠귀에 경 읽기' 식이었다. 그는 "피고의 주장이 그리하지만 법원으로서는 하나의 살인범으로 취급하지 않을 수 없다. 피고의 주장이 통하도록 배려할 수도, 그 주장을 받아들이는 특별한 절차를 밟을 수도 없다"며 안중근에게 양해를 구했다. 물론 일개 법관으로서 이 같은 주장을 수용하는 데는 분명 한계는 있었다.

신운용은 안중근의 〈동양평화론〉의 특징을 두고 첫째, 종교적 평화 지향성과 도덕성을 바탕으로 하고 있으며, 둘째, 동양평화론의 범주를 동남아시아로까지 확장시켜 인종론을 극복한 점, 셋째, 여타 문명 개화론자들과 달리 주체적이며, 넷째, 3국 공동은행 설립과 공동화폐 사용, 그리고 공동의 군대 편성 등 구체적인 내용을 다루고 있는 점 등 네 가지로 정리했다.

안중근의 실천방안은 지금으로 치면 유럽연합과 같은 형태를 모색한 듯 듯하다.

그러나 당시 안중근의 〈동양평화론〉이 갖는 한계점도 없지 않다. 한 예로 러일전쟁을 동양인과 백인 간의 전쟁으로 바라보는 등 지역주의와 인종론에 기초한 점이 그것이다. 이는 또 다른 형태의 갈등과 대립을 조장해 크게 봐 세계평화를 저해하는 발상이 될 수도 있다. 이 같은 한계점은 안중근의 사상과 철학보다는 당시 국제정세와 지식 부족에서 기인한 것으로 보인다.

동양 3국의 세력균형과 다자간 통합 역설

안중근의 〈동양평화론〉은 그가 독창적으로 주장한 것이라고 보기는 어렵다. 이미 그 이전부터 그와 유사한 주장들이 제기되어 왔기 때문이다. 다만 그의 〈동양평화론〉이 독자적인 구상은 아니라고 하나 기존의 주장을 바탕으로 이를 재해석하고 또 보완해 그 나름의 고유한 평화이론으로 발전시킨 점은 평가할 만하다. 특히 한국의 독립과 동아시아의 평화를 천명(天命)으로 삼아 이를 체계화하고자 한 그의 노력과 시도는 높이 평가받아 마땅하다.

운요호사건 이듬해인 1876년 조선과 일본 간에 강화도조약(병자수호조약)을 체결했다. 이후 조선은 서양 열강들과 국교를 맺었으며 이를 계기로 국제사회에 얼굴을 드러내게 되었다. 그 무렵 유럽 열강들의 서세동점(西勢東漸) 기류 속에서 동양 3국은 열강에 맞서 공영(共榮) 내지 동맹의 필요성이 대두되었다. 이때 자연스럽게 등장한 것이 삼국공영론, 삼국동맹론이었다. 이런 주장들은 신문을 통해 3국의 지식인 사회에 널리 유포되었다. 안중근 역시 〈대한매일신보〉, 〈황성신문〉, 〈제국신문〉, 〈대동공보〉 등을 통해 세계정세의 흐름과 개화사상을 수용했다.

1880년 3월에 소위 개화파들이 주도해 '흥아회(興亞會)'가 결성되었다. 이들은 '동양삼국이 동심협력하여 서양으로부터 굴욕을 막자'라는 슬로건을 내걸었는데 이는 일제의 논리와 맥을 같이한 것이었다. 그러나 1894년 청일전쟁에서 일본이 승리하자 이러한 논리는 '한일공영론'으로 옮겨갔다. 〈독립신문〉조차도 한국의 독립과 동양의 보전을 위하여 일본의 조치가 불가피하다며 '일본맹주론'을 들고 나왔다.

삼국공영론이 강조된 배경은 1890년 열강의 청국 분할과 1900년 의화단사건을 이용한 러시아의 만주침략이었다. 겉으로는 인종적 차원에서 러시아를 경계하되 당시 한국으로서는 집단안보체제 성격의 삼국공영론을 통해 일제의 침략을 저지해보려는 뜻도 포함되어 있었다. 1904년 러일전쟁 이후 삼국공영론은 삼국동맹론, 동양평화론으로 변화하기 시작했다. 삼국동맹론은 삼국 간에 군사관계에 무게를 둔 것이다.

러일전쟁 이후 일제의 침략성이 노골화되자 동양평화론이 급부상했다. 이는 일본을 견제하기 위한 이론으로 안중근 역시 이 같은 기류를 인식하고 있었다. 따라서 안중근의 동양평화론은 삼국공영론과 삼국동맹론이 이론적 배경이 되었다고 할 수 있다. 여기에다 안중근은 한국의 독립과 동양평화 유지라는 천주교의 천명(天命)사상을 가미하여 나름의 독자적인 평화론을 주장했다.

안중근은 초국가적 지역통합을 통해 동양평화를 추구하였으며, 이를 위해 3국간의 세력균형과 다자간 통합을 강조했다. 이를 위해 동양 3국이 공동으로 관리하는 군항으로 만들고, 각국이 이곳에 대표를 파견하여 동양평화회의를 조직해야 한다고 주장했다. 앞서 〈한성순보〉는 1883년 12월 20일자 15~17면에 게재된 '소병의(銷兵議, 전쟁을 없애는 논의-필자)'라는 논설에서 국제평화회의 조직과 국제평화군 창설을 주장한 바 있다.

그로부터 6년 뒤인 1899년 7월에 네덜란드 헤이그에서 제1차 만국평화회의가 개최되었다. 이를 계기로 〈독립신문〉은 7월 22일자 1~2면에서 '평화론'이라는 논설을 통해 열강이 차지한 남의 나라의 땅을 되돌려 주고 나아가 세계평화를 유지하기 위해 국제 군대 창설과 청국 베이징에서 만국평화회의를 개최할 것을 주장했다. 만국평화회의 개최를 계기로 평화론은 지식인 사이에서 화두가 되었다고 할 수 있다.

한편 안중근이 처단한 이토 히로부미는 '극동평화론'을 주장한 바 있다. 서세동점(西勢東漸)의 대응논리로 한국에서는 〈동양평화론〉이라면 일본은 '아시아주의'를 표방했다. 아시아주의는 아시아연대론, 흥아론 등의 이름으로도 불렸는데 본질적으로는 일본의 대외침략을 합리화하는 이론이었다. 이토의 극동평화론 역시 선진국인 일본이

후진국들을 도와 개화를 시키자는 것이 골자인데 이는 아시아주의와 같은 일본의 침략론을 전제로 한다.

이토는 일본이 한국을 지배하는 것은 세계가 인정하는 바라며 한국에서 청국과 러시아 세력이 제거된 후 일본이 독점적으로 한국을 강점하게 되면 그것이 바로 동양평화라는 것이다. 일제는 1905년에 을사늑약을 강제로 체결한 것이나 1910년에 한일병탄조약을 강요한 것 모두 동양평화 차원이라고 억지논리를 폈다.

일제는 한일병탄 후에도 한국 통치의 한 방법론으로 동양평화를 내세웠다. 3·1운동 당시 하세가와 요시미치 총독은 "한국에서 3·1독립운동이 계속 됨에 일본의 한국 통치는 동양평화의 확립과 소위 일시동인(一視同仁)의 대의에 준한 것으로 편사(偏私)가 없는 것"이라고 주장했다. 결국 이토의 극동평화론은 일제의 대외 침략정책을 뒷받침하는 논리로 침략을 평화로 위장하고 정당화하기 위한 위장술에 지나지 않았던 것이다.

안중근의 〈동양평화론〉은 한중일 3국간의 상설기구인 동양평화회의를 뤼순에 조직하고 기타 아시아 국가가 참여하는 회의로 발전시키고, 동북아 3국 공동은행 설립, 동북아 3국 공동평화군 창설 등을 골자로 하고 있다. 이는 유럽연합(EU) 형태의 한중일 평화체제 구상으로 안중근은 이미 100년 전에 이 같은 구상을 제시한 것이다.

유럽은 1992년에 마스트리흐트(Maastricht) 조약의 체결로 하나의 공동통화정책을 채택했으며, 그 조약의 발효로 마침내 유럽연합이라는 유럽 국가공동체가 탄생했다. 그 뒤 유럽중앙은행(ECB)의 설립, 공동통화인 유로의 발행 조치가 이어졌고, 2002년에 마침내 유럽은 단일화폐를 사용하기 시작했다. EU는 이후에도 공동체제를 발전시켜 의회, 군사기구, 대학, 은행, 화폐를 공유하였으며, 결과적으로 이는 유럽의 발전과 평화정착에 크게 기여하고 있다.

〈동양평화론〉의 현재적 의미는 무엇인가

그간 동북아공동체 구상 역시 여러 차례 제시되었다. 지난 2009년에 '동아시아 공동체(East Asian Community)' 구상이 잠시 선을 보였고, 그해 10월에 동남아시아국가연합(ASEAN)과 한중일 등 26개국 정상회담에서 하토야마 유키오 일본 총리가 구체안을 밝힌 바 있다.

우리나라의 정치 지도자들도 같은 맥락에서 다양한 구상을 내놓았다. 김대중 대통령은 1998년에 아시아 외교정책의 기조로 일본과 '21세기 새로운 한일 파트너십 공동선언'을 채택했다. 그는 또 2001년 11월에 '아시아판 EU'로 불리는 동북아시아공동체(EAC, east Asia Community) 구상을 제시하는 등 동남아시아 공동체 구성에 각별한 관심을 보였다. 동남아시아국가연합(ASEAN) 10개국을 축으로 한중일이 느슨한 형태의 자유무역협정(FTA)를 체결하여 장기적으로 동아시아를 EU처럼 하나의 공동체로 묶는 방안을 제시했던 것이다.

노무현 대통령도 재임 중에 '동북아공동체' 구상을 내놓았다. 참여정부의 대통령 직속기구인 동북아시아대책위원회 위원장 문정인 교수는 2005년 초 "한중일 3국이 공동 TV 채널을 만들어 한국의 KBS, 일본의 NHK, 중국의 CCTV가 각각 하루 8시간씩 방송토록 하자"는 구상을 비롯하여 아시아 대학 설립안 등을 제시한 바 있다.

오늘날 한중일 동양 3국은 100년 전 상황과 크게 다르지 않다. 중국은 미국에 맞서는 초강대국으로 급성장하였으며, 일본은 미국을 등에 업고 신국가주의의 행보를 멈추지 않고 있다. 특히 3국은 과거 식민지 전쟁의 유제로 역사전쟁, 영토분쟁 등으로 대립과 갈등이 끊이지 않고 있다. 파격적인 체제변화나 공동체 구상이 실현되지 않는 한 동북아에는 항구적인 평화가 깃들기 어려운 현실이다.

가장 중요한 점은 평화공동체를 모색하면서 각 나라의 독자성과 평등한 협의과정을 확보하는 것이다. 남과 북, 그리고 미국, 중국, 러시아, 일본 등 한반도 주변 네 나라는 북핵 문제를 계기로 6자회담을 열어 한반도 비핵화와 안정적인 평화체제 수립을 모색한 경험이 있다. 특히 2005년 6자회담에서 합의된 '9·19공동성명'은 한반도비핵화 차원을 넘어 북미, 북일 관계 정상화, 그리고 동북아의 항구적인 평화와 안정을 위한 공동 노력에 의견을 모았다.

100여년 전 안중근이 제시한 아시아 연대와 동양평화론은 지역 내의 세력균형과 다자간 통합을 골자로 했다. 그의 다자간 통합 정신은 이 시대에도 여전히 유효한 가치를 갖고 있는 셈이다.

안중근 일가의 유산은 남과 북을 잇는 가교

안중근과 그의 일가는 대부분 황해도에서 태어나 성장했다. 지금은 휴전선에 가로막혀 쉽게 갈 수 없지만 안중근 의사의 고향과 활동했던 지역에는 그의 족적이 남아 있다.

무엇보다도 부친인 안태훈의 묘가 현재 신천군 청계동에 남아 있다. 전쟁 때 북으로 간 안우생의 장남 안기철(현재 평양 만경대구역 칠골동 거주)이 1965년부터 안태훈의 묘소에 제사를 지내오고 있

청계동에 있던 안중근 의사의 집은 사라지고, 집터 자리를 알려주는 표식비만 세워져 있다.

다고 한다. 아쉽게도 안 의사가 살던 집, 청계동성당은 없어지고 터만 휑하니 남아 있지만, 마을 입구 냇가 바위에 안태훈이 새긴 것으로 전해지는 '淸溪洞天(청계동천-경치수려한 고장이란 뜻)'이라는 글씨가 선명하게 남아 있고, 안 의사가 밑에서 책을 읽었다는 200년 된 들메나무도 그대로 서 있다고 한다.

안 의사가 청계동을 떠나 교육활동에 나선 진남포(현재 남포시)에는 교장으로 활동했던 삼흥학교가 남흥중학교로 이름을 바꿔 지금까지 이어져온다. 안중근 의사는 1906년경 진남포성당에서 돈의학교 야학을 진행하다 지금의 남포시 와우도구역 동흥동에 삼흥학교를 세웠다. 1907년에 안 의사가 무장투쟁을 떠나자 학교는 쇠락했고, 일제는 1910년에 이곳에 풍전소학교를 만들었다. 1945년 해방 후 남포시 지산인민학교로 운영하다가 이듬해 남포 제1인민학교로

남포시 남포공원에 세워져 있는 안중근 의사 기념비 　1965년 삼흥중학교 터에 처음 세워
졌고, 1999년 남포공원으로 이전했다.

개명했지만 전쟁 중에 불타 1957년에 남포시 제6중학교로 신축해서
운영해왔고 지금은 남흥중학교로 이름을 바꿨다. 2012년 11월 14일
에 이곳을 방문한 윤원일 사단법인 안중근의사기념사업회 사무총장
은 "남흥중학교는 북 전체에서 굉장히 우수한 학교"라며 "공부도 잘
하고 예능 쪽으로도 탁월한 학생들을 많이 배출해 중앙정부로부터
표창 받거나 김일성종합대학에 진학한 학생들도 많더라"고 전했다.
　북한은 1965년 3월 26일에 안중근 의사 순국 55주년을 맞아 삼흥
중학교터에 '애국렬사 안중근 선생 기념비'를 세웠고, 1999년에 남
포공원으로 이전했다. 북한의 설명에 따르면 "남포시민들 속에서 사
람들이 즐겨 찾는 곳에 열사의 기념비를 옮겨 세우는 것이 좋겠다는
의견이 모아져 경치 좋은 공원의 윗자리에 터를 잡았다"고 한다. 안
의사가 세운 또 다른 학교인 돈의학교의 위치는 북한 학계의 조사에

도 확인되지 않았다.

북한 김일성 주석은 어린 시절 평양 창덕학교에 입학할 때 교감으로 있던 외할아버지 강돈욱으로부터 "창덕학교에서 안중근과 같은 인물이 한 명만 나와도 괜찮다"는 이야기를 들었다고 회고한 바 있다. 사실여부를 떠나 북한이 안중근 의사의 반일교육활동을 높이 평가해 그와 관련된 유적을 보존하고 있다는 것을 의미한다. 1965년에 후손들이 안태훈의 묘에 제사를 지내기 시작하고, 안 의사가 세운 학교터에 '안중근 기념비'를 세운 것은 북한이 이때부터 안 의사 추모사업을 본격화 한 것으로 볼 수 있다.

2012년에 안 의사 유적지를 답사하고 돌아온 윤원일 사무총장은 "안중근 의사가 민족의 미래를 고민하고, 열강들 사이에서 힘을 길러서 자주독립하려고 했던 꿈이 청계동 일대에 배어 있는 듯했다"며 "남북이 같이 역사관을 회복하고 힘을 합쳐 미래로 이어가야 한다는, 남북관계 회복을 염원하는 북측의 의지가 느껴졌다"고 소감을 밝혔다.

당시 안중근의사기념사업회는 신천에 안중근의사기념관을 만드는 사업을 제안했다. 북측은 장기적으로 의논해봐야 할 문제라는 반응을 보였지만 딱히 부정적이지는 않았던 것으로 보인다. 꽉 막힌 남북관계가 풀리고 교류가 활성화되면 북측에 안중근기념관을 세우는 일도 가능한 셈이다.

문제는 역시 남북관계인데 앞으로 이것을 푸는 것이 중요하다. 그런데 역설적으로 남과 북이 모두 높이 평가하는 안중근 의사의 사상과 유적을 통해 남북 간 소통의 실마리를 찾을 수 있다. 남과 북은 2010년에 안 의사가 순국한 중국 뤼순에서 100주기 남북 공동 추모

행사가 진행한 경험이 있다. 중단된 남북 공동 추모행사를 다시 추진하고, 정기적으로 안 의사 유적을 탐방하는 행사를 연다면 남과 북이 소통하고, 남북관계를 안정적으로 발전시켜나가는 디딤돌이 될 것이다.

안중근의 의거는 이토 히로부미로 상징되는 일제 침략주의의 심장을 겨눈 것으로, 그는 이토를 동양평화, 나아가 세계평화의 적으로 인식했다. 안중근의 세계관은 당시 열강들의 침략정책에 맞서 조국의 독립과 평화를 지키고자 한 것이다. 이제 시대적 환경은 변했지만 안중근이 남긴 그 뜻은 한반도의 평화와 통일을 이루려는 모두의 노력으로 이어져야 한다. 그리고 안중근의 유적은 남과 북의 소통과 협력을 잇는 다리 역할을 하기에 충분하다.

맺으며
독립운동 최고 명문가에 대한
최소한의 예의를 위하여

일신과 가문의 안녕을 뒤로하고 항일투쟁의 길로 들어선 대다수 독립운동가는 후손이 뿔뿔이 흩어지고 집안은 몰락했다. 우리가 누구보다도 추앙하는 안중근 의사의 집안도 예외가 아니었다.

안중근 의사의 가문은 할아버지 형제들과 아버지 6형제들이 가지를 쳐 5대에 이르러서는 자손이 수백 명을 헤아린다. 그중 몇 명은 일제에 체포되어 회유공작에 넘어가 친일행적의 오점을 남겼고, 또 일부는 이승만, 박정희 정부 때 외교관과 군인의 길을 걷기도 했다. 그러나 대다수 후손들은 반일독립운동에 투신했으면서도 광복된 조국에 뿌리를 내리지 못하고 다시 북으로, 미국으로, 파나마로 흩어져 소식조차 끊겼다. 대표적으로 김구 선생의 손녀이자 안정근의 외손녀인 김효자는 미국으로 떠난 후 행적이 묘연하다.

실제로 안 의사의 외손녀 황은주는 "광복 후 국내에는 우리 집안이 자리 잡을 곳이 없었다"고 토로한 바 있다. 안중근 집안이 독립유공자를 가장 많이 배출했다고 하나 대다수 후손들의 삶은 고단했다.

안 의사의 사촌 동생 안경근은 4·19혁명 후 '민주구국동지회'를 만들어 정치에 나섰다가 5·16군사정권에 의해 7년간 투옥되었다. 안 의사의 조카 안민생은 평화통일 운동에 매진하다 역시 5·16군사정권에 의해 10년 동안 징역살이를 했다. 일제강점기 때 안명근이 감옥살이를 한 서대문형무소 내의 같은 감방이다. 그나마 외교안보연구원 본부 대사로 일하던 안 의사의 조카 안진생도 1980년 전두환 정권 때 강제 해직당한 뒤 충격을 받고 쓰러져 8년간 투병하다 숨졌다.

독립운동가 집안이 광복 뒤 친일파가 득세하면서 철저히 소외되었다는 평가는 과장된 것이 아니다. 독립유공자 후손 가운데 외국에

1980년대 안중근 의사의 유족들이 남산 안 의사 기념관을 방문해 기념촬영한 모습. 앞줄 왼쪽부터 안 의사의 외손녀 황은주, 안 의사의 며느리 정옥녀, 시인 이은상, 안 의사의 손자 안웅호, 조카 안춘생

거주하는 이가 많다는 사실은 무엇 때문일까? 단순히 이들의 애국심이 부족해서는 아닐 것이다.

안 의사의 조카 안민생은 1980년대 후반 중국 옌지에 있는 사촌동생 경옥에게 보낸 편지에서 "과거 우리는 안중근 집안이라는 이유로 왜놈에게 죽어야 했는데, 광복 뒤에는 왜놈의 앞잡이 노릇을 한 주구들이 권력을 잡게 됨으로써 애국자의 피해는 여전하다"라고 한탄했다.

실제로 친일파 가문이거나 군사독재 정권에서 고위 관직을 지낸 인사들이 독립운동가의 뜻을 기리기 위한 기념사업회의 회장과 임원을 차지해 왔다. 해방 직후부터 시작된 '안중근추모사업'의 임원 조차도 친일파나 친일파의 후손, 독재정권에 참여했던 인사들이 주류를 이루었다. 대표적으로 안중근숭모회 초대 이사장인 윤치영은 친일인명사전에 이름을 올린 인물이다. 이러한 현상을 두고 독립운동가 지청천 장군의 외손자인 역사학자 이준식 박사는 "친일파 후손들이 '역사 세탁'을 위해 독립운동가의 이름을 이용하고 있다"며 "정치인들도 자신의 사회적·정치적 이름을 높이는 데 쓰는 것 아니냐"라고 비판했다.

사정이 이렇다보니 독립운동가의 유지를 받들고, 그 후손들을 국가가 보살피는 일은 뒷전으로 밀려왔다. 안중근 의사를 보는 우리의 인식도 단순히 '우국지사'로 영웅시하는데 머물러 있었다. 안중근 의사가 '영웅'이 되는 순간 역설적으로 우리로부터 멀어진 셈이다. 약지가 잘린 손바닥 도장과 '대한국인'이라는 글씨 정도만 기억될 뿐 안중근의 사상과 그 일가의 삼대에 걸친 고투는 잊혀졌다. 이제는 안중근은 이토 히로부미를 저격한 '테러리스트'라거나 평생을 조국 광복에 헌신한 김구 선생조차도 "대한민국 독립에 아무런 공헌한 바가 없다"는 망언이 공개석상에서 나오고 있는 현실이다. 애국선열들이 통곡할 일이다.

역사학자이자 임시정부 대통령을 지낸 백암 박은식은 1914년에 발간한 《안중근전》에서 안중근을 단순히 민족의 원수를 갚은 지사로만 보는 것은 단견이라고 주장했다.

안중근은 역사(행적)에 근거하면 몸을 바쳐 나라를 구한 '지사(志士)'라고 말할 수 있고, 또한 한국을 위하여 복수한 '열협(烈俠, 義

烈士)'이라고도 말할 수 있다. 그러나 나는 이런 것이 안중근을 다 설명하기는 부족하다고 생각한다. 안중근은 세계적인 안광(眼光: 식견)을 가지고 스스로 평화의 대표로 나선 사람이다.

박은식의 평가처럼 안중근을 단순히 하얼빈 의거의 주인공으로만 평가하고 영웅시하는 것은 온당치 못하다. 젊어서부터 협객 기질이 있었던 그는 1907년 이후 항일투쟁에 본격적으로 투신했으며, 민권운동, 교육운동에도 남다른 열정을 갖고 있었다. 집안에서 천주교를 수용한 뒤로는 독실한 천주교 신앙인이기도 했다. 안중근 의사의 사상을 관통하는 핵심어는 '평화'였고, 그를 이어 독립운동에 투신한 두 동생 안정근과 안공근은 좌우합작과 독립운동의 통합에 힘을 쏟았다. 해방 후에도 안중근 일가는 좌우합작과 남북합작, 반독재민주화의 밑거름이 되었고, 일부는 외교관과 군인으로서 대한민국의 발전에 기여했다.

나라가 위기에 처할 때마다 "안중근 의사의 위국헌신 정신을 되새겨야 한다"고 말한다. 그러나 나라의 독립과 민주화에 헌신한 분들의 후손을 홀대하면서 외치는 '위국헌신 정신'은 공허한 메아리일 뿐이다.

늦었지만 이제라도 우리는 안 의사의 '위국헌신 정신'과 평화 사상을 깊이 연구하고 계승하는 작업에 착수해야 한다. 이를 위해서는 안 의사뿐만 아니라 삼대에 걸친 안 의사 집안의 독립운동과 민주화운동에 대한 전면적인 재조명이 필요하다. 그리고 독립운동가 후손들에 대한 국가적 차원의 지원이 더욱 확대되어야 할 것이다. 새롭게 안중근 의사 사당과 기념관을 건립하는 일보다 더 시급한 과제는 아직도 우리 사회에 '독버섯'처럼 뿌리 내리고 있는 친일잔재를 청산하는 작업이다. 그래야 안중근 의사 추모사업도 제대로 자리를 잡을 수 있을 것이다.

안중근의 의거와 순국이 있은 지 벌써 100년이 넘었다. 100년 전에 비해 대한민국의 위상이 비할 바 없이 높아졌다. 그러나 해방과 광복의 기쁨 뒤에 찾아온 분단은 70년이 넘게 우리의 발목을 잡고 있다. 한반도를 둘러싼 강대국들의 경쟁도 치열해지고 있다. 당면한 한반도 비핵화와 평화체제 수립은 어렵지만 가야할 길이다.

우리는 무엇을 할 것인가? 안중근 의사와 그 가문이 실천한 시대적 과제에 충실했던 솔선수범, 노블레스 오블리주의 정신에서 그 해답을 찾아야 한다. 지금의 가장 큰 시대적 과제는 한반도의 평화와 통일이다. 갈라진 남과 북을 잇고, 동북아의 평화를 주도하는 것이 첫걸음이다.

그런 점에서 안중근 의사는 100여 년 전에 순국했지만 그와 일가가 남긴 유산은 우리에게 또 다른 길을 열어주는 통로가 될 것이다. 일제강점과 독립운동, 분단과 전쟁이라는 근현대사 격랑 속에서 고통 받고 남과 북, 해외로 흩어진 안중근 일가 사람들을 모두 서울에 모이게 해 '평화와 통일의 한마당'을 마련하는 일이다. .

2019년은 거족적 민족운동으로 전개된 3·1운동이 일어난 지 100주년이 되는 해이다. 이를 계기로 남과 북, 해외에 산재한 안중근 일가가 모두 참가해 서울과 평양을 오가며 '통일 축전'을 연다면 한반도에는 새로운 시대를 열 수 있는 초석이 마련될 수 있을 것이다. 자연스럽게 남과 해외에 거주하는 후손들이 안태훈 묘소에 참배할 수 있는 길이 열리고, 북에 있는 안중근 의사의 유적지들을 정기적으로

방문하는 행사도 이어질 것이다. 이것을 가능하게 만들기 위해 국내
외 환경을 만들어가는 과정 자체가 평화와 통일로 가는 역사적인 장
정(長征)이 된다. 또한 위국헌신한 안중근 일가의 유지를 제대로 계
승하는 길이기도 하다.

　부족하지만 이 책에 담긴 안중근 일가의 이야기가 이 거대한 장정
의 첫걸음이 되었으면 하는 바람이다.

참고 문헌

단행본

- 국사편찬위원회, 《한국독립운동사 자료 2 : 임정 편 2》, 1971

- 김삼웅, 《안중근 평전》, 시대의창, 2009

- 김자동, 《임시정부의 품 안에서》, 푸른역사, 2015

- 김희곤, 《중국 관내 한국 독립운동단체 연구》, 지식산업사, 1995

- 노르베르트 베버 지음, 박일영·장정란 옮김, 《고요한 아침의 나라》, 분도출판사, 2012

- 도진순 주해, 《백범일지》, 돌베개, 2006

- 뮈텔, 《뮈텔 주교 일기》 2, 한국교회사연구소, 1993

- 박도, 《영웅 안중근》, 눈빛, 2010

- 박태균·정창현, 《암살·왜곡된 현대사의 서막》, 역사인, 2016

- 박환, 『민족의 영웅 시대의 빛 안중근》, 선인, 2013

- 신운용, 《안중근과 한국근대사》, 채륜, 2009

- 원재훈, 《안중근, 하얼빈의 11일》, 사계절, 2010

- 윤대원, 《상해시기 대항민국임시정부 연구》, 서울대학교 출판부, 2006

- 윤병석 역편, 《안중근문집》, 독립기념관 독립운동사연구소, 2011

- 이기웅, 《안중근 전쟁, 끝나지 않았다》, 열화당, 2010

- 이영구, 《안우생의 에스페란토 문학세계》, 한국에스페란토협회, 2007

- 이태진·조동성 원작, 김성민 글, 《이토 히로부미, 안중근을 쏘다》, 아이웰콘텐츠, 2009

- 정운현, 《조선의 딸, 총을 들다》, 인문서원, 2016

- 정정화, 《장강일기》, 학민사, 2011

- 조광, 《안중근 연구의 성과와 과제》, 채륜, 2010

- 황재문, 《안중근 평전·평화를 위해 총을 겨눈 인간의 다면적 초상》, 한겨레출판, 2011

논문과 잡지

- 김삼웅, 〈안중근의 동양평화론, 변함없는 가치〉, 《인물과 사상》 2009년 11월호(통권 139호)

- 도진순, 〈안중근 가문의 백세유방과 망각지대〉, 안중근하얼빈학회 학술발표논문, 2009

- 독립기념관 독립운동사연구소 편, 〈안미생 여사와의 일문일답〉, 《안중근의사자료집》, 국학
  자료원, 1999

- 박용옥, 〈안중근 의사 어머니 조마리아의 항일 구국적 생애〉, 《안중근 및 김구가(家) 여성들
  의 항일구국활동》, 사단법인 3.1여성동지회, 2007

- 박태균, 〈민족운동에 몸 바친 비운의 안중근 일가〉, 《월간 말》 1992년 11월호

- 송우혜, 〈독립운동가 안정근의 생애〉, 《수촌박영석교수화갑기념한민족독립운동사논총》, 탐
  구당, 1992

- 신운용, 〈안중근 유해의 조사·발굴 현황과 전망〉, 《역사문화연구》 제36집(2010. 6)

- 신운용, 〈안중근의 동양평화론 연구와 실천을 위한 방안〉, 《안중근과 그 시대》, 안중근의사
  기념사업회 편, 경인문화사, 2009

- 신운용, 〈안중근의 〈동양평화론〉과 이등박문의 '극동평화론'〉, 《역사문화연구》 제23집
  (2005. 12)

- 신운용, 〈한국의 안중근 연구에 대한 비판적 검토(하나)·십자가 총알설, 의거성공·감사 기
  도설 등을 중심으로〉, 《남북문화예술연구》, 통권 제10호, 2012 상반기

- 안중근, 윤병석 편역, 〈안응칠 역사〉, 《안중근문집》, 독립기념관 독립운동사연구소, 2011

- 안태근, 〈안중근 의사의 유해를 찾아라!〉 《독립정신》 통권 76호(2014. 7·8월호)

- 오영섭, 〈개화기 안태훈(1862~1905)의 생애와 활동〉, 《한국근현대사연구》 40, 2007

- 오영섭, 〈안공근의 항일독립운동〉, 《한국 근현대사를 수놓은 인물들》 1, 경인문화사, 2007

- 오영섭, 〈안중근 가문의 독립운동〉, 《한국독립운동사연구》 30, 2002

• 오영섭, 〈일제시기 안정근의 한일독립운동〉, 《남북문화예술연구》2, 2008

• 와다 하루키, 〈동아시아 공동의 집과 역사문제〉, 《창작과 비평》 2005년 봄호

• 유동연, 〈한지성의 생애와 독립운동〉, 《한국근현대사연구》, 2015년 가을호

• 윤병석, 〈안중근 의사 전기의 종합적 검토〉, 《한국근현대사연구》 9, 한국근현대사학회, 1998

• 이남희, 〈김구 손녀 김미 & 안중근 조카손녀 안기수〉, 《신동아》 2006년 11월호

• 이동언, 〈안명근의 생애와 독립운동〉, 《한국독립운동사연구》 31, 2008

• 이승렬, 〈안중근의 〈동양평화론〉을 통한 '한반도 신뢰프로세스' 구상의 실현방안〉, 《북한연구학회보》 제17권 제1호, 2013년 여름

• 이재호, 〈안창호와 안정근·공근 형제〉, 《도산학연구》 10, 2004

• 장석흥, 〈광복 후 '안중근 의사 유해 찾기'의 경과와 역사적 검토〉, 《한국학논총》 제39집, 2013.2

• 정운현, 〈독립운동사의 거목 백범과 안중근의 영원한 인연〉, 《민족21》 2009년 6월호

• 정창현, 〈남의 안경근·안민생 민주화·통일에 헌신, 북의 안우생 조국통일상 수상〉, 《민족21》 2010년 5월호

• 조광, 〈안중근 의거 이후 그 가문의 동향〉, 《안중근 연구의 성과와 한계》, 채륜, 2010

• 조성관, 〈안중근 동생 안정근, 청산리 전투서 맹활약〉, 《주간조선》, 2004. 8. 26.

• 조재곤, 〈한말 조선 지식인의 동아시아 삼국제휴 인식과 논리〉, 《역사와 현실》 37, 2000.9

• 주진우, 〈안중근 의사 딸 수기 발굴 "고국에 돌아와도 의지하고 찾아갈 곳이 없었다"〉, 《시사인》 132호(2010. 3. 27.)

• 차기진, 〈안중근의 천주교 신앙과 그 영향〉, 《교회사연구》 16, 2001

• 최대석, 〈'에스페란토'로 항일을 노래하다〉, 《한겨레21》, 2004. 4. 7.

- 한시준, 〈안공근의 생애와 독립운동〉, 《교회사연구》 15, 2000
- 홍범식, 〈북녘의 안중근 의사 후손들〉, 《민족21》 2010년 5월호

기사

- 권선숙, 안공근 실종사건의 전모(상·하), 〈상해경제〉, 2008. 8. 25.· 9. 1.
- 노창현, 사형 판결 안중근 의사 항소안한 이유는 어머니 뜻·104년 전 영어신문 보도, 〈뉴시스〉, 2014. 3. 28.
- 신민재, "난 안중근 집안 며느리다"··· 40년 옥고 신산했던 삶, 〈연합뉴스〉, 2014. 3. 18.
- 이해영·신지홍, 총독부 관계자 증언 녹취록 全篇 첫 공개· 안중근, '신병 러시아 인도' 기대 하얼빈서 거사, 〈연합뉴스〉, 2004. 8. 12.
- 이현표, 박정희 대통령이 안중근 장군을 숭모한 까닭, 〈뉴데일리〉, 2013. 3. 25.
- 정충신, 안중근 묘 흔적도 없고, 母親묘지 사라져··· 一家 유해 방치, 〈문화일보〉, 2015. 8. 13.
- 조광, 안중근의 아내와 그 자녀들, 〈가톨릭뉴스 지금여기〉, 2008. 11. 29.
- 최보식, "야밤에 아버지 방에서 '꽝' 총소리 났고··· 암살범은 光復軍이었어요", 〈조선일보〉, 2015. 11. 23.
- 최종석, 손기정 숲 딴 후··· '조선인 축하 모임' 장소 찾았다, 〈조선일보〉, 2015. 7. 14.

안중근家 사람들
영웅의 숨겨진 가족이야기

2017년 3월 23일 초판 발행 | 2018년 9월 10일 3판 발행

지은이 정운현, 정창현
펴낸이 한정희

총괄이사 김환기
편집·디자인 김지선 박수진 한명진 유지혜
마케팅 유인순 하재일

펴낸곳 역사인
출판신고 제406-2010-000060호

주소 경기도 파주시 회동길 445-1 경인빌딩 B동 4층
대표전화 031-955-9300 | **팩스** 031-955-9310
홈페이지 www.kyunginp.co.kr | **전자우편** kyungin@kyunginp.co.kr

ISBN 979-11-86828-05-2 03910
값 18,000원

역사인은 경인문화사의 자매 브랜드입니다.

※이 책은 한국출판문화산업진흥원의 출판콘텐츠 창작자금을 지원받아 제작되었습니다.